Eugen Biser

Die Entdeckung des Christentums

Der alte Glaube
und das neue Jahrtausend

Herder
Freiburg · Basel · Wien

© Verlag Herder, Freiburg im Breisgau 2000

Register: Clemens Götz

Umschlaggestaltung: Finken & Bumiller
Umschlagmotiv: © Jeremy Walker, Stone
Herstellung: Freiburger Graphische Betriebe

Gedruckt auf umweltfreundlichem,
chlorfrei gebleichtem Papier
Printed in Germany

ISBN 3-451-27248-2

Inhalt

♦

Drittes Kapitel: Grundfragen

◆

Viertes Kapitel: Erschließung

♦

Fünftes Kapitel: Konsequenzen

Überblick

Das Christentum muss für jede Zeit neu entdeckt werden. Das erfordert der ihm eingestiftete Lebensrhythmus. Denn es ist mit seiner endzeitlich erhofften Zielgestalt allen Zeiten voraus, so dass es jeder Zeit ebenso bevorsteht, wie es ihr überliefert wurde. So steht jede Zeit vor der Aufgabe, seine Neuheit für sich zu entdecken.[1]

Das zu Ende gegangene Jahrhundert bietet dafür den beredtesten Beweis. Beide Konfessionen hatten sich angesichts der tödlichen Bedrohung durch die heraufziehenden Diktaturen auf traditionelle Positionen zurückgezogen, in denen sie zu erstarren drohten. Da brach im Protestantismus die stürmisch voranschreitende Bibelwissenschaft die verfestigten Fronten auf, während die katholische Kirche den großen Aufbruch in Gestalt des Konzils erfuhr, dem es zentral darum ging, ihr einen neuen Geist einzuhauchen. Alles schien für die Lösung der Aufgabe der Neuentdeckung zu sprechen.

Doch diese Hoffnung trog. Anstelle des glaubensgeschichtlichen und spirituellen Fortschritts, den der Aufbruch versprochen hatte, griffen resignative Tendenzen um sich, die sich die restaurativen Kräfte zunutze machten, so dass das Jahrhundert auch im religiösen Lebensraum sein utopisch-rückschlägiges Doppelgesicht behielt.[2] Eine weit über den Kirchenraum hinausgreifende Enttäuschung führte zur Entfremdung breiter Teile des Kirchenvolks, der das schon vor Jahrzehnten zu befürchtende vertikale Schisma, ein Bruch im vertikalen Aufbau der Kirchen, zugrunde lag. Die Begeisterung, die das Zweite Vatikanum ausgelöst hatte, schlug in Depression und Resignation um. Anstelle des vom Konzil angerufenen Geistes des Dialogs und der Kreativität bemächtigte sich der schon von Friedrich Nietzsche beschworene »Geist der Schwere« der Herzen. So aber blieb die große Aufgabe der Neuentdeckung ungelöst.

Wenn es dabei nicht bleiben soll, muss ein Zeichen zum spirituellen Aufbruch gegeben werden. Dabei ist keineswegs zu fürchten, dass er wie ein Schlag ins Wasser endet. Denn die Glaubensszene ist, quer durch die Konfessionen, schon längst in Bewegung geraten, so dass die dadurch frei gewordenen Energien nur noch aufgerufen und auf ein einheitliches Ziel ausgerichtet zu werden brauchen. An die Stelle des vorkonziliaren Autoritäts- und Gehorsamsglaubens trat im Sinn des dialogischen Prinzips ein Glaube, der das Offenbarungswort als Antwort auf die mit ihm gestellte Frage zu begreifen sucht. An die Stelle des von *Martin Buber* beklagten Satzglaubens trat der von *Karl Rahner* geforderte Erfahrungsglaube und an die Stelle des tief eingewurzelten Leistungsglaubens der im Bewusstsein christlicher Allverbundenheit geübte Verantwortungsglaube. Diese eher unterschwellige Umschichtung führte bereits zu einer spürbaren Perspektivendrehung im Glaubensbewusstsein. Verstand sich der Christenglaube zuvor als eine betont rezeptive, auf die Entgegennahme des kirchlich vermittelten Gotteswortes ausgerichtete Haltung, so wurde er jetzt zunehmend seiner Kreativität bewusst. Darauf kann sich der Aufruf zur Neuentdeckung erfolgreich beziehen.

Womöglich ist aber die Kehrseite der Glaubenswende noch überzeugender als diese selbst: der Schwund des Sündenbewusstseins und der damit einhergehende Verfall der von den Kirchen seit Jahrhunderten praktizierten Pädagogik der Angst und Einschüchterung. Zum Entsetzen der Verteidiger der Rechtfertigungslehre gestehen Geistliche freimütig, dass sie diese so wenig wie die von ihnen betreuten Gemeinden verstehen. Ihre Befürworter sehen darin die Symptome eines gravierenden Glaubensverlustes. Niemand fragt sich jedoch, ob sich in diesen Geständnissen am Ende nicht die instinktive Fühlung einer Wahrheit bekundet, die sich nach einer jahrhundertelangen Engführung gerade jetzt, beim Eintritt ins heraufziehende Jahrtausend, Bahn bricht. Denn wer könnte im Ernst bestreiten, dass sich in der von Paulus als Abgrenzungsstrategie entwickelten Rechtfertigungslehre ebenso wie in der dazu komplementären Satisfaktionsvorstellung das Bild eines Gottes verbirgt, der sich des Sünders erbarmt, nachdem er ihn zuvor mit seinem Zornesgericht bedrohte? Und wer könnte noch länger verkennen, dass gerade das der ambivalente Gott der unvordenklichen Menschheitstradition ist, den Jesus als die aus Angst und Hoffnung hervorgegangene Selbstprojektion des Menschen entlarvte, um statt dessen den von ihm entdeckten Gott der bedingungslosen Liebe zum Vorschein zu bringen? In der Abkehr von der Rechtfertigungs- und Satisfaktionsvorstellung bekundete sich zweifellos mehr als Theologieferne und Glaubensverlust; vieles spricht vielmehr dafür, dass ihr das Aufdämmern eines neuen Glaubensbewusstseins zugrunde liegt, so diffus sich dieses derzeit noch darstellen mag.

Der Glaube wird von der Theologie reflektiert, die deshalb in ihrer Forschung letztlich aus ihm schöpft. Doch ist es ihr ebenso aufgegeben, auf das jeweils herrschende Glaubensbewusstsein einzuwirken und es im Sinne ihrer Erkenntnisse zu fördern. Der Appell zur Neuentdeckung muss sich deshalb gleicherweise auch an sie richten. Das wäre freilich vergeblich, wenn nicht auch in ihrem Feld eine der glaubensgeschichtlichen Wende analoge Entwicklung nachzuweisen wäre. Diese tritt umso deutlicher zutage, je bewusster man sie auf die »Selbstverkürzung« zurückbezieht, der sich die Theologie im Interesse der Ausarbeitung ihrer Wissenschaftsgestalt zunehmend unterworfen hatte. Um möglichst apologetisch argumentieren und mit der ihr vielfach entgegenwirkenden Philosophie konkurrieren zu können, trat sie zunächst ihre therapeutische Aufgabe an die Medizin ab, während sie sich unter dem Vorwand, mit Bildern nicht argumentieren zu können, auch der ästhetischen Komponente entledigte. Unter dem Eindruck des neuzeitlichen Subjektivismus stieß sie schließlich auch die soziale Komponente ab, so dass sie ihr Gepräge nicht mehr durch die sie tragende Glaubensgemeinschaft, sondern durch die Individualität ihres jeweiligen Schöpfers erhielt.

Daran gemessen ist die heutige Theologie in einer deutlichen Gegenbewegung begriffen, die im Zug einer Selbstkorrektur auf die Rückgewinnung der abgestoßenen Bereiche abzielt: des Sozialbereichs in den Entwürfen einer Politischen Theologie, der ästhetischen Dimension in der Ausarbeitung der schon von *Martin Deutinger* angestrebten und schließlich von *Hans Urs von Balthasar* vorgelegten Theologischen Ästhetik, und der therapeutischen Qualität in den Ansätzen zu einer an Christus, dem »einzigen Arzt« im Sinn seiner altchristlichen Anrufung, orientierten therapeutischen Theologie. Da diese Rückgewinnung einer Rückbesinnung auf die ursprüngliche Einheit gleichkommt, ist auch auf diesem Feld der Boden für den Appell zur Neuentdeckung bestellt.

Als Aufruf zur Neuentdeckung des Christentums möchten nun die folgenden Überlegungen verstanden werden. Sie bieten zunächst eine Zeitbestimmung, die auf die Situation des Christen in der Zeitenwende und auf die zu entdeckende Neuheit des Glaubens abhebt. Da diese nur auf der Grundlage der biblischen Schriften ausgemacht werden kann, handelt das zweite Kapitel von der Möglichkeit, bei aller Würdigung der von der historisch-kritischen Methode gezeitigten Ergebnisse, auf dem Weg transkritischer Lesarten, vor allem einer rezeptionsgeschichtlichen, einer reduktionstheoretischen und einer Christus-Hermeneutik, Einblicke in die Tiefenschicht des Evangeliums zu gewinnen. Im dritten Kapitel geht die Abhandlung sodann auf die Prämissen der Neuentdeckung ein. Denn diese käme nie zustande, wenn nicht, spiegelbildlich zu ihr, der Mensch neu entdeckt werden könnte. Das aber ist gerade unter den Bedingungen des zu Ende gegangenen Jahrhunderts, in dem der Mensch wie nie zuvor auf den Prüfstand gestellt wurde, angesagt. Weil er unter dem Druck der Diktaturen Gefahr lief, in seiner subjektiven Personwürde ausgelöscht zu werden, liegt auf dieser ein eigener Akzent. Der Neuheit der Fragestellung entspricht aber auch die der Denk- und Glaubensform. Deshalb befasst sich das Kapitel auch mit der Wiederentdeckung der Weisheit und des Glaubens.

Wie sich das Zentralgeheimnis des Christenglaubens, das Mysterium Jesu, vor diesem Hintergrund darstellt, ist Frageziel des vierten Kapitels, das einleitend einen Durchblick bietet und dann auf die sich ergebenden Hauptaspekte eingeht. Dabei hebt es im Blick auf die von der religiösen Randszene her immer wieder aufgeworfene Wunderdiskussion sowohl auf die genuine Funktion der Wunder als auch auf den christologischen Aspekt ab, in den die Wunderfrage von ihrem Ursprung her gerückt werden muss. Auf eine vergleichbare Perspektivendrehung bezieht sich auch der Abschnitt über den Sinn des Kreuzes, während der darauf folgende auf die Übereignung der Todesüberwindung Jesu eingeht und der letzte die Rangfolge der sich aus der Auferstehung Jesu ergebenden Hoheitstitel zu klären sucht. Im Schlusskapitel geht es insbesondere um die sich aus der gewonnenen Einsicht ergebenden Konsequenzen, also um die schon von Paulus geforderte Verabschiedung der Heteronomie, um einen Hinweis auf die Gottesfrage nach Auschwitz, vor allem aber um den Eintritt in die christliche Innenwelt. Den Abschluss bilden Erwägungen über die kulturstiftende Kraft des Christentums, über die Frage einer christlichen Esoterik und über das Gebot der Stunde angesichts des um sich greifenden Atheismus, das nur in einer Verständigung der Weltreligionen, insbesondere der offenbarungsgläubigen unter ihnen, bestehen kann.

Da das Buch zum Teil aus den um die Wiederentdeckung des Christentums kreisenden Beiträgen hervorging, die seit meiner ›Einweisung ins Christentum‹ entstanden, waren trotz umfangreicher Bearbeitungen manche

Wiederholungen von Bezugsstellen und Argumentationsfiguren unvermeidlich. Wenn sie, wie es dem Grundzug des Ganzen entspricht, als Leitmotive aufgefasst werden, sollten sie nicht als störend empfunden werden, da sie als solche den Fluss des Gedankengangs strukturieren und fördern.

Das Werk ist als Brückenschlag in die Zukunft hinein gedacht. Dabei stützt es sich ebenso auf meine ›Einweisung ins Christentum‹ (1997) und auf die ihr vorangegangene Modalanthropologie unter dem Titel ›Der Mensch – das uneingelöste Versprechen‹ (1995), wie es auf die schon des längeren anvisierte ›Glaubenserweckung‹ vorgreift. Bei allem Wert der menschlichen Initiativen ist diese freilich letztlich nur von dem zu erwarten, den mein Jesusbuch ›Das Antlitz‹ (1999) mit der Bitte um dessen Zuwendung anrief.

In der Person von Herrn Burkhard Menke hat das Werk einen ebenso kompetenten wie hilfreichen Lektor gefunden, dem für seine Bemühungen aufrichtig zu danken ist. Dank gebührt aber auch dem Verleger, Herrn Dr. Hermann Herder, der die Anregung zu dieser Veröffentlichung gab.

Ich widme das Buch den Protagonisten der Neuentdeckung, von denen vor allem die Philosophen Karl Löwith und Max Müller, die Theologen Karl Rahner und Anton Vögtle sowie die unvergessene Dichterin Gertrud von le Fort genannt seien, aber auch meinen geistigen Weggefährten und Freunden, insbesondere Günter Gorschenek, Klaus-Peter Jörns, Erwin Möde und Karl Matthäus Woschitz, denen ich zu vielfachem Dank verpflichtet bin.

München, den 6. Januar 2000
Eugen Biser

Erstes Kapitel
EINFÜHRUNG

1. Der Christ an der Zeitenwende

Im Buch Daniel gibt es ein »Vorspiel im Himmel«, an dessen Dramatik selbst die titelgleiche Szene in *Goethes* ›Faust‹ nicht heranreicht. Da erhält der von den Verkündigungsbildern her bekannte Erzengel Gabriel den Auftrag, dem Propheten die Ankunft des Messias anzusagen. Doch wird er dabei von zwei gegnerischen Engelmächten, den »Fürsten« des Griechen- und des Perserreiches, aufgehalten. In diesem Augenblick mischt sich aber der Schutzgeist des Volkes Israel, der Erzengel Michael, ein. Er übernimmt den Kampf mit den beiden Gegnern, und Gabriel kann seinen Auftrag ausführen.

Die Deutung drängt sich geradezu auf, wenn man nur bedenkt, dass sich hinter dem Auftrag Gabriels, christlich gesehen, die Ankündigung der Menschwerdung Christi verbirgt. Ihr stehen, personifiziert in den gegnerischen Engelmächten, der griechische Idealismus, der aus der Vorstellungswelt der olympischen Götter hervorging, und der parsistische Dualismus entgegen. Erst wenn diese besiegt sind, ist der Weg für die christliche Heilsbotschaft frei.

Die Tendenzkräfte

So sehr die beiden Gegnerschaften bis heute nachwirken, sind inzwischen doch ganz andere Gegner auf den Plan getreten, die nicht nur die Botschaft, sondern die Existenz des Christentums in Frage stellen: ein geradezu »ozeanischer« Atheismus und ein fortschreitender Säkularismus. Während dieser wie ein unaufhaltsamer Erosionsprozess eine christliche Position um die andere untergräbt, macht ihm jener seine Existenz und damit sein Fortleben streitig.

Anders als in der Szene des Buches Daniel ist es aber in diesem Fall mit bloßen Abwehrmaßnahmen nicht getan. Der Neuheit der Gegner kann vielmehr nur mit einer Neuentdeckung des Christentums begegnet werden. Sie könnte sogar mit einer Neueinschätzung der beiden Gegnerschaften einsetzen. Dann müsste dem Atheisten mit *Nietzsche* entgegengehalten werden: »Du bist frömmer als du glaubst, mit einem solchen Unglauben!«[1] Dem Säkularismus aber müsste vor Augen geführt werden, dass er christliche Positionen und Ideen nicht nur ausgeräumt, sondern auch umgewidmet hat. So wurde, wie der unvergessene Philosoph *Karl Löwith* nachwies, aus der Hoffnung der Fortschritt, aus der Freiheit die Liberalität, aus der Barmherzigkeit die Solidarität und aus der Geduld die Toleranz.[2] Das aber sind, wie man nur staunend feststellen kann, die Prinzipien jeder freiheitlich-demokratischen Lebensordnung, auf die kein vernünftiger Mensch jemals mehr verzichten möchte. Insofern hat der Atheismus zwar dem Glauben, nicht aber der Frömmigkeit geschadet, während der Säkularismus dem Christentum im selben Maß, wie er es aus der modernen Lebenswelt zu verdrängen suchte, zur weltweiten Verbreitung seiner – allerdings säkularistisch umgewidmeten – Prinzipien verhalf.

Die Neuentdeckung

Die Neuentdeckung des Christentums, mit der auf diese zweifache Herausforderung zu antworten ist, muss mit einer grundsätzlichen Unterscheidung beginnen, die ihr Recht darin hat, dass sein Stifter, Jesus von Nazaret, sich von allen anderen Religionsstiftern dadurch unterscheidet, dass er selbst seine Botschaft ist, dass er in die Daseinsstrukturen eingreift und dass er in den Seinen fortlebt.

Mit dem Buddhismus verglichen ist das Christentum keine asketische, sondern eine therapeutische Religion.

Im Vergleich zum Judentum ist es keine moralische, sondern eine mystische Religion

und im Vergleich zum Islam keine primäre, sondern eine sekundäre Schriftreligion.

Wie es dem Wesen des Religiösen entspricht, bezieht sich diese Unterscheidung insbesondere auf das Verhältnis des christlichen Gottesbegriffs zum jüdischen und islamischen. Während der vom Glauben Israels erzielte Durchbruch zur Entdeckung der personalen Einheit Gottes führte und der Islam diesen Ansatz zum Begriff der Einzigkeit Gottes steigerte, bestand die religionsgeschichtliche Großtat Jesu in der Proklamation der Eindeutigkeit des bedingungs- und alternativelos liebenden Gottes, der nach einer Zentralaussage der Bergpredigt mit seiner Güte sogar die Undankbaren und Bösen umfängt (Lk 6,35).

Den besten Anknüpfungspunkt für die geforderte Neuentdeckung des Christentums bildet zweifellos jene residuenhafte Religiosität, die den Ansturm des Atheismus überdauerte und von *Nietzsche* selbst in dessen vehementen Befürwortern vermutet wurde. Sie ist, wie *Klaus-Peter Jörns* in einer eindringlichen Recherche nachwies, völlig konturenlos, jedoch mit einer aufschlussreichen Erwartungshaltung gepaart, die sich insbesondere auf Trost, Frieden und Geborgenheit richtet.[3] Wenn diese als Anfrage an das neu zu entdeckende Christentum verstanden werden darf, wird man zusehen müssen, ob und wie es darauf antwortet. Das Ergebnis ist verblüffend. Denn die Antwort kommt nicht, wie man annehmen möchte, von der Peripherie, sondern aus der Mitte des Christentums. Dorthin führt aber nur eine Würdigung der Lebensleistung Jesu, die sich am unmittelbarsten durch die Frage nach der Ursache seines Todes erschließt.

Sie ist mit dem Hinweis auf seine Gesetzeskritik und seinen Tempelprotest nur unzulänglich beantwortet, so sehr er sich damit den Hass seiner auf einen konservativen Formalismus eingeschworenen Gegner zuzog. Was ihn wirklich ans Kreuz brachte, war vielmehr, mit *Joseph Ratzinger* gesprochen, die Liebesunfähigkeit der Menschen.[4] Denn auf sein Programmwort »Ich bin das Brot des Lebens«, mit dem er zur Lebensgemeinschaft mit sich einlädt und sich als Lebensinhalt anbietet, reagieren seine Zuhörer, so verständnislos wie empört, mit der Bemerkung: »Diese Rede ist hart; wer kann sich so etwas anhören«, auf die der Massenabfall folgt. Mit Abhilfe in ihrer sozialen Notlage oder mit der Anstachelung ihrer Kriegsbereitschaft gegen Rom hätte er zweifellos einen Anfangserfolg erzielt, nicht jedoch mit dem, was er im Sinn dieses unmissverständlichen Angebots tatsächlich geben wollte: sich selbst! Es war somit die sich in seinem Programmwort artikulierende Liebe »bis zum Äußersten«, durch die er sich die empörte Ablehnung seiner Zeitgenossen und dadurch den Tod einhandelte. Doch gerade deswegen ist sein Tod wie kein anderer beredt. Wovon spricht er?

Er spricht von dem, was sich in jedem Sterben ereignet. Denn der Tod eines Menschen ist kein Vorgang zwischen dem Sterbenden und denen, die ihm dabei, sei es als Ärzte oder Anverwandte, beistehen, sondern ein Geschehen zwischen ihm und Gott. Da aber stellt sich heraus, was es mit seinem Leben »auf sich hatte«. Sterbend zieht der Mensch die Summe aus seinem Leben; im Tod klärt sich der Sinn seines Daseins. Doch dies, um es nochmals zu betonen, nicht zwischen ihm und seinen Sterbebegleitern, sondern zwischen ihm und seinem Gott. Auf Jesu Tod bezogen, besagt das: Am Kreuz zog er die Summe aus seinem Leben, am Kreuz klärte sich der Sinn seines Wollens, Handelns und Seins. Davon aber sagt die Apostelgeschichte: »Wohltaten spendend ging er durchs Leben«; und das besagt: Sein Leben war ein fortgesetzter Dienst, ein beständiger Hilfs- und Liebeserweis. Das aber strahlte wie eine unsichtbare Sonne aus der Finsternis von Golgota hervor.

Die Inspiration

Wie aber kam es zu dieser einzigartigen Lebensleistung, und wie wurde sie konkret erbracht? Auf die erste Teilfrage bezieht sich der Zuspruch der Himmelsstimme bei der Taufe: »Du bist mein geliebter Sohn«, mit dem Gott die Frage nach seinem Lebenssinn auf unüberbietbare Weise beantwortet. Wenn Jesus davon spricht, dass er Feuer auf die Erde werfen wolle, um sie in Brand zu setzen, wurde dieses Feuer hier, durch den himmlischen Zuspruch, entfacht. Doch Jesus begreift seine Gottessohnschaft nicht als ein eifersüchtig zu hütendes Privileg, sondern als die ihn lebenslang bewegende Aufgabe, sein Glück weltweit weiterzugeben. Deshalb sucht er nach einem Begriff, der diese Selbstmitteilung sagbar macht. Und er findet ihn in dem aus prophetischer Tradition übernommenen Begriff »Reich Gottes«. Doch wie geriet er gerade an diesen Begriff?

Die Frage ist nur aufgrund der Vorfrage nach der tatsächlichen Herkunft seines Sohnesbewusstseins zu beantworten. Denn nach den ältesten Berichten war nur Jesus selbst der Hörer des himmlischen Zuspruchs. Selbstverständlich ist es ganz ausgeschlossen, dass er das, was er in diesem ausschließlichen Dialog mit seinem Gott vernahm, gesprächsweise an seine Jünger weitergab.[5] Wie aber kommen die Evangelisten dann zu dieser für die ganze Lebensleistung Jesu entscheidenden Szene? Die einzig mögliche Erklärung lautet: allein durch das Ereignis, dem das Christentum seine Entstehung, seine Identität und seine Botschaft verdankt, also durch die Auferstehung Jesu. Denn nur seine Todüberwindung erklärt das jäh aufflammende Interesse an der Lehre, dem Wirken und Leben des scheinbar hoffnungslos Gescheiterten und überdies von Gott Verworfenen. Nur dieses grundstürzende Ereignis führte zur Konsolidierung der verstörten Jüngergemeinde, zur Feier seines Andenkens bei den urchristlichen Liebesmählern, zur Sammlung seiner Worte und schließlich zu deren Dokumentation in Gestalt der neutestamentlichen Schriften. Den Kristallisationskern dieser Vorgänge aber bildete die Neueinschätzung des Gekreuzigten, der, so sehr sein Kreuzestod den Juden als »Skandal« und den Heiden als »Torheit« erschien, nun aufgrund seiner Auferstehung als Inbegriff göttlicher Macht und Weisheit erwiesen war. Über die Rangfolge der ihm in diesem Frühstadium der Glaubensgeschichte zugelegten Titel aber entschied die Einsicht, dass der dem Gesetz der universalen Todverfallenheit Enthobene dadurch in ein transkreatürliches Verhältnis zu Gott aufgenommen war.[6] Da dieses aber nur genealogisch begriffen werden konnte, wurde dem vor allen anderen Qualifikationen der Sohnestitel gerecht. So bestätigt es schon die alte Formel, die Paulus zu Beginn des Römerbriefs mit den Worten aufnimmt:»Er entstammt dem Fleische nach dem Geschlechte Davids, dem Geist der Heiligkeit nach aber wurde er eingesetzt zum Gottessohn mit Macht durch die Auferstehung von den Toten« (Röm 1,3f.). Für Paulus folgt die Gottessohnschaft somit unmittelbar aus der Auferstehung, die er geradezu als die Einsetzung Jesu in diese einzigartige Würde begreift. Damit setzte er den Ausgangspunkt für den Gang der Glaubensgeschichte, der Kirchenbildung und nicht zuletzt der Verkündigung.

Wenn es den Evangelisten mit Markus an ihrer Spitze darum zu tun war, die zunächst mündlich verkündete und dann auch schriftlich dokumentierte Botschaft in den Rahmen einer narrativen Darstellung zu spannen, stellte sich ihnen die Frage der optimalen Platzierung des Sohnestitels. Dafür aber kam nur eine Stelle in Betracht, die seiner grundlegenden Bedeutung entsprach und als solche seine Tätigkeit eröffnete. Da die Evangelien aber nicht nur im biographischen Sinn, also vom Anfang auf das Ende hin, sondern, im Blick auf die alles überstrahlende Bedeutung dieses Endes, zugleich im Gegensinn erzählen, verknüpfen sie den Beginn der Tätigkeit Jesu mit dem in der Auferstehung erreichten Ende. Was Paulus als die Einsetzung Jesu in die Gottessohnschaft begriff, schildern sie nun, höchst eindrucksvoll, als deren Zusage durch die Himmelsstimme, die nach der Taufe – für Lukas in einem Gebetserlebnis – an ihn ergeht. Damit betonen sie zugleich die Neuheit seiner nunmehr beginnenden Tätigkeit gegenüber der des Täufers, von der sich die seine tiefgreifend unterscheidet, nicht zuletzt dadurch, dass er an die Stelle des vom Täufer angedrohten Gerichts das Kommen des Gottesreiches setzt. Doch wie gelangte er, wie nun nochmals zu fragen ist, zu diesem für ihn so zentralen Begriff?

Der Einsturz

Wenn man sich die Vielzahl der Stellen vergegenwärtigt, an denen sich Jesus den »Menschensohn« nennt, und gleichzeitig bedenkt, dass dieser Titel in der Folge fast schlagartig aus dem Vokabular der Urkirche verschwindet, wird man davon ausgehen müssen, dass sich Jesus frühzeitig mit der Himmelsgestalt des Menschensohns, vermutlich schon während der Inkubationszeit nach der Taufe, auseinander setzte. Dann aber muss ihm dabei aufgegangen sein, dass er mit dieser Himmelsgestalt selbst gemeint war, so dass es für ihn buchstäblich zu einem Einsturz des Himmels gekommen sein musste. Auf den Zuspruch der Himmelsstimme folgte somit die Identifikation mit der Himmelsgestalt des Menschensohns. Damit aber fiel auch dessen Auftrag, das Gottesreich heraufzuführen, wie er der Menschensohnvision des Buches Daniel zufolge an ihn erging, in die Hand Jesu. In all seinem Denken, Reden und Wirken ging es für ihn fortan darum, dem Gottesreich Bahn zu brechen und ihm zu weltweiter Geltung zu verhelfen. Das aber konnte ihm nur gelingen, sofern er sich mit dieser Aufgabe ebenso identifizierte wie mit der Gestalt des Menschensohns, von dem er sie übernommen hatte. Und das besagt, dass er den Begriff »Reich Gottes«, wie es nun nicht mehr anders sein konnte, zum Inbegriff seiner Selbstmitteilung erhob.

Doch füllte er dieses Gefäß nicht nur mit dem neuen Inhalt seiner Gottessohnschaft; vielmehr schaffte er auch eine eigene Sprache, um ihn dem weltverhafteten Denken seines Umfelds nahezubringen. Es ist die Sprache seiner Gleichnisse, ein entweltlichendes Reden von Weltlichem, das sich in seinem Kern erst dann erschließt, wenn man mit dem Exegeten *Eduard Schwei-*

zer Jesus selbst als »das Gleichnis Gottes« begreift.[7] Was es mit dieser Sprache auf sich hat, ist der verwunderten Reaktion der Zuhörer zu entnehmen, die sich fragen: »Was ist das? Eine neue Lehre; und sie wird mit Vollmacht vorgetragen!« Und Jesus stimmt ihnen zu: »Neuen Wein darf man nicht in alte Schläuche gießen; sonst zerreißt der Wein die Schläuche, und beides geht verloren. Nein, neuen Wein muss man in neue Schläuche gießen!«

Mit dem Staunen der Zuhörer ist nun auch schon die zweite Teilfrage beantwortet: Jesus entledigte sich seiner Lebensaufgabe zunächst schon in seiner Verkündigung. In ihrem Staunen klingt aber auch an, dass er sich nicht nur auf die Macht seiner Worte verließ, sondern sie, für seine Zeitgenossen höchst eindrucksvoll, durch seine Wunder bekräftigte. Was den Zeitgenossen einleuchtete, fällt dem heutigen Leser dieser Berichte umso schwerer. Deshalb muss der Zusammenhang von Wunder und Lehre stärker als bisher berücksichtigt werden. Wunder sind getätigte Worte, während diese danach streben, durch Machttaten verifiziert zu werden. Das spricht aus dem an die Gegner Jesu adressierten Wort, die ihm vorwerfen, bei seinen Wundertaten im Satansbund zu stehen: »Wenn ich aber durch den Finger Gottes die Dämonen austreibe, ist das Reich Gottes schon zu euch gekommen« (Lk 11,20). Wenn er den Blinden, Tauben und Gelähmten die heilende Hand auflegt, oder, wie im angesprochenen Fall, Geistesgestörte wieder zur Normalität zurückführt, muss jeder, der sehen kann, begreifen, dass Gott die Hand an die Wurzeln der Dinge gelegt hat, um diese tod- und leidverfallene Welt dem Ziel seines Reiches entgegenzuführen. Das Letzte ist aber auch hier erst dann erfasst, wenn man in Erinnerung an die Rede von Jesus als dem »Gleichnis Gottes« begreift, dass Jesus selbst als das große Gotteswunder zu gelten hat. In ihm selbst hat Gott die Hand an seine Welt gelegt, um sie – und uns mit ihr – dem Ziel der Gotteskindschaft entgegenzuführen; in ihm hat er den Schleier von seinem Antlitz weggenommen, um sich uns so zu zeigen, wie er ist; in ihm hat er diese Welt mit ihrem Elend und Jammer an sein Herz gezogen.

Die Revolution

Wenn Jesus der, wie das christliche Bekenntnis sagt, Sohn Gottes war und als solcher in einer einzigartigen Wissens- und Liebesfühlung mit seinem Gott stand, kann es in seinem Lebenswerk unmöglich darum gegangen sein, die Menschheit nur in dem zu bestätigen, was sie immer schon von Gott zu wissen glaubte und mit dem allen Religionen gemeinsamen ambivalenten Gottesbegriff zum Ausdruck brachte, also mit dem Bild eines Gottes, der ebenso zu lieben wie zu fürchten ist, weil er als ein gleicherweise liebender wie drohender und strafender gedacht werden muss.

Dann muss er vielmehr der Menschheit das klar gemacht haben, was keiner, auch nicht der tiefsinnigste Denker und frömmste Mystiker, von Gott wissen konnte und doch im Zug der fortschreitenden Selbstoffenbarung Gottes ans Licht gehoben werden musste; das, was nur dem mit den »Tiefen der Gottheit« Vertrauten zugänglich war.

Dieser Erwartung wird Jesus mit dem Herzstück seiner Lebensleistung gerecht. Denn darin erwies er sich als der größte Revolutionär der Religionsgeschichte, freilich im Sinn jener »sanften Revolution«, von der erst der in seinem Tiefgang noch längst nicht erfasste freiheitliche Aufbruch von 1989 einen Begriff vermittelte. Seine Großtat bestand, veranschaulichend gesprochen, darin, dass er den aus Angst und Hoffnung gewobenen Schleier vom Bild Gottes entfernte und statt dessen das Antlitz des bedingungslos liebenden Vaters zum Vorschein brachte. Und dies mit einem einzigen, freilich einzigartig kühnen Wort: mit der ehrfürchtigen Zärtlichkeitsanrede »Abba – Vater«, die sein größter Interpret, der Apostel Paulus, als das Urwort des »Ausgangs« aus dem Stand der Heteronomie und eines Lebens unter dem Sklavenjoch der Angst, vor allem aber der Erhebung zum Rang der Gotteskindschaft deutete (Röm 8,15).

Doch wie kam Jesus zu dieser ebenso kühnen wie ehrfürchtigen, ebenso zärtlichen wie revolutionären Gottesanrede? Der Versuch einer Herleitung aus alttestamentlichen Parallelen führt ebenso in die Irre wie die Annahme, dass er den Anruf der Himmelsstimme den Jüngern gesprächsweise mitgeteilt habe. Eine überzeugende Erklärung ergibt sich demgegenüber nur aufgrund der – lediglich auf das Initiationserlebnis des Zwölfjährigen gestützten – Annahme, dass Jesus wie kein anderer vor und nach ihm der Herausforderung der Identitätsfrage verstand und zugleich wusste, dass sie ihm erst im Tod, genauer gesagt, in der Gottesbegegnung bei seinem Sterben, vollgültig beantwortet würde. Wenn das zutrifft, hatte sein ganzes Leben, mit Martin Heidegger gesprochen, den Charakter eines fortwährenden Vorlaufens in den Tod. Im Vorgriff darauf sprach er sich dann aber auch immer wieder das zu, was ihm Gott seiner innersten Erwartung zufolge im Tod zu sagen haben würde. Dies aber nicht so sehr antizipatorisch als vielmehr appellativ. Als er Gott mit dem Vaternamen anzurufen wagte, nahm er dessen Zuspruch zwar nicht geradezu vorweg; doch klang in seiner Anrede bereits unterschwellig der Name mit, der sie ermöglichte und den sein Tod endgültig legitimierte: Sohn! Strukturell war seine Anrede somit das in eine Anrufung verwandelte Echo auf seine Einsetzung »zum Gottessohn mit Macht« in seiner todüberwindenden Auferstehung.

Genauer besehen beschreibt die Römerstelle nur den Reflex, den die Gottesanrede Jesu in den sie Nachsprechenden auslöst. Sie sind dadurch dem Stand der Heteronomie und knechtischen Furcht enthoben. Was bedeutet sie aber für Jesus selbst? Der Versuch, das auszuloten, könnte lauten: Mit diesem Wort durchstößt Jesus die Mauer der Unnahbarkeit Gottes, mit ihm überbrückt er den Abgrund der Gottesferne, mit ihm schafft er, paulinisch gesprochen, Zugang zum Herzen Gottes und damit eine Intimität, die, zumindest prinzipiell, kein Außerhalb kennt und duldet. Wenn es in Nietzsches ›Zarathustra‹ einmal heißt: »Das Herz der Erde ist aus Gold«,[8] könnte man im Blick auf die Entdeckung Jesu sagen: »Das Herz Gottes ist Liebe und nichts außerdem.«

Das ist aber kein Gott, der alles hinnimmt und auf sich beruhen lässt, sondern der Gott der denkbar größten Herausforderung, der vom Menschen das erwartet, was er ihm gibt: »Liebe aus ganzem Herzen, ganzem Gemüt, ganzer Geistes- und Wesenskraft«. Das ist für das im Grunde liebesunfähige Menschenherz eine derartige Überforderung, dass ihr nur dadurch entsprochen und genügt werden kann, dass Gott, wie Augustin sagt, selbst es ist, der in den Liebenden sich liebt.

Die Barrieren

Wenn irgendwo, ist hier die Mitte des Christentums, aus der es sein Licht, seine Kraft und seine Identität gewinnt. Ihr entspringt die Inspiration seiner Denker, die Motivation seiner Missionare, der Mut seiner Märtyrer, der Glaube seiner Bekenner und der Trost seiner Beter. Damit schließt sich der Ring zu dem, was der Blick in das vom Anruf der Himmelsstimme bewegte Herz Jesu lehrte. Wie er dadurch mit jenem Feuer erfüllt wurde, das er in seinem Lebenswerk auf die Erde warf, liegt hier der Ursprung aller christlichen Initiative. Gleichzeitig entscheidet sich hier die Frage des Überlebens des Christentums. Wenn es die gegenwärtige Krise überstehen, die ihm Entfremdeten zurückgewinnen und den Kampf mit den gegnerischen Tendenzkräften für sich entscheiden will, muss es sich auf diese Mitte zurückbeziehen und aus der ihm dort zufließenden Quelle schöpfen.

Doch um diesen Rückbezug ist es prekär bestellt, weil alle christlichen Konfessionen einem zwar begreiflichen, deshalb aber nicht minder tragischen und folgenschweren Selbstmissverständnis verfielen. In seltsamer Kopflastigkeit stellen sie ihre moralische Aufgabe derart in den Vordergrund, dass ihre mystische Mitte bis zur Unkenntlichkeit verdeckt wird. Dabei überhören sie die Warnung, die *Rahner* in die Prognose kleidete: »Der Christ der Zukunft wird ein Mystiker sein, oder er wird überhaupt nicht sein.« Ebenso überhören sie die Drohung, die *Nietzsche* mit der Ankündigung verband: Wie das Christentum in der Glaubensspaltung »als Dogma« untergegangen sei, so werde es in einem Schauspiel von hundert Akten »an seiner Moral« zugrundegehen. Aus der Drohung des ›Antichristen‹ und der Warnung des Theologen aber spricht, ebenso deutlich wie bestimmend, die These: »Das Christentum ist keine moralische, sondern eine mystische Religion.«

Zwar hat auch das Christentum eine Moral. Bekanntlich setzte Jesus alles daran, die Sittlichkeit der Menschen zu verinnerlichen und deutlich zu machen, dass das Böse nicht erst in der Tat, sondern bereits in der Gesinnung zu suchen ist; denn das Menschenherz ist für ihn der Herd aller Missgunst, Feindschaft und Bosheit. Doch noch viel mehr liegt ihm daran, die Menschen auf den Königsweg der Immunisierung zu verweisen. Denn der Mensch kann zwar – mit zweifelhaftem Erfolg – durch Gebote und Verbote vom Bösen abgehalten werden; viel wirksamer aber wäre es, wenn er zum Bösen unfähig gemacht werden könnte. Eben dies aber strebt Jesus an, wenn er dem Menschenherzen das Prinzip Liebe und damit seinen Liebeswillen einstiftet. Denn dann gilt das große Wort *Augustins*: »Liebe, dann kannst du tun, was du willst« – Du wirst nur noch das Gute wollen und tun können.

Opfer und Angst

Das Christentum hat also eine Moral, aber es ist im Unterschied zu anderen Religionen und insbesondere zum Judentum keine Moral.[9] Denn es geht ihm nicht so sehr um die Disziplinierung als vielmehr um die Erhebung des Menschen. Da es jedoch nur im Bewusstsein seiner Identität zu seiner vollen Wirksamkeit gelangen kann, muss die moralische Kopflastigkeit zugunsten einer Konzentration auf seine mystische Mitte aufgehoben werden. Denn in seiner moralischen Selbstdarstellung steht es sich, wie die Reaktion der Menschen nur zu deutlich zeigt, selbst im Weg. Bei dem Versuch, seine Mitte zu gewinnen, müssen vor allem die Barrieren ausgeräumt werden, an denen sich gerade auch engagierte Christen stoßen, obwohl sie in diesen Vorstellungen erzogen und auf sie festgelegt worden sind. Die Erste betrifft die Frage »Warum musste er sterben?«, also die bereits angesprochene Frage nach der Todesursache Jesu. Darauf lautet die fast zur religiösen Selbstverständlichkeit gewordene Antwort: »Weil ihm Gott diesen Tod abverlangte als Sühnopfer für die Sündenschuld der Welt.« So fromm diese Antwort klingt, und so sehr sie nahezu das ganze – aber eben nur nahezu das ganze – Neue Testament durchdringt, krankt sie an einem zweifachen Defizit. Denn wie konnte Gott und insbesondere der bedingungslos liebende Gott Jesu Christi von seinem vielgeliebten Sohn dieses Opfer verlangen, welche Genugtuung konnte er dabei empfinden, und was hatte das alles mit der Sündenschuld der Welt zu tun? Und wurde hier der als reiner Selbstzweck zu achtende Tod nicht einem – wenn auch noch so hohen – Zweck unterworfen? Zu diesen Fragen tritt verstärkend eine Beobachtung hinzu. Denn in den wiederholten Todesankündigungen Jesu findet sich nicht die geringste Spur von einer von ihm zu erbringenden Sühneleistung. Wenn der Tod Jesu aber zweckfrei und dann als Sinnerfüllung seines als ein einziger Liebes-Dienst zu würdigenden Lebens gesehen wird, ging tatsächlich in der Nacht von Golgota die unsichtbare, dafür aber umso mehr den Herzen »einleuchtende« Sonne der Gottesliebe auf.[10]

Noch schmerzlicher wirkt sich die zweite Barriere aus. Denn das Selbstmissverständnis der Kirchen brachte es dazu, dass sie ihrer Botschaft durch die Suggestion von Sünden-, Teufels- und Höllenängsten Nachdruck zu verleihen suchten.[11] Doch das im Auferstehungsglauben zentrierte Christentum ist nicht nur die einzige Religion, die es mit dem Tod aufgenommen hat, es ist auch die einzige Religion der Angstüberwindung. Deshalb tritt der Auferstandene mit dem programmatischen Anruf »Keine Angst – ich bin es« an die Jünger heran; deshalb ermutigt Jesus den um das Leben seiner sterbenskranken Tochter bangenden Vater mit dem Zuspruch »Keine Angst, glaube nur!« und deshalb schließen die johanneischen Abschiedsreden mit der Ermutigung: »In der Welt habt ihr Angst, doch fasst Vertrauen: Ich habe die Welt überwunden.«

Doch damit ist der Weg frei geworden zur Mitte, von der sich zudem klärte, dass sie im Glauben an den Auferstandenen besteht. Umso dringlicher stellt sich dann aber die Frage nach seinem Verbleib, also die Frage: Auferstanden, aber wohin? Denn die traditionelle Frage nach seinem »Woher?« mit dem auf das leere Grab fixierten Blick ist falsch gestellt. In die richtige Blickrichtung verweist dagegen die an die Jünger ergehende Aufforderung: »Sucht den Lebenden nicht bei den Toten!« Doch wo lebt er? Die traditionelle Antwort lautet: Zur Rechten des Vaters. Das aber ist der Ort in jener Mitte des Seins, die nach einer alten Formel alles übergreift und »überall« ist. Und so bestätigt es Paulus mit den beiden Grundformeln seiner Christusmystik: »wir in Christus« und »Christus in uns«. Nach der ersten umfängt Christus die Seinen als eine sie umgreifende, bewahrende und belebende Sphäre, nach der zweiten wohnt er in ihnen als ihr Identitätsgrund und ihre wahre Ich-Mitte.

Wie hellsichtige Theologen schon vor Jahrzehnten betonten, ist es das Unglück der Christenheit, dass dieses Motiv fast ganz in Vergessenheit geriet, obwohl sein Entdecker *Paulus* dafür einsteht, dass er ihm die Inspiration und Kraft zu einer staunenswerten Lebensleistung zu verdanken hat.[12] Als ihm die bisweilen etwas aufsässige Gemeinde von Korinth einen Beweis dafür abverlangt, dass Christus wirklich aus ihm rede, gibt er das Ansinnen mit der Aufforderung an sie zurück: »Prüft euch doch selbst, ob ihr im Glauben steht. Oder erseht ihr an euch nicht, dass Christus in euch ist? Wenn nicht, hättet ihr die Probe nicht bestanden.«

Der Schulterschluss

In dieser Aussage fällt das wichtige Stichwort »Glaube«. Wer sich im Sinn der beschriebenen Entwicklungen vergegenwärtigt, in welch tiefgreifendem Wandel das Christentum begriffen ist, und bedenkt, dass es um seine Identitätsfindung, also um die Konzentration auf seine Mitte geht, wird sich unmittelbar an sich selbst verwiesen sehen. Denn auch der heutige Mensch ist, wie viele Symptome zeigen, von einer schweren Identitätskrise betroffen. Ihm liegt zwar noch viel an Prestige, Ansehen, Geld- und Lustgewinn, aber kaum noch an ihm selbst. In seiner Lebensangst, die nach einem Wort des Philosophen *Karl Jaspers* zu seinem »unheimlichen Begleiter« geworden ist, zeigt sich eklatant, dass er in einen Zustand der Exzentrizität und Selbstentfremdung geriet, der ihn nicht wirklich zu sich selbst kommen lässt. Alle pädagogischen, psychologischen und therapeutischen Versuche, ihm dazu zu verhelfen, bringen es bestenfalls zu Teilerfolgen. Wohl aber entdeckt er, wenn er sich dem Christentum nicht ganz entfremdete, dass er mit diesem in einer frappierenden Schicksalsgemeinschaft steht. Beide leiden an einer Identitätskrise, und vieles spricht dafür, dass sie bei deren Bewältigung aneinander verwiesen sind. Denn der Mensch ragt mit seiner Sinnspitze ins Gottesgeheimnis hinein. So wichtig die innerweltlichen Felder der Sinnfindung für ihn sind – denn Sinn findet er überall dort, wo er gebraucht, anerkannt, geachtet und geliebt wird, also in Arbeit, Beruf, Freundschaft und Lebensbeziehungen –, so findet er den Sinn seines Daseins letztlich doch nur dort, wo er mit diesem eingeschrieben ist: am Herzen Gottes. Antwort gibt ihm Gott auf seine Sinnfrage darum nur in seiner offenbarenden Selbstmitteilung, vor allem dort, wo ihm diese am reinsten entgegentritt: in der Botschaft, in der Lebensleistung und zumal im Antlitz Jesu Christi. Dadurch ist er, ungeachtet all dessen, was ihn am Erscheinungsbild der Kirchen stört, von innen her an das Christentum verwiesen.

Umgekehrt gilt das aber auch vom Verhältnis des Christentums zum Menschen. Ihm ist mit bloßen Mitläufern und Nachbetern in dieser Zeit der Krisen und Entscheidungen nicht geholfen. Was es benötigt, sind Menschen eines lebendigen, überzeugten, tatkräftigen, inspirierten und kreativen Glaubens. Dass auf seine Entstehung trotz der offenkundigen Krisenerscheinungen zu hoffen ist, lassen die regenerativen Kräfte erwarten, die unterschwellig, aber spürbar am Werk sind. Insbesondere spricht dafür die dreifache Wende, in der die Glaubensszene nach wiederholten Anzeichen begriffen ist, näherhin die Wende

vom Gehorsams- zum Verstehensglauben,
vom Bekenntnis- zum Erfahrungsglauben und
vom Leistungs- zum Verantwortungsglauben.[13]

Im Hinblick darauf ist eine gegenseitige Wahrnehmung angesagt: des Christentums im heutigen Menschen und dessen Selbstwahrnehmung in ihm. Sie müsste damit beginnen, dass sich beide in ihrer Leidensgemeinschaft entdecken, weil sie beide an einer Sinn- und Identitätskrise laborieren. Diese Leidensgemeinschaft müsste sich dann aber zur Einsicht in ihre Schicksalsgemeinschaft klären, da beide begreifen müssten, wie sehr sie sich bei der Bewältigung dieser Krise gegenseitig benötigen. Die Konsequenz aus dieser Einsicht aber könnte nur ein Schulterschluss sein. Denn es gibt keine modernere und aktuellere Botschaft als die christliche vom Gott der bedingungslosen Liebe, die dem Menschen alles gibt, aber auch alles von ihm erwartet. Und es gibt kein Wort, das gerade dem heutigen Menschen so sehr aus dem Herzen gesprochen ist wie dieses uralte und doch niemals alternde Wort, das dem Menschen die erfüllende Antwort auf seine Sinnfrage gibt, das Wort »Gott liebt dich«, mit dem das Höchste von der Gottesbeziehung des Menschen ausgesagt ist, was jemals davon gesagt werden kann. Anstatt den Menschen (im Sinn von Lk 11,46) Lasten in Form von Direktiven und Forderungen aufzubürden, müssten die Kirchen vor allem dieser Botschaft das Wort reden, um den ihr Nah- wie Fernstehenden den für ihr Überleben unerlässlichen Schulterschluss zu ermöglichen. Wenn er aufgrund dieses beiderseitigen Entgegenkommens gelingt, braucht man um den Fortbestand des Christentums im begonnenen Jahrtausend nicht zu bangen; dann wird es vielmehr dessen entscheidende Gestaltkraft sein.

2. Das Zeitbild

Der Mensch als Frage

»Woher kommen wir, wohin gehen wir, wo ist das verlorene Paradies?« – so fragt der Mensch seit Urzeiten. Und er fügt dem heute noch hinzu: »Warum so viel Leid, Unglück, Katastrophen und Verbrechen?« So fragt er im Bewusstsein seiner eigenen Fragwürdigkeit. Denn er ist selbst die noch unbeantwortete Frage, das uneingelöste Versprechen. Deshalb sucht er in aller Philosophie, Dichtung, Kunst und Musik zuletzt die Antwort auf die Frage, die er nicht so sehr stellt als vielmehr ist; und deshalb schafft er sich in allen Formen seiner Technik, Kommunikation und Sozialisation immer neue Ersatzparadiese, um in diesen ebenso sein Glück wie zu sich selbst zu finden.

Dazu fühlt er sich von innen her gedrängt, gleichzeitig aber von außen her daran gehindert. Gedrängt durch seine Verfassung, die ihm gerade unter den gegenwärtigen Bedingungen bewusst wird. Denn trotz allen Wohlstands wird er seines Lebens nicht froh. Trotz umfassender Kommunikation fühlt er sich vereinsamt. Trotz aller Sicherheitssysteme befiel ihn eine »so noch nie gewesene« Lebensangst (Jaspers). Gedrängt fühlt er sich aber vor allem durch die geradezu epidemisch gewordene Identitätsnot, die ihn wie nie zuvor zur Sinnsuche nötigt.

Gehindert wird er daran aber gleichzeitig durch seine Lebenswelt, die es geradezu darauf angelegt zu haben scheint, ihn von sich abzuhalten. Und dies schon durch ihre Unübersichtlichkeit, die eine verlässliche Orientierung erschwert, sodann durch den auf ihn ausgeübten Leistungs- und Konsumzwang, der ihn funktionalisiert und in die Selbstentfremdung treibt, vor allem aber durch den Verfall der überkommenen Wertwelt, durch die schwindende Akzeptanz der Kirchen und durch die Verdrängung der Wahrheitssuche durch das Lustprinzip, das alles Gegenstrebige wie Liebe, Angst und Tod aus seiner Denk- und Gefühlswelt auszublenden sucht.

Die Entscheidung

Deshalb wird sich die Zukunft des Menschen daran entscheiden, ob die Verdrängungskünste des Zeitalters gegen das elementare Wissen um seine Verfassung ankommen, ob also die Illusionen über die Wahrheit, und die Vielfalt der Suggestionen über die Freiheit siegen. Für diese bestürzende Möglichkeit sprechen sich drei bekannte Schreckensutopien aus: Aldous Huxleys ›Brave New World‹ (1932), George Orwells ›1984‹ (1949) und Franz Werfels ›Stern der Ungeborenen‹ (1946). Dahin tendiert vor allem aber die moderne Hochtechnik, insbesondere in Gestalt der Genmanipulation und der rapide eskalierenden Medienszene, die Neil Postman geistvoll mit Orwells Schreckensutopie konfrontierte:

> Orwell fürchtete diejenigen, die Bücher verbieten, Huxley befürchtete, dass es eines Tages keinen Grund mehr geben könnte, Bücher zu verbieten, weil keiner mehr da ist, der Bücher lesen will. Orwell fürchtete jene, die uns Informationen vorenthalten, Huxley fürchtete jene, die uns mit Informationen so sehr überhäufen, dass wir uns vor ihnen nur in Passivität und Selbstbespiegelung retten können. Orwell befürchtete, dass die Wahrheit vor uns verheimlicht werden könnte, Huxley befürchtete, dass die Wahrheit in einem Meer von Belanglosigkeiten untergehen könnte.[14]

In dem kurz vor seinem Tod vollendeten Roman ›Stern der Ungeborenen‹ entwarf Werfel das Schreckensszenario einer mediatisierten und klonierten Menschheit, die Tendenzen und Utopien der Gegenwart zum Exzess treibt und dadurch ihre Apokalypse heraufbeschwört. Das als warnende Parodie auf Dantes ›Göttliche Komödie‹ angelegte Werk besticht durch seine hellsichtige Zeitanalyse, die dieser »Reiseroman« wie in einem sprechenden Zerrspiegel vor Augen führt. Als Dichter des Zeitalters der Angst wendet sich Werfel insbesondere gegen die Verdrängungsstrategien des Zeitalters. Den makabren Höhepunkt des Werkes bildet demgemäß der hadesartige »Wintergarten«, in dem sich die des überlangen Lebens überdrüssig Gewordenen einer umgekehrten Evolution unterwerfen, durch die sie, nicht ohne fatale Fehlschläge, zu Blumen auf riesigen Margaritenfeldern zurückgebildet werden. Thomas Mann würdigte das mit dem einfühlsamen Satz:

Die skurril ängstigenden Szenen und Geschehnisse in der Unterwelt, im inneren Hohl-raum der Erde mit ihrer dumpf-albtraumhaften Atmosphäre sind als Phantasieleistungen unübertroffen in aller Literatur.[15]

Gegen die in dieser Prognose unterstellte Todesverdrängung erhebt freilich das Zeitalter mit seiner zentralen Botschaft Einspruch, denn das zurückliegende Jahrhundert spricht mit unüberhörbarer Eindringlichkeit für die Allgegenwart des Todes. Und nicht minder deutlich bezeugt dieses Jahrhundert der sich jagenden Ängste die Unausweichlichkeit der Lebensangst. Mag diese Botschaft auch vom Lärm der Vergnügungsindustrie, vom Illusionierungseffekt der Medien und von der Desorientierung der Postmoderne überlagert werden, so schlägt sie doch in den Grenzsituationen des Lebens durch, so dass sich der Betroffene unausweichlich vor die Frage nach dem Sinn des Daseins gestellt sieht. Wer wird sie ihm beantworten?

Die Schicksalsgemeinschaft

Auf die richtige Spur bringt ihn die Schicksalsgemeinschaft, die zwischen ihm und dem Christentum besteht, auch wenn er sich ihm bereits entfremdete. Denn diesem ist offensichtlich nur mit einem mündigen und zu sich selbst erwachten Menschen geholfen, während umgekehrt der Mensch die Antwort auf seine Sinnfrage nur von der Religion erwarten kann, die darauf mit ihrer zentralen Botschaft eingeht. In dieser Frage stehen die Weltreligionen in einer so konfliktreichen wie fruchtbaren Konkurrenz. Denn sie erheben allesamt den Anspruch, dem Menschen zur Sinnfindung zu verhelfen. Doch nicht nur sie; in diesem Anspruch kommen sie, wie ein Blick auf *Nietzsche* und seine Epigonen lehrt, auch mit den agnostischen Sinndeutungen des Daseins überein. Dabei verhelfen diese Gegenentwürfe den Religionen nicht selten zu einem vertieften Selbstverständnis. Die vollgültige Antwort ist aber nur von der Religion zu erwarten, welche die Gottesfrage am intensivsten zur Sprache bringt und beantwortet. Denn der Mensch ist zwar das allseits bedingte Wesen, das aber, ungeachtet seiner Bedingtheit, nur im Unbedingten sein Genüge findet. Nach christlichem Verständnis ragt er mit seiner Sinnspitze ins Gottesgeheimnis hinein. Daher benötigt er ein Wissen um Gott, wenn er ganz zu sich selbst finden soll.

Wenn es dazu kommen und ihm das zur Selbstwerdung verhelfende Stichwort zugerufen werden soll, muss demnach Gott aus dem Dunkel seiner Verborgenheit hervortreten und sein Schweigen brechen, um ihm – im doppelten Sinn des Ausdrucks – zu sagen, wer er ist. Denn in der Selbstzusage Gottes ist der Mensch mitgemeint, so wie in jedem vollgültigen Satz über Gott der Mensch mitgesagt ist. Bekanntlich gehen die drei Abrahamsreligionen Judentum, Christentum und Islam in der Überzeugung einig, dass Gott die Menschheit nicht der Erhellungskraft der Vernunft überließ, weil diese zwar zahlreiche Welträtsel zu lösen, nicht jedoch die menschliche Sinnfrage zu beantworten vermag. Deshalb sind die drei Offenbarungsreligionen davon überzeugt, dass Gott dem Menschen in seiner angestammten Ratlosigkeit dadurch zu Hilfe kam, dass er sich ihm zu verstehen gab und mitteilte. Was sie, ungeachtet aller zwischen ihnen bestehenden Differenzen miteinander verbindet, ist somit der gemeinsame Glaube an die an die Welt ergangene Gottesoffenbarung.[16]

Dagegen gehen sie in der konkreten Vorstellung von dem, was Offenbarung besagt, weit auseinander. Für das Judentum besteht diese in der Mitteilung des Gesetzes und, als dessen Voraussetzung, in der des göttlichen Namens. Für den Islam besteht sie in der – in der »Nacht der Macht« – erfolgten Sendung des Koran. Für das Christentum dagegen in der Menschwerdung Gottes, die sich schon vom Begriff her auf das Problem der menschlichen Sinn- und Selbstsuche bezieht. Damit ist eine Hoffnungsperspektive eröffnet, aber auch nicht mehr. Wenn sie sich bestätigen soll, muss sie verifiziert und überdies gegen Einreden von innen und außen abgesichert werden.

Die Herausforderung

Für die äußeren Irritationen steht die vielfach bewiesene Tatsache, dass dort, wo der Gottesglaube erlahmt, der Aberglaube ins Kraut schießt. Damit sah sich das Christentum schon in seiner ersten Stunde konfrontiert, als im Gefolge des verfallenden Götterglaubens ein lähmender Fatalismus um sich griff, dem Paulus, höchst effektiv, seine Botschaft von der durch Christus gestifteten Hoffnung und Freiheit entgegenhielt.[17] Gleichzeitig griff eine theosophische Bewegung in Gestalt der Gnosis um sich, die ein alternatives Christentum entwickelte und dabei dessen Glaubensinhalte zu einem Mythos verfremdete. So sah sich die junge Christengemeinde in einen Zweifrontenkrieg verstrickt; denn zur Auseinandersetzung mit dem ungemein aggressiven Heidentum kam die kaum weniger schwierige Abwehr der gnostischen Systeme. Wie ein Blick in die inner- und außerchristliche Sektenszene zeigt, erinnert die heutige Situation durchaus an die alten Konflikte. Um die innere Klärungskraft ist es heute aber kaum besser bestellt als damals, da die um Versöhnung von Glaube und Vernunft bemühte Theologie zunehmend auf den Widerspruch einer auf ghettohafte Abschottung drängenden Strömung stößt. Dadurch verstärkt sich der Einfluss der Sektenszene, der vor allem dort mit kritischer – und selbstkritischer – Wachsamkeit begegnet werden muss, wo sie wahnhafte Züge aufweist, wo sie auf ihre Anhänger psychische und soziale Zwänge ausübt und wo sie die Angstanfälligkeit des Menschen selbst angesichts der überstandenen Jahrtausendwende für die Suggestion von apokalyptischen Angstvorstellungen zu nutzen sucht.

Kritische Selbstprüfung ist aber auch im Blick auf jene zahlreichen Formen esoterischer und pseudomystischer Sekten angezeigt, die ihren wachsenden Zuspruch dem Eindruck verdanken, dass die Kirchen trotz ihres Reichtums an mystischen Traditionen dem Bedürfnis der Gläubigen nach spiritueller Vertiefung nur unzulänglich entsprechen. Das aber ist keine Frage der Pädagogik, sondern der Identität. Denn das Christentum ist, entgegen einer fast durchgängigen Fehleinschätzung, im Unterschied zum Judentum keine moralische, sondern eine mystische Religion. Es trifft keineswegs zu, dass es gegenwärtig definitiv in sein ethisches Stadium eingetreten sei und deshalb dem heutigen Menschen nur noch als Moral vermittelt werden könne. Vielmehr gilt die bereits angeführte hellsichtige Prognose *Karl Rahners*:

Der Christ der Zukunft wird ein Mystiker sein oder er wird überhaupt nicht sein.[18]

Die Unterscheidung

Im Unterschied zum Buddhismus ist das Christentum aber auch keine asketische, sondern eine therapeutische Religion. Denn im Gegensatz zu *Gotthold Ephraim Lessings* berühmter Spätschrift geht es ihm nicht so sehr um die Erziehung als vielmehr um die Erhebung und Heilung des Menschen. Zu Beginn seiner ›Erziehung des Menschengeschlechts‹ (1777) entwickelte Lessing einen Begriff von Offenbarung, der, bei allem Willen, ihre Sache in die Zeit der Aufklärung hineinzuretten, ihren Sinn doch entscheidend verfehlt:

> Was die Erziehung bei dem einzeln Menschen ist, ist die Offenbarung bei dem ganzen Menschengeschlechte (§ 1). Erziehung ist Offenbarung, die dem einzeln Menschen geschieht; und Offenbarung ist Erziehung, die dem Menschengeschlechte geschehen ist, und noch geschieht (§ 2). Erziehung gibt dem Menschen nichts, was er nicht aus sich selbst haben könnte: Sie gibt ihm das, was er aus sich selbst haben könnte, nur geschwinder und leichter. Also gibt auch die Offenbarung dem Menschengeschlechte nichts, worauf die menschliche Vernunft, sich selbst überlassen, nicht auch kommen würde; sondern sie gab und gibt ihm die wichtigsten dieser Dinge nur früher (§ 4).

So sehr Jesus darauf ausgeht, die menschliche Sittlichkeit zu verinnerlichen und im Sinn seiner Immunisierungsstrategie auf das Prinzip Liebe zu begründen, ist die Gottesoffenbarung für ihn doch keine Form einer göttlichen Pädagogik; sie ist in seiner Sicht vielmehr der Inbegriff einer ebenso ungeschuldeten wie uneinklagbaren Selbstmitteilung Gottes, die ebenso auf die Entsiegelung der »Tiefen der Gottheit« wie auf die Beantwortung der menschlichen Sinnfrage abzielt. Damit ist die Frage nach der Identität des Christentums aufgeworfen.

Die Identität

An der Beantwortung der Frage nach ihrer Identität entscheidet sich das Schicksal jeder Religion, denn eine jede von ihnen lebt aus ihrer spezifischen Deutung des Gottesgeheimnisses. Was bei der einen noch offen bleibt, bedingt die Entstehung anderer, die darauf schlüssiger zu antworten suchen. Dabei lassen sich drei revolutionäre Umbrüche ausmachen. Ein erster führte von der gestaltlosen Fühlung eines numinosen Kerns im Weltengrund zur Ausgrenzung einzelner Göttergestalten, in denen sich das dunkel geahnte Göttliche vielfach brach. Den zweiten führte die religionsgeschichtliche Großtat Israels mit der Entdeckung des einen personalen Gottes herbei, der

der von ihm hervorgerufenen Welt als Schöpfer und Herr gegenübersteht und ihr zugleich gegenwärtiger ist als sie sich selbst. Daran gemessen besteht das revolutionäre Lebenswerk Jesu darin, dass er, gestützt auf Vorgaben wie die Liebeshingabe (bakti) im Hinduismus und die Schilderung des Liebesbundes Jahwes mit seinem Volk in der Botschaft der Propheten Israels, den Schatten des Angst- und Schreckenerregenden aus dem Gottesbild tilgte und statt dessen das Antlitz des bedingungslos liebenden Vaters zum Vorschein brachte. Sein Kreuzestod bestätigt indessen nur allzu deutlich, dass dies mehr Utopie als Ergebnis blieb, wenn freilich eine Utopie, die wie keine andere darauf drängt, gegen die Übermacht der religiösen Angstvorstellungen realisiert und zum Ziel geführt zu werden. Da im jüdischen Prophetismus bereits das Bestreben bestand, das Motiv der Erbarmung und Liebe ins Zentrum des Gottesbegriffs zu rücken, legt sich die Folgerung nahe, dass es dem Judentum um den bedingt, dem Christentum dagegen um den bedingungslos liebenden Gott zu tun ist. Damit verglichen übernimmt die islamische Gottesvorstellung die jüdische, indem sie sich gleichzeitig polemisch von der christlichen absetzt. Deshalb betont die als Glaubensbekenntnis geltende Sure 112:

> Sage: Er, Gott, ist ein Einziger, Gott durch und durch. Er hat weder gezeugt noch ist er gezeugt worden, und keiner ist ihm ebenbürtig.[19]

Trotz der antitrinitarischen Spitze dieses Wortes lassen sich von ihm aus die Unterschiede der drei Gottesbilder bestimmen. Danach besteht die spezifisch jüdische Sicht des Gottesgeheimnisses in der personalen Einheit Gottes, vor der die Vielfalt des vor- und außerjüdischen Götterhimmels zu Nichtigkeiten zerstiebt. Das steigert der Islam zum Begriff der Einzigkeit Gottes, der, denkerisch streng gefasst, die Macht dieses Gottes über die an ihn Glaubenden und den erstaunlichen Zugriff des Islam auf das persönliche und politische Verhalten seiner Anhänger erklärt. Wie aber stellt sich dann das Proprium des Christentums dar?

Der Exorzismus

Antwort auf diese Frage gibt die Einsicht, dass Jesus nicht kam, um durch seine Lehre und Wirksamkeit das zu bestätigen, was die Menschheit immer schon von Gott erwartete und befürchtete, sondern dass er kam, um den aus Sehnsucht und Angst gewobenen Schleier vom Gottesgeheimnis wegzuziehen und Einblick in das Wesensgeheimnis Gottes zu vermitteln. Elementarer Ausdruck seiner Gottesentdeckung ist die ehrfürchtige Zärtlichkeitsanrede »Abba – Vater«, mit der er, wie nun nochmals betont sei, die Mauer der Unnahbarkeit Gottes durchbrach, den Abgrund der Gottesferne überbrückte und den Zugang zum Herzen Gottes erschloss. Damit wies er der von Gewaltakten und Kriegen heimgesuchten Menschheit den Weg zum Frieden; damit stiftete er in dieser Welt der vielfachen Unterdrückung und Zwänge Freiheit; damit stieß er das Tor zur Hoffnung auf; damit nahm er das Joch der Sorge von den Schultern der Menschen und damit riss er die Pfahlwurzeln der Lebensangst aus ihren Herzen. Das lässt sich mit dem Satz auf den Begriff bringen, dass er so, wie das Judentum die personale Einheit Gottes erkannte und wie der Islam seine Einzigkeit betonte, die Eindeutigkeit Gottes für die Menschen entdeckte. Das aber kann angesichts seines zeitgeschichtlichen Scheiterns und des kirchengeschichtlichen Rückstands nur als die große Zielvorgabe verstanden werden, in der sich alle Weltreligionen wiedererkennen könnten, so weit sie in ihrem konkreten Verhältnis zueinander auch noch von diesem Ziel entfernt sind.

Auch die Gottesentdeckung Jesu wirkt, stärker noch als die Bestimmung der Einzigkeit, bewusstseinsverändernd auf den Menschen zurück. Während der ambivalente Gott der Menschheitstradition Gegensinniges zu ihm wie Teufel und Hölle denkbar erscheinen lässt, ist der eindeutige Gott des Evangeliums alternativelos, so dass außer ihm nichts gedacht werden kann, was nicht in einer – wenn im Grenzfall auch noch so gespannten – positiven Seinsbeziehung zu ihm steht. Nicht umsonst sieht Paulus »das letzte Kapitel von der Geschichte der Welt« (*Kleist*) im Zeichen des »Gott alles in allem« (1Kor 15,28). Da die gegenwärtige Lähmung in Glaubensleben und Theologie wurzelhaft auf eine gebrochene Gottesbeziehung zurückgeht, ist alles daran gelegen, dass diesem Gott der Liebe Bahn gebrochen und im Denken und Handeln der Menschen zur Geltung verholfen wird. Wie ein Feuerbrand müsste diese Botschaft von ihm nach Jesu eigenem Wort (Lk 12,49) in die Herzen der Menschen fallen und von ihnen als das denkbar größte Glück empfunden und entgegengenommen werden. Dort aber hat sich längst der »Geist der Schwere« (*Nietzsche*) eingenistet, der den von ihm Befallenen einredet, dass Gott mehr noch gefürchtet als geliebt werden müsse, und dass er an dem sein Wohlgefallen habe, was den Menschen weh tut und schwer fällt. Deshalb ist ein Exorzismus angesagt, der diesen Ungeist aus den religiösen Beziehungen vertreibt. Der aber kann nicht wirkungsvoller als durch Akte der Glaubenserweckung ins Werk gesetzt werden, die der Resignation ein Ende setzen und die verschütteten Quellen der Gottesoffenbarung aufbrechen lassen. Denn der Glaube ist keine Pflicht, sondern eine Vergünstigung, keine Leistung, sondern ein kreativer Aufbruch, kein Festhalten, sondern ein Befestigtwerden, und in alledem mehr noch die Tat des Geglaubten als die der Glaubenden. Das meint das johanneische Wort: »Wir haben an die Liebe geglaubt, die uns Gott entgegenbringt« (1Joh 4,16).

Wem das utopisch vorkommt, der sollte sich daran erinnern, dass wir in einer Zeit der sich Zug um Zug realisierenden Utopien leben. Was die Menschheit seit Urzeiten träumte, ist durch die technischen Spitzenleistungen der Gegenwart verwirklicht worden.[20] Und was die von unablässigen Kriegen gequälte Menschheit zutiefst ersehnte, ist durch den friedlichen Zusammenschluss der einst verfeindeten Völker Europas in greifbare Nähe gerückt. Freilich liegen über dieser Hoffnungsperspektive schwere Schatten: über dem technischen Fortschritt der Schatten unkalkulierbarer Risiken, und über der Hoffnung auf eine umfassende Friedenszeit der Schatten neuer Kriege und Vertreibungen. Sind diese Rückschläge aber ein Grund, die von Jesus erweckte Hoffnung auf die Realisierung seiner Utopie aufzugeben, die doch die tiefsten Sehnsüchte der Menschen auf ihrer Seite hat?

3. Die »Neuzeit« des Glaubens

Das Christentum hat, mit *Karl Prümm* gesprochen, als das große »Neuheitserlebnis« Einzug in die antike Welt gehalten, und es steht als solches immer noch jeder glaubensgeschichtlichen Epoche bevor.[21] Für die erste Stunde brachte das, geradezu programmatisch, ein hymnenartig stilisierter Abschnitt aus dem Epheserbrief des Märtyrerbischofs *Ignatius von Antiochien* zum Ausdruck:

> *Ein Stern erstrahlte am Himmel, heller als alle Sterne, sein Licht war unaussprechlich und seine Neuheit erregte Staunen. Alle anderen Sterne samt Sonne und Mond umgaben den Stern im Reigen; er selbst aber überstrahlte sie alle mit seinem Glanz. Alles geriet in Verwirrung darüber, woher diese neue, unvergleichliche Erscheinung käme. Alle Magie löste sich auf, und jede Fessel der Bosheit zerbrach. Die Unwissenheit wurde beseitigt und die alte Herrschaft gebrochen, als Gott in Menschengestalt erschien zu neuem ewigem Leben und als das seinen Anfang nahm, was bei Gott bereitlag. Seitdem geriet alles in Bewegung, da die Vernichtung des Todes ihren Anfang nahm.*[22]

Gemeint ist mit dieser »Bewegung«, die alle Verhältnisse ergriff, die durch die christliche Botschaft angekündigte – und von ihren Anhängern als elementare Befreiung erlebte – Sprengung des Kosmos, der zuvor alles als unverbrüchliche Ordnungsmacht umgriffen und dem Menschen, der sich als Mikrokosmos begriff, zudem zu einem stabilen Selbstverhältnis verholfen hatte. Im »Vorgriff« darauf hatte die platonische Philosophie in einem ersten freiheitlichen Aufbruch, wie ihn das ›Höhlengleichnis‹ *Platons* reflektiert, bereits über dem Sternenhimmel den Himmel des Ideenreiches erstrahlen lassen.[23] Doch all dies war nur Vorspiel und Anbahnung dessen, was Ignatius durch den Aufgang des »Morgensterns« in den Menschenherzen, also durch die zeit- und endgeschichtliche Erscheinung Christi bewirkt sah.[24] Es war der Eintritt des »Niedagewesenen« in die vom Kosmos umgriffene, der Endlichkeit verschriebene und deshalb todverfallene Menschenwelt, der Einbruch des unerhoffbar Neuen, mit dem die Zeit der »Erquickung« und des Aufatmens gekommen war (Apg 3,20).

Demgegenüber bezieht sich die Rede von der »Neuzeit« des Glaubens aktuell auf die Tatsache, dass der glaubensgeschichtliche Prozess, nahezu synchron mit der in der Weltpolitik eingetretenen Wende und dem sich gleichfalls abzeichnenden kulturellen Umbruch, in eine neue, von der bisherigen deutlich unterschiedene Phase eingetreten ist. Die erste stand unverkennbar im Zeichen der kartesianischen Unterscheidung von »res extensa« und »res cogitans«, bei der das erkennende Subjekt einer ihm »entgegengeworfenen« Welt von Gegenständen gegenüberstand. In religiöser Hinsicht entsprach dem ein Glaube, der sich als ein Glauben an sachhaft definierte Mysterien und damit an das »Depositium fidei«, verstanden als das Ensemble aller zu glaubenden Inhalte, verwiesen sah.

Die Denkwende

Doch diese starre Front löste sich, wissenschaftlich gesehen, auf, als die moderne Mikrophysik mit Nils Bohr und Werner Heisenberg an der Spitze erkannte, dass die kartesianische Trennung beim Eintritt in den subatomaren Bereich hinfällig wird, da die dort auftretenden Teilchen in einer Wechselbeziehung mit dem beobachtenden Subjekt erscheinen, das als solches in den als nichtobjektivierbar erkannten »Gegenstand« eingeht.[25]

Dem hatte allerdings schon Nietzsche vorgearbeitet, als er Descartes vorhielt, mit seiner Vorsicht zu spät gekommen und »im Fallstrick der Worte« hängen geblieben zu sein.[26] Damit verwies er einerseits auf jene unbewussten Vorgaben, wie sie in seinem Gefolge durch Sigmund Freud dingfest gemacht wurden, als er im Zug seines Theorems von den drei Kränkungen – durch Kopernikus, Darwin und durch ihn selbst – den Nachweis erbrachte, dass das vermeintlich autonome Subjekt keineswegs Herr im Haus des eigenen Denkens ist; andererseits aber benannte er mit dem Ausdruck »Wort« den Schlüssel zu der von Descartes übersehenen Mitwelt, die von den Vertretern des dialogischen Prinzips, allen voran von Martin Buber, entdeckt und der Es-Welt der sachhaften Gegenstände gegenübergestellt wurde. Das aber war die Dimension des personal Existierenden, die sich ähnlich wie die subatomare Teilchenwelt nur dem in eine Wechselbeziehung zu ihr Tretenden erschloss und als solche durch das Moment der Nichtobjektivierbarkeit gekennzeichnet war. Doch was entsprach dem auf Seiten des Glaubens?

Auf den einfachsten Nenner gebracht: der Sieg der Immanenzmethode über den kirchlich verordneten Extrinsezismus. Denn das Erste Vatikanum hatte die Meinung, der Glaube sei eine »blinde« Gemütsbewegung, mit der Versicherung zurückgewiesen, er sei im Gegenteil durch äußere Kriterien (externa revelationis argumenta), wie dies dann die Antimodernismuserklärung verdeutlichte, als mit der Vernunft kompatibel erwiesen. Doch damit wurde die mittelalterliche Lehre von einem »intellectus fidei« wenn nicht verworfen, so doch suspendiert. Nur im Blick auf den Verweisungszusammenhang der Mysterien (mysteriorum ipsorum nexus) und in deren Rückbezug auf das Sinnziel des Menschen (cum fine hominis ultimo) könne, so gestand das Konzil schließlich zu, ein Verständnis der Glaubensgeheimnisse (mysteriorum intelligentia) gewonnen werden, niemals jedoch ein Einblick in ihren Sinngrund (instar veritatum). Ungeachtet dieses Zugeständnisses blieb der Glaube in dieser Sicht auf eine klar definierte Gegenständlichkeit bezogen und deshalb heteronom.

In den Konzilsaussagen bekundet sich unüberhörbar die Absage an eine ungenannte Gegenposition, die vor allem von *Maurice Blondel* in seinem bahnbrechenden Werk ›L'Action‹ (von 1893) entworfen worden war und zur Ausbildung der Immanenzmethode führte.[27] Für sie kann eine Gottesoffenbarung, die um des menschlichen Heiles willen erging, niemals als ein autoritativer »Ukas« aufgefasst werden, weil das ebenso ihrem Sinn wie der Würde des nach dem Sinn seines Daseins fragenden Menschen widerspräche. Als das – nach *Blaise Pascal* – sich selbst unendlich überschreitende Wesen steht der Mensch dabei stets vor dem Dilemma, entweder das von ihm angezielte »Gottsein« mit und durch Gott oder aber ohne und gegen ihn anzustreben. Wenn er dabei auf das Angebot der Offenbarung stößt, entscheidet sich dessen Akzeptanz für ihn an der Frage, ob er sich darin wiederfindet, gespiegelt und in seinem Frageverhalten beantwortet. Entscheidendes Kriterium sind jetzt nicht mehr die vom Konzil genannten signa certissima in Gestalt von Wundern und Weissagungen; an ihre Stelle tritt vielmehr ein Korrespondenzerlebnis, in dessen Vollzug der fragende Mensch sich von der Gottesoffenbarung angenommen, verstanden und beantwortet sieht.

Die Reaktion des kirchlichen Lehramts war so schroff, dass sich *Blondel* in ein jahrzehntelanges Schweigen zurückzog, das er als Erblindeter zwar in seinen späten Lebensjahren brach, aber nicht mit dem von ihm erwarteten Wort der Bekräftigung und argumentativen Vertiefung seiner Position. Indessen ging diese in die Lehre des Zweiten Vatikanums ein, insbesondere in dessen Schlussdokument, die Pastoralkonstitution ›Gaudium et spes‹, die sich die Immanenzmethode – wenngleich ohne förmlichen Bruch mit dem traditionellen Extrinsezismus – zu eigen machte.

Die Revision

Ungleich stärker schlug dafür jedoch die Neuentdeckung Jesu zu Buche, die sich als die zentrale Spätfolge des Konzils herausstellte. Sie zeitigte nicht nur ein neues Verständnis seines für seine Botschaft ebenso wie für sein Schicksal bedeutungsvollen Sozialverhaltens, sondern insbesondere auch eine alle vorherigen Einsichten überbietende Erschließung seiner Bewusstseinsgeschichte und seines für den Christenglauben konstitutiven Offenbarertums. Dabei lag der Schwerpunkt auf der Fortbildung der Gottesverkündigung Jesu zur Lehrgestalt der kirchlichen Doktrin und insbesondere auf der kontrovers diskutierten Frage nach der Rolle der Auferstehung Jesu in diesem Umformungsprozess. Es war eine der herausragenden Leistungen des Neutestamentlers *Anton Vögtle*, dass er den Übergang vom verkündigenden Jesus zum verkündigten Christus in akribischer Ableitung bis in die christologischen Spitzenaussagen verfolgte, in denen er als die unüberbietbare Kulmination der Gottesoffenbarung begriffen wurde:

> Sie explizieren jene Gottunmittelbarkeit, die dem vollmächtigen Sendungsanspruch Jesu, als abschließender Offenbarer die endzeitliche Heilsaktion Gottes einzuleiten, zugrunde liegt und allein diesen unerhörten Anspruch zu erklären vermag.[28]

Was außerhalb dieses Gesichtskreises lag, war jedoch die Tatsache, dass die von Jesus in diesem Kontext gemachten Präexistenzaussagen und die ihm zugelegten Hoheitstitel in ihrer Konsequenz zu eben jener Vergegenständlichung der Glaubensinhalte führten, denen sich das Zweite Vatikanum, zumindest indirekt, durch seine Zustimmung zur Immanenzmethode widersetzte. Insofern ergab sich der paradoxe Fall, dass das Konzil seine Interpretation sachlich überschritt. Diese Paradoxie aber bestätigt deutlicher als jede thematische Bekundung, dass der Gang der Glaubensgeschichte jenen Wendepunkt erreichte, der die Rede von der nunmehr anbrechenden »Neuzeit des Glaubens« rechtfertigt, sofern darunter nur der Übergang von der Heteronomie zum Dialog verstanden wird, den das Konzil nicht umsonst zum Prinzip seines Denkens erhoben hatte. Was hat es mit diesem Übergang auf sich und was spricht über die erwähnte Paradoxie hinaus an positiven Daten dafür?

Es ist, wie nunmehr verdeutlichend gesagt werden kann, die Wende von der gegenständlichen Außensicht zur mystischen Innensicht der Glaubensmysterien, die insofern einer Kehre der gesamten bisherigen Glaubensgeschichte gleichkommt, als diese schon am Ende der Patristik, erst recht aber auf der Höhe der mittelalterlichen Theologie auf eine vergegenständlichende Festschreibung der Glaubensgeheimnisse hinauslief. Dass damit eine Grenze erreicht war, wird durch drei Umstände belegt:

Zunächst schon dadurch, dass der Glaube bei jeder weiteren Verfestigung in die für ihn tödliche Gefahrenzone der Ideologisierung geraten würde. Wenn man sich vergegenwärtigt, dass Ideologien der Nichthinterfragbarkeit unterliegen und zudem einem Interpretationsverbot unterworfen sind, wird deutlich, wie nah die Glaubensentwicklung dieser Gefahrenzone bereits gerückt war. Geradezu dramatisch wurde diese Gefahr noch dadurch erhöht, dass ein in die Nähe der Ideologie geratener Glaube den mit Ideologien einhergehenden Diktaturen dieses Jahrhunderts nichts Entscheidendes entgegenzusetzen hatte. Insofern war auch aus zeitgeschichtlichen Gründen die das Ende des bisherigen Glaubenskonzepts signalisierende Wende angesagt.

Sie war es aber außerdem aufgrund der Tatsache, dass dem Gegenstandsglauben das widerfuhr, was *Ludwig Wittgenstein* mit dem bekannten Satz zum Ausdruck brachte:

Die Ergebnisse der Philosophie sind die Entdeckung irgendeines schlichten Unsinns und Beulen, die sich der Verstand beim Anrennen an die Grenzen der Sprache geholt hat. Sie, die Beulen, lassen uns den Wert jener Entdeckung erkennen.[29]

Die »Beulen«, die sich der Gegenstandsglaube beim Anrennen an die ihm durch die Verneinung eines intellectus fidei gezogenen Grenzen holt, bestehen in den Aporien, in die er sich dann bei jenem Schritt auf dem Weg des Credo verstrickt. Im Fall des Schöpfungsglaubens ist es das Theodizeeproblem, verstanden als das Problem der Vereinbarkeit von Gottes Güte mit dem uferlosen Leid der Welt. Im Fall des Inkarnationsglaubens ist es das ebenso oft wie ergebnislos diskutierte Problem der Jungfrauengeburt. Im Fall des Passionsglaubens ist es die Aporie, in die er durch die traditionelle Satisfaktionsvorstellung in ihrer Unvereinbarkeit mit dem Gottesbild Jesu gerät. Im Fall des Osterglaubens ist es die unlängst erneut ausgebrochene Diskussion um den Verbleib des Leichnams Jesu und das leere Grab.[30] Im Fall des Parusieglaubens ist es schließlich die zwiespältige Vorstellung von einem besonderen und allgemeinen Gericht.[31] Wie von *Wittgenstein* im Blick auf die philosophischen Grenzprobleme angenommen, handelt es sich auch hier durchweg um Scheinprobleme, die nur dadurch zustandekommen, dass Lösungen durch Akte der Grenzüberschreitung gesucht werden anstatt auf dem Weg, auf den sich der Glaube durch Beachtung der Grenze verwiesen sieht. Das aber ist eindeutig der Weg, der in die Innensicht der Mysterien führt, wo sie als die unterschiedlichen Brechungen des von der Liebe Gottes in das Dunkel des Denkens geworfenen Lichtes ersichtlich werden.[32] Dort erweist sich der Versuch, Gott vor dem Forum der kritischen Vernunft zu rechtfertigen, als sinn- und gegenstandslos; dort verbietet sich jede physiologische Hinterfragung der Inkarnation; dort erweist sich die traditionelle Funktionalisierung des Kreuzestodes als seiner Würde unangemessen; dort klärt sich, warum der Glaube von der »Auferstehung von den Toten« anstatt »aus dem Grabe« spricht, und dort verblasst die exoterische Rede vom Gericht vor der esoterischen Innensicht des »letzten Kapitels von der Geschichte der Welt« (*Kleist*), die Paulus durch seine endzeitliche Vision des »Gott alles in allem« eröffnet (1Kor 15,28).

Die Öffnung des Schreins

Der entscheidende Beweggrund der Glaubenswende kann jedoch nur im Geglaubten selbst angenommen werden. Tatsächlich sprechen erste Symptome dafür, dass der von *Vögtle* nachgezeichnete Prozess, der den Botschafter zur Botschaft werden ließ, nicht nur sein Ende erreichte, sondern am Anfang seiner Inversion in die Gegenrichtung steht. Deutlicher kann die Zäsur, die den Umbruch von der »Vorzeit« zur »Neuzeit« des Glaubens bezeichnet, kaum markiert werden. Dazu gehört dann freilich auch, dass von ihr eher in Desideraten als in Form von Feststellungen gesprochen werden muss. Ihren trag-fähigen Grund hat diese Redeweise in der Beobachtung, dass in den johan-neischen Briefen bereits von einer derartigen Inversion die Rede ist, so vor allem in dem auf den Johannesprolog zurückblickenden Eingangswort, das von einem neuerlichen Vernehmen, Schauen und Fühlen des uranfänglichen Wortes spricht (1Joh 1,1).

Da sich diese dreifache Versicherung weder auf die Erscheinungen des Auferstandenen noch auf das Faktum der Menschwerdung beziehen kann, weil das eine durch den Zeitenabstand, das andere durch die Thematik des Briefes ausgeschlossen ist, spielt sie offensichtlich auf jenen »Anfang« an, der die neue Zeit des Glaubens dadurch eröffnete, dass sich der Geglaubte und zur Lehre Stilisierte auf neue Weise vernehmen, wahrnehmen und erfah-ren ließ.

Vom »Wie« dieser Selbstbekundung kann nach Lage der Dinge nur in Form von Mutmaßungen und Hoffnungen die Rede sein, auch wenn die im Wir-Stil redenden Verfasser des Eingangswortes versichern, das »Uranfäng-liche« tatsächlich gehört, geschaut und gefühlt zu haben. Mit der Wendung »was von Anfang an war« lassen sie die Frage nach dem Urheber ihrer Erfah-rung zuletzt aber doch in der Schwebe. Ihren Gipfel erreicht diese Sprache der Desiderate und Mutmaßungen in dem Versuch, die Form der Selbstbe-kundung, die das Eingangswort bezeugt, genauer zu fassen. Er muss mit der Bestimmung ihres »Ortes« einsetzen, der nur in einem spirituell vertieften Glauben bestehen kann. Hier, im Glauben, will, wenn irgendwo, der Geglaubte aus dem Schrein seiner Vergegenständlichung hervortreten, um nicht mehr in Sätzen über ihn, sondern durch sich selbst und die Weise, wie er sich erfahren lässt, kennen gelernt zu werden. Doch wie?

Das in dieser Hinsicht besonders aufschlussreiche Johannesevangelium antwortet darauf mit den Bildworten vom Kommen und Bleiben des Erhöhten in den Herzen der Seinen, vor allem aber mit der Versicherung, dass sie sein Geist über alles belehren und sie an alles erinnern werde, was er ihnen in sei-nem Erdenwirken mitgeteilt habe.[33]

Wenn man versucht, das Einwohnungsmotiv mit dem der Belehrung zu verknüpfen, sieht man sich zu der Folgerung geführt, dass das neuerliche »Lehren« des zur Lehre Vergegenständlichten zunächst und grundsätzlich darin besteht, dass er, augustinisch ausgedrückt, zum »inwendigen Lehrer«, dem magister interior, wird.[34] Doch damit ist erst eine Teilauskunft gegeben. Denn es bleibt noch immer die Frage, wie sich dieser inwendige Lehrer zu verstehen gibt. Da dies prinzipiell in der Form geschieht, dass er aus der Position des Glaubensobjekts hervortritt, wird seine elementarste Äußerung darin zu sehen sein, dass er mitvollziehend in den Glaubensakt eingeht. Darum weiß schon *Ignatius von Antiochien*, wenn er der von ihm auf seinem Todesweg angeschriebenen Gemeinde von Smyrna – in Anspielung auf ein Herrenwort (Lk 12,8) – versichert:

Es wird sich eurer nicht schämen der lebendige Glaube, Jesus Christus (10,2).

Hier wird der als Glaubensgegenstand Angesprochene, wenngleich jenseitig, initiativ, sofern er als der kommende Menschensohn diejenigen vor dem Angesicht seines Vaters nicht verleugnet, die sich unter der Todesdrohung der Verfolgung zu ihm bekannt haben. Es kommt nun darauf an, diese trotz ihrer Dynamik noch immer bildhaft-gegenständliche Jenseitsaussage in eine den Glaubensakt betreffende Innerlichkeitsaussage zu verwandeln. Das könnte mit Hilfe des Satzes geschehen, der den Glauben an den als Inbegriff der Gottesoffenbarung verstandenen Jesus in eine Beziehung zu dessen Selbstverständnis setzt und daraus folgert:

Der Glaube an ihn ist sein Selbstbewusstsein in den Glaubenden.

Vorausgesetzt ist dabei, dass sich der Identifikationsakt Jesu gegensinnig zu dem »natürlichen« und allgemein getätigten darstellt. In diesem wird die Identität auf dem Weg der Abgrenzung von anderen und anderem, also von der Mit- und Sachwelt, gewonnen. Jesus wird umgekehrt auf dem Weg der Selbstentäußerung und Selbstübereignung er selbst. Schon in der Tischgemeinschaft mit den »Erniedrigten und Beleidigten« (*Dostojewskij*) seiner Zeit ist er das »Brot«, das sie mit neuem Vertrauen und Selbstbewusstsein erfüllt. Erst recht verdeutlicht er mit dem Gestus des Brotbrechens beim Abschiedsmahl, auf welche Weise er nach seinem Kreuzestod in ihnen auf- und fortleben will. Und schließlich muss sein Todesschrei im Sinn der paulinischen Kreuzestheologie als der Geburtsschrei begriffen werden, mit dem er sein mystisches Fortleben in den Seinen beginnt. Nicht umsonst steht in der Johannespassion die Mutter Jesu mit dem die Gemeinde verkörpernden Lieblingsjünger unter dem Kreuz, in dem sie ihren Sohn nun endgültig als den in den Seinen Fortlebenden empfängt. Für Paulus fasste das der Neutestamentler *Alfred Wikenhauser* in den Satz:

Der für mich am Kreuz Gestorbene führt nunmehr in mir als Auferweckter sein Leben.[35]

Es ist das Leben, von dem Paulus selbst im Schlüsselsatz seiner Christusmystik bekennt:

Ich lebe; doch nicht ich – Christus lebt in mir (Gal 2,20).

Christus hat seine Lebensakte übernommen, so dass sein Wissen ein Erkanntsein durch ihn, sein Wollen ein Bewogensein durch ihn und seine Liebe, wie im Sinn der Kritik *Martin Bubers* zu sagen ist, ein Geliebtsein durch ihn besagt.[36] Doch dadurch erfährt das vom Glauben bestimmte Denken eine ungewollte Erweiterung. Denn es wird einbezogen in das Bewusstsein des Geglaubten. Dieses inspirierende Einbezogen- und Eingeschlossensein verdeutlicht Paulus mit der für ihn grundlegenden Formel »in Christus«, die der Meinung *Adolf Deissmanns* zufolge die Glaubenden wie eine sie gleicherweise motivierende wie bewahrende Sphäre umschließt.[37] Sie aber ist, wie *Eduard Schweizer* deutlich machte, ihrerseits nur die formelhafte Fassung dessen, was Paulus mit dem ungleich plastischeren Bildbegriff des mystischen Leibes bezeichnet.[38] Wie es dann die Paulusschule zum Ausdruck bringt, ist dieses Corpus Mysticum der wahre Denk- und Lebensraum der Glaubenden, die sie in sich aufnehmende und bergende spirituelle »Lebenswelt«, die sie so intensiv auf das »Haupt« bezieht, dass sie durch seine Wirkmacht geeint, belebt, inspiriert, gestärkt und zur liebenden »Tätigung« ihres Glaubens bewogen werden.

Die Diastase

Für den aktuellen Stand der glaubensgeschichtlichen Entwicklung ist es höchst symptomatisch, dass der vor der Jahrhundertmitte in den Vordergrund getretene Leib-Christi-Gedanke im Zweiten Vatikanum durch das Bild des wandernden Gottesvolkes überlagert und dadurch um seine bewusstseinsbildende Effizienz gebracht wurde. Doch dadurch entstand eine womöglich noch weit bedenklichere Diastase als diejenige, die, eher oberflächlich, durch das Missverhältnis von kirchlicher Doktrin und aktueller Glaubenserwartung aufgetreten war. Denn diese konnte durch eine einfühlsame Selbstkorrektur des Lehramts behoben werden; jene rührte jedoch an den spirituellen Lebensstrom, dessen inspirierende und insinuierende Fluktuation nur im Bewusstseinsraum des Mystischen Leibes gewährleistet war.

Umgekehrt muss die nach deutlichen Anzeichen einsetzende Rückbesinnung auf das Mysterium des Corpus Mysticum als ein Symptom erster Ordnung dafür gewertet werden, dass die zur Neuzeit des Glaubens führende Wende tatsächlich in Gang gekommen ist. Sie ist nicht zuletzt daran zu ersehen, dass sich die Entdeckung der paulinischen Christusmystik durch *Schweitzer* und *Wikenhauser* gegen deren Verdrängung in den Paulusbüchern von *Bornkamm* und *Lohse* in der jüngsten Rezeption aufs Neue siegreich durchzusetzen beginnt.[39] Die Analyse des paulinischen Osterzeugnisses, das der Apostel dreifach – in akustischer, optischer und haptischer Version – erstattet, zeigt unwiderleglich, dass er als der die ganze Folgezeit bestimmende Initiator der christlichen Mystik zu gelten hat.[40] Dabei erreicht seine Mystik ihren Kulminationspunkt darin, dass sie ins Zentrum des Identitätsproblems vorstößt, das nach seinem Verständnis ebenso das Christentum wie den glaubenden Menschen betrifft. Was diesen anlangt, so versichert er, dass Leben ihm so viel wie »Christus« bedeutet (Phil 1,21) und dass er deshalb im Glauben an den Gottessohn lebt, von dem er sich bis zur Hingabe seiner selbst geliebt weiß (Gal 2,20). In der Lebensgemeinschaft mit Christus besteht für ihn aber auch die Identitätsmitte des Christentums. Ihm in den sich vor ihm ausbreitenden Missionsfeldern zur Geltung zu verhelfen, ist für ihn deshalb gleichbedeutend mit der Bemühung, ihm alles, was sich gegen seine Botschaft als »Boll- und Netzwerk« erhebt, zu unterwerfen (2Kor 10,5) und dies sogar ohne Rücksicht darauf, ob andere Missionare das gleiche Ziel wie er »aus guter oder polemischer Absicht verfolgen« (Phil 1,15–19).

Paulus sieht den Menschen somit in jener Schicksalsgemeinschaft mit dem von ihm proklamierten Christentum, die heute nachgerade zu seiner Lebens- und Überlebensfrage zu werden beginnt. Denn offensichtlich laborieren beide an einem Defizit, das sich auf ihre Identität bezieht – der Mensch, sofern die in der Romantik ausgebrochene Identitätskrise heute, nicht zuletzt infolge der sozialen und kulturellen Erosionsprozesse der Gegenwart, epidemisch geworden ist. Er ist sich selbst abhanden gekommen. Zwar liegt ihm noch viel an Erfolg und Gewinn, doch kaum noch an ihm selbst. Ebenso werden, meist sogar in ökumenischer Absicht, die Differenzen der Weltreligionen verwischt; und dies, wie nicht länger zu übersehen ist, aufgrund eines defizienten Wissens um das tragende Formprinzip, das nur in der für jede Religion konstitutiven Sicht des Gottesgeheimnisses bestehen kann. Hier manifestiert sich, vor allem in der kirchlichen Doktrin und Lebenspraxis, ein bestürzender Rückstand gegenüber der Gottesverkündigung Jesu, der im Interesse einer effizienten Selbstdarstellung des Christentums mit allen Mitteln aufgeholt werden muss.[41]

Die Neubegründung

Wenn man bedenkt, dass es dabei – wie im Fall der auf Angstsuggestionen gestützten kirchlichen Disziplin oder der auf ein zwiespältiges Gottesbild zurückweisenden Satisfaktionsvorstellung – um Auffassungen geht, die bis in die Spätschichten des Neuen Testaments zurückweisen, erscheint der Erfolg der auf eine Korrektur abzielenden Anstrengungen zweifelhaft. Indessen manifestiert sich gerade hier ein weiteres, wenngleich eher negatives Symptom der glaubensgeschichtlichen Wende. Gemeint ist damit der Umbruch vom Schuld- zum Schambewusstsein und dessen offenkundigste Folge, der Schwund des Sündenbewusstseins, der der Drohpädagogik den Boden entzieht, und das bei vielen im gleichen Sinn wachsende Unvermögen, das Konstrukt der Statisfaktions- und Rechtfertigungstheorie glaubend nachzuvollziehen.

Das alles würde freilich als Gegengewicht nicht ausreichen, wenn nicht ein zusätzliches Motiv in die Waagschale fiele: das um sich greifende Wissen um den von Jesus entdeckten und gegen den todbringenden Widerstand seiner Zeitgenossen verkündeten Gott, den Gott der bedingungslosen Liebe. Hierin kündigt sich ein religiöser Paradigmenwechsel (Küng) von noch ungeahnten Konsequenzen an. Denn diese Liebe, die Georg Baudler dort aufleuchten sah, wo sich nach traditioneller Auffassung das Sühnopfer für die Schuld der

Menschheit vollzog, ist dazu angetan, alle Verhältnisse auf eine neue Basis zu stellen: das Verhältnis des Menschen zu seinem nun nicht mehr zu fürchtenden Gott, nicht weniger aber auch sein Verhältnis zu dem nun in seiner Spiegelbildlichkeit wahrgenommenen Mitmenschen, und nicht zuletzt sein Verhältnis zu sich selbst, da ihm erst die Erfahrung seines bedingungslosen Angenommen- und Geliebtseins zur Annahme »seiner selbst« (*Guardini*) verhilft. Evident wird diese Einsicht jedoch erst unter der Voraussetzung, dass der angesprochene Paradigmenwechsel nicht die Folge einer situativ bedingten Perspektivendrehung, sondern einer mystischen Initiative ist, durch die der Geglaubte selbst auf ein tieferes Verständnis der Mysterien und seines eigenen Lebensgeheimnisses hinwirkt. Denn der Glaube an ihn ist, wie sich immer deutlicher zeigt, der Reflex seines Selbstbewusstseins in den an ihn Glaubenden.[42]

Zweites Kapitel
ZUGÄNGE

1. Die andere Lesart

Mit dem Einzug der historisch-kritischen Methode in den theologischen Denkraum verhielt es sich wie mit dem Erwerb der Sibyllinischen Bücher durch den Römischen Senat, dem der Sage nach die Schriften dreimal zum selben Preis, aber in jeweils drastisch verringertem Umfang angeboten worden waren, weil die zunächst abgewiesene Besitzerin jedesmal ein Drittel weggeschnitten und verbrannt hatte. Ähnlich verfuhr die historische Kritik, die im selben Maß, wie sie sich von der Text- und Literarkritik zur Formgeschichte und deren Derivaten auffächerte, den Bestand der als authentisch geltenden Jesusworte auf den Umfang einer, wie ironisch gesagt wurde, Postkarte zusammenschmelzen ließ, der jedoch gerade zu diesem Zeitpunkt definitive Einzug in den Gesamtraum des theologischen Denkens, jetzt aufgrund der Lizenz des Zweiten Vatikanums auch in den katholischen, gelang. Aber lässt sich auf der minimalen Basis einer Postkarte noch das Gebäude des kirchlichen Glaubens und einer tragfähigen Spiritualität errichten? Denn was anderes als die verbürgten Worte des Stifters und die aus ihnen sprechende Person kann als Fundament dieses Gebäudes gelten? Deshalb verband sich mit der Frage nach dem Hausrecht der Methode spontan die nach dem Verbleib der von ihr weggeschnittenen Redestücke und ihrem glaubensbegründenden Wert. Diese Frage löste zwei Reaktionen aus: eine radikale, die ihr das Hausrecht bestritt, sich damit aber den Vorwurf der Unwissenschaftlichkeit zuzog, und eine konziliante, die auf die Rettung der abgewerteten Texte bedacht ist und deshalb methodologische Alternativen zu entwickeln sucht.

Dabei ging es keineswegs nur um den Mengenverlust, so sehr dieser die Reaktion ausgelöst haben dürfte. Vielmehr wurde die schwindende Quantität als Qualitätsverlust empfunden, zumal die auf der »Postkarte« verbliebenen Reste meist nicht dem entsprachen, was das Glaubensinteresse davon erwartete: Aufschluss über die Person und Botschaft Jesu. So schien das eingetreten zu sein, was *Johann Adam Möhler* mit dem Geständnis befürchtete, dass er wohl nicht mehr leben möchte, wenn ihm im Evangelium nicht mehr Blick und Stimme Jesu entgegenträten.[1] Die Suche nach Alternativen war, so unterschiedliche Motive auf sie hinwirkten, letztlich von dieser Befürchtung veranlasst.

Gegensinnige Tendenzen

Dem kam die geistige Situation ebenso entgegen, wie sie ihm entgegenstand. Denn das von *Descartes* entdeckte und zum Sieg geführte subjektive Bewusstsein, das die historische Kritik ermöglichte, hatte an Stoßkraft verloren, und der lange Zeit so effektiv gehandhabte methodische Zweifel war dem von *Leszek Kolakowski* angemeldeten »Zweifel an der Methode« gewichen.[2] Schließlich erlahmte der neuzeitliche Impuls vollends im Treibsand der postmodernen Beliebigkeit, in dem, zusammen mit seiner Effizienz, sogar seine Prämissen zweifelhaft wurden. Da sich die Suche nach Alternativen vor allem auf bildhafte Redestücke bezog, stieß sie aber auch auf den Widerstand des Zeitgeistes, der sich nach dem Urteil *George Steiners* einem – auf die Abkehr vom Symbol- und Bilddenken zurückgehenden – Ikonoklasmus verschrieb.[3] In der Flut der von den Medien ausgeschütteten Bilder bricht sich die von *Odo Marquard* vermutete Anästhetisierung der heutigen Lebenswelt Bahn.[4] Doch diese entzieht gerade dem Hauptkomplex der Jesusworte den Boden der Verständlichkeit, es sei denn, sie können durch Alternativen kompensiert werden, die dann allerdings ins Zeitbewusstsein eindringen oder, aussichtsreicher noch, den Leser des Schriftworts diesem entheben müssten.

Der Widerstreit betrifft aber nicht nur die Suche nach Alternativen, sondern zuvor schon die Methode selbst. Ist sie noch zeitgemäß? Gilt von ihr immer noch uneingeschränkt das bekannte Wort von der Nichthintergehbarkeit, mit dem sich *Ernst Troeltsch* zu ihr bekannte?[5] Und gilt immer noch die anthropologische Entsprechung in Gestalt der von *Rudolf Bultmann* geäußerten Auffassung von dem »unwiderruflich durch die Wissenschaft geformten« Menschen dieser Zeit?[6] Wenn mit dem ersten Ausspruch eine Mauer gegen jede andere Methode errichtet werden sollte, ist die auf *Troeltsch* bezogene Frage zu verneinen. Gleiches gilt aber auch für die zweite, da sich auch *Bultmann* über den idealtypischen, nicht aber der gesellschaftlichen Realität entsprechenden Sinn seines Satzes keiner Täuschung hingeben konnte. Doch damit zeichnen sich bereits die Grenzen der historischen Kritik ab, die im Interesse der gesuchten Alternativen genauer bestimmt werden müssen.

Vorzüge und Grenzen

Zuvor müssen jedoch die Vorzüge und Leistungen der Methode, vor allem aber ihre tatsächlich unaufgebbaren Ergebnisse gewürdigt werden. Denn ohne sie gäbe es, um nur einige Daten auszuführen, keine Scheidung der Pentateuchquellen, kein Wissen um die Schichten des Jesajabuchs und noch weniger um den religionsinternen Pluralismus in der »Religionsgeschichte Israels« (Albertz) und die »dramatische Durchsetzung des Jahweglaubens« (Loretz), keine Beantwortung der synoptischen Frage, keine Erhellung des – neuerdings durch Klaus Berger wieder ins Zwielicht gerückten – johanneischen Problems, keine Klärung des Geschichtswerts der Apostelgeschichte, keine Unterscheidung zwischen echten, sekundären und fiktiven Paulusbriefen, keine Erhellung der Entstehungsverhältnisse der spätapostolischen Briefe, aber auch, was noch höher zu veranschlagen ist, keine Klarheit über die vorliterarischen Traditions- und Transformationsprozesse, über das Verhältnis von Hagiograph und Quelle, über den Anteil der Redaktionen, über die Identität und Leistung der Autoren, zu schweigen von der Erschließung der biblischen Infrastrukturen wie der Komposition der großen Redestücke, der Ausgrenzung der »kleinen Einheiten« und der Zuordnung einzelner Logien und Wunderszenen.[7]

Eine Begrenzung der Methode kommt schon darin zum Vorschein, dass sie sich in Aporien verstrickt. So bereits darin, dass sie den als authentisch geltenden Textbestand auf ein derartiges Mindestmaß reduziert, dass das ihrer Selbstaufhebung als Erschließung der über den Urheber des Christentums berichtenden Urkunde nahekommt: ein Instrument, das zerstört, anstatt zu öffnen, ein Schlüssel, der sich als Hammer erweist. Gleiches gilt von den zur Erkundung der genuinen Jesusworte aufgeführten Kriterien, die ihr Ziel durchweg auf dem Ausschließungsweg zu erreichen suchen. Denn als nicht authentisch muss nach Herbert Braun alles ausgeschieden werden, was sich von der Sprachwelt der spätjüdischen Umgebung Jesu abhebt. Als jesuanisches Eigengut kann dann aber nur noch das gelten, was der für Jesus charakteristischen Distanz zum zeitgenössischen Judentum entspricht. Dabei muss somit der Restbestand der im »jüdischen Sprachgewand« überlieferten Logien auf die »für Jesus typischen« Aussagen reduziert werden. Da dabei ein Vorwissen um diese vorausgesetzt ist, läuft das Verfahren auf einen glatten Zirkelschluss hinaus.[8] Der »Engpass«, der auf der Suche nach den authentischen Jesusworten durchschritten werden muss, erweist sich somit als Sackgasse.

Auf die zentrale Grenze verwies indessen derjenige, der der Methode durch die Veröffentlichung der Wolfenbüttler Fragmente zum Durchbruch verholfen hatte, der als Erster aber auch ihre entscheidende Schwachstelle entdeckte: *Lessing*. Für ihn waren, wie er in seinem Manifest ›Vom Beweis des Geistes und der Kraft‹ (1777) beklagt, die Heilsfakten und unter ihnen in erster Linie die Auferstehung Jesu im Gang der auf die historisch-kritische Engführung hinarbeitenden Geschichte zu »bloßen Nachrichten« herabgesunken, so dass zwischen dem sinnstiftenden Ursprung und der Folgezeit ein breiter unüberbrückbarer »Graben« aufklaffte, der den Sprung in den Glauben verhinderte.

Damit kommt aber auch schon die innere Grenze der Methode zum Vorschein. Doch diese besteht nicht etwa, wie vermutet werden könnte, in ihrer kritischen Komponente, sondern in ihrem Begriff von »historisch«, der das von ihm Umschriebene in ein unwiederbringliches Gewesensein abdrängt. Dieser faktizistisch verengte Geschichtsbegriff steht aber im Widerspruch zum biblischen Verständnis der heilsgeschichtlichen Ereignisse, die bei aller Einbindung in den Geschichtsgang in einer unabgeschlossenen und unabschließbaren Fortwirkung gesehen werden müssen. Verstärkt wurde dieser restriktive Geschichtsbegriff der Aufklärung durch *Hegels* retrospektive Deutung der philosophischen Vernunft, der es seiner bekannten Wendung zufolge nur gegeben ist, die abgeschiedenen Gestalten des Gewesenen mit ihrem »Grau in Grau« darzustellen, nicht aber, sie zu »verjüngen«, da die Eule der Minerva nur in der Abenddämmerung zu ihrem Flug ansetze. Dagegen drängt das biblische Geschichtsdenken, wie *Franz Rosenzweig* gegen *Hegel* geltend machte, auf die Vergegenwärtigung des Geschehenen, die in der »Geistesgegenwart« des Denkenden erfahren wird.[9]

Krise und Lösung

Lessing hatte der Krise der von ihm ebenso zum Durchbruch geführten wie erlittenen Methode mit einem Notschrei Ausdruck verliehen:

Das, das ist der garstige breite Graben, über den ich nicht kommen kann, so oft und ernstlich ich auch den Sprung versucht habe. Kann mir jemand hinüberhelfen, der tu' es; ich bitte ihn, ich beschwöre ihn. Er verdienet ein Gotteslohn an mir.

Zwar wurde Lessings Notschrei von seinem Zeitgenossen Jacobi vernommen, jedoch erst Jahrzehnte später von *Kierkegaard* beantwortet, und das nach einem ersten Anlauf in den ›Philosophischen Brocken‹ (1844) vollgültig in seiner noch längst nicht ausgeschöpften ›Einübung im Christentum‹ (1850).[10] Ihm scheint aufgegangen zu sein, dass *Lessing* in seinem Notschrei nur das paulinische Theorem vom tötenden Buchstaben und dem lebendigmachenden Geist (2Kor 3,6) aufgenommen hatte und dass sich die von ihm promulgierte Methode, in diesem Theorem besehen, als die des »toten Buchstabens« erwies. Deshalb suchte er nach jenem Schlüsselwort, mit dem das Evangelium den ihm auferlegten Methodenzwang durchbrach und den Graben von sich aus überbrückte, den der Leser aus eigener Kraft nicht zu überspringen vermochte. Und er glaubte dieses Wort in dem Einladungsruf Jesu an die Bedrückten und Beladenen (Mt 11,28) gefunden zu haben, von dem ein eigentümlicher Anreiz zu Abwandlungen und Umschreibungen ausging. So gab ihm *Wilhelm Weitling* in seinem ›Evangelium des armen Sünders‹ (1845) die narrative Fassung:

Kommt alle her, die Ihr arbeitet, arm, verachtet, verspottet und unterdrückt seid! Wenn Ihr Freiheit und Gerechtigkeit für alle Menschen wollt: Dann wird dieses Evangelium Euren Mut von Neuem stählen und Eure Hoffnung frische Blüten treiben.[11]

In seinem Jesusbuch »für Atheisten« wandelte *Milan Machovec* den Heilsruf sogar zweifach ab, zuletzt in der Fassung:

Lebt anspruchsvoll, denn vollkommene Menschlichkeit ist möglich.[12]

Nicht weniger radikal klingt die Fassung, in der *Kierkegaard* selbst die Große Einladung wiedergab, und dies mit einem Satz, der auf die vorangehende Umschreibung der Stelle wie ein erratischer Block folgt:

Der Helfer ist die Hilfe.[13]

Als Helfer steht Jesus diesem erstaunlichen Satz zufolge in der Reihe der großen Wohltäter der Menschheit, mit denen er den Willen zur Wahrheit, zur Freiheit und zum Frieden teilt. Doch nur er kann von sich sagen »Ich bin die Wahrheit« (Joh 14,6), nur dort, wo sein Geist waltet, »ist« (nach 2Kor 3,17) Freiheit, und nur er »ist der Friede«, den er (Joh 14,27) verheißt, »in Person« (Eph 2,14). Denn er unterscheidet sich zugleich von den übrigen Wohltätern dadurch, dass er in seinen Gewährungen gegenwärtig ist und sich in ihnen den Seinen übereignet. In diesem Sinne gilt: Der Helfer ist die Hilfe.

Seitdem steht die Theologie, ob es ihr bewusst ist oder nicht, im Bann des »Totengesprächs«, das Kierkegaard mit Lessing führte und das wie kaum ein anderes das Leben zum Thema hatte. An diesem Gespräch entzündete sich die Suche nach Alternativen, die auf je neue Weise die Brücke über den breit aufgerissenen Graben zu schlagen suchen. Sie unterscheiden sich dadurch, dass sie entweder die Position Lessings zu verstärken suchen oder sich auf diejenige Kierkegaards stützen, dass sie ihr Ziel also aus entgegengesetzten Richtungen anstreben, dabei aber in der Zielsetzung einig gehen.

Die existentielle Lesart

Im Bewusstsein der von ihm betonten Prägung des heutigen Menschen durch die Wissenschaft stimmte sich vor allen Rudolf Bultmann auf die angesprochenen Problematik ein. Abgeschreckt von der Unmöglichkeit der direkten Mitteilung, wie sie Kierkegaard behauptet hatte, zog er sich dabei auf die Position des Hörers zurück, den er in einer Situation erblickte, die auffällig der des Beobachters subatomarer Prozesse entspricht. Wie dort der Beobachter der Heisenberg'schen Unschärferelation zufolge in das Wahrgenommene mitgestaltend eingeht, so wird der Hörer durch das Wort ergriffen, aufgerufen und zur Rede gestellt. Von da aus entwickelt Bultmann eine erste Alternative unter dem Titel »existentiale Interpretation«.[14] Dabei gerinnt ihm die Botschaft freilich zu einer Art Begrifflichkeit, der, ins Positive gewendet, der Zentralbegriff des Gottesreichs entspricht. Da dieser auf Seiten des Hörers die Metanoia erfordert, kann die existentiale Interpretation als deren modernes Äquivalent verstanden werden. Dabei verharrt Bultmann freilich auf dem Standpunkt des Klageführers Lessing, dessen »Not« gerade darin bestanden hatte, dass die Wunder des Urchristentums und der mit ihm verbundene »Beweis des Geistes und der Kraft« zu bloßen »Nachrichten« davon herabgesunken waren. Immerhin vernahm Bultmann aus ihnen den Appell: »Du musst dein Leben ändern« und die Weisung, wie dies zu geschehen habe. Der Grabensprung war damit aber nicht gelungen.

Seitdem drängt die Suche nach Alternativen auf die von *Kierkegaard* eingenommene Gegenseite. Als kurzschlüssig erweist sich dabei freilich der Versuch *Hans Kesslers*, den Grabenbruch als angeblichen »Irrtum« Lessings unter Hinweis darauf zu überspielen, dass von »bloßen Nachrichten« keine Rede sein könne, da der Auferstandene doch auf vielfältige Weise, in den pneumatischen Erweisen seiner Präsenz ebenso wie in seinem unscheinbaren Hinzutreten zum Leben und Wirken der Glaubenden und in mystischen Erlebnissen seine Gegenwart beweise. Denn diesen Beweisen fehlt, so überzeugend sie subjektiv empfunden werden mögen, jede allgemein verbindliche Überzeugungskraft.[15] Umso gewichtiger ist der Hinweis, den *James M. Robinson* mit der Bemerkung gab, dass schon die Logienquelle, ungeachtet der Tatsache, dass sie keine Leidens- und Auferstehungsberichte enthalte, allein durch ihre Existenz als das »literarische Osterwunder« zu gelten habe.[16]

Was auf die Logienquelle zutrifft, gilt erst recht von den darauf aufbauenden Evangelien, die nicht erst aufgrund ihrer Ostergeschichten und dem sie durchziehenden österlichen Erzählduktus, sondern schon durch ihre Existenz dafür einstehen, dass aus ihnen das Wunder aller Wunder, die Auferstehung des Gekreuzigten, spricht. So aber ergibt sich der paradoxe Tatbestand, dass gerade die Summe der Nachrichten von dem in aller Menschheitsgeschichte Niedagewesenen mehr als nur eine »Nachricht« davon ist: zwar dessen Niederschlag und literarischer Reflex, als solcher aber zugleich mehr als dies: ein sprechender Beweis dessen, wovon dieser benachrichtigt.

Das aber kommt dem hermeneutischen Fingerzeig gleich, dass dem Evangelium ein »Kanon im Kanon« zugrunde liegt: ein als solches nicht thematisiertes Zentrum, das, ungeachtet der Tatsache, dass es an der Oberfläche der vielfältigen Aussagen nicht in Erscheinung tritt, diese doch unterschwellig zusammenstimmt und strukturiert. Und das besagt: Aufgrund dieser Zentrierung in der alles durchwaltenden Mitte treten alle Inhalte und Aussagen in ein hierarchisches Grundverhältnis, das einem jeden seinen Stellenwert im Ganzen des neutestamentlichen Kompendiums zuweist.

Konkret aber besagt der damit gegebene hermeneutische Hinweis, dass das Evangelium nicht nur, wie es meist geschieht, im Sinn der sich jeweils anbietenden Stellen und Kontexte, sondern zugleich auf seine Mitte hin gelesen werden muss. Vor allem aber verbietet sich von daher die vielfach praktizierte »Querschnittslektüre«, die jedem Wort denselben Stellenwert zubilligt und sich damit in der Gemengelage der sich vielfach widersprechenden Aussagen verliert. Da sich aber gerade diese Lektüre als eines der schwersten Hindernisse auf dem Weg zur tatsächlichen Botschaft Jesu erweist, stellt sich die Frage nach den textgerechten Lesarten und zumal nach jenen Alternativen, die im Gegenzug zum irreführenden Leseverhalten zur Annäherung an die Mitte verhelfen.

Die invasive Lesart

Die fatale Querschnittslektüre der biblischen Texte verbietet sich aber auch deshalb, weil sie die Mitbeteiligung der Tradenten an ihrer Konstituierung außer Acht lässt, die jedoch im Sinn der von *Bultmann* geforderten existentialen Interpretation gerade für die Stunde ihrer Entstehung angenommen und berücksichtigt werden muss. Im Hinblick darauf verwies *Ferdinand Hahn* schon vor Jahrzehnten auf die Notwendigkeit, dem urchristlichen Rezeptionsprozess nachzugehen und das Methodeninstrumentarium in diesem Sinn zu ergänzen.[17] Dass es bisher nicht zur Ausarbeitung dieses höchst plausiblen Ansatzes kam, dürfte in einem fundamentalistischen Verständnis der Irrtumslosigkeit der biblischen Schriften gelegen haben, das sich der nur allzu offenkundigen Tatsache widersetzte, dass diese Schriften aus der Rezeption der Botschaft durch ihre Hörer, Tradenten und Autoren hervorgingen und dass sich dabei unvermeidlich auch Missverständnisse und Fehldeutungen einmischten.

Ferdinand Hahn war es auch, der auf die wohl gravierendste Fehldeutung in Gestalt des das ganze Neue Testament durchdringenden Verständnisses des Kreuzestodes Jesu als Opfer- und Sühneleistung hinwies, die schon deshalb als sekundär zu gelten hat, weil sich im Todesbewusstsein Jesu, wie es sich vor allem im Kelchwort (Mk 14,25) spiegelt, keine Spur davon findet, und weil sie, gravierender noch, den Tod Jesu einer Zwecksetzung unterwirft und dadurch seinen Sinn verdunkelt.[18] Doch davon ist, zusammen mit dem Sinn seines Sterbens, auch der seines Lebens und seiner Lebensleistung und damit die gesuchte Mitte des Evangeliums betroffen.

So schwere Einwände, vor allem von Seiten der Verteidiger der davon in Mitleidenschaft gezogenen Rechtfertigungslehre, sich dagegen erheben, so sehr hat die moderne Bibelwissenschaft doch auf dem Feld der Gleichnisforschung einen sinngleichen Durchbruch erzielt. Er wurde beispielhaft von Joachim Jeremias vollzogen, der sich gegen anfängliches Widerstreben zu der Erkenntnis durchrang, dass die Jesus in den Mund gelegte Deutung des Gleichnisses von der Aussaat (Mk 4,13–20) ebenso wie das vom Unkraut (Mt 13,36–43) schon aus sprachlichen Gründen, erst recht aber wegen ihrer Umdeutung zu Allegorien, der Urkirche zuzuweisen sind, die darin jedoch den Sinn des von Jesus Gemeinten verfehlte.[19] Denn Gleichnisse sind keine allegorisch verschlüsselten Lehren, sondern Versprachlichungen des Zentralbegriffs der Botschaft Jesu, die durch ihre verfremdende Inszenierung der Alltagswelt die Hörer dieser entrücken, um sie dadurch der Ordnung des Gottesreiches entgegenzuführen. In ihrer allegorischen Fehldeutung schattet sich, so gesehen, das Schicksal voraus, dem sich Jesus dadurch aussetzte, dass er sein Licht in eine Welt hineintrug, die sich unter dem Joch von Ängsten und Sorgen nicht zu der Vision des von ihm ebenso verkündeten wie verkörperten Gottesreichs zu erheben vermochte und ihm statt dessen mit Unverständnis, Ablehnung und schließlich sogar mit tödlichem Hass begegnete.

So aber erweist sich das Missverständnis als der ebenso schwierige wie zielführende Umweg zur Mitte. Denn diese ist nicht schon dann erreicht, wenn sie aus der Lebensleistung Jesu und den sie dokumentierenden Aussagen des Evangeliums erhoben, sondern erst dann, wenn er selbst als deren leibhaftige Vermittlung erkannt und angenommen wird. Als solche kommt er aber erst dann zur Geltung, wenn Verständnis und Missverständnis als Folgen seines Existenzaktes begriffen werden. Denn im Unterschied zu allem, was sonst verstanden oder verkannt wird, setzt er sich der Rezeption nicht einfach aus, vielmehr kommt er ihr zuvor, indem er sich in Akten der Selbstübereignung an sie ausliefert. Das ist der Hintersinn der von ihm ausgehenden – und im Wortsinn von traditio verstandenen – Tradition.[20] Im Zentrum der sich damit abzeichnenden rezeptionstheoretischen Methode steht somit der Nachvollzug dieses Wechselspiels von Übereignung und Aneignung.

Im Vollsinn ist dieser Nachvollzug jedoch erst dann möglich, wenn sich der Rezeptionsakt zum Vorgriff auf den Glauben gestaltet und wenn er dadurch das vorwegnimmt, was sich in dessen Zentrum ereignet und was der Epheserbrief in die Bitte fasst:

Christus möge durch den Glauben in euren Herzen wohnen; so sollt ihr in der Liebe festgegründet und verwurzelt sein (3,17).[21]

Von der Erfüllung dieser Bitte spricht sodann das paulinische Grund- und Leitwort:

Ich lebe; doch nicht ich – Christus lebt in mir (Gal 2,20).

Danach muss es zu einem Identitätstausch kommen, wenn die Rezeption ihr Ziel erreichen soll. In die erlöschende Ich-Mitte des Rezipienten muss die des Geglaubten Einlass finden. Er muss, mit dem großen Johanneswort gesprochen, abnehmen, damit jener wachsen und überhandnehmen kann (Joh 3,30). Doch damit gewinnt der Rezeptionsakt eine geradezu mystische Qualität. Denn im vernehmenden Vorgriff spiegelt sich nun die Existenzform dessen, der im Vorgriff auf sein Sterben lebte, weil er erst von ihm die definitive Beantwortung seiner Lebens- und Sinnfrage erwartete. Damit hat die Methode jedoch auch schon ihre volle Kontur gewonnen, die im Unterschied zur Rezeptionstheorie nur noch als Reduktionstheorie gekennzeichnet werden kann. Denn in ihrem Zentrum geht es um die Zurücknahme des individuellen Subjekts zugunsten dessen, der an seine Stelle treten will, um sich durch das übernommene Ich – mit sich selbst zu verständigen.[22]

Die Umbrüche

Die Bibel beweist ihren Charakter als Gotteswort nicht zuletzt dadurch, dass sie nie zu Ende erklärt ist. Wenn der Eindruck entstanden war, dass ihr alle Geheimnisse entrissen worden seien, setzte sich meist in Schüben eine neue Lesart durch, die das Gegenteil bewies. Das gilt auch von der historischen Bibelkritik. Als *Reimarus* meinte, ihre Glaubwürdigkeit durch den Nachweis von Widersprüchen, insbesondere in den Osterberichten, erschüttert zu haben, bewies *Lessing*, dass davon allenfalls der überlieferte Wortlaut, nicht aber das ihnen zugrunde liegende Zeugnis betroffen war. Als *Albert Schweitzer* seinen Anfangsglauben an dem Faktum der unerfüllten Naherwartung Jesu scheitern sah, bahnte sich bereits die Perspektive der »vergegenwärtigten Eschatologie« an. Als *Rudolf Bultmann* die Auferstehung Jesu durch ihre Zurücknahme ins Kerygma zu retten suchte, brachte *Ernst Käsemann* die historische Auffassung erneut zum Zug. Als *Joachim Jeremias* die situationsbezogene Gleichnisdeutung festgeschrieben zu haben schien, verhalf *Ernst Fuchs* der immanenten zum Durchbruch. Und als *Gerd Lüdemann* den Osterglauben mit dessen faktizistischer Begründung verloren gab, gewann die mystische des Apostels Paulus unerwartet an Boden.

Diese fortgesetzten Umbrüche sind wohl nur so zu erklären, dass die jeweils dominierenden Lesarten zu kurz trugen und gegen das Gewicht der andringenden Fragen nicht aufkamen. Das aber stellt nun an sie die Frage nach ihrer Übereinkunft, verstanden als die nach ihrem gemeinsamen Ansatz. Der aber besteht unverkennbar in dem, was Paulus den »toten Buchstaben« nannte, modern ausgedrückt, in ihrer Würdigung der Bibel als ein Werk der Literatur. Im Blick auf die erstaunlichen Ergebnisse der historischen Kritik kann die Leistungskraft ihres methodologischen Ansatzes kaum hoch genug veranschlagt werden. Denn dieser Ansatz führte, wie bereits vermerkt wurde, nicht nur zur Unterscheidung von originären und pseudoepigraphischen Schriften, zur Identifizierung authentischer und nachgestalteter Herrenworte und zur Abhebung urchristlicher Adaptationen vom ursprünglichen Wortlaut, sondern auch zur Lösung des synoptischen Problems mit Hilfe des Postulats einer Logienquelle, das durch die Entdeckung des gnostischen Thomasevangeliums weitgehend verifiziert wurde, von der Lösung einer Fülle von Einzelproblemen ganz zu schweigen. Vor allem aber führte diese Einschätzung zur Fortentwicklung und Differenzierung der historisch-kritischen Methode, der diese Ergebnisse zu verdanken sind. In ihrer zur Text-, Literatur-, Traditions- und Redaktionskritik entfalteten Form hat diese Methode als eine, wenn nicht *die* methodologische Spitzenleistung im Bereich der Erschließung literarischer Texte zu gelten. Mit Recht wurde sie deshalb von *Troeltsch* als »nicht hintergehbar« bezeichnet. Der Ausdruck lässt freilich die Möglichkeit offen, die historisch-kritische Methode in einem anderen als dem von *Troeltsch* angenommenen Sinn zu »hintergehen«. Denn literarische Texte nutzen, verallgemeinernd gesprochen, vor allem die informative Sprachqualität. Tatsächlich steht diese bei der derzeitigen Einschätzung der sprachlichen Kommunikation so sehr im Vordergrund, dass andere Sprachqualitäten meist nur vom Rand her ins Blickfeld treten. Dabei zeigt schon das eklatante Missverhältnis zwischen der Menge der faktisch verwendeten Sprachzeichen und der der tatsächlich gebotenen Informationen, dass das Medium Sprache multifunktional und keineswegs nur im informativen Interesse eingesetzt wird. Dafür zeugt seit alters die Dichtung. Es kennzeichnet jedoch den eingefahrenen Umgang mit der Bibel, dass deren dichterische Qualität nur im Fall der ausdrücklich als Dichtungen und Liedgut ausgewiesenen Texte, nicht jedoch durchgängig, in Anschlag gebracht wurde. Dass die Evangelisten auch in ihrer Eigenschaft als Schriftsteller – und nicht nur als Referenten – gewürdigt werden sollten, wurde demgemäß auch nur von dem Außenseiter *Walter Jens* hervorgehoben.

Die angesprochene Engführung gilt aber auch von der Methode. Von ihrem Ursprung her dem »toten Buchstaben« zugeordnet, geriet sie zunehmend in den Sog der analytischen Sprachphilosophie, die – mit Ausnahme der Pragmalinguistik und der von *John L. Austin* herausgestellten performativen Sprachverwendung – die Sprache lediglich als ein Medium des Informationstransfers versteht. Selbst Ausnahmen wie die Pragmalinguistik bleiben, wie schon die Bezeichnung erkennen lässt, dem informationstheoretischen Grundansatz verhaftet. Dabei hatte *Nietzsche* in einer aufschlussreichen Nachlassnotiz betont:

> *Das Verständlichste an der Sprache ist nicht das Wort selber, sondern Ton, Stärke, Modulation, Tempo, mit denen eine Reihe von Worten gesprochen werden – kurz die Musik hinter den Worten, die Leidenschaft hinter dieser Musik, die Person hinter dieser Leidenschaft: alles das also, was nicht geschrieben werden kann.*[23]

Dass im biblischen Wort eine »Musik« hinter den Worten hörbar wird, hat in seiner Weise *Kierkegaard* in seiner ›Einübung im Christentum‹ herausgestellt, als er von dem Leidenston sprach, der selbst in den freudigsten Herrenworten durchklinge. Dabei steht er auf den Schultern von *Nikolaus von Kues*, der die ganze Offenbarungsgeschichte als das Erklingen einer viele Modulationen durchlaufenden »großen Stimme« versteht. Dass im Schriftwort aber bisweilen auch eine »Leidenschaft« fühlbar wird, verdeutlichen Stellen wie der paulinische Notschrei: »Ich unglücklicher Mensch, wer wird mich von diesem todverfallenen Leib befreien?« oder der johanneische Jubelruf: »Seht doch, welch große Liebe der Vater zu uns hegt, dass wir Kinder Gottes nicht nur heißen, sondern sind« (1Joh 3,1), in denen sich die Aussage zu exklamatorischen Ausbrüchen steigert. Dass es dabei überdies um die Vergegenwärtigung der Person des Offenbarers zu tun ist, zeigt sich überall dort, wo dieser selbst in präsentativer Weise wie insbesondere in den johanneischen Ich-bin-Worten oder im Machtwort des Abschiedsgebets initiativ wird, mit dem er die Schau seiner Herrlichkeit für die Seinen fordert.

Die Erzählweisen

Entscheidend ist bei alledem die Gewinnung des Ausgangspunkts, von dem aus die neue Lesart aufgenommen werden kann. Der aber liegt zweifellos dort, wo die aufgeführten Elemente in noch ungeschiedener Einheit aufscheinen, wo also die die Texte durchhallende Stimme ertönt, wo das Wort seine performative, von der ihm innewohnenden Glut bewirkte Macht erweist und im Gesprochenen der Sprecher zum Vorschein kommt. Angesprochen ist damit die Taufszene, sofern sie nur im Gegenzug zu ihrer taufätiologischen Einschätzung in ihrem genuinen Sinn begriffen wird. Darauf verweist das große Programmwort Jesu, er sei gekommen, Feuer auf die Erde zu werfen, und er müsse dafür »eine Taufe empfangen«, nach der er sich sehne. Damit ist unverkennbar die »Bluttaufe« seines Todes gemeint. Im Licht dieses Wortes wird die Taufszene aber unverkennbar zum Ursymbol der Todüberwindung, wie sie sich dann auch nach Paulus an dem in der Taufe mit Christus begrabenen und auferweckten Christen ereignet. Tatsächlich wurde die Szene von der »Vordatierungshypothese« in diesem Sinn verstanden, da sie in ihr eine lebensgeschichtliche Vorwegnahme dessen erblickt, was der Eingang des Römerbriefs in die Worte fasst: »dem Fleische nach hervorgegangen aus dem Geschlecht Davids, durch den Geist der Heiligkeit jedoch eingesetzt zum Gottessohn mit Macht durch die Auferstehung von den Toten«. In dieser Sicht erweist sich die Himmelsstimme als diejenige, die »in die Gräber dringt« und den Gekreuzigten dem Tod entreißt, um ihm seinen Platz am Herzen des Vaters und damit im Zentrum des Lebens zuzuweisen. Insofern datiert die Taufszene das Ereignis der Auferstehung auch in dem Sinne voraus, dass sie – in erzählender Brechung – den Anruf hörbar macht, der den Gekreuzigten in sein neues unvergängliches Leben ruft. »Du bist mein geliebter Sohn« will somit als das Wort der Erweckung verstanden werden und damit als das Urwort der Auferstehung Jesu und der mit ihr markierten Wende von der Lebensgeschichte zu seiner Wirkungsgeschichte und all dem, was diese an Folgen hervorbrachte.

Im Blick auf die gesuchte Lesart betrifft dies nicht zuletzt die Entstehung der mündlichen und schriftlichen Dokumentation dessen, was von Jesus in Erinnerung geblieben war. Denn ohne den Initialstoß seiner Auferstehung hätte keinerlei Anreiz bestanden, den Worten und Taten des scheinbar Gescheiterten und sogar von Gott Verworfenen, wie der Lukasprolog sagt, von Anfang an nachzugehen und sie durch schriftliche Aufzeichnung vor der Gefahr der Vergessenheit und Verfälschung zu bewahren. Naturgemäß wirkte sich diese einzigartige Veranlassung auch auf den Stil der Berichterstattung aus. Denn jetzt erschloss sich erst der Zusammenhang dessen, was geschehen war, und jetzt ergaben sich erste Gesichtspunkte, unter denen auszuwählen, zu ordnen und darzustellen war.

Insofern steht die gesamte Jesusüberlieferung im österlichen Licht. Das stellt die Historizität der berichteten Fakten so wenig in Frage wie die Tatsächlichkeit des Kreuzestodes Jesu, ohne die von seiner Auferstehung überhaupt nicht gesprochen werden könnte. Doch ebenso gewiss besitzen diese Fakten einen neuen Stellenwert und eine über ihr bloßes Geschehensein hinausweisende Relevanz. Wie es die Vordatierungshypothese von der Taufe annimmt, weisen sie, je nach Signatur, entweder auf den Kreuzestod oder auf die Auferstehung voraus, so dass der Gesamtbericht einen zielgerichteten Zug gewinnt. So kommt es, dass in der lukanischen Weihnachtsgeschichte bereits der Glanz des Osterlichts aufleuchtet, während über vielen Konfliktszenen der Schatten einer unüberhörbaren Todesdrohung liegt. Vor allem aber erklärt sich damit der Tatbestand der »versprengten«, genauer gesagt, der vorgezogenen und in die Lebensgeschichte zurückverlegten Ostergeschichten wie die vom wunderbaren Fischzug, vom nächtlichen Gang Jesu über den See und von der Verklärungsszene.

Die Vordatierungshypothese ist überdies dazu angetan, einen eher unterschwelligen Zusammenhang aufzudecken, der die Erzählrichtung der Evangelien betrifft. Ihrer Oberflächengestalt zufolge sind sie insgesamt, am deutlichsten das Lukasevangelium, »biographisch« in dem Sinn angelegt, dass sie von den – unterschiedlich angesetzten – Anfängen auf das Ende in Tod und Auferstehung Jesu hin berichten. Jetzt aber zeichnet sich, überlagert von diesem biographischen Hauptduktus, eine Gegenströmung ab, die seine Lebensgeschichte von ihrem Ende her erzählt. Ihre Stütze hat diese Lesart in der Zweiwertigkeit der einschlägigen Szenen, insbesondere der als vorweggenommenes Auferstehungssymbol erwiesenen Taufszene. Unterschwellig verfahren die Evangelien somit im Sinn einer Rekonstruktion der Lebensgeschichte Jesu von ihrem Ziel und Ende her. Das verleiht den fraglichen Szenen einen palimpsestartigen Charakter, aufgrund dessen in anfänglichen Begebenheiten bereits Szenen der letzten Lebensphase durchscheinen. So weist die Versuchungsgeschichte bereits auf die Passion voraus, der Beginn der öffentlichen Tätigkeit auf den Einzug in das – sich wie eine Falle öffnende – Jerusalem, die Berufung der Jünger auf deren Aussendung in die »Städte und Ortschaften, in die er sich selbst begeben wollte«, die Ablehnung durch seine Familie und Vaterstadt auf die durch den Massenabfall ausgelöste Lebenswende und die Mordandrohung durch Herodes und die Gegner auf seinen Tod. Von daher legt sich eine antizipierende Lektüre nahe, die in kreisförmig vorgreifender Weise im Anfang schon das Ende vor Augen hat.

Doch in wenigen Einzelfällen kommt sogar der Felsengrund, der alles trägt, in nur wenig verfremdeter Darstellung zum Vorschein. Das ist der Fall der »versprengten« Ostergeschichten, in denen der durch Ostern gebildete Grund noch kaum verhüllt zum Vorschein kommt. Auf die Erzählung vom wunderbaren Fischzug (Lk 5,1–11) trifft das schon deshalb zu, weil sie nach Ausweis des johanneischen Nachtragskapitels (Joh 21,1–11) ihren ursprünglichen Ort in der Osterszene hat. Erst recht gilt das dann aber von Jesu nächtlichem Gang über den See (Joh 6,16–21) und der Perikope von seiner Verklärung (Mk 9,2–10). Sprechen aber auch Gründe dafür, dass diesen Szenen im Vergleich zu den formellen Ostergeschichten die Priorität zukommt?

Im Fall der Verklärungsszene könnte der Umstand dafür sprechen, dass in ihr – wie in der als Symbol der »Erweckung« Jesu begriffenen Taufszene – Gott das Subjekt, der Verklärte dagegen der von ihm Ausgewiesene ist, wie es der ursprünglich gebrauchten Rede von der »Auferweckung« Jesu entspricht. Im Fall der nächtlichen Erscheinung auf dem See wird dieser Gesichtspunkt jedoch dadurch relativiert, dass in ihr der Einbruch des Niedagewesenen, verbunden mit der Überwindung der dadurch ausgelösten Ängste und Zweifel nachklingt. Daher kann sich die Relevanz der alternativen Lesarten nicht besser als an der Frage erweisen, ob mit ihrer Hilfe die genuine Ostergeschichte ausfindig zu machen ist.

Die Alternative

Zunächst aber muss in der Alternative zwischen den beiden Hauptszenen die Prioritätsfrage entschieden werden: der Szene von der Verklärung Jesu mit seiner Beglaubigung durch die Himmelsstimme und der von seinem Gang über den See, in der er mit seinem »Ich bin es« die Zweifel der aufgeschreckten Zeugen beseitigt, beglaubigt durch den wunderbaren Fischzug, der sich als die bildhaft-szenische Veranschaulichung der performativen Qualität des Präsentationswortes erweist. Dabei lässt die Verklärungsszene insofern eine bereits fortgeschrittene Stilisierung erkennen, als sie auf die schon von der Apostelgeschichte aufgeworfene und von der antichristlichen Polemik zugespitzte Frage eingeht, warum die Ostererscheinungen nicht vor dem ganzen Volk, sondern nur vor auserwählten Zeugen erfolgten. Aus diesem fortgeschrittenen Stadium blickt sie auf die Seeszene zurück, in welcher der Auferstandene selbst zu Wort kommt und damit der Aufforderung der Himmelsstimme »Ihn sollt ihr hören« genügt. Das Erwählungsmotiv tritt dabei auch insofern zutage, als die Wahl der Apostel nach synoptischer Überlieferung auf einem Berg erfolgt.

In der Frage der Priorität entsteht so eine seltsame Pattsituation. Vom Verbalisierungsprozess her erweckt die Verklärungsszene, sofern ihr der Begriff der Auferweckung zugrunde liegt, den Eindruck der größeren Ursprünglichkeit. Dem steht freilich der Umstand entgegen, dass sie in unausdrücklicher Apologetik auf das Problem der eingegrenzten Sichtbarkeit eingeht und überdies mit dem »Ihn sollt ihr hören« auf das Selbstzeugnis des Auferstandenen verweist. Ein eigenes Problem bildet ihr primär optischer Charakter. Das entspricht zwar dem Protokollsatz »Ich habe den Herrn gesehen«, mit dem die genuinen Osterzeugen ihr Erlebnis dokumentieren, nicht aber der Tatsache, dass es erst das präsentative »Ich bin es« des Auferstandenen ist, das die Erscheinung als solche verifiziert. Umgekehrt fehlt es aber auch in der – nunmehr als ursprünglicher erscheinenden – Seeszene nicht an sekundären Zügen. So ist sie einerseits durch den wunderbaren Fischzug im synoptischen wie im johanneischen Kontext mit dem Aussendungsmotiv – »Ich will euch zu Menschenfischern machen«; »Weide meine Lämmer, weide meine Schafe!« –, andererseits aber auch mit dem Zweifelsmotiv verknüpft. Das hängt zwar auch mit dem irritierenden Ersteindruck zusammen, der die Jünger befürchten lässt, ein Gespenst vor Augen zu haben; doch gehört es nach Ausweis der Thomasszene hauptsächlich in den Fragekreis, der mit der Situation der nachgeborenen Hörer des Evangeliums aufbricht, die sich mit Lessing vor den »garstigen breiten Graben« des Zeitenabstands gestellt sehen. So spricht auch hier manches gegen die anfängliche Vermutung.

Das klärende Zeugnis

Aus dieser Pattsituation führt nur der heraus, der im Unterschied zu den überliefernden und wie über ein historisches Vorkommnis berichtenden Evangelien Einblick in seine Erfahrung vermittelt und deshalb als der auf die unwillkürlich gestellten Fragen seiner Leser eingehende und darauf »antwortende« Osterzeuge zu gelten hat: Paulus. Antwort aber gibt er in der dreifachen Aussage, mit der er den Protokollsatz »Ich habe den Herrn gesehen« erläutert und mit der er sich der Gruppe der tragenden Osterzeugen anschließt.

Grundlegend geschieht das in dem Selbstzeugnis, mit dem Paulus seine Damaskusvision im Galaterbrief verdeutlicht. In jener Gnadenstunde, so versichert er, habe ihm Gott das Geheimnis seines Sohnes »geoffenbart« (Gal 1,16). Damit gibt er seinem – mit der Damaskusvision identischen – Ostererlebnis eine unverkennbar akustische Deutung, sofern er es als ein Sprachgeschehen versteht, das den sich ihm in seiner Güte zuneigenden Gott zum Sprecher und den Auferstandenen zum zugesprochenen Inhalt hat. Dem folgt in der Korrespondenz mit Korinth ein zweites Selbstzeugnis, das sein Erlebnis in einer optischen Perspektive erscheinen lässt und dabei auf die Lichtwerdung am Schöpfungsmorgen zurückgreift. Wie Gott damals in der Urfin-sternis Licht entstehen ließ, so sei ihm in seinem Damaskuserlebnis der Glanz der Gottherrlichkeit auf dem Antlitz Christi aufgegangen (2Kor 4,6). Damit verglichen hat die Version des Philipperbriefs einen ausgesprochen haptischen Charakter, der sich diesem Ausdruck zufolge auf die Fühlung des Geschauten bezieht. Denn hier spricht Paulus davon, dass er von Christus ergriffen worden sei, und dass ihm seither sein Leben in dem Wunsch beste-he, den immer vollständiger zu begreifen, von dem er sich ergriffen wisse (Phil 3,12). Der Zusammenhang mit den beiden »Urszenen« ist unschwer auszuma-chen. Dabei bezieht sich das paulinische Primärzeugnis im Galaterbrief auf die Szene auf dem See mit dem klärenden »Ich bin es« des Erscheinenden. Der im ersten Augenblick irritierende Umstand, dass sich Paulus nicht vom Auferstandenen, sondern von Gott angesprochen weiß, kann insofern ver-nachlässigt werden, als der Sohn der Inhalt der göttlichen Mitteilung ist, der ihm alles sagt und insofern als das selbst sprechende Wort aufzufassen ist. Besonders deutlich ist der Zusammenhang der optischen Version mit der Ver-klärungsszene, zumal Paulus hier gleichfalls vom Antlitz des Auferstande-nen spricht. Dagegen steht die haptische Version mit beiden Urszenen in deutlichem Zusammenhang: mit dem Gang über den See, sofern sich dieser in die Szene mit dem sinkenden Petrus fortsetzt, den die rettende Heilands-hand dem drohenden Verderben entreißt. Doch bezieht sich das Wort von dem »Ergriffensein« durch den Auferstandenen auch auf die Verklärungssze-ne, sofern es auf das Wort »Mir ist alle Gewalt gegeben im Himmel wie auf Erden« am Schluss des Matthäusevangeliums verweist.

In der Frage der Priorität fällt die Entscheidung nun eindeutig zugunsten der Szene auf dem See. Ausschlaggebend ist dafür die Beobachtung, dass der Auferstandene in dieser Szene auf ähnliche Weise zu Wort kommt wie in der primordialen Wiedergabe der Damaskusvision, wo er freilich noch gespro-chenes und nicht schon sprechendes Wort ist. Dafür klärt sich dann in der Verklärungsszene auf, was mit dem zugesprochenen Wort gesagt ist, und das auf eine in sprachtheoretischer Hinsicht geradezu elementare Weise. Wie sich das auszusagende Wort zunächst im Mienenspiel des Sprechers spiegelt, tritt hier die Offenbarungsaussage im Antlitz des Auferstandenen in Erscheinung. Noch bevor der Offenbarer sein Werk beginnt, spiegelt sich in seinem im

Glanz der Gottherrlichkeit erstrahlenden Antlitz das, was er zu sagen hat und sagen wird. Somit hat die Szene mit dem Gang des Auferstandenen auf dem See als diejenige zu gelten, mit der das Evangelium am weitesten an das heranführt, was die in ihrer Tiefensymbolik begriffene Taufperikope mitteilt. In ihr ging es um die von der Erweckung des Gekreuzigten handelnde Vorgeschichte dessen, was mit dem Gang des Auferstandenen auf dem See in die Menschheitsgeschichte einbricht und durch sein klärendes »Ich bin es« gegen Schrecken und Zweifel gesichert wird.

Zur gleichen Entscheidung in der Prioritätsfrage führt die Berücksichtigung des typologischen Hintergrunds. Im Fall der Verklärungsszene ist dies unverkennbar die Sinai-Typologie, die sowohl aus dem »hohen Berg« als Erscheinungsort als auch aus den – sich in Erinnerung an ihren Offenbarungsempfang auf dem zweigipfligen Gottesberg Sinai-Horeb einfindenden – Jenseitsgestalten »Elija mit Mose« hervorgeht. Demgegenüber steht im Hintergrund der Seeszene die ungleich »ältere« Figur des über den Wassern einherfahrenden Weltenschöpfers, die auf das altbabylonische Motiv der durch die Bezwingung der Chaosgewässer entstandenen Schöpfung zurückweist. Während der Verklärte als Inbegriff des neuen Gesetzes erscheint, das, anders als das alte, nicht mehr im Zeichen von Sturm und Feuer, sondern in dem des »sanften Wehens« an die Welt ergeht, liegt dem Gang Jesu über den See offensichtlich der Gedanke von der durch seine Auferstehung bewirkten Neuschöpfung zugrunde, die nach Ausweis der Errettung des sinkenden Petrus im Sinn der Überbietung der todverfallenen ersten Schöpfung stilisiert ist. Doch was wirft dieses Ergebnis für die Suche nach neuen Lesarten der biblischen Texte ab, und welche Aufschlüsse sind von ihnen zu erwarten?

Die Aufschlüsse

Dass mit Aufschlüssen dieses Sinnes zu rechnen ist, ergibt sich schon aus der Beobachtung, dass sich das österliche »Ich bin es« in die Ich-bin-Aussagen des Johannesevangeliums fortsetzt und dort die Gesamtdarstellung strukturiert. In diesen Aussagen meldet sich, um mit Nietzsche zu reden, die Person hinter dem Ausgesagten zu Wort. Nietzsche registrierte, wie erinnerlich, aber auch eine »Musik hinter den Worten« und eine »Leidenschaft hinter dieser

Musik«. Im Blick auf den Bildbezug der Begriffe hätte er überdies von dem Licht hinter den Texten reden können. Damit sind bereits Spuren ausgelegt, die zu den gesuchten Lesarten führen. Sie gehen aus von dem dreifachen Selbstzeugnis, mit dem Paulus seine Damaskusvision erschließt. Dabei kann umso sicherer eingesetzt werden, als die neutestamentlichen Texte, wie sich zeigte, ihre Existenz entscheidend der Auferstehung des Gekreuzigten verdanken. Denn ohne sie hätte kein Anlass bestanden, sich seiner Geschichte zu erinnern und dies schriftlich zu dokumentieren. Doch steht auch diese Dokumentation in einem derart engen Zusammenhang mit dem ereignishaften Ausgangsfaktum, dass von jenem auf diese zurückgeschlossen und in ihm sogar der Schlüssel zu ihrer Tiefenaussage gefunden werden kann. Denn nur um diese kann es sich bei der gesuchten Lesart handeln. Was dagegen die literarische »Oberfläche« anlangt, so steht dafür als Erschließungsmethode die der historischen Kritik zu Gebote, hinter die in dem bereits angesprochenen Sinn nicht mehr zurückgegangen werden kann.

Ihre bisher zu wenig erkannte Grenze hat die historisch-kritische Methode jedoch an ihrem informationstheoretisch verkürzten Sprach- und Textverständnis. Im Sinn der philosophischen Sprachanalyse ging sie einseitig von der Annahme eines primär informativen Sinnes aus, demgegenüber schon die performative, erst recht aber die kommunikative Rolle der Sprache ausgeblendet blieb. Das galt erst recht von der Würdigung der Bibel als Medium. Denn die Einsicht des Apostels Paulus, dass dem geschriebenen Wort wesentliche Sprachqualitäten fehlen, ging infolge der Gleichsetzung von verkündigendem Wort und dokumentierender Schrift gleichfalls fast völlig verloren.

Deshalb muss die Gewinnung der neuen Lesarten zunächst mit der Wiederentdeckung der medialen Qualität des Schriftworts einsetzen. Sie gewinnt ihre Wegweisung am zuverlässigsten durch das dreifache Selbstzeugnis des Apostels Paulus, das diese Spur in akustischer, optischer und haptischer Sinnrichtung verfolgen heißt. Aufgrund dieser Wegweisung müsste eine erste Lesart auf den Anruf achten, der von dem auf seinen »Unterton« abgehörten Schriftwort ausgeht. Dass ein derartiger Anruf vernommen werden kann und immer schon vernommen wurde, wird durch zahlreiche Beispiele aus der Geschichte des paradigmatischen Leseverhaltens belegt, angefangen von der Römerbriefstelle, die *Augustin* zu seiner Lebenswende veranlasste, bis hin zu *Hamanns* »Londoner Erlebnis«, das gleichfalls durch die innere Resonanz eines Schriftworts ausgelöst wurde. »Schallverstärkend« kommt bei dieser Lektüre das hinzu, was *Kierkegaard* den Leidenston nannte; denn unter dem Eindruck dieses »Untertons« kann sich der Anruf im Einzelfall bis zu einer förmlichen Zusage steigern, wie sie etwa an *Pascal* in dessen ›Mysterium Jesu‹ mit den Worten erging: »An dich dachte ich in meiner Agonie, jene Blutstropfen habe ich für dich vergossen.«

Damit hat Pascal eine Spur aufgenommen, die nicht sorgfältig genug weiterverfolgt werden kann. Denn das Evangelium existiert nach Paulus zweimal: nicht nur so, wie es durch seine Initiative als Briefschreiber Gestalt gewann, sondern zuvor schon als der »innere Brief«, den der Gottesgeist auf die »Herzenstafeln« der Glaubenden schrieb. Deshalb findet das Schriftwort dort ein individuelles Echo. Es wird, ganz im Sinn der akustischen Lesart, hörbar, sobald der Leser das im Berichtstil Gesagte dialogisch auf sich zurückwendet. Dann würde die Zueignung des Gottesreichs an die Jünger etwa lauten: »Dir ist es gegeben, das Geheimnis des Gottesreichs zu verstehen; den anderen wird es nur in Gleichnissen vorgelegt.« Der an den Judas der Abschiedsreden gerichtete Vorwurf gälte dann dem Leser in der nun auf ihn selbst zugeschnittenen Form: »Solange schon bin ich bei dir und du kennst mich noch immer nicht? Wer mich gesehen hat, hat auch den Vater gesehen. Wie kannst du da sagen: Zeig mir den Vater?« Vor allem aber dürfte er dann das Schlusswort des Abschiedsgebets Jesu variierend auf sich beziehen: »Ich habe ihm deinen Namen kundgetan und werde ihn weiterhin kundtun, damit die Liebe, mit der du mich geliebt hast, in ihm sei und ich in ihm.«

Im Evangelium ist aber nicht nur der Leidenston zu vernehmen, der *Johann Georg Hamann* als die Stimme des von ihm »erschlagenen Bruders« hörbar wurde, sondern auch der Lichtglanz zu ersehen, den Paulus auf dem Antlitz des Auferstandenen aufleuchten sah und der in der Verklärungsszene dessen ganze Gestalt durchstrahlte. Nicht umsonst beschreibt das Matthäusevangelium das Wirken Jesu im Nordgebiet mit dem Aufgang eines »großen Lichts« in der Nacht der in Finsternis und Todesschatten Wohnenden. Demselben Motiv dürfte es entstammen, wenn das Johannesevangelium seinen Bericht über die öffentliche Wirksamkeit Jesu mit dessen Wort beschließt: »Als das Licht bin ich in die Welt gekommen, damit keiner, der an mich glaubt, in der Finsternis bleibe.« Von diesen beiden Eckpunkten aus zieht sich ein Lichtbogen durch das ganze Evangelium, der auch seine dunkelsten Stellen durchhellt, so dass der heidnische Hauptmann in den Zügen des zu seinem Gott Aufschreienden die Würde des Sohnes zu erkennen vermag. Damit dürfte es auch zusammenhängen, dass Jesus die Spitzenaussagen seiner Selbstoffenbarung wie insbesondere sein Wort »Ich bin das Licht der Welt« nicht an den Freundeskreis, sondern an seine erbitterten Gegner richtet.

Diesem allgegenwärtigen, aber meist verhüllten Licht gilt es nachzuspüren, weil in seinem Schein der befreiende, tröstende und rettende Hintersinn vieler Aussagen lesbar wird. Wer es versucht, begibt sich in die optische Lesart der biblischen Texte. Ihm wird sich unter dem Eindruck dieses unterschwelligen Leuchtens die Vielfalt der oft inkohärenten, teilweise sogar widersprüchlichen Texte zu einer Gesamtschau ordnen, die sich dadurch ergibt, dass sie ihm in ihrer Zentrierung auf die Mitte hin lesbar werden: auf jene Mitte hin, wie sie das Wort von dem Gott umschreibt, in dem sich die Finsternis des Angst- und Schreckenerregenden nicht mehr findet, weil er der Gott der bedingungslosen Liebe ist.

Der Mitvollzug

Von den ausgearbeiteten Lesarten entspricht die erste der Sprachklanganalyse Nietzsches, die zwar nicht vom Glanz, dafür aber von der Musik in den Worten spricht und damit der akustischen Lesart Bahn bricht. Mit seinem Hinweis auf die Leidenschaft hinter der Musik begründete er aber auch die haptische Lesart, die auf der Linie der von Austin herausgestellten performativen Sprachqualität liegt. Dass die Bibel dafür ein weites Feld von Belegstellen bietet, zeigt sich schon beim Schöpfungsbericht mit seinen wiederholten Befehlsworten, die jeweils bewirken, was sie besagen. Für die Sprache Jesu bestätigt das das apokryphe Kindheitsevangelium des Thomas, wenn es von dem Jesusknaben heißt: »Jedes Wort von ihm ist eine fertige Tat.« So wirkt dann tatsächlich sein Befehl »Mädchen, steh auf!« und der Erweckungsruf »Lazarus, hierher, heraus«, aber nicht weniger auch sein »Schweig, verstumme«, mit dem er den Seesturm niederzwingt.

Besonders aufschlussreich ist in diesem Zusammenhang das Johannesevangelium, weil es die Herkunft dieses performativen Redens aus dem Beten Jesu zu erkennen gibt. Denn auf dem Höhepunkt seines Abschiedsgebets bricht Jesus mit dem Niedrigkeitsgestus des Bittens, um mit seinem gebieterischen »Ich will« vor den Vater hinzutreten und die Schau seiner Herrlichkeit für die Seinen einzufordern. Wenn man im Sinn der Blattvertauschungshypothese davon ausgeht, dass dieses Gebet seinen ursprünglichen Ort verlor, und nach diesem Ausschau hält, legt sich die Annahme nahe, dass dieser in Jesu Zwiesprache mit der vom Volk als Donner gedeuteten Himmelsstimme zu sehen ist, so dass er damit stärker zur Mitte des Evangeliums hinrückt. Dann aber erklingt dort das Machtwort, das den Leser im Durchgang durch die Lebensgeschichte Jesu die »Herrlichkeit des Eingeborenen vom Vater« gewahren lässt und ihn in diese aufnimmt.

So entspricht es insbesondere der österlich gedeuteten Taufszene, sofern sie mit dem Eingang des Römerbriefs konvergiert, der dem dem Geschlecht Davids Entstammenden nachrühmt, dass er durch die Auferstehung von den Toten »zum Gottessohn mit Macht« eingesetzt wurde. Hier entspringt die Quelle aller Macht und Ermächtigung, von der in den neutestamentlichen Schriften die Rede ist. Es ist in erster Linie die Ermächtigung zum bezeugenden Wort, die Paulus zu dem prinzipienhaften Satz »Ich glaube, darum rede ich« (2 Kor 4,13) veranlasst, den man geradezu als das christliche »Cogito ergo sum« bezeichnen könnte. Und es ist, kontrastiv dazu, die Ermächtigung zum Eintritt in die Innenwelt des Glaubens, die der Apostel mit der Formel »in Christus« erschließt und die, wie sich bereits zeigte, von *Deissmann* als die »Sphäre« verdeutlicht wurde, die sich allen öffnet, um sie mit ihrer ebenso bewahrenden wie belebenden Kraft zu umfangen.

Diese ausgesprochene Innensicht tut sich dann auf, wenn die mystische Inversion auf das religiöse Aktbewusstsein durchschlägt, wenn also der Glaube an Christus als dessen Selbsterkenntnis im Glaubenden, die Hoffnung auf ihn als Frucht seiner angstüberwindenden Gegenwart und die Liebe als Reflex seiner liebenden Selbstaneignung begriffen wird. Denn so, wie *Guardini* den religiösen Aufbruch nach dem Ersten Weltkrieg auf die Formel vom Erwachen der Kirche in den Seelen auf den Begriff bringen konnte, müsste der Umschwung im gegenwärtigen Glaubensbewusstsein mit dem Satz umschrieben werden, dass Christus in den Seinen zu sich selbst erwacht.

Die neuen Lesarten sind, in diesem Zusammenhang gesehen, der mitvollziehende Reflex dieses Vorgangs. Denn die akustische versucht, im verschrifteten Wort die Stimme Jesu zu vernehmen, die optische möchte im

Gewebe der Texte den Glanz seines Angesichts gewahren, während die haptische darauf abzielt, sich von seiner andringenden Gegenwart ergreifen zu lassen. Aufgrund dieser Lesarten beginnen die biblischen Texte erst wirklich zu reden, zu leuchten und zu ergreifen. Gerade dadurch aber schaffen sie die Voraussetzung dafür, dass in effektiver Weise über sie gesprochen und aus ihrem Impuls gehandelt werden kann.

2. Habt ihr das alles verstanden?

Mit der Titelfrage vergewissert sich der Gleichniserzähler, ob er von seinen – spontan bejahenden – Hörern auch wirklich verstanden wurde (Mt 13,51). Doch damit stellt er eine Frage, die für die neutestamentlichen Schriften insgesamt, vor allem aber für die Evangelien gilt. Denn selbst dort, wo in ihnen noch das Urgestein der tatsächlich gesprochenen Jesusworte ansteht, konnten diese nur unter der Voraussetzung überliefert werden, dass sie verstanden und als behaltenswert eingeschätzt wurden. Da ihnen der Verstehensakt inhaltlich nichts hinzufügte oder wegnahm, konnte er unberücksichtigt bleiben. Immerhin rechneten die Vertreter der historisch-kritischen Methode jedoch auch damit, dass die Evangelisten mehr oder weniger tief in den Bestand der ihnen vorliegenden Quellen eingriffen, um das vorhandene Material ihrem jeweiligen Rahmen einzufügen.

Den entgegengesetzten Fall bilden ausdrückliche Interpretationen, in denen Vorgegebenes in seiner wirklichen oder vermeintlichen Bedeutung erschlossen oder aber auf aktuelle Probleme – zum Ziel ihrer besseren Bewältigung – bezogen wird. So deutet Jesus im Nikodemusgespräch die Aufrichtung der »ehernen Schlange« auf seine Erhöhung am Kreuz und Paulus die beiden Frauen Abrahams auf den Alten und Neuen Bund (Joh 3,14). Was hier nur mitgesagt ist, wird dann in aller Form in den »Erfüllungsworten« thematisiert, die in den Ereignissen der Lebensgeschichte Jesu und einzelnen seiner Aktivitäten alttestamentische »Ankündigungen« erfüllt sehen. Den obersten Grenzfall aber bilden jene Stellen, in denen die Interpretation die gedeuteten Stoffe aufzehrt oder gar schöpferisch an deren Stelle tritt.

Das Problem

Doch in alledem besteht das zu verhandelnde Problem noch nicht. Es wird vielmehr erst durch die relativ häufigen Fälle von Widersprüchen und Fehldeutungen aufgeworfen, auf die die Christentumskritik schon seit der Streitschrift ›Alethes logos‹ des antiken Rhetors *Kelsos*, vor allem aber seit der Polemik des durch *Lessings* ›Wolfenbüttler Fragmente‹ zur Öffentlichkeitswirkung gelangten Hermann Samuel Reimarus abgehoben hatte. Da die von diesem nachgewiesenen Widersprüche weitgehend zutreffen, kann die traditionelle Auffassung von der Irrtumslosigkeit der Schrift in dieser Form nicht länger aufrecht erhalten werden. Eine Alternative dürfte dann aber nur auf dem Weg einer konsequenten Berücksichtigung der zwischen Verstehen und Missverstehen oszillierenden Rezeption zu gewinnen sein.

Doch der Entwurf der rezeptionsgeschichtlichen Methode liegt allenfalls am Rand im apologetischen Interesse. Hauptziel ist auch bei ihr vielmehr, die neutestamentlichen Texte vollständiger und ihrer Komplexität entsprechend aufzuschließen. Das aber ist nur unter Berücksichtigung ihrer jeweiligen Rezeption möglich. Wie der Fall der nachgestalteten Herrenworte zeigt, in denen das von Jesus Gesagte nachgerade von der Rezeption verschlungen wurde, müsste dabei zunächst die Demarkationslinie erkundet werden, von der an sich die Rezeption die überlieferten Materialien nicht nur im Interesse der Weitergabe aneignet, sondern sich ihrer in einer Weise bemächtigt, dass Neues, wenn nicht gar Anderes entsteht. Auf diesem Weg würden zugleich wichtige Einblicke in die Denkwelt und Verfahrensweisen der neutestamentlichen Autoren, nicht zuletzt aber auch in ihre Identität gewonnen.

Damit ist auch schon der Kern des angesprochenen Problems berührt, der sich nachgerade wie die Quadratur des Kreises darstellt. Es betrifft die Kriterien, nach denen die originären und als solche authentischen Herrenworte von den überformten und nachgestalteten unterschieden werden können. Auf die Spitze wurde diese Frage neuerdings durch die These *Klaus Bergers* getrieben, der die Unterscheidbarkeit rundweg verneint und damit den Erfolg der von *Conzelmann* und *Jeremias* in Gang gesetzten Forschung in Frage stellt.[24] Indessen erscheint seine Position nur wie ein letzter Schritt auf der Rückzugslinie, welche die Forschung schon vor ihm verfolgte, als sie von den »ureigenen Worten« Jesu auf dessen »ureigene Intention« und zuletzt, in der Fragestellung *Heinz Schürmanns*, auf seinen »ureigenen Tod« zurückgeblendet hatte. Damit war dann aber doch insofern fester Boden gewonnen, als sich allem Anschein nach zeigen lassen konnte, wofür Jesus gestorben war, vorausgesetzt freilich, dass die Suche danach nicht selbst von einer Interpretation verdeckt wurde.

Die Eckdaten

Wie die neuerdings in Gang gekommene Diskussion der Satisfaktions- und Rechtfertigungslehre zeigt, ist das aber tatsächlich der Fall. Der Frage nach Jesu »ureigenem Tod« ist längst die beiden Theorien zugrunde liegende Annahme seines Todes als einer Opfer- und Sühneleistung zuvorgekommen und mit ihr eine unzweifelhaft nachträgliche, auf den Argumentationsnotstand der Urgemeinde zurückgehende Interpretation.[25] Doch damit kommt, höchst überraschend, auch schon ein Eckdatum zum Vorschein, das aus zwei Gründen die von *Berger* verneinte Unterscheidung erlaubt: einmal, weil der Anstoß ausfindig gemacht werden kann, der zu der erwähnten Interpretation führte; sodann, weil das Interpretament bestimmt werden kann, das ihr zugrunde lag.

Der Anstoß ging unverkennbar von der die Urgemeinde bedrängenden Frage aus, warum Jesus sterben musste; diese wurde auch durch seine Auferstehung nicht ausgeräumt, da dann immer noch die von *Guardini* aufgeworfene Frage nach der ihm zugemessenen und im Vergleich zu Buddha und Sokrates allzu kurzen Lebenszeit blieb.[26] Sie wurde zusätzlich durch das von Paulus reflektierte Ärgernis des Kreuzes verschärft, das, nach Justins ›Dialog mit dem Juden Tryphon‹ zu schließen, vor allem von der jüdischen Umwelt empfunden und gegen den Christenglauben ausgespielt wurde. Wie ein rettender Lichtstrahl muss die Auskunft empfunden worden sein, die von der »Menge von Priestern« gegeben wurde, die (nach Apg 6,7) zur Urgemeinde stießen. Denn diese kamen vom täglichen Opferdienst, den sie zur Entsühnung des sich immer wieder versündigenden Volkes verrichteten, und ihre Auskunft bezog sich demgemäß darauf, den Kreuzestod Jesu als einen Opfer- und Sühnetod zu begreifen. Die ganze Not, die mit der Frage aufgerissen worden war, schien damit beseitigt. Indessen schien es nur so; denn die scheinbar beantwortete Frage riss eine größere auf, die sich auf den Gott bezog, der dieses Opfer forderte, und dessen Verhältnis zu dem Gott, den Jesus entdeckt, verkündet, erkämpft und erlitten hatte und für den er tatsächlich seinen »ureigenen Tod« gestorben war.

Dafür kommt mit aller Deutlichkeit das Interpretament zum Vorschein, das dieser Deutung zugrunde lag: die aus uralter Menschheitstradition überkommene und erstmals von den Propheten Israels in Frage gestellte Opfer-

und Sühnevorstellung. Sie setzte allerdings – und darin liegt der heuristische Wert dieser Bestimmung – eine Gottheit voraus, die mit der Menschheit im Zerwürfnis stand und mit ihr, aus welchen Gründen auch immer, ins Gericht ging – eine Gottheit, die sich überdies nur durch Vernichtungsakte in Gestalt von Opfern beschwichtigen und versöhnen ließ, und in alledem eine Gottheit des Zorns, die zur Menschheit auf Distanz ging, sie in einen Stand der Heteronomie verwies und deshalb vor allem zu fürchten war. Wie fern diese Gottheit dem Gott Jesu Christi stand, verdeutlicht das Schlüsselwort des Römerbriefs (8,15), das der Religiosität der Angst und Heteronomie eine definitive Absage erteilt und stattdessen zum neuen Leben im Geist der Gotteskindschaft aufruft. Deutlicher kann der Abgrund zwischen dem von Jesus überwundenen und dem von ihm erschlossenen Gott der Nähe, der Zärtlichkeit und Liebe schwerlich markiert werden.

Doch dieser Gott fordert keine Opfer, am wenigsten das Lebensopfer seines vielgeliebten Sohnes, und dies schon gar nicht als Sühneleistung für die Sündenschuld der Welt, weil er, so sehr er die Sünde verabscheut, mit seiner je größeren Liebe sogar die Undankbaren und Bösen umfängt (Lk 6,35). Um jeden Preis musste dieser Gott in dieser todverfallenen und »im Argen« liegenden Welt zur Geltung gebracht werden, auch wenn sich sein Botschafter damit der Gefahr aussetzte, missverstanden, abgelehnt und verworfen zu werden. Umso dringlicher stellte sich Jesus dann aber auch das Problem, seine Botschaft in eine Form zu fassen, die nicht von vornherein auf Missverstehen stieß, sondern ihre Annahme ermöglichte. Deshalb spricht er auch nicht so sehr von Gott als vielmehr vom Gottesreich.

Mit diesem aus alttestamentlicher Tradition geschöpften Begriff setzte sich Jesus freilich einem hermeneutischen Problem erster Ordnung aus. Denn nach seinem eigenen Bekunden lässt sich dieser weder in das Koordinatensystem von »hier« und »dort« einbringen, noch mit Hilfe exakter Kriterien dingfest machen (Lk 17,20). Es bedurfte somit einer sprachschöpferischen Leistung, wenn das Wort vom Gottesreich angemessen promulgiert werden sollte. Diese Großtat vollbrachte Jesus mit der Schaffung seiner Gleichnisse.

Blind oder sehend?

Über den Zweck seiner Gleichnisreden äußert sich Jesus nach synoptischer Überlieferung mit den bestürzenden Worten:

Damit sie offenen Auges sehen und doch nicht sehen, mit ihren Ohren hören und doch nicht hören und nicht verstehen, damit sie sich ja nicht bekehren und Vergebung erlangen (Mk 4,12).

Das ist seine Antwort auf die Bitte der durch ihr Hörerlebnis verunsicherten Jünger, ihnen das gleichnishaft Gesagte zu erschließen. Ihr kommt Jesus, auch im Wiederholungsfall, mit einer ausgesprochen allegorischen Erklärung des von ihm zuvor Erzählten nach. Auch hier ist somit, deutlicher noch als im Fall seines Kreuzestodes, zwischen dem Wort Jesu und dessen – hier sogar von ihm selbst gebotenen – Deutung unterschieden. Und ebenso klar tritt die dazu eingesetzte Methode zutage: die vor allem durch *Philon von Alexandrien* in die Bibelwissenschaft eingeführte Allegorese.[27] Doch diese Klarheit grenzt an eine Dunkelzone schwerer Probleme. Zunächst hätte Jesus seine sprachschöpferische Großtat selbst desavouiert, wenn ihr Zweck in der Verblendung und Verstockung der Hörer bestanden hätte. Wer ihm diesen Selbstwiderspruch nicht anlasten will, muss sich mit *Joachim Jeremias* dazu durchringen, dass sich in der Verstockungstheorie die negative Missionserfahrung der Urgemeinde spiegelt, und er muss in der Konsequenz dessen den gesamten Deutungskomplex den nachschaffenden Autoren zusprechen. Das heißt dann aber auch schon, dass die Allegorese, ungeachtet ihrer fast zweitausendjährigen Verwendung, als Schlüssel zu den Gleichnisreden Jesu entfällt. Worin besteht dann aber tatsächlich der Zweck der Gleichnisse, und wie sind sie zu verstehen?

Wenn man der bahnbrechenden Erkenntnis der heutigen Gleichnisforschung folgt, bestand ihr Zweck in der kommunikativen Vermittlung des Reich-Gottes-Gedankens. Das wird sogar durch den Eingang der – freilich als sekundär erwiesenen – Sinnbestimmung bestätigt:»Euch ist es gegeben, das Geheimnis des Gottesreichs zu fassen; den Außenstehenden wird es nur in Gleichnissen dargeboten« (Mk 4,11). In dieselbe Richtung zielt die Jesus gleichfalls in den Mund gelegte Frage, die etwas von der sprachschöpferischen Mühe erkennen lässt, die mit der Schaffung der Gleichnisse verbunden war: »Womit sollen wir das Reich Gottes vergleichen, in welches Bild sollen wir es fassen?« (Mk 4,30). Den wirklichen Beweis kann allerdings erst eine auf die Sprachwelt der Gleichnisse eingehende Erschließung erbringen. Doch wie sprechen die Gleichnisse? Wie ihre Redeweise zeigt: entweltlichend von Weltlichem. Zwar setzen sie in der Regel bei alltäglichen Gegebenheiten an; doch verfolgen sie eine ausgesprochen weltentfremdende Tendenz. Daher ihre erklärte Vorliebe für das Ungewöhnliche, Unerwartete, Unverhoffte, Überraschende, Skurrile und Provozierende. Daher auch ihre Neigung, die von ihnen geschilderte Lebenswelt nicht affirmativ, sondern aus der kritischen Gegenperspektive in den Blick zu nehmen.

Das entscheidende Argument besteht dagegen darin, dass sich der Erzähler in einer Reihe von Gleichnissen selbst in einer Weise einbringt, dass sie ihm zu einer Selbstdarstellung geraten, so vor allem im Gleichnis vom »Fürbittenden Weingärtner« (Lk 13,6–9) und in dem vom »Dienenden Herrn« (Lk 12,36ff.). So aber ordnen sich die Gleichnisse insgesamt der mit ihm gegebenen Mitte zu, und das mit der Folge, dass sie von dorther lesbar und als Selbstexplikationen dieser Mitte begreifbar werden. Gleichzeitig erweist sich diese als der Grund des von ihnen ebenso geforderten wie bewirkten Umdenkens, das wie in den Wachstumsgleichnissen das Kleine als groß und wie im Gleichnis von den Weinbergarbeitern die Letzten als Erste erscheinen lässt und so auf die Metanoia, die Umkehr, zurückweist, zu der Jesus, zusammen mit der Ankündigung des Gottesreiches, aufgerufen hatte. Von da aus führt dann schon ein relativ kleiner Schritt zu der Erkenntnis, dass er sich, wie schon *Origenes* der Theologie ins Stammbuch schrieb, mit dem Reich Gottes selbst gemeint und es als seine soziale Selbstdarstellung ausgegeben hat.[28] Wenn das Schlüsselwort vom Gottesreich zudem in seiner performativen Sprachqualität begriffen wird, kommt darin überdies der Wille Jesu zum Eingriff in die Daseinsstrukturen zum Ausdruck, mit seinem eigenen Bildwort gesprochen, sein Wille, die Welt mit der Fackel dieses Wortes in Brand zu setzen (*Machovec*).

Für die Gleichnisdeutung besagt dies, dass die Gleichnisse als kommunikative Umsetzungen des Reich-Gottes-Motivs zu gelten haben und deshalb als sprachlich-performative Einübungen in das Geheimnis der Basileia zu verstehen sind, für das Ausgangsproblem dagegen, dass die von den Evangelien gebotenen und Jesus in den Mund gelegten Interpretationen ebenso wie die ihnen zugrunde liegende Allegorese auf das Konto der Missverständnisse gehen, welche die Botschaft Jesu schon innerhalb der Entstehungszeit der Evangelien erlitt.

Formen der Rezeption

Dass im Feld ihrer Berichte Missverständnisse auftreten, gestehen die Evangelien selber ein, wenn auch im Medium einiger auf Jesus zurückgespiegelter Szenen: so im Markusbericht von der Missdeutung der Warnung Jesu vor dem »Sauerteig der Pharisäer« (Mk 8,14–21), in dem von der verständnislosen Reaktion der Jünger auf die Leidensankündigung (Mk 9,32), oder auch in der Erwähnung der böswilligen Missdeutung der Bemerkung Jesu, dass Lazarus schlafe (Joh 11,11ff.). Da sich diese Stellen durchweg als Zusätze der Evangelisten erweisen, kommen sie dem wenigstens indirekten Eingeständnis gleich, dass die Sache des Glaubens selbst im Fall, dass sie Jesus persönlich in die Hand genommen hatte, wiederholt auf Verkennung und Missdeutung stieß. Zu diesem Eingeständnis könnten sie sich allerdings schwerlich bereitfinden, wenn sie nicht davon überzeugt wären, dass die Botschaft Jesu in der weit überwiegenden Anzahl der Deutungen und Interpretationen korrekt ausgelegt, in seinem Sinn aktualisiert und zutreffend auf die Probleme der inzwischen gewandelten Situation bezogen wurde.

Dem liegt der Gedanke zugrunde, dass der Interpret, wie dies in der bekannten Metapher von den auf den Schultern von Riesen stehenden Zwergen zum Ausdruck kommt, aufgrund des Fortgangs der Geschichte über ein größeres Erfahrungspotential verfügt als der Autor und ihn deshalb gegebenenfalls besser versteht als er sich selbst.[29] Dass dieser Anspruch sogar von der Autorität Jesu gedeckt ist, spricht aus dem Wort der Abschiedsreden: »Wer an mich glaubt, wird die Werke, die ich vollbringe, auch selbst vollbringen, ja er wird noch größere als diese vollbringen; denn ich gehe zum Vater« (Joh 14,12). Das aber gilt zweifellos auch von dem »Werk« der Rezeption und Weitergabe der Botschaft Jesu.

Doch das Selbstbewusstsein der Evangelisten lebt außerdem von der nicht minder wichtigen Einsicht in den kreativen Grundzug der Rezeption. Verstehen ist ebenso ein Gestalten wie ein Entgegennehmen des Vernommenen. Wer versteht, muss sich das Vernommene ebenso selbst zusprechen, wie der Redende sich das gesagt sein lassen muss, was er in der Hoffnung, verstanden zu werden, ausspricht. Auf der hohen Reflexionsstufe des Johannesevangeliums verfasst sich das in die »Schlüsselgestalt« (*Kügler*) des Lieblingsjüngers, der sich in drei Aspekten darstellt: zunächst als der, der den ihn bei der Entlarvung des Verräters ins Vertrauen ziehenden Jesus versteht (Joh 13,23ff.); sodann als der, in dem der Gekreuzigte nach dessen vermächtnishafter Bestimmung fortlebt (19,26f.), und schließlich als der zur vollen Glaubensgewissheit Gelangte, der nur des Anblicks der im Grab verbliebenen Relikte bedarf, um zum vollen Auferstehungsglauben zu kommen (20,6ff.). So durchmisst er die drei Stadien der Rezeption, beginnend mit der teilnehmenden Einfühlung über die Identifikation bis zur Einsicht. Wenn man bedenkt, wie deutlich der Lieblingsjünger in seiner von der Liebe Jesu umhüllten Anonymität vom Jüngerkreis abgehoben ist, möchte man den hartnäckigen Befürwortern seiner Historizität mit *Robert Gernhardt* das »apokryphe« Pauluswort an die Irokesen entgegenhalten: »Euch schreib ich nichts, lernt erst mal lesen!«

Nach alledem entwerfen die Evangelien ein aus ganz unterschiedlichen Stufen und Formen der Rezeption gewonnenes Bild Jesu, das in seiner Konsequenz zu der bereits angedeuteten Revision der allgemein angenommenen Irrtumslosigkeit der biblischen Schriften nötigt. Denn diese erscheinen nunmehr zwar als die authentische – und in diesem Sinn irrtumslose –, indessen aus Verständnis und Missverständnis hervorgegangene Dokumentation der Heilsbotschaft. Da es sich dabei im letzten Fall jedoch meist um Formen eines paradigmatischen Missverständnisses handelt, dürfte sich damit (nach 1Kor 10,11) die Insinuation verbunden haben, dies in der gegenwärtigen Rezeption zu vermeiden.[30]

Das Zwischenfeld

Zwischen den beiden Eckdaten und dem vom Lieblingsjünger verkörperten Fall des kreativen Verstehens dehnt sich nun offensichtlich ein weites Zwischenfeld, auf dem der verstehende Nachvollzug ganz unterschiedliche Stufen durchmisst. Den Extremfall, nicht verstanden worden zu sein, wie er sich schon in den Bemerkungen über die von den Leidensweissagungen über-

forderten Jünger spiegelt, markiert der Auferstandene, wenn er den Emmaus-
jüngern vorwirft: »Wie schwer fällt es euch doch, an all das zu glauben, was
die Propheten gesagt haben!« (Lk 24,25). Gleiches meint aber auch Paulus
mit seiner Beschwerde darüber, dass er zur Gemeinde von Korinth nicht wie
zu einsichtigen Geistesmenschen, sondern nur wie zu Unmündigen reden
konnte, da sie die feste Kost seiner Weisheitsrede nicht vertrugen (1Kor 3,17).

Es fällt auf, dass sich die Stellen der nächsten Stufe, die sich auf das unzu-
längliche oder nur bedingte Begreifen dessen beziehen, was durch Jesus getan
und bewirkt wurde, im Johannesevangelium mit wachsender Annäherung an
den Auftritt des Lieblingsjüngers häufen. So schon die auf den Eingang des
Lieds vom leidenden Gottesknecht (Jes 53,1) bezogene Bemerkung, dass Jesus
trotz der vielen von ihm gewirkten Zeichen keinen Glauben fand (Joh 12,37f.),
sodann die Antwort Jesu an Petrus zu Beginn der Fußwaschung: »Was ich
tue, verstehst du jetzt noch nicht; du wirst es aber später einsehen« (13,7), so
vor allem aber die von Jesus nach diesem Akt der Selbsterniedrigung gestellte Frage: »Versteht ihr, was ich an euch getan habe?« (13,12). Dadurch entsteht fast unabweislich der Eindruck, als lege Jesus seine Sache ganz bewusst
in die Hand der Hörer und Rezipienten seiner Botschaft.

Selbstverständlich erhebt sich dagegen der Einwand, dass es sich so gut
wie bei allen der aufgeführten Fälle um sekundäre Herrenworte handelt, in
denen die Urgemeinde ihre Anliegen auf Jesus zurückspiegelte, um ihn als
Problemlöser heranzuziehen, wenn nicht gar für ihre Lösungen verantwort-
lich zu machen. Das gilt auch für die Sinnverdunkelung, wie sie die Seligpreisungen und Gottesanrede des Herrengebets durch die Zusätze der Mat-
thäusversion (Mt 5,3.6; 6,9) erleiden. Doch gerade dabei zeigt sich, wie sehr
die Urgemeinde ihre Aufgabe als eine vorwiegend hermeneutische empfand.
Insbesondere stand sie bei der Verschriftung der Botschaft vor der Frage, wie
weit sie sich dabei im Einvernehmen mit deren Urheber befand.

Das Zentralproblem

Dabei stand für sie die »quaestio facti«, dass sie so verfahren durfte, außer
Diskussion. Wie aber stand es um die »quaestio iuris«? War das von ihr praktizierte Verfahren auch im Sinn Jesu legitim? Eine verlässliche Antwort darauf

wäre nur zu gewinnen, wenn sich die hermeneutische Frage auf eine Lebensfrage zurückführen ließe. Dabei geht es um die Suche nach der das Sprachverhalten Jesu tragenden Lebensform, die ebenso seinen Lebensstil wie seinen Identifikationsakt betrifft.

Was seinen Lebensstil angeht, so spricht davon aufs Nachdrücklichste das Wort, dass der Menschensohn nicht gekommen ist, um sich bedienen zu lassen, sondern »um zu dienen« (Mk 10,45). In dieser Grundfassung erschließt der – nachträglich soteriologisch erweiterte – Ausspruch die Differenz, durch die sich Jesus von allen Potentaten des Geistes und der Macht unterscheidet. Auch ihm geht es um die Akzeptanz, ja sogar um den Glauben an ihn. Doch dies nicht durch die Unterwerfung unter ein von ihm ausgehendes Diktat, sondern durch die Entgegennahme jener Hilfe, die er nach dem Kierkegaard'schen Grundwort »Der Helfer ist die Hilfe« selber ist. Auch er will herrschen, jedoch nicht durch Gewalt, sondern durch Hingabe. Darin wurzelt dann auch der von dem durchschnittlichen tief unterschiedene Identifikationsakt Jesu. Anders als alle Übrigen gewinnt er seine Identität nicht auf dem Weg der Abgrenzung und Unterscheidung, sondern auf dem der Selbstübereignung.

Verbalisiert wird diese in dem johanneischen Schlüsselwort »Ich bin das Brot des Lebens« (Joh 6,48), sakramental besiegelt durch die Zeichenhandlung der Fußwaschung, der als synoptisches Pendant die Einsetzung des Abendmahls entspricht. Beide Szenen aber unterstehen der Frage: »Versteht ihr, was ich an euch getan habe?« (Joh 13,12), ausdrücklich die johanneische, unausdrücklich, nicht weniger deutlich aber auch die synoptische. Damit verschiebt sich die existentielle Perspektive in die hermeneutische. Und es wird klar: Der Existenzakt ist die Wurzel des Verstehensaktes, so wie dieser in dem Maß durchsichtig wird, wie man ihn in seinem Verweisungszusammenhang mit dem Existenzakt begreift. Im Fall Jesu ist das Verstehen der intellektuelle Nachvollzug der Hilfe, die er durch seine Selbstübereignung bietet. Es ist das geistige Essen jenes Brotes, das die Lebensgemeinschaft mit ihm ebenso bewirkt wie bedeutet, das also begreifend gegessen und als Gegessenes begriffen wird.

Die um dieses Wort aufgebaute Szene beginnt mit einer Serie von Missdeutungen (Joh 6,30–44) und endet mit der zum Massenabfall führenden Ablehnung (6,60–66). Das ist der höchst beredte Hinweis darauf, dass mit der von Jesus intendierten Rezeption das Risiko der Verweigerung und mit dem von ihm erstrebten Verstehen die Gefahr des Missverständnisses einhergeht. Sogar die Motive der Ablehnung und Missdeutung werden genannt: einerseits das Verharren in überkommenen Denkmodellen (Joh 6,31f.), andererseits der Eindruck der Überforderung (6,60). Beide Formen der Verweigerung dringen also nicht nach Art von äußeren Störfaktoren in den Aneignungsakt ein, sondern haben ihren, wenngleich überwindbaren Anlass in der Botschaft selbst, die, paulinisch ausgedrückt, ungeachtet ihrer heilbringenden Qualität »den Juden als Skandal und den Heiden als Torheit« erscheint, weil sie die Gefahr des Ärgernisses in sich birgt (1Kor 1,18–31).

Der Testfall

Voll geklärt ist die »quaestio iuris« indessen erst, wenn die skizzierte Methode nicht nur Aufschluss über die unterschiedlichen Formen der Rezeption bietet, sondern Antwort auf die Frage gibt, die von der historisch-kritischen Methode auch in ihrer Verzweigung zur Form- und Redaktionsgeschichte offen gelassen wird: die Frage nach der Entstehung der nachgestalteten Jesusworte, die schon beträchtliche Teile der synoptischen Texte, vor allem aber so gut wie den gesamten Redestoff des Johannesevangeliums ausmachen. Insbesondere ist in diesem Fall die Diktion in thematischer und stilistischer Hinsicht so weit von der dialogisch-narrativen Sprache des synoptischen Jesus abgehoben, dass die Bestreitung dieser Differenz dem historischen Jesus unterstellen würde, bei weitgehend identischen Adressaten in zwei völlig unterschiedlichen Sprachstilen geredet zu haben.[31]

Auf die Frage nach den Urhebern dieser Herrenworte und der aus ihnen gefügten Textstücke gab die Forschung, aufs Ganze gesehen, zwei Antworten: eine erste mit dem Hinweis auf das Wirken der Wandercharismatiker, die im Lebensstil äußerster Bedürfnislosigkeit das Land durchzogen, um die Gemeinden im Glauben zu festigen. Dabei traten sie in der zelotisch erhitzten Atmosphäre als entschiedene Friedensboten auf, die ihre Sendung nicht nur durch Heilungen, sondern insbesondere auch dadurch bekräftigten, dass sie im Namen des Erhöhten redeten und das verkündeten, was er, wäre er noch unter ihnen, unter den gewandelten Bedingungen gesagt hätte.[32] Demgegenüber sucht die zweite, vor allem auf die johanneischen Texte bezogene Antwort, deren Urheber in der überragenden Persönlichkeit des »johanneischen Kreises«, die, gleichviel, ob sie als Verfasser oder als dessen Gewährsmann zu gelten hat, gestützt auf das Verheißungswort von den »größeren Werken« (Joh 14,12) und den »Beistand des Parakleten« (14,26), es wagte, die Reden Jesu über deren Wortlaut hinaus weiterzuführen und mitten in deren Kontext, »ohne den Übergang anzuzeigen«, selbst das Wort zu ergreifen.[33]

Doch im Rahmen einer rezeptionsgeschichtlichen Methode geht es nicht um die Zuordnung der nachgestalteten Redestücke an bestimmte Verfassergestalten oder Verfasserschaften, sondern um die Klärung der Möglichkeitsbedingungen ihrer Entstehung. Die aber ist gebunden an eine zulängliche Einschätzung des Bewusstseinsschubs, den das Osterereignis herbeiführte. Denn dessen Wirkung bestand nicht, wie *Berger* im Sinn heutiger Marginalisierungstendenzen meint, in der Wiederaufahme einer kurzfristig »fallengelassenen Masche«, sondern in einer Denkwende, wie sie nur das in dieser Welt der universalen Todverfallenheit »Niedagewesene« herbeiführen konnte.[34] Dass diese auch einem hermeneutischen Paradigmenwechsel gleichkam, deutet der johanneische Jesus selber an, wenn er dem abwehrenden Petrus erklärt: »Was ich tue, verstehst du jetzt noch nicht; du wirst es aber später einsehen« (Joh 13,7).

Das angesprochene Problem ist insofern der Testfall der Methode, als es nur im Blick auf die Struktur des Verstehensaktes zu lösen ist, genauer gesagt, im Blick auf seine Progressivität und seine Rückbezüglichkeit; denn der Verstehensakt verfährt ebenso antizipierend wie rekapitulierend. Das eine entspricht dem *Schleiermacher*-Wort, wonach der Verstehende den Autor überholt und daher besser verstehen lernt, als dieser sich selbst verstand. Auf Jesus angewendet besagt dies, dass er als Auferstandener die Attribute an sich reißt, die der historische nie beansprucht oder sogar zurückgewiesen hätte, weil jetzt der Botschafter zur Botschaft, der Glaubensbote zum Geglaubten und der Lehrer zur Lehre wurde. Jetzt entsteht aus der Botschaft vom Gottesreich die auf die Hoheitstitel Messias, Gottessohn und Kyrios gegründete Christologie und mit ihr der Kern des kirchlichen Lehrgebäudes. In diesem neuen Licht begreifen die aus der Gefolgschaft Jesu hervorgegangenen Jünger, was ihnen im Umgang mit ihrem Meister verborgen geblieben war. Beispiele dafür bietet die »johanneische Theologie« (*Robinson*), die Jesus transparent auf den

Vater sieht (Joh 14,7ff.) und ihn zugleich als den Quellgrund dessen begreift, was der Paraklet verkündet (16,13f.), nicht weniger aber auch der schon in der Spruchquelle enthaltene »gewaltige Hymnus« (*Schweitzer*), der die ausschließliche Erkenntnisbeziehung von Sohn und Vater rühmt (Mt 11,25ff.). Gleichzeitig kommt aber auch die Rückbezüglichkeit zum Zug, sofern der Paraklet den Vorgriff dadurch revoziert, dass er nicht aus sich selbst redet, sondern an alles erinnert, was Jesus gesagt hat (Joh 14,24), und dies sogar in der Form, dass er ihn erneut zu Wort kommen lässt. Denn der Verwandlung des Botschafters in die Botschaft und des Lehrers in die Lehre korrespondiert die im Eingang des Ersten Johannesbriefs dokumentierte Tatsache, dass sich der Schrein der Stilisierungen und Vergegenständlichungen öffnet, sofern sich das uranfängliche Wort aufs Neue vernehmen, schauen und fühlen lässt (1Joh 1,1ff.). Das geschieht zwar durch den Zuspruch des »inwendigen Lehrers« (*Augustin*); doch wissen sich die dadurch Belehrten veranlasst, dem durch Worte, wie sie sich in den johanneischen Redestücken und der weisheitlichen Stelle der beiden Großevangelien niedergeschlagen haben, Ausdruck zu verleihen. So werden sie zu den Sprechern der nachgestalteten Jesusworte. Darin besteht das von *Gadamer* gerühmte »Wunder des Verstehens«, jetzt nur bezogen auf den sprachschöpferischen Prozess, den Jesus dadurch in Gang setzt, dass er seine Identität in Akten der Selbstübereignung findet und dass er dadurch zu sich selbst erwacht, dass er verstanden wird. In den ›Oden Salomons‹ bestätigt dies der Erhöhte mit den Worten:

Ich bin auferstanden und in ihrer Mitte; durch ihren Mund will ich reden (42,6).

Milch und Brot

Niemand hätte sich unmittelbarer davon angesprochen und als »Mund« des erhöhten Herrn fühlen können als Paulus, der sich in seinem Damaskuserlebnis von ihm ergriffen (Phil 3,12) und inspiriert (2Kor 12,4–9) wusste. Doch Paulus begnügt sich damit, »Sätze heiligen Rechts« zu gestalten wie etwa »Wenn euch jemand ein anderes Evangelium verkündet, als ihr es von mir vernommen habt, der sei verflucht« (Gal 1,9), obwohl er gleichzeitig darauf besteht, dass seine Botschaft nicht als Menschenwerk, sondern als »Wort Got-

tes« angenommen werde (1Thess 2,13).[35] Als ihm aber die Gemeinde von
Korinth einen Beweis dafür abverlangt, dass Christus in ihm rede (2Kor 13,3),
gibt er deshalb das Ansinnen an sie mit der Forderung zurück:

> Prüft euch selbst, ob ihr im Glauben steht, erprobt euch doch selbst! Oder spürt ihr
> denn nicht, dass Jesus Christus in euch ist? Wenn nicht, hättet ihr die Probe nicht
> bestanden (2Kor 13,5).

Dabei hatte er derselben Gemeinde vorhalten müssen, dass sie trotz seiner
Bemühung um sie noch immer nicht imstande sei, die »feste Speise« seiner
Weisheitslehre zu vertragen, so dass er sie mit der Milchkost des Allgemeinverständlichen abspeisen müsse (1Kor 3,2). Das verstand der Paulusforscher
Ed Parish Sanders als Fingerzeig, wonach in den Äußerungen des Apostels zwischen exoterischen, auf die Zwecke der Verkündigung abgestellten, und esoterischen Stellen unterschieden werden müsse.[36]

In der Korrespondenz mit Korinth nennt Paulus auch die Gründe, die dem
Verständnis seiner esoterischen Weisheitslehre entgegenstehen:

> Oder seid ihr nicht allzu irdisch eingestellt und benehmt ihr euch nicht fleischlich,
> wenn Streit und Eifersucht unter euch herrschen, wenn also einer sagt: Ich halte zu
> Paulus, ein anderer: Ich zu Apollos; seid ihr da nicht allzu menschlich? (1Kor 3,3f.)

Zwar geht der Apostel im Philipperbrief großzügig über diese Barriere mit
der Begründung hinweg: »Wenn nur auf jede Weise, ob in unlauterer oder
lauterer Absicht, Christus verkündet wird« (Phil 1,18). Ganz anders hatte er
allerdings im Galaterbrief votiert, als er den verunsicherten Gemeinden unterstellte, dass sie sich von der gegnerischen Agitation geradezu »verhexen« ließen, sie, denen doch der Gekreuzigte förmlich »vor Augen gestellt« worden
sei (Gal 3,1). Das kommt der Vermutung gleich, dass ein irrationales Element
in das Denken der Adressaten eingebrochen sei, das die »entzaubernde«
Macht der Kreuzesbotschaft durch einen Gegenzauber gebrochen habe.[37]

Mit dem Selbstwiderspruch des Apostels in der Bewertung von Streit und
Eifersucht war somit nicht das letzte Wort gesprochen. Vielmehr ist zu vermuten, dass für ihn die Unfähigkeit der Korinther, das harte Brot seiner esoterischen Weisheitslehre zu vertragen, gleichfalls auf eine »Verhexung« ihres

Denkens zurückging, die aber nicht etwa, wie von Ludwig Wittgenstein angenommen, auf sprachliche Vorurteile, sondern auf den »Bann« zurückging, dem die durch die Philosophie verzauberte Gemeinde verfallen war. Denn sie lebte inmitten einer Umgebung, der die von Paulus verkündete Kreuzesbotschaft als eine einzige »Torheit« vorkam. Dieser »Voreingenommenheit« gegenüber seiner Kreuzesbotschaft gilt der Kampf, den der Apostel mit dem Ziel aufnimmt, die dem Glauben entgegenstehenden »Bollwerke« und »Sinngespinste« niederzulegen (2Kor 10,4f.). Da die Front derjenigen, die das Verständnis seiner Botschaft behinderten, auch die Gegenmissionare in Galatien und die Parteien in Korinth umfasste, erscheint Paulus auf der ganzen Linie darum bemüht, der erschütterten Akzeptanz seiner Verkündigung erneut zum Zug zu verhelfen.

Es entspricht der Ambivalenz im Erscheinungsbild des Apostels, dass er sich nicht nur der Missdeutung seiner Sache zu erwehren sucht, sondern auch im Verdacht steht, selbst einem Missverständnis verfallen zu sein, sofern er das als göttliche »Hausordnung« gemeinte Gesetz aus seinem Kontext herausgelöst und auf eine ethische Satzung reduziert hatte. So scheint in den gegnerischen Missdeutungen nur die Fehlleistung auf ihn zurückgefallen zu sein, deren er sich selbst schuldig gemacht habe. Kaum aber hatte Franz Mussner diesen Vorwurf durch den Nachweis entkräftet, dass Paulus das Band zwischen Gesetz und Bund keineswegs zerriss, sondern durch die Bindung an den Gekreuzigten auf neue Weise festigte, so geriet dieser neuerdings wieder in den weit schlimmeren Verdacht, Jesus selbst missverstanden zu haben und durch die Verfälschung seiner Botschaft zum eigentlichen Stifter des Christentums geworden zu sein. Durch ihn, der nach eigenem Bekunden den historischen Jesus (nach 2Kor 5,16) nicht gekannt, sondern seine ganze Lehre einem visionären Erlebnis entnommen habe, sei an die Stelle der Heilsbotschaft die Erlösungslehre und an die Stelle des Gottesreichs der Machtapparat der Kirche getreten. Vor allem aber habe er dem Asketismus Tür und Tor geöffnet und überdies das Schwergewicht der Dinge ins Jenseits verlegt. So sei durch ihn, wie ihm schon Nietzsche vorgeworfen hatte, Jesus erst wirklich ans Kreuz einer ihm fremden Religiosität geschlagen worden.

Doch Paulus hatte diesem bittersten Vorwurf schon dadurch die Spitze abgebrochen, dass er sich »mit Christus gekreuzigt« (Gal 2,19) und von seinen Wundmalen gezeichnet wusste (6,17). Und außerdem fühlte er, der (nach

Röm 15,18) nichts zu sagen wagte, was nicht von Christus in ihm bewirkt wurde, sich mit diesem im vollkommenen Einverständnis, als er anstatt vom Gottesreich von der durch Christus erwirkten Freiheit (Gal 5,1) und anstatt von der Nachfolge von der Berufung zur Gotteskindschaft (Röm 8,15) sprach und dadurch die zunächst auf die Regionalität der palästinensischen Verhältnisse abgestimmte Botschaft in eine weltweit rezipierbare Fassung brachte. Wenn es Jesus nach *Milan Machovec* darum ging, die Welt durch seinen Eingriff in die Daseinsstrukturen »in Brand zu setzen«, so war Paulus, mit dem unvergessenen Dogmatiker *Herman Schell* gesprochen, »ein Feuerbrand, der von Christus glühte« und dabei sein Feuer doch einzig dem entnahm, der dazu gekommen war, »es auf die Erde zu werfen« (Lk 12,49).

Ungeachtet dieser Befürwortung sieht sich Paulus, wie schon durch seine korinthischen Adressaten, so durch seine heutigen Kritiker erneut zu einem Beweis dafür aufgefordert, dass Christus, unbeschadet seiner Neuinterpretation der Botschaft, wirklich durch ihn rede. Da er sich weder vom Einwand seiner wohlwollenden Kritiker, die ihm lediglich die Qualität des Mystikers absprechen möchten, noch von dem Vorwurf seiner Gegner, die ihm die Schuld am Niedergang des Christentums anlasten, betroffen fühlt, gibt er heute wie damals das an ihn gerichtete Ansinnen an seine Kontrahenten zurück, jetzt nur in der Form, dass er sie zur selbstkritischen Prüfung ihres Bildes vom Christentum und ihrer Rezeption seiner Botschaft auffordert. So könnte seine Antwort in moderner Abwandlung lauten: »Prüft euch selbst, ob ihr im Glauben steht und mit welchen Denkformen ihr die Botschaft auslegt. Wenn ihr euch dazu bereitfindet, ist zu hoffen, dass ihr die Probe besteht« (nach 2Kor 13,5).

3. Er muss wachsen!

Im Blick auf die Seesturm-Szene entwarf Tertullian in seiner Schrift über die Taufe ein aktuell anmutendes Bild über die religiöse Situation seiner Zeit, in dem er das Schiff der Kirche vom Wogengang der Verfolgungen und Versuchungen ergriffen sah. In seiner Nachsicht scheine der Herr zu schlafen, bis er, aufgeweckt durch die Gebete der Heiligen, dem Sturm Einhalt gebietet und den Seinen die Ruhe wiederschenkt.[38] Heute sind es freilich nicht so sehr die aufgepeitschten Wogen der immer noch anhaltenden Verfolgungen, unter denen die Christenheit zu leiden hat, als vielmehr die Folgen einer lähmenden Flaute, die den theologischen Erkenntnisfortschritt stagnieren, den Glauben verflachen und jene resignative Stimmung entstehen ließ, die der Tertullian-Leser Nietzsche mit dem Bildwort vom »Geist der Schwere« beschwor.

Für eine in die Defensive gedrängte Religion ist die Flaute aber die größere Bedrohung, weil sie dann Gefahr läuft, von einer unmerklichen Grundströmung erfasst und ins Abseits der bestehenden Lebenswelt abgedrängt zu werden. Wenn die vom Seesturm Bedrohten nur durch den aus seinem Schlaf erwachenden Herrn zu retten waren, gilt das erst recht von der gegenwärtigen Krise. Ihr kann letztlich nur der wehren, den die Gebete der Heiligen zu rettender Selbstvergegenwärtigung aufrufen. Was aber entspricht dem im Umgang mit den biblischen Texten?

Die Inversion

Das ist nur mit Hilfe der Vorfrage nach dem Stand der glaubensgeschichtlichen Entwicklung zu klären. Sie ist offensichtlich durch eine Zurücknahme der doktrinalen Vergegenständlichung des Glaubens aufgrund einer Eigeninitiative des Geglaubten gekennzeichnet. Stand am Anfang, bedingt durch den durch die Auferstehung Jesu ausgelösten Paradigmenwechsel, jene ideelle »Inthronisation«, durch die der Erwecker des Glaubens zum Glaubensinhalt, der Botschafter zur Botschaft und der Lehrer zur Lehre wurde, so setzte im johanneischen Denkraum bereits jene Gegenbewegung ein, die sich in dem programmatisch anmutenden Satz bekundet:

Was wir gehört und geschaut, was wir mit eigenen Augen gesehen und mit unseren Händen betastet haben, das Wort des Lebens, das verkünden wir euch (1Joh 1,1ff.).

Als die bekanntere Variante dieser Stelle kann das Pauluswort gelten, in das der Apostel seine esoterische Lehre zusammenfasst:

Was kein Auge geschaut, kein Ohr vernommen und keines Menschen Herz jemals empfunden hat, das gewährte Gott denen, die ihn lieben (1Kor 2,9).

Danach tritt der sowohl doktrinal wie kerygmatisch und kultisch Vergegenständlichte aus dem Schrein dieser Objektivationen hervor, um aufs Neue hörbar, sichtbar und greifbar zu werden, dies jedoch nicht nach Art seines historischen Gewesenseins oder der narrativen Ostergeschichten, sondern in Form seiner mystischen Selbstvergegenwärtigung und Wirksamkeit. Zweifellos bezog sich die Urgemeinde, anders als die spätere Glaubenswelt, primär auf diese Geistes-Gegenwart des Erhöhten. Ihr galt der bei ihren Gedächtnismählern ausgestoßene Jubel- und Sehnsuchtsruf »Maranatha«. Sie stand im Zentrum ihres Glaubensbewusstseins. Und dem entsprach es auch, dass sich Paulus nur marginal auf den historischen Jesus bezog, zentral aber auf seine Verbundenheit mit dem, den er in seiner Damaskusvision als Lebensinhalt empfangen hatte.

Wenn es die von *Heidegger* angenommene »Frömmigkeit des Denkens« gibt, muss dem, was die »Gebete der Heiligen« erflehen, auch eine denkerische und, im Blick auf die Erschließung der Texte gesprochen, methodologische Strategie entsprechen.[39] Das aber hat zur Voraussetzung, dass zunächst die charakteristischen Formen der Selbstvergegenwärtigung und des »Kommens« Jesu erkundet und die ihnen jeweils entsprechenden Verstehensweisen bestimmt werden, weil nur auf dieser Basis das methodologische Pendant der sonstigen Erschließungsformen erarbeitet werden kann.

Das Kommen

Im Blick auf die sich unter diesem Gesichtspunkt anbietenden Daten entsteht der Eindruck, dass die Christenheit insgesamt als die Religion des gekommenen und immer noch kommenden Heilbringers zu gelten hat. Ihre Urkunde, das Neue Testament, ist, so gesehen, das große Dokument seines Kommens, das demgemäß unter diesem Gesichtspunkt gelesen und verstanden sein will. Damit ist angedeutet, dass die an seinem Schluss ertönende Zusicherung »Ja, ich komme bald!« (Apk 22,20) ein vielfältiges Vorspiel in den Evangelien und den Briefen hat. Gleichzeitig verstärkt sich damit der Eindruck, dass es ihm zentral um den sich in der Gestalt Jesu verdichtenden Einbruch Gottes in die sich ihm vielfach verschließende Lebenswelt zu tun ist.

Um im Zug einer Vororientierung wenigstens Grundformen dieses Kommens auszugrenzen, so ist zunächst an die Sendung Jesu zu denken, die sich in den vielfältigen Sätzen von seinem Gesandt- und Gekommensein oder dessen Verneinung artikuliert. In dem Schlüsselwort des Markusevangeliums »Die Zeit ist erfüllt und das Gottesreich nahgekommen« (1,14), geht das Gekommensein Jesu nachgerade in die Ankunft des von ihm proklamierten Gottesreiches auf, von dessen Annäherung umgekehrt wie von einer Person die Rede ist. Nach *Origenes*, der Jesus die »autobasileia«, also das »Gottesreich in Person« nennt, erklärt sich das daraus, dass das Gottesreich als Inbegriff der sozialen Selbstdarstellung Jesu und, radikaler noch, als Metapher des in seine Schöpfung eingreifenden und sie in seinem Sinne umgestaltenden Gottes zu gelten hat. Da sich das Reich aus eben diesem Grund einer Wesensbestimmung und Einordnung in das Koordinatensystem von Raum und Zeit entzieht (Lk 17,20), schuf Jesus in Gestalt seiner Gleichnisse eine eigene Sprachwelt, um die Hörer seiner Botschaft auf narrativ-performativem Weg in die von ihm heraufgeführte Lebensordnung einzubürgern. Dabei machen die unverkennbar autobiographischen Gleichnisse deutlich, dass er sich in ihnen in dem Maß, wie er durch sie das Zentralmotiv des Gottesreichs expliziert, letztlich selber auslegt. Gleiches gilt dann aber auch von seiner Tatverkündigung in Gestalt der von ihm gewirkten Wunder, durch die er nach seiner ausdrücklichen Versicherung dem Gottesreich, diesem sozialen Inbegriff seiner selbst, Bahn bricht.

Die Diakonie

Von diesen quasi-biographischen Formen seines Kommens heben sich diejenigen ab, die Einblick in seinen Existenzakt gewähren. Präludierend weist darauf die Bemerkung des Matthäusevangelisten hin, wonach Jesus sein Lebenswerk aus einem Impuls des Mitleids aufnahm:

Als er die Volksscharen sah, wurde er von Mitleid ergriffen (Mt 9,36).

Darin zeichnet sich bereits die Geste des Helfers ab, in der *Kierkegaard* Jesus auf die seiner Hilfe bedürftigen Welt zugehen sah, und dies mit einer Dringlichkeit, die ihn selbst als hilfsbedürftig erscheinen und schließlich mit seiner Hilfe in aller Form verschmelzen ließ. Dann aber unterscheidet sich Jesus in seinem Existenzakt radikal von den allgemein-menschlichen. Denn er kam nicht wie die Übrigen durch Akte der Abgrenzung und Unterscheidung, sondern auf dem Weg der Selbstübereignung und Hingabe zu sich.

Vor diesem Hintergrund werden die beiden zur Passion hinführenden Schlüsselszenen, die synoptische Abendmahlsperikope und ihr johanneisches Äquivalent, die Fußwaschung, verständlich. Da Jesus lebenslang im Vorgriff auf sein Sterben lebt, weil er von ihm die definitive und in seiner Abba-Anrufung Gottes beziehungsreich vorweggenommene Beantwortung seiner Lebensfrage erwartet, kommt es jetzt zu jenem Exzess seiner diakonischen Lebenshaltung, der ihn einerseits zum Sklavendienst an seinen Jüngern und andererseits zur Selbstübereignung an sie im Zeichen des gebrochenen Brotes, dieser symbolischen Vorwegnahme seiner Todeshingabe, veranlasst. Wie er sich im ersten Fall als Herr aufgibt, vergeht er im zweiten als Individuum, um hier wie dort in den Seinen auf- und fortzuleben. Das bestätigt das Wort der Abschiedsreden »Ich gehe und komme« (Joh 14,28), das den Weggang in den Tod zur Vorbedingung seines Kommens als Auferstandener erklärt. Gleichzeitig verspannt es den johanneischen Auftakt des Motivs im Wort des Täufers »Er muss wachsen, ich aber abnehmen« (Joh 3,30), mit dem für diesen Zusammenhang zentralen Pauluswort »Ich lebe, doch nicht ich – Christus lebt in mir« (Gal 2,20). Damit tritt der Gedanke vollends in das Zeichen der mit dem »Gehen« gemeinten Passion Jesu, die das programmatische Wort des Täufers als Einwilligung ins Martyrium vorwegnimmt und die nun ihrerseits als die Basis jenes mystischen Sterbens erscheint, von dem die paulinische Identitätsaussage spricht.

In diesem Kontext wirken die johanneischen Abschiedsreden, denen das Wort vom Gehen und Kommen entstammt, geradezu wie eine umfassende Einübung in das nachösterliche Kommen Jesu und damit wie eine einzige

Beantwortung der Frage, die der Scheidende den Jüngern geradezu auf die Lippen legt:

Jetzt aber gehe ich zu dem, der mich gesandt hat, und keiner von euch fragt mich: Wohin gehst du? (Joh 16,5).

Das ist die Frage nach dem Verbleib des Auferstandenen, die in diesen Reden mit dem Hinweis auf die Einwohnung Jesu als dem Ziel seines Kommens und genauer noch, mit dem auf sein Kommen im Geist beantwortet wird. Gleichzeitig gewinnt das Motiv der Einwohnung damit deutlichere Kontur. In seinem Geist wirkt der Kommende den näheren Auskünften zufolge erinnernd (Joh 14,26), belehrend und eröffnend (16,13) auf das Bewusstsein der Seinen ein, und damit gibt er sich ihnen zugleich im Sinn des johanneischen Eingangswortes (1Joh 1,1ff.) zu erkennen:

Nur noch eine kleine Weile, und die Welt sieht mich nicht mehr. Ihr aber seht mich; denn ich lebe, und auch ihr werdet leben (Joh 14,19).

Doch die Rede von der »kleinen Weile« ist doppeldeutig. Sie bezieht sich ebenso auf die drei Tage bis zur Auferstehung wie auf die geschichtsübergreifende Wartezeit bis zur Parusie. Zunächst war nur eine Minderheit der Urgemeinde der Überzeugung, dass sich die Wiederkunft bereits in der Auferstehung ereignet habe, während die überwiegende und die kirchliche Auffassung bestimmende Mehrheit beides trennte und auf eine endzeitliche Parusie wartete. Im Anschluss an apokalyptische Vorstellungen malte sie diese die Weltgeschichte beschließende Wiederkehr in dramatischen Bildern aus. Indessen kennt die aus dieser Vorstellungswelt hervorgegangene Apokalypse auch den Gedanken der im präsentischen Sinn »bevorstehenden« Parusie, wenn es im Sendschreiben an Laodizea heißt:

Ich stehe vor der Tür und klopfe an. Wenn einer meine Stimme hört und die Tür öffnet, werde ich bei ihm einkehren und das Mahl mit ihm halten und er mit mir (Apk 3,20).

So entsteht der Eindruck, als tendiere gerade die Apokalypse dahin, in offenem Selbstwiderspruch den von ihr thematisch ausgemessenen weltgeschichtlichen Zeitraum auf den zwischen Tod und Auferstehung zurückzunehmen und die Parusie in dieser aufgehen zu lassen. Erst recht vertritt dies der Wortführer eines aktualisierenden Parusieverständnisses *Gerhard Lohfink* mit der einleuchtenden Begründung, dass man die weltbildhafte Einkleidung des Motivs nicht aufgeben könne, ohne nicht ebenso mit ihrer Zeitvorstellung zu verfahren. Wenn man sich aber diese Direktive zu eigen macht, gewinnt das Kommen des Auferstandenen eine erhöhte, alle übrigen Formen umfassende Qualität und Dringlichkeit. Umso dringender gestaltet sich dann aber die Suche nach der angemessenen Hermeneutik.

Der Schlüssel

Den grundlegenden Anstoß gibt das Täuferwort »Er muss wachsen, ich aber abnehmen«, sofern es das von ihm gestalthaft gedachte Kommen an das eigene Vergehen zurückbindet. So wurde dieses Wort, radikaler als in jeder theoretischen Auslegung, auf dem Kreuzigungsbild des Isenheimer Altars beschworen, wo der in das blutrote Gewand seines Martyriums gehüllte Täufer mit bedeutungsvoller Geste so auf den Gekreuzigten hinweist, dass sein auf die Art seines Todes anspielendes »Abnehmen« tatsächlich als Vorbedingung von dessen »Erhöhung« ersichtlich wird. Einem hermeneutischen Fingerzeig kommt das insofern gleich, als nun die ganze Szene auf den Gekreuzigten hin gelesen sein will, dies jedoch so, dass dabei ein Akt der kognitiven »Selbstaufgabe« vollzogen werden muss.

In sprachtheoretischer Spiegelung entspricht dem die bereits mitgeteilte Nachlassnotiz *Nietzsches*, die das »Verständlichste an der Sprache« nicht schon in den Worten, sondern in der »Musik hinter den Worten«, der »Leidenschaft hinter dieser Musik«, und insbesondere in der »Person hinter dieser Leidenschaft« erblickt und damit gleichfalls für eine »reduktionistische« Lesart eintritt.

Danach ist die Sprache im Grunde personale Selbstaussage und als solche das Medium, durch das sich das sprechende Subjekt mit Hilfe gestischer (Musik) und emotionaler (Leidenschaft) Implikationen Ausdruck schafft. So kommt die Person durch die Sprache »zu Wort«. Wenn aber das zutrifft, liegt bei der Frage nach dem Kommen Jesu nicht nur auf seiner Wortverkündigung ein besonderer Akzent; vielmehr ergibt sich in diesem Fall auch eine exzeptionelle Konvergenz von thematischem Interesse und Sprachstruktur. Dann »spricht« die Sprache immer schon von einem – wenn zunächst auch ganz unspezifischen, in ihrer Tiefenstruktur jedoch christlich bestimmten – »Kommen«.

Ein Stück weit lässt sich das durch Nietzsche belegen, sofern er fürchtete, dass wir Gott so lange nicht loswerden, als »wir noch an die Grammatik glauben«, dass also die grammatischen Strukturen den Gottesbegriff nachzeichnen. Entscheidend ist dafür jedoch die Annahme, dass die abendländische Sprachwelt nicht nur durch die Sprachleistung Jesu, sondern überdies durch einen christologischen Archetyp geprägt ist, wie er blasphemisch durch Hitler aufgegriffen und in den Dienst seiner demagogischen Rhetorik und seines Machtwillens gestellt wurde. Wenn es sich aber so verhält, ist es geboten, auch die damit gegebenen positiven Möglichkeiten auszuloten. Sie bestehen offensichtlich darin, dass die Sprache einen unterschwelligen Zug zur Verlautbarung dessen aufweist, durch den sie entscheidend – nach Guardini durch den »jahrhundertelangen Mitvollzug der Christus-Existenz« – geprägt ist. Dann kommt es lediglich noch darauf an, diesen Zug nach Möglichkeit zu verstärken und auf die sich dann ergebenden Folgen zu achten. Nach dem Bildwort der Apokalypse wäre demgemäß nach den Klopfzeichen zu fragen, mit denen der schon in der Sprache und dann erst recht im Schriftwort Kommende Einlass begehrt. Worin bestehen sie?

Die Verstärkung

Auf diese Frage antwortet zunächst das kusanische Theorem von der »großen Stimme« der Gottesoffenbarung, die sich schon durch die Propheten Gehör verschaffte, daraufhin in Johannes, dem Rufer in der Wüste, eine mächtige Steigerung erfuhr, um dann in dem menschgewordenen Gotteswort eine Reihe von Modulationen zu durchlaufen, bis sie schließlich durch den Mund des Gekreuzigten »einen lauten Schrei ausstieß und verschied«. Danach ist in jeder biblischen Aussage ein Nachklang dieser großen Stimme zu vernehmen, die sich bis zum Todesschrei Jesu steigerte und Gehör zu verschaffen suchte. Das ergänzte Kierkegaard mit dem Postulat einer akustischen

Lesart der biblischen Schriften, die für ihn allenthalben, selbst in den freudigsten Herrenworten, von einem Leidenston durchhallt sind, der nicht weniger als jene Stimme vernommen sein will.

Von *Kierkegaard* stammt aber auch der Bildgedanke von dem Auge, das den Leser des Schriftworts allenthalben anblicke und ihn nach seiner Reaktion befrage. Damit ergänzt er die durch ihn zunächst befürwortete akustische Lesart durch eine ausgesprochen optische, wie sie der sich nach Nietzsche in der Sprache bekundenden Person entspricht. Denn bevor sich ein Mensch sprachlich ausdrückt, spiegelt sich das, was er zu sagen hat, bekanntlich in seinem Mienenspiel und Blick. Spätestens an dieser Stelle drängt sich die Erinnerung an den Eingangssatz des großen Johannesbriefs auf, der von einer akustischen, optischen und haptischen Wahrnehmung des uranfänglichen Wortes spricht.

Doch auch die haptische, also »mit den Händen betastende« Wahrnehmung des Wortes hat ihre Entsprechung, und dies in dem Machtwort, das auf dem Höhepunkt des Abschiedsgebetes Jesu (Joh 17,24) erklingt und, wie die Erkundung seines ursprünglichen Ortes im Johannesevangelium (12,26ff.) zeigt, im Grunde aus der Mitte des gesamten Schriftworts gesprochen ist. Mit ihm tritt Jesus aus der Rolle des Bittenden hervor, um im Bewusstsein seiner Gottessohnschaft seinen Ort am Herzen des Vaters für die Seinen einzufordern. Damit zieht er zugleich die Summe aus der ganzen Reihe der johanneischen Bildworte, in denen er letzte Bedeutungen an sich reißt und sich als den lebendigen Inbegriff von Brot, Licht, Weg, Wahrheit und Leben zu verstehen gibt.

Sie alle werden durch dieses Machtwort definitiv bestätigt. Doch beim letzten, in dem sich Jesus den »wahren Rebstock« nennt (Joh 15,1), bewirkt diese Verstärkung, dass es in seiner wahren Bedeutung – nach *Bultmann* als Rekognitionsformel – erkennbar wird, so dass in ihm das aus der Verbundenheit Jesu mit den »Rebzweigen«, also den Seinen, gesprochene »Ich« hörbar wird, das nun unmittelbar auf den Leser eindringt und ihn zum Verbleib in der Lebensgemeinschaft mit ihm auffordert. Das aber hat zur Folge, dass an dieser Stelle der von den Evangelisten über das von ihnen verarbeitete Überlieferungsmaterial gespannte Rahmen bricht, so dass sich die von ihm zu einem quasi-biographischen Gesamtbild zusammengeschlossenen »kleinen Einheiten« verselbständigen und nach dem Gesetz der »Wahlverwandtschaft«

neue Kombinationen eingehen. Was sich dann ergibt, sind Durchblicke durch die innere Lebensgeschichte Jesu, die ihn im lebenslangen Dialog mit seinem Gott, im Aspekt der gelebten Weisheit und in einer der Selbstübereignung verschriebenen Diakonie erscheinen lassen.

Die Rezeption

Während diese Aspekte in der Hoffnung konvergieren, dass sich im Gitterwerk der Texte das Antlitz zeige, das der in ihnen Redende wie zum Beweis seines Gekommenseins dem Leser zuwendet, stellt sich nunmehr die Frage nach der angemessenen Rezeption, die nach dem, was das Grundmotiv des Kommens besagt, nur in einem denkerischen Purgatorium bestehen kann. Grundlegend ist dafür die von Jesus im Kontext seiner Basileiapredigt erhobene Forderung der Metanoia (Mk 1,15), mit der er zwar die Umkehrforderung des alttestamentlichen Prophetismus aufnimmt, die er jedoch durch die Bindung dieser Forderung an das Gottesreich und, vermittelt durch dieses, an seine eigene Person, völlig neu bestimmt. »Umkehren« heißt für ihn: das weltorientierte Denken zugunsten seiner Utopie aufgeben und sich ihm selbst als dem letzten Bezugspunkt des Denkens und Wollens verschreiben. Sofern damit der Verzicht auf das sorgende Alltagsinteresse gefordert ist, arbeitet darauf schon die Spruchquelle hin, in welcher Jesus einleitend zu einem Sorgentausch einlädt, durch den die sorgende Bemühung um das heraufkommende Gottesreich die Bekümmerung um die alltäglichen Lebensgüter verdrängt. Doch dadurch wandelt sich zugleich das »erkenntnisleitende Interesse« (*Habermas*); denn die Sorge wird zur Hoffnung.

Das Gottesreich kann aber nur unter der Voraussetzung zum zentralen Interessenziel werden, dass es in eine rezipierbare Sprache umgesetzt wird. Sie schuf Jesus mit der Sprachwelt seiner Gleichnisse, in der nicht umsonst in ganz unterschiedlichen Spielarten von einem Kommen die Rede ist. Sofern sie vorzugsweise vom Unverhofften, Irritierenden und Provozierenden erzählen, arbeiten sie auf jenen Umbruch des Denkens hin, der dem Reich Gottes Einlass schafft und den Hörer in seine Sinn- und Seinsordnung einbezieht.

In der Mitte der Botschaft steht aber jenes von Jesus nie gesprochene Wort, das *Kierkegaard* im Zusammenklang der Großen Einladung an die Bedrückten und Beladenen (Mt 11,28) mit dem Satz »Ich bin das Brot des Lebens« (Joh 6,35) vernahm. Es ist das Wort von jener Liebe, die keinen aufgibt, dem sie sich jemals zuwandte und die gleichzeitig zur Lebensgemeinschaft mit ihrem Sprecher einlädt. Dass dieses Wort die Mitte der Botschaft enthüllt, zeigt sich insbesondere daran, dass Jesus mit ihm den Massenabfall seiner Zuhörerschaft und in dessen Folge seinen Tod heraufbeschwört. Dann aber geht es bei der Rezeption darum, ihn im Gegenzug dazu als Lebensinhalt in sich aufzunehmen, und das besagt, sich auch denkerisch so weit zurückzunehmen, dass er zum bestimmenden Inhalt der ganzen Denkwelt, ja zum Prinzip des Selbstbewusstseins werden kann.

Die Motivation des Massenabfalls – nach *Joseph Ratzinger*, wie erinnerlich, die Liebesunfähigkeit des Menschen – drängt die Rezeption zunächst in eine defensive Richtung. Dabei geht es um die Ausräumung der sich dem vielfältigen Kommen Jesu entgegensetzenden Widerstände, nach Paulus der »Bollwerke« und »Sinngespinste« (2Kor 10,5), also der ideologischen, psychologischen, bisweilen sogar wahnhaften Vorurteile, die es im Interesse einer offenen Aufnahmebereitschaft zu beseitigen gilt. Dabei führt Paulus das zentrale Hinderungsmotiv, die menschliche Liebesunfähigkeit, auf deren Grund zurück, wenn er mit dem Bildwort vom »Stachel« des Todes (1Kor 15,55f.) zu verstehen gibt, dass es zuletzt die Todverfallenheit des Menschen ist, die ihn zum Bösen bewegt und dazu anstachelt, andere mit in das Verhängnis, sterben zu müssen, hineinzureißen.

Gegen diesen Hang kommt freilich keine asketische oder therapeutische Initiative an, sondern nur das, was Paulus das »Mitsterben mit Christus« nennt, also der mystische Mitvollzug seines Kreuzestodes. Da dieser in das Hineingenommensein in seine Auferweckung ausmündet, ist damit der Stachel des Todes und der Verfallenheit an ihn abgebrochen und der im Ostergeschehen waltenden Liebe Einlass gewährt. Das nimmt Jesus in der Abendmahlsszene und der mit ihr gleichbedeutenden der Fußwaschung vorweg, bei der er sich im Vollbewusstsein seines Herrentums zum Sklavendienst erniedrigt und dem dagegen aufbegehrenden Petrus zu verstehen gibt, dass es bei diesem »Dienst« um die Lebensgemeinschaft mit ihm zu tun ist (Joh 13,1–15). Gleiches gilt von der Abendmahlsszene, bei der er in Gestalt des gebrochenen Brotes als Einzelner vergeht, um in den Vielen auf- und fortzuleben (1Kor 10,16f.; 11,23–26). Seiner »Selbstaufgabe« müsste dann aber im

Rezeptionsakt etwas Gleichsinniges entsprechen: eine »Zurücknahme« des subjektiven Selbstwillens zu dem Ziel, dem »Kommenden« und seiner Einwohnung Raum zu schaffen.

Damit hat sich der defensive Charakter der Methode in sein resignatives Gegenteil gewandelt. Die Achse dieses Umschwungs bezieht sich auf den christlichen Individuationsakt. Der aber kann nur in einer fortwährenden Einübung in den Existenzakt dessen bestehen, der nach Ausweis des Brotworts, der Großen Einladung und der beiden Szenen, in denen er seinen Tod vorwegnimmt, seine Individualität anstatt in Akten der Abgrenzung in solchen der Hingabe und Selbstübereignung findet. So aber stoßen dort, wo diese Selbstübereignung ihr Ziel zu erreichen sucht, zwei diametral entgegengesetzte Existenzformen aufeinander, die nur durch die Selbstaufgabe der menschlichen zu versöhnen sind. Im Evangelium spricht davon das programmatische Täuferwort »Er muss wachsen, ich aber abnehmen« und die von Jesus wiederholt erhobene Forderung der Selbstverleugnung, im Briefwerk des Apostels Paulus das nicht minder programmatische Bekenntniswort von seinem Herzens- und Identitätstausch mit Christus (Gal 2,20).

Fast wie in einem buddhistischen Anklang spricht dieses Wort vom Verlöschen der eigenen Subjektivität, jedoch nicht zum Ziel des Eintritts ins Nirvana, sondern der Vertauschung des subjektiven Selbst mit dem als Zentral-Ich erfahrenen Selbstsein des Einwohnenden. Es spricht somit vom Untergang des menschlichen Selbst und seinem Aufgang im göttlichen. Darauf zielt auch das bewegende Wort des Apostels vom Verlust und der Verwerfung all dessen, worauf sich zuvor sein Selbst- und Selbstwertbewusstsein begründet hatte und dem unvergleichlich kostbaren Gewinn der in Christus gefundenen Lebensbestimmung (Phil 1,21; 3,7–14). Paulus bezieht sich dabei auf den innersten Grund dieses wunderbaren Tauschs, sofern er auf sein Damaskuserlebnis, also auf die durch seine Schau des Auferstandenen bewirkte Lebenswende anspielt. Auf die Methodenfrage zurückbezogen aber besagt das, dass der resignative Zug, in den der anfänglich defensive umschlägt, nur das Zurücktreten vor dem besagt, der nie machtvoller und effektiver als durch seine Auferstehung zu den Seinen kam.

Die Invokation

Wie in jeder Krisenstunde der Christenheit ist heute, in dieser Stunde des bestürzenden Glaubensschwunds, daran gelegen, den »garstigen breiten Graben« des Zeitenabstands (*Lessing*), der die Gegenwart vom Ostergeschehen trennt, zu überbrücken und, wenn möglich, aufzuheben. Wenn Jesus dem einleitenden *Tertullian*-Wort zufolge in seiner »Nachsicht« gegenwärtig zu schlafen scheint, dann doch wohl in dem Sinn, dass er hinter den vergegenständlichenden Strukturen, die sich im Lauf der Glaubensgeschichte ausbildeten, zurücktrat und die schon wiederholt angesprochene doktrinale, kultische und pastorale Vergegenständlichung erlitt.

Dann aber ist es als eines der größten Hoffnungszeichen zu werten, dass sich heute die schon in den neutestamentlichen Spätschriften angesprochene Inversion dieses Vorgangs abzeichnet, so dass der Geglaubte wieder zum Glauben bewegt und der Botschafter und Lehrer erneut zu Wort kommt. Alles ist dann daran gelegen, diesen ohne menschliches Zutun in Gang gekommenen Prozess zu fördern, an dessen Ziel das Erwachen des scheinbar Schlafenden steht. Der *Tertullian*-Stelle zufolge tragen dazu in erster Linie die »Gebete der Heiligen« bei, durch die Jesus wie durch das urchristliche »Maranatha« zu neuer Geistes-Gegenwart aufgerufen wird. Darauf zielt *Kierkegaard*, wenn er sich vom Glauben die Herstellung der Gleichzeitigkeit mit dem verspricht, dessen »Gegenwart hier auf Erden niemals zu etwas Vergangenem werden kann«, und wenn er diese Vergegenwärtigung mit dem Satz begründet:

Die Gleichzeitigkeit ist die Bedingung des Glaubens und, näher bestimmt, ist sie der Glaube .[40]

Methodologisch entspricht dem die reduktionstheoretische Lesart der biblischen Zeugnisse. Sie wurde im Blick auf die unterschiedlichen Formen des Kommens Jesu und die sich dagegen erhebenden Widerstände zunächst als eine defensive, auf die Ausräumung der Barrieren ausgehende gekennzeichnet. Dort, wo dieses »Kommen« jedoch in die Subjektmitte des Rezipienten eindringt und ihn zum Identitätstausch zu bewegen sucht, musste sich die defensive Einstellung in die resignative, auf die Zurücknahme des Rezipierenden ausgerichtete wandeln. Zuletzt aber kommt es darauf an, diese Lesart auf die spirituelle Vorgabe in Gebet und Glaube abzustimmen. Und dann muss sich die damit geforderte »Frömmigkeit des Denkens« zu einer denkerischen Anrufung fortentwickeln. Denn nur sie ist die angemessene Antwort auf den, der nach dem Wort der Apokalypse vor der Tür steht und mit Erweisen seiner Selbstvergegenwärtigung anklopft. Was mit defensiven Akten begann und sich resignativ zur Zurücknahme wandelte, mündet somit schließlich in eine denkerische Invokation aus. Sie aber gewinnt ihre Stimme darin, dass das anfängliche Suchen vom gegensinnigen Eindruck eines Gesucht- und Erkanntseins überlagert wird, wie es aus dem Pauluswort spricht:

Jetzt erkennt ihr Gott, oder vielmehr: Ihr seid von Gott erkannt (Gal 4,9).

Davon kann freilich nur im desiderativen Sinn die Rede sein. Doch gerade so entspricht es einer Methode, die sich nicht so sehr auf den forschenden Zugriff als vielmehr auf die Entgegenkunft des Gesuchten verlässt, weil sie, anders die historisch-kritische, keine Methode der Unterscheidung, sondern der Hoffnung ist.

4. Eine Christus-Hermeneutik

Im Zug der schon fast überfälligen Revision der historisch-kritischen Methode setzte sich, wenngleich nur sporadisch, die Erkenntnis durch, dass sie bei aller Kritik, höchst unkritisch, den ihr vom Evangelium selbst gegebenen Fingerzeig übersah, der ihr zur Vermeidung ihrer selbstzerstörerischen Tendenzen verholfen hätte. Denn sie lief, wie das ironische Wort von dem auf einer Postkarte unterzubringenden Restbestand der von ihr als authentisch zugestandenen Jesusworte zeigt, Gefahr, das Fundament, auf dem sie aufbaute, durch ihre Verfahrensweise zu untergraben. Zwar behielt sie weithin mit dem Recht, was sie gegen die naive Rezeption der biblischen Schriften vorbrachte. Weder waren diese, mit Ausnahme der originären Paulusbriefe und des lukanischen Doppelwerks, die Werke der mit den Verfassernamen bezeichneten Autoren, noch boten die Evangelien eine Biographie Jesu. Und die von ihm überlieferten Worte und Reden erwiesen sich weithin als Schöpfungen der nachgestaltenden Urgemeinde. Indessen nahm der damit verbundene Abbruch solche Ausmaße an, dass die Methode in den Anschein geriet, ein Instrument der von *Nietzsche* angekündigten »Selbstaufhebung« des Christentums, zumindest aber, paulinisch gesehen, ein Instrument des »toten Buchstabens« anstatt des lebendigmachenden Geistes zu sein (2Kor 3,6).

Dieser Verdacht konnte sich vor allem auf ihre »Geburtsfehler« stützen. Denn sie verdankte ihre Entstehung letztlich dem Einbruch der offenbarungskritischen Aufklärung in Gestalt der Polemik, die *Hermann Samuel Reimarus* mit seiner von *Lessing* als ›Wolfenbüttler Fragmente‹ veröffentlichten Streitschrift ›Vom Zwecke Jesu und seiner Jünger‹ gegen das orthodoxe Christentum entfesselte. Unter einem bedenklichen Vorzeichen stand auch ihr Einzug in die etablierte Theologie. Denn sie verfuhr dabei, um das legendarische Motiv nochmals aufzugreifen, wie die Sibylle, die den römischen Senat nur dadurch zum Ankauf ihrer Bücher bewegen konnte, dass sie deren Bestand bei gleich bleibendem Preis zweimal um je ein Drittel verringerte. Erst in ihrer Radikalform, das will dieses Bild besagen, gelang der zunächst ebenso verdächtigten wie umstrittenen Methode die allgemeine, zuletzt auch die katholische Theologie erfassende Akzeptanz. Mit ihr hielt jedoch ein Gast Einzug, der nicht nur den Hausfrieden störte, sondern das Haus des Glaubens ins Wanken brachte. Was war bei alledem übersehen worden?

Der Fingerzeig

Der übersehene Fingerzeig betrifft den tatsächlichen Sinn und Stellenwert des vielfach umrätselten Eingangssatzes der Johannesevangeliums, der immer schon zu ganz unterschiedlichen Herleitungen und Deutungen Anlass gab und von dem – bereits in den Machtbereich Mephistos geratenen – Faust geradezu als anstößig empfunden wurde. Zwar liest er korrekt: »Im Anfang war das Wort« (Joh 1,1). Dann aber drängt ihn die vermeintliche Inhaltsleere des »so hoch nicht zu schätzenden« Wortes zu anderen, ihm bei näherem Zusehen vom Zeitgeist eingegebenen Übersetzungsversuchen.[41] Indirekt zeigte sich aber auch die Forschung von der vermeintlichen Inhaltsleere irritiert, nur dass sie darauf, anders als Faust, mit der Suche nach der Herkunft der rätselhaften Medialbestimmung – »Wort« – reagierte. Inzwischen kam jedoch der kanadische Medientheoretiker McLuhan dieser Suche zuvor, indem er betonte, dass es in einer auf Zersplitterung ausgehenden Kultur schockierend wirken muss, wenn man sie daran erinnert,

dass in seiner Funktion und praktischen Anwendung das Medium die Botschaft ist.[42]

Mit diesem Schlüsselsatz widerspricht McLuhan dem Anschein der Inhaltsleere. Wenn das Medium die Botschaft nicht nur vermittelt, sondern ausmacht und ist, ist vielmehr mit ihm schon alles, was zu sagen ist, mitgeteilt und gesagt. Wie eine umfassende Bestätigung dessen wirkt die Serie der das ganze Johannesevangelium durchziehenden Ich-bin-Worte, in denen sich der Offenbarer dadurch selbst auslegt, dass er alle nur denkbaren Bedeutungen – Brot, Licht, Weg, Wahrheit, Leben – an sich reißt und sich als deren personalen Inbegriff zu verstehen gibt. Dem aber ging, ideengeschichtlich gesehen, ein Prozess voraus, aufgrund dessen der Auferstandene zuerst als Gottessohn (Röm 1,3f.) und dann (nach 1Kor 1,30) als die Person gewordene Weisheit begriffen wurde. Die Weisheit aber ist schon nach ihrem alttestamentlichen Verständnis »des Gotteswirkens makelloser Spiegel« (Wsh 7,25) und deshalb von ihrem Ursprung her Medium, so dass sich von daher die Medialbestimmung »Wort« im Johannesprolog erklärt. Denn auch sie lädt nach ihrer Schilderung im Spruchbuch zu sich selber ein (Spr 8,1–22) und gibt bei dem von ihr aufgetischten Mahl sich selbst zur Speise (Spr 9,1–9).

Das Selektionsprinzip

Mit der Übertragung der Weisheit auf den Erhöhten ist auch schon das Gestaltungsprinzip gefunden, nach welchem die Lebensgeschichte Jesu dargestellt werden konnte. Im äthiopischen Henochbuch heißt es von ihr:

> Die Weisheit fand keinen Platz, wo sie wohnen konnte, wohl aber hatte sie eine Wohnung im Himmel. Da ging sie aus, um unter den Menschenkindern zu weilen; doch fand sie keine Wohnung bei ihnen. Deshalb kehrte sie an ihren Ort zurück und nahm ihren Sitz unter den Engeln ein.[43]

Wie sehr sich gerade das Johannesevangelium an diesem Aufriss orientiert, zeigt schon der Prolog, wenn er das Wort das »Licht« nennt, das in der sich ihm verschließenden Finsternis leuchtet und damit das Modell der Weisheit auf das Schicksal Jesu überträgt. Mit diesem Gestaltungsprinzip war aber zugleich ein Auswahlprinzip gegeben. Nicht weniger als zweimal versichert das Johannesevangelium, dass es von dem »vielen anderen, was Jesus getan« und, wie zu ergänzen ist, gesagt hat, nur eine wohlbedachte Auswahl getroffen habe. Zweimal vermerkt es auch den leitenden Gesichtspunkt, nach dem es dabei verfuhr; denn das von Jesus Berichtete sei aufgeschrieben worden, so das ursprüngliche Schlusswort, »damit ihr glaubt, dass Jesus der Christus, der Sohn Gottes ist, und damit ihr im Glauben an ihn das Leben habt in seinem Namen« (Joh 20,31). Mit unvergleichlich größerem Nachdruck war das aber bereits bei dem Bericht von Jesu Tod geschehen, wenn sich dort unversehens der Zeuge des Evangeliums zu Wort meldet, um unter Berufung auf einen Bürgen höchster Autorität zu versichern, »dass er die Wahrheit sagt, damit auch ihr glaubt« (Joh 19,35).[44]

Selektiv verfuhren aber auch die Synoptiker, allen voran Markus, sofern er in seinem Evangelium vor allem die »geheimen Epiphanien« im Leben Jesu aufscheinen lässt (*Dibelius*), ebenso aber auch Lukas, dem es nach Ausweis seines Prologs darum ging, die von ihm recherchierten Materialien in geordneter Reihenfolge (taxis) darzustellen (Lk 1,4).[45] Als übergeordnetes Gestaltungsprinzip wurde dabei zweifellos das Ereignis wirksam, das den entscheidenden Anstoß zur Wirkungsgeschichte Jesu und damit auch zur Abfassung der Evangelienschriften gab: seine Auferstehung. Denn in dem Fall, dass der Kreuzestod das letzte Wort in seiner Lebensgeschichte behalten hätte, hätte selbst im Umkreis dieses scheinbar Gescheiterten und überdies von Gott Verworfenen keinerlei Anreiz bestanden, dessen Lehren und Taten nachzugehen und sie schließlich sogar schriftlich zu dokumentieren. Einzig zulänglicher Grund für die Entstehung dieser Dokumentation ist somit die Auferstehung Jesu, so dass *James M. Robinson* Recht behält, wenn er schon die von ihm als »Spruchevangelium« bezeichnete Logienquelle ungeachtet der Tatsache, dass sie weder einen Passionsbericht noch eine Ostergeschichte enthält, als das »literarische Osterwunder« bezeichnet.[46]

Wenn es sich aber so verhält, standen die Evangelien schon von ihrer Entstehung her unter einem österlichen Aspekt. Was sie von Jesus berichteten, war auf den Auferstandenen hin – und gleichzeitig von ihm her – erzählt.[47] Bei ihrer Abfassung kamen daher gleicherweise »Erkenntnis und Interesse« (*Habermas*) ins Spiel. Davon war somit auch die von Lukas hervorgehobene forschende Bemühung bestimmt, so dass sie keineswegs wertneutral verfuhr. Doch steht gerade Lukas dafür ein, dass er nicht etwa tendenziös, sondern wahrheitsgemäß berichtet. Dennoch ist damit zugestanden, dass die Evangelisten aus der Fülle des ihnen zugänglichen Materials das auswählten, was ihrem Interesse entgegenkam und Gegenstrebiges, was vermutlich ebenfalls vorlag, entweder ausklammerten oder in verknappter Form wiedergaben. Dass sie dennoch keinen »geschönten« Bericht erstatteten, ergab sich zwingend aus der für sie lebens- und denkentscheidenden Tatsache, dass der Auferstehung das ungeheuerliche Faktum des Kreuzestodes Jesu voranging, der als Inbegriff einer »skandalösen Torheit« (1Kor 1,22) verhinderte, dass Jesus, wie gelegentlich angenommen wird, im Sinn der als »göttliche Männer« bezeichneten halbmythischen Heroen stilisiert wurde, weil die Passion dazu nötigte, in sein Bild auch Züge der Niedrigkeit und Angefochtenheit einzutragen. Das bestimmte die Erzählweise der Evangelien in so hohem Maß, dass *Martin Kähler* sie geradezu als »Passionsgeschichten mit ausführlicher Einleitung« bestimmen konnte.[48]

Die Imprägnierung

Das hatte aber auch eine höchst bedeutsame Kehrseite, die sich daraus ergab, dass die auf die Auferstehung hin ausgerichtete Lebensgeschichte Jesu zugleich von dorther imprägniert war. Und das nicht nur aufgrund der Glaubensüberzeugung ihrer Verfasser, sondern schon unabhängig davon aufgrund der Eigengesetzlichkeit des Ereignisses. Denn diesem eignete ein sinnhafter Überhang, der keine wertneutrale Darstellung zuließ, sondern sich über die Verfasserintention hinweg durchsetzte und die Berichte prägte. Deshalb wiederholt sich in den dafür paradigmatischen Ostergeschichten das, was *Karl Rahner* zum Gottesverhältnis der neutestamentlichen Autoren bemerkte: Obwohl es ihnen doch um Glaubenserweckung zu tun ist, kennen sie kein Bedürfnis, nach Gott fragen oder seine Existenz beweisen zu müssen. Vielmehr steht für sie – zweifellos aufgrund der von Jesus immer noch nachwirkenden »Suggestion« – die Gotteswirklichkeit als die »eines Beweises und einer Erklärung nicht bedürfende Tatsache« fest.[49] In gesteigerter Form wiederholt sich das in den Ostergeschichten, sofern sich ihre Wahrheit – entgegen der allgemein akzeptierten Verifikationsregel – allein auf die unwiederholbare Wahrnehmung eines eng begrenzten Zeugenkreises stützt.[50] Wenn dafür eine Erklärung gefunden werden kann, dann sicher nur im Blick auf die »Selbstevidenz« der Osterbotschaft, in welcher der Auferstandene – gleich dem johanneischen Bürgen (Joh 19,35) – selbst für die Wahrheit des von ihm Bezeugten einsteht.

So kann man freilich nur unter der Voraussetzung argumentieren, dass dem Schriftwort im Sinn der hermeneutischen Annahme der Vorzeit nicht nur der von der historischen Kritik allein berücksichtigte Literalsinn, sondern ebenso ein »geistiger« Schriftsinn abgewonnen werden kann.[51] Wenn dieser auch von der Intention der jeweiligen Verfasser unberücksichtigt blieb, so doch nicht von ihrer Betroffenheit durch das Ereignis, in dessen Raum und Schwerefeld sie berichten. Wie sich diese Erfahrung konkret ausnimmt, ist freilich nur von einem von ihnen bekannt: von Paulus, der sich seinem Osterzeugnis zufolge dreifach – akustisch (Gal 1,16), optisch (2Kor 4,6) und haptisch (Phil 3,12) – betroffen fühlte, sofern er sich also vernehmend, schauend und fühlend an den Auferstandenen verwiesen sah. Wenn das als prototypisch für die übrigen Autoren gelten kann, wird die Imprägnierung ihrer Texte durch das Osterereignis in deren subverbalen Schichten zu suchen sein, also dort, wo sie von ihrer Betroffenheit etwas verlauten, sehen und fühlen lassen, weil auch sie sich vom Auferstandenen angesprochen, erblickt und ergriffen wussten.

Ziel der Erkundung sind somit die Ober- und Tiefentöne der Texte und damit jenes Bedeutungsfeld, dem immer schon das Interesse jener Bibelleser galt, die entweder wie *Kierkegaard* aufgrund ihrer lebensgeschichtlichen Extremsituation oder wie *Buber* aufgrund ihrer Herkunft in einem exzeptionellen Verhältnis zum Schriftwort standen. Hellhörig geworden durch die Pseudonymität seines Lebensstils vernahm Kierkegaard selbst in den freudigsten Herrenworten den das ganze Evangelium durchdringenden Leidenston, während er gleichzeitig aufgrund seiner nicht weniger ausgeprägten Hellsichtigkeit das aus den Texten hervorblickende Auge wahrzunehmen glaubte.[52] Demgegenüber wusste sich Buber aufgrund seiner Vertrautheit mit den Antrieben und Regungen des »Judenwesens« von innen her an Jesus verwiesen und dies auf eine Weise, die »den ihm untergebenen Völkern unzugänglich bleibe«.[53] Das Stichwort heißt in seinem Fall »von innen her«, also aufgrund der Verwurzelung Jesu in der jüdischen Erlebnis- und Denkwelt. Daraus dürfte es sich erklären, dass Buber vor allem auf die Fragesituationen in der Lebensgeschichte Jesu abhebt, aber auch auf die Rolle des Schweigens und der Verborgenheit in dieser Geschichte, die Jesus in die Nähe des namenslosen Jesaja-Schülers rückt, der sich wie ein unverwendet im Köcher Gottes stecken gelassener Pfeil vorkommt.[54] Durch das eine wie das andere gewinnt Jesus für Buber eine geradezu bestürzende Aktualität: durch den dialogischen Grundzug ebenso wie durch seine Affinität zu einer Weltstunde, die für ihn durch die über sie hereingebrochene »Gottesfinsternis« bestimmt ist.[55]

Dass der dezidierte Nicht-Christ *Buber* für die spezifisch österliche Prägung des Evangeliums in Anspruch genommen werden kann, ist dadurch gerechtfertigt, dass er im Unterschied zu nahezu sämtlichen christlichen Interpreten auf die Möglichkeitsbedingungen der Ostererscheinungen eingeht. Denn nach seiner Deutung der für ihn in ihrem Kern historischen Verhörszene antwortet Jesus in einer Weise auf die Frage des Hohepriesters nach seiner Identität, dass er dadurch zugleich die Blickbahn aufstößt, in welche die Zeugen seiner österlichen Erscheinung eintreten, so dass sich ihre Schau letztlich als der Reflex eines vorgängigen Gesehenseins erklärt.[56] Insofern berührt er sich an dieser Stelle, ebenso wie schon bei seiner Deutung des Jüngergesprächs, erneut mit Kierkegaard, nur dass sich dieser nicht auf den schauenden Jesus, wohl aber auf das aus dem Evangelium aufschauende Auge bezog.[57]

Das Interpretament

Wenn der Eingangssatz des Johannesprologs im Sinn der McLuhan'schen Gleichsetzung von Medium und Botschaft besagt, dass der mit dem uranfänglichen »Wort« Gemeinte als der Mittler »zwischen Gott und den Menschen« (1Tim 2,5) selbst die von Gott an die Welt ergangene Botschaft ist und wenn er als solche die österliche Wende verkörpert, durch die der Botschafter ebenso zur Botschaft wie der Lehrer zur Lehre wurde, ist es mit den bisher gezogenen Folgerungen nicht getan.[58] Dann wirkt das Osterereignis nicht nur imprägnierend auf das Evangelium ein; vielmehr tritt der zur Botschaft gewordene – und als Botschaft Begriffene – auch als das entscheidende Interpretament zu der Dokumentation seiner Lebensgeschichte, Verkündigung und Lehre hinzu. Dann ist diese erst richtig verstanden, wenn er nach Art eines Schlüssels zu ihr hinzugedacht wird.

Für die Ergiebigkeit dieses Ansatzes spricht schon der Umstand, dass sich die Differenz zwischen den Synoptikern und dem Johannesevangelium zumindest partiell aus der Verdichtung der Interpretation zum Interpretament erklärt. Eindrucksvoll zeigt dies ein Vergleich der Wunder in den beiden Darstellungsweisen. Während die Brotvermehrung bei den Synoptikern im Blick auf die urchristlichen Gedächtnismähler und damit auf die Feier der Auferstehung Jesu erzählt wird (Mk 6,34–44), fasst der johanneische Jesus den Sinn dieser Zeichenhandlung in den Satz zusammen »Ich bin das Brot des Lebens« (Joh 6,35.48). Und wie der Wundertäter bei Lukas in unverkennbarem Vorgriff auf seine todüberwindende Macht als Auferstandener zu neuem Leben erweckt, versichert er im Johannesevangelium – und hier in deutlicher Vorwegnahme seiner eigenen Erweckung –: »Ich bin die Auferstehung und das Leben« (Joh 11,25).[59] Wie in der Brotrede nimmt er auch in dieser Ich-bin-Aussage das Wundergeschehen in einer Weise auf sich selbst zurück, dass er als dessen leibhaftige Deutung, ja geradezu als der Inbegriff des von ihm Bewirkten erscheint. Damit verdichtet sich der Eindruck, dass das Johannesevangelium die Lebensgeschichte Jesu in einer Weise erzählt, dass der Dargestellte zugleich sein eigenes Interpretament ist, wie es der von ihm im Eingangssatz betonten Identität von Wort und Botschaft entspricht.

Die Christomathie

Die Bedeutung des Ansatzes besteht aber nicht nur in dem sich dadurch ergebenden Durchblick, sondern nicht weniger auch in dem Einblick, den er in die johanneische Denkweise gewährt. Das Erste führt, streng genommen, zu der Einsicht, dass der johanneische Jesus seine Lebensgeschichte, vermittelt durch den Verfasser, selbst erzählt. Was diesen und den hinter ihm zu vermutenden »johanneischen Kreis« (Cullmann) betrifft, so handelt es sich dabei offensichtlich um ein Gremium, das nach Art urchristlicher Charismatiker von der Überzeugung getragen war, vom Erhöhten zur Vermittlung dessen beauftragt zu sein, was er, der als Lebender »noch vieles zu sagen« gehabt hätte (Joh 16,12), jetzt durch den Mund der von seinem Geist Erfüllten verkündet.[60]

Wenn das zutrifft, ist anzunehmen, dass sich im Kontext des Evangeliums eine Spur dieser »Bewusstseinsüberlagerung« findet. Wenn irgendwo, ist das dort der Fall, wo der sich – im übertragenen Sinn – als »Augenzeuge« verstehende Autor aus der zuvor durchgängig eingehaltenen Erzählebene hervortritt, um unter Berufung auf einen Bürgen höchster Autorität für die Wahrheit seines »Zeugnisses«, wonach der durchbohrten Seite des Gekreuzigten »Blut und Wasser« entströmten (Joh 19,34), einzustehen:

> Der dies gesehen hat (heorakos), bezeugt es, und sein Zeugnis ist wahr, und jener (ekeinos) weiß, dass er die Wahrheit sagt, damit auch ihr glaubt (Joh 19,35).[61]

Da der Zeuge – entgegen den zahlreichen Fehlübersetzungen der Stelle – die Wahrheit seines Berichts nicht selbst bezeugen kann, bleibt nur die Annahme, dass mit dem Bürgen (ekeinos), auf den er sich beruft, wie Bultmann richtig erkannte, »Jesus selbst« – und er, wie zu ergänzen ist – als der sich in ihm

Bezeugende gemeint ist. Wenn *Blumenberg* dem mit der Begründung widerspricht, dass ein Toter unmöglich »für den Zeugen seines Todes eintreten« könne, so gesteht er damit nur sein Unvermögen ein, die johanneische Denkweise wirklich nachzuvollziehen.[62]

Tatsächlich gibt die Stelle wie kaum eine andere, wenngleich in denkbar knappster Form, über diese Aufschluss; denn hier exponiert sich der Erzähler auch in dem Sinn, dass hinter ihm die letzte Instanz erscheint, die für die Wahrheit seiner Berichterstattung bürgen kann. Wenn das nicht nur als eine formelle Beglaubigung, sondern so, wie es sich von der Stelle her nahelegt, als innere Zusage verstanden wird, wird hier im Kern der johanneischen Denkform ein Synergismus von Autor und Bürge ersichtlich, der diesen als Hauptautor des von jenem vorgelegten Werkes erscheinen lässt. Das aber ist um eine ganze Ordnung mehr als das, was mit der Deutung Christi als Interpretament des Evangeliums zum Ausdruck gebracht wurde. Auf der Suche nach einer angemessenen Bestimmung wird man bei *Ignatius von Antiochien* fündig, der, vermutlich in Anspielung auf den Vorwurf des Epheserbriefs »so habt ihr Christus nicht kennen gelernt« (Eph 4,20), die Adressaten seines Briefes an die Philadelphier ermahnt,

> nichts aus Streitsucht zu tun, sondern euch von der Christuslehre (christomathia) leiten zu lassen (8,1f.).[63]

Der Ausdruck hält zwischen Lehrer und Lehre eine oszillierende Mitte. Zwar verlagert sich das Gewicht in der Folge zusehends auf die Lehre, verstanden als der Inbegriff dessen, was von Christus gewusst und gesagt werden konnte. Doch blieb die mystische Komponente unvergessen, nachdem sie von *Augustin* mit dem Theorem vom »inwendigen Lehrer« auf den Begriff gebracht worden war.[64]

Wenn mit der *Ignatius*-Stelle jedoch eine Denkweise angesprochen ist, in der Christus nicht nur Grund und Anlass der sich um ihn aufbauenden Lehre, sondern deren lebendiger Inbegriff und Initiator ist, geht es dabei um eine Überholung der Christologie in eine Wissensform, die nicht besser als mit dem Begriff »Christomathie« gekennzeichnet werden kann. Das aber ist von der Definition her eine Wissensform, die nicht so sehr in einem Nachdenken über die Wahrheit Christi als vielmehr in einem An-Denken (*Woschitz*), also in einem Denken mit und in ihm, besteht. Zwar ist die Offenbarung, die durch ihn an die Welt erging, ein für allemal abgeschlossen. Doch so sehr dies zutrifft, gilt doch ebenso die von *Kierkegaard* zu Beginn seiner ›Einübung im Christentum‹ herausgestellte Tatsache, dass »seine Gegenwart hier auf Erden niemals zu etwas Vergangenem« werden kann, weil er im Unterschied zu allen übrigen Wohltätern der Menschheit nicht nur fortwirkt, sondern in den Seinen fortlebt.[65]

Diesem Perspektivenwechsel entspricht ein gleichsinniger Umbruch im Bewusstsein der Glaubenden. Es ist ein Kampf mit dem Engel, der zwar zur Niederlage des Menschen führt, ihm aber den Segen des Siegers einträgt. Denn mit dem Fortleben Christi ist, so sehr seine Einwohnung als reine, ungeschuldete Gewährung zu gelten hat, ein intellektuelles Drama verbunden. Geht es doch darum, dass die Bastion der Subjektivität des Glaubenden zugunsten der Entgegenkunft des Einwohnenden aufgebrochen und seinem Über-Ich Raum geschaffen wird. Das kann nur auf dem Weg einer schrittweisen Zurücknahme der subjektiven Position und einer behutsamen Öffnung für den geschehen, der seine Identität auf dem – dem durchschnittlichen diametral entgegengesetzten – Weg der Übereignung und Hingabe gewinnt. Was als Kampf begann, wandelt sich so zum Dialog der gegensinnigen Lebensformen, der sich schließlich in deren wunderbarem »Tausch« erfüllt.[66]

Wie sich dieser konkret vollzieht, deutet Jesus schon in der Spruchquelle an, wenn er die Seinen zum »Sorgentausch« einlädt und auffordert, vom sorgenden Nachsinnen über die Bewältigung der Alltagssorgen abzulassen und statt dessen seine Sorge um die Heraufkunft und Verwirklichung des Gottesreichs zu übernehmen.[67] Und er bekräftigt den damit in Gang gesetzten Tausch, indem er den vor Gericht gestellten Jüngern zusichert:

> *Macht euch keine Sorgen, wie ihr euch verteidigen und was ihr dann sagen sollt. Denn der heilige Geist wird euch in jener Stunde eingeben, was ihr zu sagen habt* (Lk 12,11f.).

Von dieser Grenzsituation kann durchaus auf den »Normalfall« zurückgeschlossen werden. Dann geht es bei dem mystischen Tausch um Erfahrungen der Insinuation und des Bewogenseins, denen mit Akten des An-Denkens und An-Sinnens, vor allem aber des Loslassens entsprochen werden muss, wenn es zum vollen Einvernehmen kommen soll.[68] Auf dieser Grundlage baut die von *Hugo Rahner* in Erinnerung gerufene Lehre von der »Gottesgeburt« auf, die *Gregor von Nyssa* zu der Vorstellung entfaltete:

> *Das in uns geborene Kind ist Jesus, der in denen, die ihn aufnehmen, auf unterschiedliche Weise an Weisheit, Alter und Gnade heranwächst. Denn er ist nicht in jedem der Gleiche; vielmehr ist er je nach dem Gnadenmaß und der Aufnahmefähigkeit dessen, der ihn aufnimmt, einmal Kind, dann Heranwachsender, und schließlich Vollendeter.*[69]

In vergleichbarem Sinn hatte *Augustin* vom Wirken des »inwendigen Lehrers« gesprochen.[70] Das kommt einer Einweisung in das Kernstück der Christus-Hermeneutik gleich. Wenn das Fleisch gewordene Wort (Joh 1,14) als das vollgültige Medium des Gottesoffenbarung selbst die Botschaft ist, kann es in diesem Zentrum nur darum gehen, die mit der Person gegebene Botschaft zum Reden zu bringen und hörbar zu machen: hörbar als das Lallen des Kindes, als das Fragen des Heranwachsenden, als das weltbewegende Wort des Künders, als den Widerspruch des Kämpfers, als die Klage des Leidenden und als den Notschrei des Sterbenden. Dabei kehren sich die hermeneutischen Verhältnisse um. Kommt es im Regelfall darauf an, sich das Gesagte und Vernommene im Interesse der Verständigung »gesagt sein zu lassen«, so muss dieses »Gesagtsein lassen« nun am Anfang des Vorgangs stehen, der mit dem Hinhören auf die vielstimmige Selbstverlautung des Offenbarers in Gang kommt. Denn es geht dabei nicht so sehr darum, sich über ihn Gedanken zu machen als vielmehr darum, dass er in der verstehenden Begegnung mit ihm, bei aller auslegenden Einfühlung, der sich selbst Aussagende und Mitteilende bleibt. Den Anfang aber wird bei alledem – wie bei der philosophischen Erkenntnis – die staunende Bewunderung dessen machen, der ebenso das Gleichnis wie das Wunder Gottes und in beidem sein wesensgleiches Wort ist.

Das Korrektiv

Was dem entgegensteht, ist die sich wie eine Mauer auftürmende Hemmung der heutigen Christenheit, mit der Gottesverkündigung Jesu gleichzuziehen und den bestürzenden Rückstand, in dem sie sich noch immer befindet, zu überwinden. Während sich die Theologie von der »Dunkelseite« Gottes angezogen fühlt, mehren sich die Stimmen, die für eine Betonung der Drohworte des Evangeliums eintreten. Dabei zeigt sich eine zunehmende Entfremdung vom Glaubenssinn des Kirchenvolks, der sich wie nie zuvor auf den von Jesus entdeckten Gott der bedingungslosen Liebe und auf diese als Lebens- und Sterbehilfe richtet.

Wenn es bei dieser verhängnisvollen Diastase nicht bleiben soll, muss das von Jesus gebildete Interpretament auf die Schriftstellen angesetzt werden, die vom Zorn und Gericht Gottes und, bedrohlicher noch, von seiner Macht, »in die Hölle zu stürzen« und von dem dort herrschenden »Heulen und Zähneknirschen« sprechen. Dabei verliert diese oft angeführte Redewendung dadurch entscheidend an Gewicht, dass sie von Matthäus floskelhaft (so Mt 8,12; 22,13; 24,51; 25,30) verwendet wird und schon deshalb als Beweis für die Existenz einer Hölle entfällt. Gleiches gilt von dem dem Schluss des Jesajabuchs (Jes 66,24) entnommenen Drohwort von dem unsterblichen Wurm und dem unauslöschlichen Feuer, das die Vorstellung von einer endzeitlichen Gottesschlacht voraussetzt und schon deshalb ohne Beweiskraft ist, weil diese vom Christentum nicht übernommen wurde. Was die Gerichtsworte gegen Chorazin und Bethsaida (Mt 11,20–24) anlangt, so sind sie angesichts der Tatsache, dass von keiner dortigen Tätigkeit Jesu berichtet wird, der nachösterlichen Gemeinde zuzuweisen. Allenfalls könnte man den Kafarnaum angedrohten Höllensturz auf den Massenabfall in der dortigen Synagoge beziehen (Joh 6,66); doch stößt sich die johanneische Darstellung mit der der Synoptiker, die das mit dieser Szene identische Jüngergespräch (*Buber*) nach Cäsarea Philippi verlegen (Mt 16,13–20) und darin glaubhafter berichten.[71]

Als einzige Stellen, an denen Jesus tatsächlich mit der Hölle zu drohen scheint, bleiben dann seine Warnungen vor Verführern und vor dem Abfall in der Stunde der Gefahr. Doch die Warnung vor dem, »der Leib und Seele in die Hölle stürzen kann« (Lk 12,4f.), ist nach heutigem Forschungsstand das Wort eines urchristlichen Propheten, der im Rückgriff auf das vorjesuanische

Gottesbild zur Standhaftigkeit angesichts der sich verschärfenden Verfolgung zu bewegen sucht (*Schmithals*); Ähnliches gilt aber auch von der Warnung vor Verführern aus den eigenen Reihen (Mt 5,29f.), die gleichfalls nachösterliche Verhältnisse voraussetzt (*Schenke*).[72] Was schließlich den »Zorn Gottes« anlangt, der nach einem Pauluswort »vom Himmel her über alle Gottlosigkeit und Ungerechtigkeit der Menschen« entbrennt (Röm 1,18), so gehört er nach *Jacob Taubes* in die vorchristliche Vorstellungswelt des Apostels, auf die dieser in seiner Missionspredigt bisweilen ebenso zurückgreift wie auf Motive der antiochenischen Gemeindetheologie, und dies umso mehr, als er für die ihm angelegene Weisheitslehre noch nicht einmal bei der ihm nahestehenden Gemeinde von Korinth Verständnis findet (1Kor 3,1ff.).[73]

Mit dem Hinweis auf die esoterische Lehre des Apostels stellt sich die Frage, ob sich die Korrektivfunktion des christologischen Interpretaments nur auf die gegensinnigen Aussagen des Evangeliums oder nicht auch auf die ihm konformen bezieht, zumal bei diesen das erwähnte Verfahren der Evangelisten zu berücksichtigen ist. Im Lichte des mit Jesus selbst gegebenen Interpretaments gesehen, treten zweifellos affirmative Züge deutlicher hervor, während sich andere als sekundär, wenn nicht gar als verstörend erweisen. Das ist dort der Fall, wo genuine Jesusworte »übertextet« und in sachfremdem Sinn stilisiert werden. So im Fall des Logions vom Menschensohn, der nicht gekommen ist, »um sich bedienen zu lassen, sondern um zu dienen« (Mk 10,45), das durch den Zusatz »und sein Leben hinzugeben als Lösepreis für die vielen« im satisfaktorischen Sinn abgewandelt wurde, oder in dem der Perikope von der Heilung des Gelähmten (Mk 2, 1–12), die durch den nachträglich eingefügten Wortwechsel Jesu mit seinen Gegnern apologetisch – zum Beweis der Vergebungsvollmacht des Wundertäters und seiner Gemeinde – abgezweckt und dadurch in ihrem therapeutischen Grundcharakter verdunkelt wurde.

Vor allem aber lässt das Interpretament konforme Stellen wie die Einladung an die Bedrückten und Beladenen (Mt 11,28), ungeachtet ihrer größtenteils sekundären Herkunft, erst in ihrem Vollsinn hervortreten. Für das angesprochene Wort zeigte dies *Kierkegaard*, als er die Einladung als das zentrale Programmwort Jesu begriff und davon seine »Christologie von innen« herleitete. Gleiches trifft auf das auf dem Höhepunkt des johanneischen Abschiedsgebets (Joh 17,24) ertönende Machtwort zu, das in seiner Akzentuierung durch das Interpretament geradezu als Verlautbarung der Zentralaussage des ganzen Evangeliums hörbar wird.[74] Indessen werden diese Korrekturen weitgehend entbehrlich, wenn die fraglichen Stellen nicht mehr im Licht des Interpretaments gelesen, sondern rückläufig auf den bezogen werden, der als das leibhaftige Medium der göttlichen Selbstmitteilung die das Innerste Gottes offenlegende Botschaft ist.

Dann mag es, sowohl im Blick der Menschlichkeit dieses Offenbarers wie der seiner Rezeption, Gründe dafür gegeben haben, den Ernst des Angebots durch drohende Töne zu unterstreichen und manches in funktionale Zusammenhänge zu bringen; doch blieb die Grundaussage davon unberührt. Denn für den sich in Jesus mitteilenden Gott, dessen Hulderweise (nach Röm 11,29) »unwiderruflich« sind, gab es ebenso wenig ein Zurück hinter die von ihm ein für allemal gegebene Zusage, wie es für den Beter jemals ein Zurück in die Vorstellung von einem ambivalenten, zwischen Güte und Drohung oszillierenden Gott geben kann, nachdem er diesen, durch Jesus beauftragt und durch seinen Geist bewogen, mit dem Vaternamen anzurufen wagte. Überstrahlt vom Glanz dieses Gottes gewinnen die Trostworte des Evangeliums erst ihren wahren Stellenwert. Überstrahlt von diesem Glanz verlieren aber auch die Drohworte, zusammen mit ihrem Schrecken, ihre Bedeutung und Relevanz. Denn sie gehören einer Ebene der Gottesbeziehung an, die an die von Jesus eröffnete nicht heranreicht.

Die Bewusstseinswende

Wo diese Ebene ansetzt, gibt der Eingangssatz des Johannesprologs zu verstehen. Denn der Anfang, auf den das »Wort« zurückführt, liegt ebenso in Gott wie im Glaubenden. Wie schon seinem Klang zu entnehmen ist, spricht er von keinem Sachverhalt, der vergegenständlicht werden könnte, sondern von dem Urgrund, der alles in sich hineinreißt. Das gilt für jeden, der sich in den Bannkreis dieses Satzes begibt. Er verliert den Boden, auf dem er zu stehen glaubte, und sieht sich statt dessen an das sich verstrahlende Bei-sich-Sein Gottes verwiesen. Mit dem tragenden Boden verliert er dann aber auch den denkerischen Grund seiner Identitätsfindung, der in der Selbstunterscheidung von seiner Umwelt und mehr noch in der Selbstbehauptung angesichts der auf ihn eindringenden Todesdrohung besteht. Statt dessen sieht er sich in den Lichtkreis des Wortes aufgenommen, »das jeden Menschen erleuchtet« und ihn dadurch der Not subjektiver Selbstfindung überhebt. Höchst suggestiv wurde das von *Symeon dem Neuen Theologen* mit den bekenntnishaften Sätzen umschrieben:

Wieder leuchtet mir das Licht. Wieder schaue ich es in seiner Klarheit. Wieder deckt es mir alles auf und bringt es mir an den Tag. Wieder weilt der, der über allen Himmeln ist und den kein Mensch je gesehen hat, in mir. Nicht entriegelt er die Himmelstür, nicht bricht er sich Bahn durch die Nacht, nicht durchschlägt er das Dach meines Hauses, nein, ohne irgendetwas zu durchdringen, weilt er bei mir, dem Armen, mitten in meinem Geist, mitten in meinem Herzen. Und ich, der ich inmitten all dieser Dinge weile, bin nun alledem entrückt, selbst meinem Leib. Hier bin ich nun ganz und in Wahrheit ich, wo nur noch Liebe um mich ist.[75]

Im Bannkreis dieses Lichts fallen die gewohnten Barrieren. Der Unterschied von Medium und Botschaft und damit die »mediale Differenz« entfällt ebenso wie die von Geber und Gabe, wie es der Kierkegaard'sche Schlüsselsatz »der Helfer ist die Hilfe« zum Ausdruck bringt. Damit werden dann aber auch die mit den Anschauungsformen von Raum und Zeit gegebenen Differenzen gegenstandslos, weil sich in diesem Licht die Dimension der Ewigkeit auftut. Nur eine Differenz scheint der Macht seiner Einstrahlung zu widerstehen: der Unterschied von Rezipient und Gegenstand, Verstehendem und Verstandenem. Wenn aber der Helfer die Hilfe und der Botschafter die Botschaft ist, kann zuletzt auch diese »hermeneutische Differenz« nicht fortbestehen. Dann geht der Rezipient in die an ihn ergangene Zusage ein, so dass er vor der lebenslang nicht voll zu lösenden Aufgabe steht, sich das in immer neuen Ansätzen gesagt sein zu lassen, was ihm in und mit dem uranfänglichen Wort zugesprochen ist. Darin besteht der Sinn und das nie voll einzuholende Ziel der Christus-Hermeneutik.

Drittes Kapitel

GRUNDFRAGEN

1. Wo bist du?

Der Prüfstand

Wenn es Gezeiten der Geschichte gibt, so dass auf die Ebbe eine Flut folgt und nach dem Winter ein neuer Sommer zu erwarten ist, wäre nach dem Jahrhundert tiefster Barbarei der Anbruch eines neuen Humanismus zu erhoffen. Wenig spricht dafür, dass diese Hoffnung mehr ist als eine schöne Illusion, bis auf ein Indiz: Die Frage nach dem Menschen, nach seiner Würde, nach seiner Sinnbestimmung, aber auch nach seiner Fähigkeit zum Guten wie zum Bösen und Verbrecherischen stellt sich mit einer Dringlichkeit wie kaum einmal zuvor. Denn nie zuvor wurde der Mensch derart auf den Prüfstand gestellt wie in dem zurückliegenden Jahrhundert der beiden Weltkriege, der grausamen Unterdrückungen und Vertreibungen, dieser Zeit der menschenverachtenden Diktaturen, aber auch dieser Zeit ungeahnter Aufschwünge, eines beispiellosen Siegeszugs der Wissenschaft und Technik und dieser Zeit politischer Umbrüche, die nicht nur die alten Imperien zerfallen, sondern auch ein geeintes Europa entstehen ließen und damit eine friedliche Zukunft verhießen.

Die Spannung wächst, wenn man den Faktor hinzunimmt, der es nach *Werner Heisenberg* nicht nur dazu brachte, dass die Welt zunehmend anthropomorphes Gepräge annimmt, sondern der, wie *Romano Guardini* befürchtete, seinem Schöpfer zu entgleiten und ihn zu übermächtigen droht: die Technik.[1] In Gestalt der rapide eskalierenden Medientechnik steht sie nach der Prognose *Neil Postmans* sogar im Begriff, ihre Rezipienten einer persuasiven Diktatur zu unterwerfen, von der die verbreitete Medienabhängigkeit jetzt schon einen warnenden Eindruck vermittelt. Indessen muss diese, um vollständiger eingeschätzt zu werden, in jenem größeren Zusammenhang gesehen werden, auf den der späte *Sigmund Freud* in seinem Essay ›Das Unbehagen in der Kultur‹ (1930) hellsichtig hinwies.[2]

Danach ereignete sich in der Gesamtentwicklung der Technik eine folgenschwere Verzweigung. Während sie auf der einen Seite ihrer traditionellen Zweckbestimmung entsprechend das schon mit der Faustkeilkultur der Frühmenschen einsetzende Instrument der Daseinserleichterung blieb, wandte sie sich andererseits in Gestalt der modernen Hochtechnik ausgesprochen utopischen Zielen zu, mit denen sie sich nicht mehr in den Dienst des arbeitenden, sondern des träumenden Menschen stellte. Was im Feld dieser Hochtechnik entstand, war die Verwirklichung uralter Traumziele wie des Raubes des »himmlischen Feuers« in Gestalt der gebändigten Kernenergie, der Sternenreise in Gestalt der Raumfahrt, des »kalten Herzens« (Hauff) in Gestalt des Kunstherzens und des »Homunculus« (Goethe) in Gestalt der Genmanipulation.

Das aber entspricht dem utopischen Zug der Zeit, den die Diktaturen aufgriffen, um das Dasein im Sinn ihrer antichristlichen Weltentwürfe umzugestalten. Dass sie sich im Marxismus-Leninismus wie im Nationalsozialismus so erfolgreich durchsetzen konnten, obwohl ihnen das Menetekel auf die Stirn geschrieben war, hing zweifellos mit einer Affinität des Menschen zusammen, der immer wieder den Wechsel um des Wechsels willen anstrebt, auch wenn er sich damit die Katastrophe einhandelt.

Die Sphinx

Wie am Abgrund vor Theben lagert am Eingang ins begonnene Jahrtausend die Sphinx. Und wie den Wanderern im Ödipus-Mythos stellt sie den nach Einlass Begehrenden eine Frage, an deren Beantwortung ihr Schicksal gebunden ist. Es ist, wie nur Ödipus wusste, die Frage nach dem Menschen. Sie aber stellt sich dem auf den Prüfstand der Gegenwart gestellten Zeitgenossen neu. Nicht mehr wie den Philosophen der antiken Vorzeit und noch für Kant, der alle menschlichen Frageweisen in der einen Grundfrage »Was ist der Mensch?« zusammengefasst sah, sondern so, wie sie erstmals Augustin erfasste, der sich unter dem Eindruck eines Todeserlebnisses selbst »zu einer großen Frage« geworden war, also als die Frage, die der Mensch nicht so sehr stellt als vielmehr ist.[3]

Dabei hatte Kant wie kein anderer zuvor den Perspektivenreichtum der klassischen Wasfrage, die schon in dem Psalmwort »Was ist der Mensch, dass du seiner gedenkst?« (Ps 8,5) angeklungen war, ausgeleuchtet. Denn für ihn umfasste sie ebenso wie den Fragehorizont der Philosophie – was kann ich wissen? – den der Religion – was darf ich hoffen? – und den der Ethik – was soll ich tun? –, damit aber tendenziell auch den der Literatur und Dichtung, der darstellenden und gestaltenden Kunst und nicht zuletzt auch den der Dramatik und Musik. Danach strebt der Mensch in aller Ästhetik ebenso wie in aller Wissenschaft, Religion und Ethik nach der Klärung seines Wesens. Doch die Wesensfrage scheitert nicht nur an seinem gerade heute manifest gewordenen Unwesen, sondern, radikaler noch an dem, was nicht in sie eingeht und doch, wie der Mensch in der gegenwärtigen Identitätskrise erfährt, sein Proprium ausmacht: an seiner Person. Und sie ist außerstande, die Erfahrungen ans Licht zu heben, die er in dieser Zeit der exzessiven Barbarei, aber auch der Formen exzessiver Selbstüberschreitung mit sich machte. Aber kann er überhaupt radikaler als mit der Sonde der Wasfrage ausgelotet werden?

Die Urfrage

Es entspricht letzten geistesgeschichtlichen Gegebenheiten, dass darauf keine philosophische Theorie, sondern das Wort der Bibel antwortet, und dies im Kontext des ältesten Schöpfungsberichts, näherhin in der Szene von der Vertreibung des Menschen aus dem Paradies, verstanden als der Ort seiner primordialen Geborgenheit und Fraglosigkeit. An den schuldig Gewordenen, der sich im Bewusstsein seines Unrechts unter den Bäumen des Gartens versteckt, ergeht dort die nur von den Denkern des dialogischen Prinzips wie *Rosenzweig* und *Buber* in ihrem Vollgewicht begriffene Frage: »Wo bist du?« (Gen 3,9). Sie wurde von dem Renaissancephilosophen *Pico della Mirandola* in seinem Traktat über die Würde des Menschen mit den vom Schöpfer an den ersten Menschen gerichteten Worten umschrieben:

> *Ich habe dir keinen bestimmten Ort zugewiesen, damit du den Ort deines Aufenthalts selbständig wählen kannst. Ich habe dir auch keine bestimmte Gestalt auferlegt, damit du die dir genehme dir selbst verleihen kannst. Du kannst dich zur Höhe des Göttlichen erheben. Du kannst dich aber auch zur Tiefe des Tierischen erniedrigen.*[4]

Auf der Suche nach dem ihm genehmen Wohnsitz hat sich der Mensch seit seiner Vertreibung unablässig Ersatzparadiese geschaffen, von denen die

Bibel bereits die ersten und wichtigsten nennt, wenn freilich mit dem Zusatz, dass er auch sie aus eigenem Verschulden verliert: das Paradies der Bruderliebe durch den ersten Mord, das Paradies der – durch Jubal, den Stammvater aller Zither- und Flötenspieler repräsentierten – Kunst durch die Erfindung der Waffen- und Kriegsgeräte, und schließlich das Paradies der Einheitssprache durch den Turmbau von Babel. In diesem zwiespältigen Kontext sieht die Bibel auch die Zivilisation, sofern sie dem Brudermörder Kain die Gründung der ersten Stadt zuschreibt. Dass dieser Ansatz bis zu den »künstlichen Paradiesen« der heutigen Illusions- und Drogenszene fortgeschrieben werden kann, bedarf keiner Begründung.

Wie aber verhält es sich mit der Suche des Menschen nach der ihm angemessenen Gestalt? Als hätte er die Frage Picos im Ohr, ging darauf *Kierkegaard* in seiner autobiographisch gehaltenen Schrift ›Die Wiederholung‹ (1843) mit den bekenntnishaften Worten ein:

Mein Leben ist zum Äußersten gebracht. Es ist geschmacklos, ohne Salz und Sinn. Man steckt den Finger in die Erde, um zu riechen, in welchem Land man ist. Ich stecke den Finger ins Dasein. Es riecht nach – Nichts. Wo bin ich? Was will das besagen: die Welt? Was bedeutet dieses Wort? Wer hat mich in dieses Ganze hineingenarrt und einfach stehen lassen? Wer bin ich?[5]

Der Möglichkeitsraum

Mit dieser Frage hat die Philosophie den biblischen Gedanken eingeholt, so wie dieser nach philosophischer Erhellung verlangte. Es handelt sich, denkerisch bewertet, um die Gründungsurkunde einer neuartigen Anthropologie, die anstatt auf das Wesen des Menschen auf den ihn umfangenden Möglichkeitsraum abhebt und deshalb als Modalanthropologie zu kennzeichnen ist. Denn der Mensch ist nach *Nietzsche* im Unterschied zu den übrigen auf ihr Instinktverhalten festgelegten Lebewesen das »noch nicht festgestellte Tier« und als solcher dem Spielraum offener Möglichkeiten ausgesetzt, in dem er sich ebenso über sich selbst erheben wie unter sein eigenes Niveau absinken und damit von sich selber abfallen kann. Das eine meinte *Pascal* mit dem Wort von der menschlichen Selbsttranszendenz, wonach sich der Mensch selbst unendlich übersteigt, das andere machten sich die modernen Diktaturen mit dem Versuch zunutze, den Menschen unter sein personales Niveau abzusenken und zum Werkzeug ihrer Zielsetzungen herabzuwürdigen.

Die Erfahrungen und Errungenschaften dieses Jahrhunderts lassen auch erkennen, in welchen Richtungen der Mensch den ihm gezogenen Möglichkeitsraum auszuschöpfen pflegt, und dies in der Regel sowohl im Sinn wie im Gegensinn. Denn den Grenzfall bildet einerseits der Schurke und andererseits der Heilige. Dieser repräsentiert das Optimum, das der Mensch ansteuert, wenn er von seinen Möglichkeiten den jeweils besseren Gebrauch zu machen sucht, wenn er also seinen Selbstwert zu optimieren und seine Persönlichkeit zu entwickeln und zu kultivieren sucht. Den gegenteiligen Grenzfall markiert der Schurke, sofern er sich dem Spiel seiner Leidenschaften überlässt und ein parasitäres Leben auf Kosten anderer zu fristen sucht. Wenn aber sogar von Jesus gilt, dass er »in allem versucht wurde, die Sünde ausgenommen« (Hebr 4,15), bleibt auch dem Heiligen die Anfechtung, sich aufzugeben und den breiten Weg des geringeren Widerstands zu beschreiten, nicht erspart. Ebenso wird man dem Schurken die Neigung zum Sinneswandel nicht absprechen können, auch wenn er letztlich doch in seiner Destruktivität verharrt. Im Normalfall zeichnet sich somit eine Gemengelage der beiden Tendenzen ab, von der die Physiognomie des Durchschnittsmenschen wesentlich bestimmt ist. Doch wie gestaltet sich dann sein Lebensvollzug?

Die Binnengeschichte

Zu den grundlegenden Fragen, die sich im Blick auf den Menschen stellen, gehört die nach dem Grund seiner Geschichtsfähigkeit, die nicht einfach, wie es in der Regel geschieht, damit beantwortet werden kann, dass sie, wie es dann heißt, »zu seinem Wesen gehöre«. Statt dessen bringt diese nichtssagende Auskunft ans Licht, dass die Wesensfrage im Fall des Menschen falsch gestellt ist und insbesondere den angesprochenen Fragepunkt verfehlt. Umso mehr kann die von der Wofrage ausgehende Modalanthropologie gerade in diesem Zusammenhang ihre Bewährungsprobe bestehen. Denn in ihrem Licht wird klar, dass der Mensch im Unterschied zu Tier und Pflanze eine Geschichte mit sich selbst durchlebt, in welcher nun auch der Erklärungsgrund für seine – meist passive – Betroffenheit durch das Weltgeschehen und seine Verflechtung in dieses gefunden ist.

Wie jede Geschichte kennt auch diese den Wechsel von Siegen und Niederlagen. Seine Siege erringt der Mensch, wenn er sich gegen die Einflüsterungen der Propaganda seine eigene Meinung bildet, wenn er sich durch die Reklame keine künstlichen Bedürfnisse aufreden lässt, wenn er sich gegen den Trend der öffentlichen Meinung behauptet und den funktionalisierenden Tendenzen der Leistungs- und Konsumgesellschaft widersteht. Den modernen Testfall bildet insbesondere seine Resistenz gegenüber der um sich greifenden Medienabhängigkeit vieler Zeitgenossen. Indessen sind damit, genauer besehen, nur Teilsiege angesprochen. Zentral aber geht es auf dieser Siegeslaufbahn um die Überwindung des existentiellen Selbstzerwürfnisses in Akten der »Annahme seiner selbst«, die *Guardini* als die »Kardinaltugend« der Gegenwart herausstellte und, wesentlicher noch, um Initiativen zum Ziel einer gesteigerten Persönlichkeitskultur.

Am Gegenpol der Niederlagen steht im Unterschied dazu der Abfall des Menschen von sich selbst, verstanden als seine Auslieferung an die auf seine Nivellierung und Funktionalisierung, kurz, auf seine Verflachung zur Eindimensionalität (*Marcuse*) abzielenden Tendenzkräfte. Was dann entsteht, ist der von *Nietzsche* anvisierte »letzte Mensch«, der Mensch der herabgesetzten personalen Ansprüche, der an die Zeitströmungen angepasste und, wie ihn *David Riesman* diagnostizierte, »außengesteuerte« Mensch und als solcher das Wunschbild aller Diktaturen und autoritären Systeme.[6]

Das Existenzgewissen

Jede Geschichte benötigt einen Chronisten, da alles, was nicht registriert und aufgezeichnet ist, alsbald vom Wind des Vergessens verweht wird. Doch worin besteht der Chronist der Binnengeschichte? Anders gefragt: Gibt es ein darauf abgestimmtes Organ, das die Siege und Niederlagen registriert, das zum Widerstand ermutigt und gegen den drohenden Abfall Einspruch erhebt? Nach Lage der Dinge kann danach nur im Feld des Gewissens gefahndet werden, zumal sich dieses bei näherem Zusehen als differenzierter darstellt, als es gemeinhin den Anschein hat. Allgemein bekannt ist fast nur das moralische Gewissen, und auch dieses meist nur von seiner kritischen Seite, sofern es in Form von Gewissensbissen Verstöße gegen Gesetz und Pflicht ahndet. Der Kenntnis der nicht weniger wichtigen kognitiven und ästhetischen Gewissensformen steht im Grunde nur eine Sprachbarriere im Weg, da man im ersten Fall von einem guten oder schlechten Urteil, im zweiten von einem guten oder schlechten Geschmack zu sprechen pflegt. Tatsächlich aber handelt es sich dabei um die drei grundlegenden Gewissensformen, die dem – im Unterschied zu Pflanze und Tier – instinktverlassenen Menschen zur moralischen, kognitiven und ästhetischen Orientierung verhelfen.

Wie *Kant* die drei Grundfragen des Menschengeistes auf die Frage »Was ist der Mensch?« zurückführte, liegt aber auch den drei Gewissensformen eine umfassendere zugrunde: das Existenzgewissen. Es urteilt nicht über Gut und Böse, über Wahrheit und Irrtum oder über Kunst und Kitsch, sondern über den Grad der personalen Selbstaneignung oder Selbstverfehlung. Deshalb ermutigt es zur Kultivierung der Persönlichkeit, zur Festigung des Charakters, zur Schärfung des Eigenprofils und zum Widerstand gegen die auf die Abschleifung dieses Profils und auf die Verflachung zur Eindimensionalität abzielenden Tendenzen, während es gleichzeitig vor der Unterwerfung unter die gesellschaftlichen Zwänge, Suggestionen und Insinuationen warnt. Denn das Existenzgewissen ist jene innerste Entscheidungsinstanz, deren Verantwortlichkeit von keiner noch so autorisierten Orientierungshilfe abgenommen werden kann: eine Instanz, die zwar alle verfügbaren Hilfen bei ihrer Urteilsbildung in Anspruch nehmen, zuletzt aber aus souveräner Eigenverantwortung entscheiden muss.

Im Zentrum des Existenzgewissens wird der Mensch seiner selbst auf eine über den Sinn seines Daseins entscheidende Weise ansichtig. Denn in dieser Sicht erkennt er ebenso, wohin ihn der Abfall von sich selbst wie die Annahme seiner selbst letztlich führen. Es ist deshalb ein Blick, in dem sich Schrecken und Hoffnung mischen. Aufatmend nimmt der zu dieser Ein-Sicht Gelangte wahr, dass er größer gedacht und dass ihm Größeres zugedacht ist, als er in seiner alltäglichen Selbsteinschätzung vermutet. Jetzt erkennt er, dass er über noch ungehobene Hoffnungspotentiale und Werdemöglichkeiten verfügt, die nur darauf warten, freigesetzt, gehoben und genutzt zu werden. Und da ihm das alles nur vom göttlichen Seinsgrund zugedacht sein kann, verbindet sich damit überdies die Hoffnung auf eine Entgegenkunft, die ihm bei der Lösung der sich ihm stellenden Aufgabe beisteht. Dass diese Hoffnung nicht trügt, versichert Nikolaus von Kues an zentraler Stelle seines Werks ›Vom Sehen Gottes‹, wenn er berichtet:

Während ich im Schweigen der Betrachtung verharre, lässt du dich, Herr in meinem Innern mit dem Zuspruch vernehmen: Sei dein eigen, dann bin auch ich dein eigen.[7]

In diesem Zuspruch gründet die Hoffnung, dass sich der vielfach angefochtene und sich selbst entfremdete Mensch dem Sog seines Selbstzerwürfnisses und der detraktierenden Einflüsse entwinden und zum Ziel des gelungenen Selbstseins erheben kann.

Die Fallstrecke

Umso bestürzender wirkt der Einblick in die Gegenrichtung. Er wurde, geradezu programmatisch, durch die von Paulus im Römerbrief gestellte Frage eröffnet:

Ich unglücklicher Mensch; wer wird mich von diesem todverfallenen Leib befreien? (Röm 7,24).

Was den Menschen nach unten zieht, ist somit seine Todverfallenheit, die ihn im Konflikt zwischen verzweifelter Selbstbehauptung und der nicht minder verzweifelten Neigung, sich fallen zu lassen und aufzugeben, nach *Kierkegaard* in jenes Selbstzerwürfnis treibt, aus dem sich seine Anfälligkeit für das Böse letztlich erklärt. In Umkehrung des bekannten Bibelworts vom Tod als der »Sünde Sold« (Röm 6,23) erweist sich so der Tod als tiefster Beweggrund der Sünde – paulinisch gesehen: als die (nach 1Kor 15,55) zur Sünde »anstachelnde« Negativität – und die Sünde als das entweder resignative oder meist aggressive Aufbegehren gegen den Tod.

Was der Blick in den »Abgrund Mensch« (homo abyssus), den *Augustin* vor Augen hatte, wahrnimmt, ist das Elend des abgefallenen und in den Sog der desintegrativen Mächte geratenen Menschen, der nur noch als ruinöse Fehlform seiner selbst »dahinlebt« (*Büchner*). Drastisch schildert das die Dichtung, und dies schon in *Dantes* Höllenvisionen, erst recht aber in den Schreckensbildern der ausgehenden Neuzeit wie in den Gedichten *Rimbauds*, den Parabeln *Kafkas* und zumal in den Verfalls- und Zerrformen, denen der in eine utopische Zukunftswelt zitierte *Franz Werfel* bei seinem Aufenthalt im ›Wintergarten‹ begegnet. Nicht minder drastisch bestätigt das die bildende Kunst, angefangen von den Höllenbildern des *Hieronymus Bosch* bis hin zu den demontierten und pervertierten Menschengesichtern *Picassos* und *Bacons*. Ebenso bizarr wie suggestiv spiegelt sich in diesen, was dem Menschen widerfährt, wenn er sich als Person aufgibt und sich seiner inneren Chaotik überlässt.

Die Paradoxie des für den Menschen – im Grunde nicht zu fassenden – Todesgedankens besteht aber darin, dass er den von ihm Befallenen nicht nur in die in diesen Verfallsbildern dokumentierte Verzweiflung und Selbstpreisgabe treibt, sondern dass er ihn als der im Fleisch der Vergänglichkeit sitzende »Stachel« auch zu seinen größten Denk- und Kulturleistungen »stimuliert«. Das eine bestätigt der Anfangssatz von *Franz Rosenzweigs* ›Stern der Erlösung‹, der alles Denken mit dem Bedenken des Todes beginnen sieht:

Vom Tode, von der Furcht des Todes, hebt alles Erkennen des All an.[8]

Das andere betont, besonders eindrucksvoll, das Zeugnis der Literatur, die, ebenso in den Anfängen wie in ihrer Gegenwart, das Gepräge einer ausgesprochenen Todesliteratur aufweist. Das gilt schon vom Gilgamesch-Epos, dessen Held sich zunächst erfolgreich, zuletzt aber doch vergeblich um das Unsterblichkeit verleihende Lebenskraut bemüht. Und es gilt nach der Deutung *Ranke-Graves'* vor allem von der Odyssee, die in ihren Szenen höchst gegensätzliche Deutungen des Todes entwirft: angefangen von seiner Schreckensgestalt in der Figur des menschenfressenden Polyphem und der Vernichtungsgewalt der Skylla und Charybdis bis hin zu der betörenden und faszinierenden Erscheinung des Todes in den Figuren der Kalypso und der ihre Opfer durch ihren Gesang überwältigenden Sirenen.

Im Gedanken an die bekannte These vom Ursprung der Religion im Wissen des Menschen um die Unentrinnbarkeit des Todes muss hier die auffällige Entsprechung dieses zwiespältigen Verständnisses des Todes und des ambivalenten Gottesbildes der Menschheit vermerkt werden. Zumindest spricht für die angeführte These die Tatsache, dass das traditionelle Gottesbild durch denselben Gegensatz von Furcht und Faszination gekennzeichnet ist wie die von der Odyssee entwickelte Deutung des Todes. So könnte der Gottesgedanke tatsächlich jener radikalsten Grenzerfahrung des Menschen entspringen, die mit seinem Todesbewusstsein gegeben ist.

Vor allem aber erklärt sich von hier aus die im Grunde unbegreifliche Neigung des Menschen, sich fallen zu lassen und aufzugeben, ebenso wie seine nicht minder unfassliche Anfälligkeit für Tendenzkräfte manipulatorischer und fremdbestimmender Art, also für seine Bereitschaft, sich unter sein personales Niveau herabwürdigen zu lassen und einer Fremdregie zu unterwerfen. Nach der Einsicht und Erfahrung des vorigen Jahrhunderts geschieht das vornehmlich auf zwei Wegen: Den einen beschrieb *Heidegger* als den des Eintauchens in die antlitzlose Massengesellschaft mit ihrem anonymen Über-Ich in Gestalt des alles beherrschenden und alles einebnenden »man«; das andere ereignete sich durch den Einbruch der Diktaturen, die das auf terroristische Weise vorwegnahmen, was den mit persuasiven Mitteln arbeitenden Medien ungleich wirksamer gelingt: die Schaffung des von *Nietzsche* als den »letzten Menschen« angekündigten Typs des »außengeleiteten« (*Riesman*) und schließlich im Sinn ideologischer Vorgaben funktionalisierten Menschen.

Die Angstanfälligkeit

Doch der Tod hat außer seinem vielberedeten »Bruder«, dem Schlaf, auch eine in dieser Verwandtschaft weit seltener gesehene »Schwester«, die Angst. Denn die Angst ist, nach ihrer Analyse durch *Martin Heidegger* und ihrer ingeniösen Darstellung durch *Gertrud von le Fort* zu schließen, ein vorweggenommenes Sterben, radikaler noch formuliert, der »tägliche Tod«. Als ein »Schweben im Nichts« bestimmte sie Heidegger in seiner aufsehenerregenden Antrittsvorlesung ›Was ist Metaphysik?‹ (1929). Und als Blick »in eine entsetzliche Zerbrechlichkeit«, also in die Bodenlosigkeit des Daseins, beschrieb sie le Fort in ihrer Meisternovelle ›Die Letzte am Schafott‹ (1931), in der sie mit der Titelgestalt der neurotisch geängsteten Blanche »die Todesangst einer ganzen zu Ende gehenden Epoche« beschwor.

Die Todes- und Gottesnähe der Angst wird aber auch durch ihren ambivalenten Charakter ersichtlich. Denn die Angst ist im Sinn des Goethe'schen

Begriffspaars von Systole und Diastole zugleich Inklusions- und Isolations-angst: beengend im Sinn von atemberaubender Einschnürung ebenso wie freisetzend und vereinsamend, so dass sich der Geängstete im einen Fall im Elementarsinn von *angustia* beengt, im anderen Fall frei- und preisgegeben fühlt. Beides aber steht in einer wenn auch noch so entfernten Entsprechung zur Ambivalenz der traditionellen Gottesvorstellung, so dass von da aus eine religiöse Lösung des Angstproblems denkbar erscheint, auch wenn sich dann die wirkliche Lösung ganz anders gestaltet.

Auch wenn es letztlich das Nichts ist, das den todverfallenen Menschen ängstigt, hat die Angst doch erfahrungsgemäß auch jeweils ein Wovor, obwohl es sich von der konkreten Gegenständlichkeit dessen, was Furcht ein-jagt, durch seine Unbestimmtheit unterscheidet. In diesem Sinn richtet sich die Angst auf die Welt in ihren unterschiedlichen Erscheinungsformen als Kosmos, als Gesellschaft und als Kultur. Und in jedem Fall nimmt sie, je nach ihrem Grundcharakter als Inklusions- und Isolationsangst unterschiedliche Formen an. Als Weltangst hat sie entweder den Charakter einer Orts- und Ausweglosigkeit, besonders dann, wenn sie sich mit ökologischen Besorg-nissen – etwa der zunehmenden Verwüstung der Lebensräume oder der Erschöpfung der Energieressourcen – verbindet, oder den des Verlorenseins in einem abgelegenen Winkel des Universums, gesteigert durch das von *Pas-cal* empfundene Schweigen der unendlichen Räume. Als Sozialangst heftet sie sich entweder an den Druck an, den die Leistungs- und Konsumgesell-schaft ausübt, oder sie geht von der von *Riesman* denunzierten Einsamkeit in der Massengesellschaft aus, die vielfach von der Sorge um den Verlust der Sozialkontakte überschattet wird. Ähnliches gilt aber auch von der Kultur-angst, die entweder von der Sorge ausgeht, durch die Fülle der Angebote und die rapide wachsende Menge des Wissenswerten erdrückt zu werden, oder vom Gefühl, mit dem wissenschaftlichen und technischen Fortschritt nicht mithalten zu können, eingegeben ist.

Indessen gibt es, unabhängig von diesem verzweigten Panorama der Äng-ste, drei Wurzelängste, die von den drei Grundbeziehungen des Menschen ausgehen: von seiner Beziehung zu Gott, zum Mitmenschen und zu sich selbst. Was die Gottesbeziehung betrifft, so bestätigt sich nun das, was zunächst nur zu vermuten war: der Zusammenhang des ambivalenten Got-tesbildes der Menschheitstradition mit dem Phänomen der Angst, insbesondere mit ihrer Erscheinungsform als Todesangst. Es ist tatsächlich der durch den Gegensatz von Mysterium tremendum und Mysterium fascinosum gekennzeichnete Gott, der sich hinter allen Ängsten verbirgt und deren letzter Anlass ist. Denn hinter allen Ängsten steht die Ungewissheit, ob es für den todverfallenen Menschen den von ihm instinktiv gesuchten letzten Halt und Trost gibt, oder ob er fürchten muss, ins Bodenlose fallen gelassen zu werden.

Im Fall des Mitmenschen ist es die Befürchtung, dass sich der ersehnte Partner am Ende in sein furchtbares Gegenteil: den verhassten Rivalen, Gegner und Feind verwandeln könne. Da die Lebenserfahrung zeigt, dass dies nur allzuoft der Fall ist, lässt jeder den Partner nur bis auf einen letzten Sicherheitsabstand an sich herankommen; so aber nistet sich in alle Liebe eine Spur von Misstrauen und Ungewissheit ein, so dass jede Beziehung, so positiv sie sich gestalten mag, von Angst überschattet bleibt.

Was schließlich das menschliche Selbstverhältnis anbelangt, so ist es zunächst gleichfalls von jenem Misstrauen sich selbst gegenüber verschattet, das der Erfahrung entstammt, dass keiner in einem letzten Sinn für sich einzustehen und seine Leistungskraft oder seine Prinzipientreue zu gewährleisten vermag. Diese Verunsicherung ängstet ihn. Indessen hat diese Existenzangst eine noch tiefere Wurzel, die mit dem Aufbruch des Bewusstseins zu tun hat. Denn im ersten Aufflammen des Bewusstseins trifft den zu sich selbst Erwachenden der Anhauch des Todes, der das kaum entzündete Licht auszulöschen droht. Die Leere, in die er mit dem zu sich selbst kommenden Ich hineinstößt, wird von ihm im Sinn der Isolationsangst als tödliche Bedrohung empfunden. Was ihm darüber hinweghilft, hat *Nikolaus von Kues* mit dem erwähnten Zuspruch verdeutlicht, den ein jeder, der in sich hineinhorcht, in seiner Herzenstiefe vernimmt. Wenn er also dem Sog des Nichts widersteht, wird er von einer transzendenten Entgegenkunft bestätigt und vollends zu sich selbst gebracht. Erst aufgrund dieser Vorgeschichte kommt es zu jener staunenden Wahrnehmung, dass *nicht nichts*, sondern *etwas* ist, das in Gestalt der Welt auf ihn zukommt, um von ihm staunend entdeckt, wahrgenommen und begriffen zu werden. Doch damit ist auch schon jene Stelle erreicht, an der sich immerfort der Umschlag von Abtrift zu Aufstieg vollzieht und an der jene Faktoren das Übergewicht gewinnen, die den Menschen zu dem bewegen, was über ihm ist und ihn über sich selbst erhebt und hinausführt. Es ist die Stelle, an der sich im Gegenzug zur Fallstrecke die Sternenbahn der gelingenden Selbstwerdung abzeichnet.

Die Sternenbahn

Zum besseren Verständnis dessen verhilft ein Blick in den Grund des Zeitgeschehens, das nach Joachim Fest im Zeichen zerstörter Träume steht.[9] Angesprochen ist damit der Zusammenbruch der Diktaturen und der Verfall ihrer Ideologien, die den Menschen als Einlösung ihrer Ordnungs- und Zukunftsträume angepriesen wurden. Was sich auf dem politischen Sektor zerschlug, wurde indessen auf dem technischen erreicht. Wie Freud in seinem bereits angesprochenen Essay ›Das Unbehagen in der Kultur‹ erkannte, steht die heutige Hochtechnik im Begriff, zusammen mit dem Traum vom himmlischen Feuer und der Sternenreise auch den von der Schaffung eines Homunculus zu verwirklichen. Im Zug ihrer Schöpfungen wurden also nicht nur Utopien realisiert und dabei Möglichkeitsräume in den Bereich des Machbaren hereingeholt; vielmehr änderte sich auch die Position des Menschen, der durch seine Eingriffe in die Evolution dieser das Stigma der Geschichte aufprägt und schließlich sogar zum Schöpfer seiner selbst zu werden beginnt.

Damit wird der spanische Kulturphilosoph Ortega y Gasset bestätigt, der den Menschen selbst »das utopische Wesen« nannte und damit die von Freud angesprochene Kulturentwicklung auf ihn und seinen Selbstbegriff zurückspiegelte.[10] Als utopisches Wesen ist der Mensch tatsächlich befähigt, sich selbst fortwährend zu überschreiten, seine noch ungehobenen Möglichkeiten freizusetzen und von ihnen den jeweils besseren Gebrauch zu machen. Da er aber auch bei seinem Emporstreben vom Gewicht des ihm anhaftenden Selbstzerwürfnisses belastet bleibt, gerät er in jenen Zwiespalt, den Maurice Blondel in seiner ›Action‹ (1893) mit dem erhellenden Satz umschrieb:

> Der Mensch strebt nach Gottsein. Gottsein ohne Gott und gegen Gott oder Gottsein mit Gott und durch Gott, das ist das Dilemma.[11]

Symbolfigur des ersten Weges ist Prometheus, den Marx »den ersten Heiligen im philosophischen Kalender« nannte. Sein »Prophet« ist Nietzsche mit seiner

Prognose des »Übermenschen«, also des mit den usurpierten, durch den »Tod Gottes« frei und verfügbar gewordenen Attributen ausgestatteten Menschen, wie ihn Freud im Feld der Hochtechnik heraufkommen sah. Denn ihr geht es demzufolge letztlich darum, göttliche Eigenschaften in die Verfügungsgewalt des Menschen zu bringen: in der Raumfahrt etwas von göttlicher Allgegenwart, in der Medien- und Kommunikationstechnik etwas von göttlicher Allwissenheit, und in der Gentechnik etwas vom göttlichen Schöpfertum. Dies allerdings mit dem fragwürdigen Ergebnis der Entstehung eines »Prothesengottes«, der sich nur unbeholfen zu seiner usurpierten Gottähnlichkeit zu erheben vermag. Politisch angezielt war diese erschlichene Erhebung in der kommunistischen »Fabrik des neuen Menschen« (Rachmanowa), die, so sehr sie als das Paradies einer neuen Schöpfung gedacht war, die Hölle der sowjetischen Straf- und Vernichtungslager heraufbeschwor (Solschenizyn).

Marksteine des zweiten Weges sind dagegen die Tugenden, um deren Rehabilitierung sich schon vor Jahrzehnten Max Scheler bemühte.[12] Sie haben als praktische Einübungen in das – nach Rückert – einem jeden vor Augen stehende »Bild des, was er werden soll«, zu gelten und bilden als solche das »Viergespann« (Pieper) der seit alters als Kardinaltugenden bezeichneten Grundformen ethischer Selbstgestaltung: Klugheit, Mäßigkeit, Tapferkeit und Gerechtigkeit. Im Blick auf das gerade den heutigen Menschen belastende Selbstzerwürfnis ordnete dem Guardini die »Annahme seiner selbst« als Fundamentaltugend vor.[13] Überbaut wird diese Basis von den spezifisch christlichen Tugenden, also von Gehorsam, Demut, Sanftmut und Barmherzigkeit, und gekrönt vom Ternar der »göttlichen«, weil nur aus einem Synergismus von Gott und Mensch zustandekommenden, den Tugenden, die Paulus am Schluss seines Liebeshymnus mit den Worten anspricht:

Nun bleiben Glaube, Hoffnung, Liebe, diese drei: Am größten unter ihnen aber ist die Liebe (1Kor 13,13).

Die Liebe ist unter diesen aber vor allem deswegen »am größten«, weil sie sich in ihrer Grundgestalt als Liebe Gottes dem Faust-Schluss zufolge des aufstrebenden Menschen annehmen muss, wenn er sein Ziel auch wirklich erreichen soll. Doch worin besteht dieses?

Tugenden sind, im alten Bild von der »Tugendleiter«, letztlich nur die Stufen, auf denen sich der Aufstieg zum Ziel des Menschseins vollzieht. Davon scheint auf unüberbietbare Weise das Wort aus dem alttestamentlichen Schöpfungsbericht zu sprechen, wonach der Mensch »zum Bilde Gottes« geschaffen wurde (Gen 1,26). Keine philosophische Deutung des Menschen hat sich zu einer vergleichbaren Spitzenaussage erhoben. Deshalb schien mit dem Gedanken von der Gottebenbildlichkeit des Menschen die Frage nach dem Sinn seines Daseins optimal beantwortet zu sein. Dennoch wurde der Gedanke von der christlichen Botschaft mit dem Satz überboten, zu dem sich das Neue Testament in der enthusiastischen Aussage erhebt:

> *Seht doch, welch große Liebe der Vater zu uns hegt, dass wir Kinder Gottes nicht nur heißen, sondern sind! (1Joh 3,1).*

Gemeint ist damit ein Menschsein, das den durchschnittlichen Zustand der Heteronomie und knechtischen Furcht überschritten hat, wie es dem sich dem Menschen in bedingungsloser Liebe zuwendenden Gott Jesu Christi entspricht. Das fasste Paulus im Römerbrief in die für seine Anthropologie grundlegende Aussage (8,15), mit der er gleicherweise dem Ende der Angstverhaftung und der Erhebung zur Gotteskindschaft das Wort redet.

Wenn mit »Knechtschaft« nicht nur die Situation des religiösen, gesellschaftlichen und kosmischen Zwängen unterworfenen Menschen, sondern der Stand seiner Kreatürlichkeit angesprochen ist, versteht Paulus unter »Gotteskindschaft« die von Jesus an die Seinen weitergegebene Gottessohnschaft. Denn er ist (nach Röm 1,4) der »Gottessohn mit Macht« aufgrund seiner Auferstehung von den Toten. Ihm musste als Erster der Titel »Sohn Gottes« zugelegt werden, weil er durch seine Auferstehung dem Gesetz der universalen Todverfallenheit enthoben und zu Gott in ein transkreatürliches Verhältnis aufgenommen war, das als solches nur als genealogisches gekennzeichnet und mit dem Sohnestitel benannt werden konnte. Mit Gotteskindschaft ist dann aber der Stand derjenigen angesprochen, die in die Lebensgemeinschaft mit dem Gottessohn aufgenommen sind und sich (nach Röm 8,14) von seinem Geist leiten lassen. Das aber kann nach dem Vorgang der Johannesstelle im Grunde nur emphatisch, in Worten der Rühmung, ausgesagt werden, in Worten, wie sie *Gregor von Nyssa* bei seiner Erklärung der Seligpreisungen der Bergpredigt in den Sinn kamen:

Wie könnte man Gott für diesen Huldeweis würdig danken? Welcher Ausdruck, welche Begeisterung würde hinreichen, um das Übermaß der Gnade zu verherrlichen? Weit schreitet der Mensch über seine Natur hinaus, da er aus einem Sterblichen ein Unsterblicher, aus einem Vergänglichen ein Unvergänglicher, kurz, aus einem Menschen zu einem Gott wird. Wie unermesslich sind die Gnaden, die Gott aus seiner verborgenen Schatzkammer hervorholt, um sie uns zu schenken! Aus reiner Liebe erhebt er unsere Natur, die ihre Ehre und Hoheit durch die Sünde verlor, nahezu zu seiner eigenen Würde.[14]

Freilich empfängt der »mit der Gnadenkrone der Gotteskindschaft« gekrönte Mensch diese Würde nur, um sie seinerseits weiterzugeben. Deshalb ist er durch dieses Geschenk dazu beauftragt, der Welt an seiner Stelle etwas vom Geist der Sohnschaft einzuhauchen und sie dadurch, soweit es an ihm liegt, dem Ziel des Gottesreiches anzunähern. Nach der Seligpreisung der Bergpredigt ist aber die Urtat der Gotteskinder die Friedenstiftung. Wie die von Jesus ausgesandten Jünger müssen auch sie als Erstes den Menschen, die sie antreffen, die Gabe des Friedens anbieten. Denn im Frieden liegt die Kraft, Versöhnung zu stiften und dadurch die ihrem Ursprung entfremdete Welt ihrem Werdeziel, dem Gottesreich, näherzubringen. In seiner Friedenstiftung gibt der zur Gotteskindschaft erhobene Mensch das weiter, was er ist, und was durch ihn zur Wirkung gelangen soll. Durch sein Wirken aber beweist er, dass es dem Christentum nicht so sehr um die Erziehung und Bildung als vielmehr um die Erhebung des Menschen zu tun ist. Es ist die Religion, die dem Menschen zum Bewusstsein bringt, dass er größer gedacht ist, als er von sich weiß. Und es ist die Religion, die dies dadurch bewirkt, dass sie ihn auf die Sternenbahn seiner höchsten Selbstwerdung verweist.

2. Die Entdeckung der christlichen Subjektivität

Paulus ist der hellste Planet am Sternenhimmel des Urchristentums; doch steht er bei aller Glut seines Herzens und Geistes dafür ein, dass er allen Glanz und alles Feuer dem verdankt, von dem er sich geliebt weiß.[15] Seine mitreißende, bisweilen blendende und verstörende Ausstrahlung ist die eines reflektierten Lichtes. Wer das übersieht, begreift nichts von ihm und steht, wie die trübe Flut aggressiver und oberflächlicher Paulusbücher beweist, vor einem ihn ebenso irritierenden wie provozierenden Rätsel. Befremdend und herausfordernd wirkt er indessen nicht weniger auf die um Verständnis bemühten Leser, aber auch auf die ernsthafte Paulusforschung.

Dass es schon mit der exoterischen, an und für sich offen zutage liegenden Sicht des paulinischen Selbstzeugnisses seine Schwierigkeiten hat, wird deutlich genug durch die Tatsache belegt, dass das, was für Paulus selbst höchste Priorität hatte – seine Zugehörigkeit zum genuinen Kreis der Osterzeugen und sein sich daraus herleitendes Apostolat – ihm heute nur von wenigen Autoren, am deutlichsten von einem ausgesprochenen Außenseiter der Paulusforschung, seinem jüdischen Interpreten *Schalom Ben-Chorin*, in aller Form zuerkannt wird.[16] Für diesen wäre alles, was sich nach dem Kreuzestod Jesu ereignete, »Episode geblieben«, wenn es nicht durch die Damaskusvision des Apostels ins Zentrum des Christentums gerückt worden wäre. Worin bestehen aber dann die Barrieren, die diese Einsicht behindern?

Hemmnisse und Barrieren

Paradoxerweise besteht die grundlegende Barriere in der eindrucksvollsten Schilderung der Damaskusstunde, die von der lukanischen Apostelgeschichte geboten wird. Es handelt sich um den dreifachen Bericht von der großen Lebenswende des Apostels, der geradezu den Eindruck erweckt, als erblicke die Apostelgeschichte in dieser Vision die Achse ihres Paulusbildes.[17] Tatsächlich setzt die Darstellung Paulus als den großen, von Gott berufenen und bestätigten Heidenmissionar in Szene, dies jedoch so, dass ihm gleichzeitig der Anspruch auf die Zugehörigkeit zum Kreis der Osterzeugen entzogen wird.

Stillschweigend geschieht dies schon dadurch, dass die Apostelgeschichte mit dem einleitenden Bericht von der Himmelfahrt Jesu einen unübersehbaren Schlussstrich unter die Zeit der Ostererscheinungen zieht. Doch spricht diese Tendenz auch aus dem alttestamentlichen Modell, nach dem der Bericht von der Damaskusvision, am deutlichsten in der letzten und dritten Version (Apg 9,7; 26,16), stilisiert ist. Es ist dem alttestamentlichen Danielbuch (10,5–9) entnommen und stimmt in einzelnen Zügen fast wörtlich mit der Beschreibung dieses Ereignisses überein. Denn auch vom Offenbarungsempfang des Propheten Daniel heißt es, dass er allein die Erscheinung gehabt habe, von der seine Leute nichts wahrnahmen; und wie sich der durch die Erscheinung zu Boden geworfene Prophet durch die Berührung einer himmlischen Hand aufgerichtet fühlt, ergeht an Paulus die Aufforderung: »Steh auf und stelle dich auf deine Füße!« (Apg 26,16).

Mit dieser Modellwahl ist der Damaskusvision der Rang einer Christophanie zwar nicht ausdrücklich abgesprochen; doch ist sie vom Modell her eher in die Reihe jener »vermittelten« Visionen verwiesen, denen mehr subjektiver Erlebniswert als objektive Bedeutung zukommt. So kann man mit *Gerhard Lohfink* folgern, dass nach der lukanischen Darstellung, die darin dem Zeugnis der Paulusbriefe diametral entgegensteht, »die Erscheinung vor Damaskus nicht mehr zu den Ostererscheinungen« gehört. Das geschieht zwar, wie Lohfink hervorhebt, nicht in herabsetzender Tendenz, sondern aus der Zielsetzung des lukanischen Geschichtswerkes heraus, Paulus als die zentrale, von Gott »zum Licht der Heiden« bestimmte Missionsgestalt des jungen Christentums herauszustellen (Apg 13,47). Dennoch war damit ein verhängnisvoller Anfang gemacht.

Dramatische Wirkungsgeschichte

Während sich die übrigen Gründergestalten des Christentums einer fast gleichbleibenden Akzeptanz erfreuten, war die Wirkungsgeschichte des Apostels von Anfang an stärksten Schwankungen unterworfen. Fast entsteht der Eindruck, als sei der Schatten der Verkennung und Nichtbeachtung schon auf seine letzten Lebensjahre gefallen, so dass diese bereits im Zeichen einer inneren Passion standen. In der Folge verschwindet er bis auf wenige Ausnahmen fast völlig aus dem Blickfeld der altchristlichen Theologie, so dass sich der Kirchenhistoriker *Karl Holl* zu dem Urteil genötigt sah, dass Kleinasien, das hauptsächliche Wirkungsfeld des Apostels, diesen »mit dem schwärzesten Undank« für die Übermittlung der Christusbotschaft belohnt habe.[18] Auf weite Sicht wurde er geradezu aus dem kirchlichen Bewusstsein verdrängt, nicht zuletzt angesichts der Tatsache, dass sich der »Erzketzer« *Markion* auf Paulus als seinen angeblichen Kronzeugen berufen hatte.[19] Nach Zeiten der Verdrängung erwuchsen Paulus aber auch immer wieder Erneuerer seines geistigen Vermächtnisses, allen voran *Augustin*, aber auch der ihm an Sprachgewalt vergleichbare *Chrysostomus* und an der Schwelle zur Neuzeit der alle seine Mitstreiter überragende *Luther*, obwohl man sich gerade bei ihm mit *Albert Schweitzer* fragen muss, ob ihm wirklich die zentrale Anknüpfung gelang oder ob er mit seinem reformatorischen Konzept nicht vielmehr in einem Nebenkrater der paulinischen Heilsbotschaft angesetzt habe.[20]

Ungeachtet des Aufschwungs, den die Paulusforschung in letzter Zeit durch die Untersuchungen von *Dietzfelbinger, Theissen* und neuerdings wieder durch den Oxford-Theologen *Ed Parish Sanders* ebenso wie durch die Monographien von *Gnilka* und *Lohse* nahm, erlitt diese einen zuvor niemals erreichten Tiefstand durch den absurden Versuch, die Paulusbriefe als eine Fälschung des 2. Jahrhunderts zu erweisen und ihren in diesem Briefwerk geradezu zu leibhaftiger Präsenz gelangenden Autor ins Reich der Legende zu verweisen.[21] Doch selbst in dem unverkennbaren Aufschwung zeigt sich ein Rückschlag, da es der Mehrheit der Interpreten nicht gelang, das Selbstzeugnis des Apostels voll in den Blick zu bringen und in seiner ganzen Tragweite zu würdigen.

Das zentrale Selbstzeugnis

Vereinfachend gesprochen liegt dieses Selbstzeugnis in zwei Formen vor: in einer »protokollarischen«, in welcher Paulus das urchristliche Osterzeugnis zusammenfassend dokumentiert (1Kor 15,3–8) und die deshalb als die ›Magna Charta‹ des christlichen Osterglaubens zu gelten hat, und in einer »autobiographischen«, die weithin dem Begriff einer inneren Biographie entspricht.

In dem Bericht an die in ihrem Osterglauben verunsicherten Korinther stilisiert der Apostel das ihm verfügbare Traditionsgut zu zwei annähernd symmetrisch gebauten Dreiergruppen, die jeweils mit einer tragenden Einzelpersönlichkeit beginnen, zunächst mit Kephas (Petrus) als dem grundlegenden Osterzeugen und dann mit Jakobus, dem Vorsteher der jerusalemitischen Gemeinde, um von da zu wichtigen Zeugengruppen, einmal dem Zwölferkreis, sodann »allen Aposteln«, überzugehen.[22] Die erste Reihe schließt mit der Erwähnung der Fünfhundert, von denen die meisten noch leben, einige aber schon entschlafen sind (15,6), denen sich Paulus in der zweiten Reihe, scheinbar asymmetrisch, mit dem Satz gegenüberstellt: »Zuletzt erschien er mir, gleichsam einer Fehlgeburt« (15,8); doch wird die scheinbare Unstimmigkeit dadurch kompensiert, dass sich Paulus damit den »noch Lebenden« mit dem unausdrücklichen Hinweis darauf anschließt, dass er wie jene noch nach seiner Ostererfahrung befragt werden kann.

Irritierend wirkt dieses Zeugnis dann allerdings dadurch, dass sich Paulus als den »Geringsten unter den Aposteln« bezeichnet, der angesichts seiner Verfolgertätigkeit nicht wert sei, Apostel zu heißen (15,9). So fügt er sich in betonter Selbstverkleinerung in das von ihm entworfene Osterbild ein, vergleichbar der Art, wie Stifterfiguren auf mittelalterlichen Tafelbildern neben dem dargestellten Geheimnis erscheinen. Als fürchte er die verstörende Rückwirkung dieser Selbstverkleinerung, bringt er dann allerdings alles wieder ins Gleichgewicht durch den Zusatz: »Doch durch die Gnade Gottes bin ich, was ich bin, und sein Gnadenwalten ist an mir nicht fruchtlos geblieben; vielmehr habe ich mich mehr als alle anderen abgemüht, wenn freilich auch nicht ich, sondern die Gnade Gottes in mir« (15,10).[23]

Allem Anschein nach stellt sich einer vollen Paulusrezeption aber ein noch tiefer sitzendes Hindernis entgegen. Bekanntlich gehört die Fühlung der machtvoll zugreifenden Hand Gottes zum Grundbestand prophetischer Gotteserfahrung. Zweifellos steht das in Übereinkunft mit einem elementaren Bedürfnis des religiösen Menschen und seinem Verlangen nach Übermächtigung durch den ihm fühlbar gewordenen Gott. Und es ist gleichzeitig das Bedürfnis des »verehrenden Herzens« (Nietzsche), sich diesem Gott zu unterwerfen, der doch nach der gesamten Tradition der Religionsgeschichte ebenso gefürchtet wie geliebt sein will.

Doch Paulus zeigt sogar an dieser kritischen Stelle, wo von seinem ehemaligen Kampf gegen die Sache Gottes die Rede ist, keine Spur von Furcht und Reue.[24] Ja, sein Zeugnis ist sogar so geartet, dass hier schon seine Tendenz, in ein völlig angstfreies Verhältnis zu Gott hineinzuführen, erkennbar wird. Zwar spricht auch Paulus davon, dass das Heil in »Furcht und Zittern« gewirkt werden müsse (Phil 2,12); doch lehrt schon ein Blick in die Fundstelle, dass er alles daran setzt, das Gottesverhältnis seiner Adressaten aus der Schattenzone der Angst herauszuführen und ihm jene affirmative Eindeutigkeit zu verleihen, zu der er sich selbst durch die Heilserfahrung seiner Damaskusstunde geführt weiß. Das rückt auch sein Ringen um die Gerechtigkeit Gottes und ihren zwingendsten Ausdruck, das Gesetz, in eine neuartige Beleuchtung. Dass Paulus in ein nahezu neurotisch gespanntes Verhältnis dazu geriet, erklärt sich wohl letztlich nur aus der Tatsache, dass ihm im Gesetz der Inbegriff der furchterregenden Schattenseite des Gottesgeheimnisses entgegengetreten war, die in immer neuen Anläufen überwunden werden musste, obwohl sie durch die Heilstat Christi bereits ein für allemal beseitigt worden war. Von der Beseitigung dieses Schattens spricht sein emphatischer Ausruf: »Jetzt ist sie da, die Zeit der Gnade, jetzt ist er da, der Tag des Heils« (2 Kor 6,2), der sich gradlinig in den Schlüsselsatz des Römerbriefes fortsetzt, der das Zeitalter der Furcht durch den Anbruch der Gotteskindschaft überwunden sieht (Röm 8,15).[25]

So kann nur einer sprechen, der einer tödlichen Gefahr entronnen ist und nach einer langen Nachtwanderung endlich Licht vor sich sieht. Insofern steht Paulus jenseits der Schwelle, die für *Martin Buber* die Grenze zwischen alt- und neutestamentlicher Gottesvorstellung markiert. Denn für ihn hat sich Gott in liebender Selbstentschließung der Freiheit begeben, sich aus seiner hilfreichen Selbstzuwendung in das Dunkel seiner Verborgenheit zurückzuziehen, weil er als der bedingungslos Liebende begriffen und geglaubt sein will. Und Paulus steht gleicherweise jenseits der von Bubers Kritik des christlichen Satzglaubens markierten Schwelle, dem er vorwirft, von der Höhe des jüdischen Vertrauensglaubens in die Niederungen eines formalen Bekenntnisglaubens abgesunken zu sein. Doch damit tritt Paulus, wie nur staunend vermerkt werden kann, gleichzeitig auf die Seite des heutigen Christen. Denn seit Bubers Kritik am christlichen Satzglauben hat sich eine tiefgreifende Wende vollzogen, die den Akzent der Glaubenserwartung auf das Erfahrungsmoment verlagerte und gleicherweise eine Revision des Glaubensbegriffs nach sich zog: die Wende vom Gehorsams- zum Verstehensglauben, die den Glauben als den lebenslangen Versuch erscheinen lässt, sich verstehend in das geoffenbarte Gottesgeheimnis zu vertiefen.[26] Das gilt in vollem Umfang auch für den Auferstehungsglauben. Er will nicht nur satzhaft bekannt, sondern verstanden und in seinem Inhalt erfahren werden. Doch dafür bietet der den Ostererzählungen zugrunde liegende und auch von Paulus bestätigte Protokollsatz keinerlei Handhabe. So scheint alles in eine unüberbrückbare Aporie hineinzutreiben. Es ergeht den Gläubigen wie den Jüngern, die nach der Erzählung des johanneischen Nachtragskapitels den ihnen im Morgengrauen erscheinenden Auferstandenen nicht nach seiner Identität zu fragen wagen, weil sie bei aller Fragwürdigkeit »wussten, dass es der Herr war« (Joh 21,12).

Doch die aporetische Situation behält nicht das letzte Wort! Denn nun gewinnt die Rede vom »letzten Osterzeugen« unversehens eine völlig neue hochaktuelle Bedeutung. Sie ergibt sich daraus, dass Paulus, ungeachtet der Tatsache, dass er ohne Einschränkung zum Kreis der genuinen Osterzeugen zählt, mit seinem Zeugnis zugleich auf die Glaubenserwartung des heutigen Christen eingeht, sofern er ihm die Innensicht dessen erschließt, was die Apostelgeschichte mit ihrem dreifachen Bericht von der Damaskusvision beschreibt und was er mit seinem protokollarischen Selbstzeugnis bestätigt.

Hörend, schauend, fühlend

In diesem »autobiographischen« Selbstzeugnis greift Paulus auf das vor, was am Ende des Neuen Testament zum Vorschein kommt, wenn der durch seine Auferstehung »zum Gottessohn mit Macht Erhobene« (Röm 1,4) und zum Gegenstand des Glaubens Gewordene aus dem Schrein der Vergegenständlichungen hervortritt, um auf neue Weise vernommen, geschaut und gefühlt zu werden.[27]

Im gleichen Sinn betont der Apostel im Galaterbrief, dass ihm in seiner Berufungsstunde das Geheimnis des Gottessohnes ins Herz gesprochen wurde, da es Gott, wie er versichert, in seiner Güte gefiel, seinen Sohn in ihm zu offenbaren (Gal 1,15f.). Dem stellt er in einer zweiten Sicht, die sein Erlebnis auf den Schöpfungsmorgen zurückspiegelt, das Bekenntnis gegenüber, dass ihm im Anblick des Auferstandenen das Gottesgeheimnis aufgegangen sei (2Kor 4,6). In einer dritten Version betont er, dass ihm fortan sein Leben in dem Wunsch bestehe, den immer tiefer zu begreifen, von dem er in seiner Damaskusstunde ergriffen worden sei (Phil 3,12).

Zwar bleibt dieses esoterische Selbstzeugnis weit hinter den Erwartungen des heutigen Lesers zurück, da sich Paulus auf die grundlegenden Erfahrungsdaten beschränkt. Dafür hat dieses Zeugnis als eines der ersten elaborierten Paradigmen jenes konfessorischen Sprechens zu gelten, das die Sprache im Gegensinn zu ihrer deskriptiven Primärbestimmung verwendet und als Medium verbaler Selbstmitteilung einsetzt.[28] Insofern gilt für Paulus, was Goethes Tasso mit dem Wort für sich in Anspruch nimmt, dass ihm ein Gott gegeben habe, zu sagen, wie er leidet.[29] Dieser sprachliche Durchbruch steht für Paulus aber in engstem Zusammenhang mit einem wesentlicheren, der den Grundaspekt seines gesamten Denkens bestimmt und den er im Galaterbrief in die pleonastische Aussage fasst: »Zur Freiheit hat uns Christus befreit« (Gal 5,1). Denn grundlegend ist für Paulus das Erlebnis, dass in der Fühlung mit dem Auferstandenen die sein Leben bisher bestimmenden Zwänge von ihm abfielen und dass er dadurch in eine zuvor nie gefühlte Freiheit geführt wurde. Deshalb mündet sein dreifaches Selbstzeugnis in die drei Fragen aus, mit denen er in der Korrespondenz mit Korinth seine apostolische Position rechtfertigt: »Bin ich nicht frei? Bin ich nicht Apostel? Habe ich nicht unsern Herrn Jesus gesehen?« (1Kor 9,1).

Die Frageserie überrascht durch ihre Kopflastigkeit. Noch bevor Paulus auf sein Ostererlebnis eingeht, das er im Anschluss an den Protokollsatz des Zeugenkatalogs formuliert, und bevor er auf seine apostolische Sendung zu sprechen kommt, verleiht er der »Elementarerfahrung« Ausdruck, die sich für ihn in dem Satz »Bin ich nicht frei?« mit seinem Damaskuserlebnis verbindet. Was die Begegnung mit dem Auferstandenen in ihm auslöste, hatte demzufolge in erster Linie den Charakter einer umfassenden Freisetzung. Auf den Gipfel der Gottesoffenbarung entrückt, liegt deren Vorstufe in Gestalt des alttestamentlichen Gesetzes weit unter ihm, so dass er sich und die von ihm zum Christusglauben Geführten nicht mehr sklavisch dem Gotteswillen unterworfen, sondern liebend an ihn heimgegeben weiß. Indessen liegt das Schwergewicht des paulinischen Freiheitserlebnisses nicht so sehr im emanzipatorischen Moment als vielmehr auf dem der Freisetzung zu einem neuen gottgeschenkten Selbstsein.

In der Frage »Bin ich nicht frei?« klingt etwas von dem verhaltenen Jubel dessen durch, der aus einem Leben in Selbstzerwürfnis und Bruchstückhaftigkeit zur Integration seiner selbst gelangte. Das war für Paulus, wie jetzt rückläufig deutlich wird, Anlass, sein Ostererlebnis auf den Schöpfungsanfang zurückzuspiegeln, da für ihn damit die Lebenszeit begann, die wirklich zählte. Zu diesem gottgeschenkten Selbstsein gehört aber auch, dass er jetzt um die endgültige Sinnzuweisung seines Daseins weiß. Im Philipperbrief wird er das auf die ebenso knappe wie eindrucksvolle Formel bringen: »Leben, das heißt für mich Christus, und Sterben ist für mich Gewinn!« (1,21). Im Gegensatz zur richtungslosen Hektik der »Vorzeit« hat sein Leben jetzt eine eindeutige Bestimmung gewonnen. Eine Änderung wird sich nur noch durch seine äußeren Lebensumstände ergeben, die ihn fürs erste in die Weite eines schier unüberblickbaren Arbeitsfeldes und zuletzt in die Enge eines Gefängnisses führen und es dahin bringen, dass er dieses Leben einer aufs Höchste angespannten Aktivität als ein Leidender beschließen wird. Demgemäß wird er sich in den aus gegensätzlichen Situationen verfassten Briefen einmal den »Apostel Jesu Christi« und dann den »Gefangenen Christi« nennen.

Im extremen Kontrast der äußeren Lebensverhältnisse hält sich aber der einmal gefundene Sinn, wie gerade diese Formeln erkennen lassen, unverändert durch. Überwältigt von der Wirklichkeit des Auferstandenen hat er zu einer Lebensform gefunden, die nur im Dienst Christi steht, gleichgültig, »ob im Leben oder Sterben« (Phil 1,20). Seine Selbstverwirklichung besteht in der inneren Bindung an Christus, der für ihn zum Antrieb und Grund seines Existenzaktes geworden ist. Daran vermag auch der radikale Umbruch der äußeren Umstände nichts zu ändern. Wohl aber ist diese Indifferenz gegenüber dem, was sonst das Profil einer menschlichen Persönlichkeit ausmacht, ein Hinweis auf den Tiefgang der Metamorphose, die seine Existenz durch die Lebensgemeinschaft mit dem Auferstandenen erfuhr. Mit ihr begann sein Leben tatsächlich neu. Sie ist der Anfang, den Gott mit ihm machte, und das Ziel, dem er lebenslang entgegenstrebt.

Der antwortende Zeuge

Nach alledem ist nicht erst Augustin, wie *Adolf von Harnack* meinte, sondern schon Paulus der erste moderne Mensch. Denn schon er vollzog die vom augustinischen Bekenntniswerk dokumentierte Kehre von der bewundernden und berechnenden Betrachtung des Kosmos zur subjektiven Selbstreflexion – ego sum, qui memini, ego animus –; schon er ist der Entdecker des inwendigen Menschen, des homo spiritualis, dem Augustin sein zentrales Interesse zuwendet; und schon in ihm kommt jene vox humana zu Wort, die nicht in deskriptiver, gegenstandsbezogener und weltorientierter, sondern, wie der Schlüsseltext seiner »Narrenrede« (2Kor 11,1–12,10) belegt, konfessorischer Weise spricht.[30]

In einer Stunde der verfallenden Persönlichkeitskultur, der epidemisch gewordenen Identitätskrise und der postmodernen Nivellierung des individuellen Eigenprofils ist daher Paulus, wie seit langem nicht mehr, an der Zeit. Aus dem Kreis derer, die sich in die Fundamente des christlichen Glaubens mit ihrem Zeugnis eingeschrieben haben, hebt er sich als der »antwortende Zeuge« ab, der sich über seine zeitgenössischen Adressaten hinweg an den nach Glaubenserfahrung hungernden und um die Innensicht bemühten Christen wendet, um auf seine Fragen einzugehen. Doch worauf beziehen sich diese Fragen?

Sicher zunächst auf die Überwindung seiner Lebensnot, die vordergründig in der ihm zum »unheimlichen Begleiter« gewordenen Lebensangst besteht (*Jaspers*), die jedoch untergründig aus seinem gebrochenen Selbstverhältnis (*Kierkegaard*) aufsteigt und ihm nicht zuletzt von außen, insbesondere durch die Medien, suggeriert wird.[31] Denn diese bieten ihm, wie *George Weidenfeld* betont, ein ausgesprochenes Zerrbild seiner Welt, sofern sie das Sensationelle und Kriminelle hervorheben, während sie der Normalität der täglichen Pflichterfüllung und Beweisen der Menschlichkeit keinen Nachrichtenwert zubilligen. Mehr aber noch bestärken sie den Rezipienten in seiner Angstanfälligkeit durch den von ihnen ausgeübten Wirklichkeitsentzug, durch den er den tragenden Boden verliert.[32] Denn eben dadurch versetzen sie ihn in dieselbe Situation wie die des – nach *Heidegger* – im Nichts schwebenden Geängsteten.

Das könnte ihm freilich nur wenig anhaben, wenn er nicht für Fremdbestimmungen und Außensteuerung anfällig wäre. Nach *David Riesman*

erscheint er jedoch als der überwiegend »außengeleitete« und durch gesell-
schaftsbedingte Insinuationen gesteuerte Mensch. Das lässt darauf schließen, dass der Grund der Anfälligkeit für desintegrative Einflüsse in erster
Linie in seiner Ich-Schwäche (*Zulehner*) zu suchen ist. Aufgrund einer geradezu epidemisch gewordenen Identitätskrise hat er die Fähigkeit zur Selbstin-
tegration verloren, so dass er nur allzuleicht zum Opfer manipulatorischer
Übergriffe wird. Darin bestand die Chance der terroristischen Diktaturen, die
das Gesicht des Jahrhunderts weithin verunstalteten, und die sich, nach der
warnenden Einschätzung *Neil Postmans*, in der persuasiven Diktatur der
Medien fortsetzen.[33]

Die Antwort des Apostels auf die Frage nach der Angstanfälligkeit des
heutigen Menschen könnte eindeutiger nicht sein; denn sie ist für ihn grundsätzlich und faktisch durch den Mitvollzug der Gottesanrede Jesu und durch
den Eintritt in die durch sie erschlossene Gotteskindschaft überwunden. Mit
dem historischen Jesus, der dazu vor allem in dem Gleichnis von den Talen-
ten (Lk 19,2ff.) Stellung bezieht, sieht er in der Angst den lähmenden Ungeist,
der die spontane Verwirklichung des einzig Richtigen verhindert und wie
kaum ein anderes Motiv der Kreativität des Glaubens entgegensteht.[34] Und
mit dem johanneischen Jesus und dessen großem Wort von der Freundschaft
mit ihm (Joh 15,15) erteilt er der religiösen Heteronomie eine entschiedene
Absage. Dabei kontrastiert er den Zustand knechtischer Furcht nicht nur mit
dem der Sohnschaft, der für ihn gleichbedeutend ist mit seinem Zentralbegriff
des Seins »in Christus«; vielmehr nennt er auch das Schlüsselwort der angstfreien Gottesbeziehung, die von Jesus erstmals im Vollsinn gewagte und den
Seinen zugesprochene Zärtlichkeitsanrede »Abba – Vater«. Sie setzte der
Heteronomie und ihrer Folge, der Angst, ein definitives Ende; denn dieser
Anruf stiftet jene Nähe, die den kreatürlichen Abstand in die Geborgenheit
am Herzen Gottes aufhebt.

Mag Paulus in exoterischer Rede bisweilen den Sprachgebrauch der antiochenischen Gemeinde übernehmen und davon sprechen, dass das Heil »in
Furcht und Zittern« gewirkt werden müsse: Hier redet er im Stil der ihm (nach
1Kor 3,1ff.) angelegeneren esoterischen Sprache, die sich himmelhoch über
die Eingebungen der Angst und deren verbalen Ausdruck erhebt. Denn der
»Vater der Erbarmungen und Gott allen Trostes«, zu dem er sich in der Korrespondenz mit Korinth bekennt (2Kor 1,3), darf nicht gefürchtet werden,

weil er nicht gefürchtet werden will. Damit nimmt Paulus den großen Gedanken vorweg, zu dem sich das Neue Testament abschließend mit dem Wort erhebt:»Furcht ist nicht in der Liebe; vielmehr treibt die vollkommene Liebe die Furcht aus« (Joh 4,17f.).

Wenn Paulus seine Antwort auf die Frage der Angstanfälligkeit der Gottesanrede Jesu entnimmt, dann die auf das Problem der Ich-Schwäche dem Verhältnis Jesu zu den Seinen, das er mit seinem Zentralbegriff»in Christus« anspricht. Damit meint er die als eine personale Lebenswirklichkeit zu denkende Sphäre, in der sich der Glaubende bewegt, in der er seinen Atemraum und seine dem Fortriss des Geschehens widerstehende Geborgenheit und letztlich sich selber findet. Indessen ist dieses Finden für Paulus die Frucht einer vorgängigen Entgegenkunft. Deshalb oszilliert das»in Christus« bei ihm fortwährend mit dem»Christus ins uns«, mit dem er die mystische Identitätsmitte des Glaubenden und den Inbegriff seiner Selbstfindung bezeichnet.[35] Doch worin besteht diese?

Die Selbstfindung

Wenn man die paulinische Vorwegnahme des kartesianischen»Cogito ergo sum« in dem Bekenntnis»Ich glaube, darum rede ich« (2Kor 4,13) zugrunde legt, besteht sie zentral in der Überlassung der Selbstvergewisserung und der sie artikulierenden Ich-Sage an den, von dem sich der Apostel so sehr geliebt, umhegt und erfüllt weiß, dass er sich nach dem Schlusswort des Römerbriefs nicht mehr unterfängt, etwas zu sagen, was nicht Christus in ihm bewirkt hätte (Röm 15,18). Auf die Frage, wie sich diese»Bewirkung« gestaltet, wird man sich an den Zuspruch erinnern müssen, der nach *Nikolaus von Kues* dem Akt der existentiellen ebenso wie der intellektuellen Selbstaneignung ermöglichend und fördernd zuvorkommt, also an die mit dem Gebot:»Sei dein eigen« verknüpfte Verheißung:»dann bin auch ich dein eigen«.

Das nehmen die Paulusbriefe in wiederholten Wendungen vorweg, so in der Zusage»Jetzt erkennt ihr Gott, oder vielmehr: ihr seid von Gott erkannt« (Gal 4,9) oder in dem Satz»Wenn einer Gott liebt, ist er von ihm erkannt« (1Kor 8,3). Das liegt zwar ganz auf der Linie der *Baader*'schen Abwandlung des Cogito zum Cogitor ergo sum, aber nicht – oder doch noch nicht – auf der

der christologischen Selbstfindung, für die sich Paulus ausspricht. Für ihn ist der in den Seinen Fortlebende gerade auch darin der »einzige Mittler zwischen Gott und den Menschen« (1Tim 2,5), dass er den Akt der Selbstfindung ermöglichend übernimmt und mit vollzieht. Er führt diesen Akt des Zu-sich-Kommens ans Licht; er übernimmt die Mühe der Selbstwerdung; er spricht das sich artikulierende Ich vorsagend mit. Indem sich der zu sich Erwachende angesichts dieser liebenden Entgegenkunft ihm überlässt, gewinnt er jene schöpferische Macht über ihn, aus der sein neues, von ihm nicht ergriffenes und behauptetes, sondern ihm zugeeignetes Selbst hervorgeht.

Doch dieser »wunderbare Tausch« beruht, weil er sonst unvollständig bliebe, auf Gegenseitigkeit. Wie das Haupt der Glieder bedarf, um mit ihm zusammen den Leib zu bilden, ist der Entgegenkommende, der dem Menschen zu dessen vollgültiger Selbstfindung verhilft, zugleich auf diesen angewiesen. In seiner rettenden Zuwendung findet er auch zu sich selbst. Indem er den Akt der menschlichen Selbstfindung übernimmt und mitträgt, erwacht er im kollektiven Sinn seinerseits zu sich. Der Glaube der Seinen an ihn ist sein Selbstbewusstsein in ihnen. Das aber, anders als es *Hegel* meinte, nicht im Sinn einer Abhängigkeit, sondern im Sinn jener Hilfe, die sich – so *Kierkegaard* – so radikal verausgabt, dass sie geradezu den Anschein eigener Hilfsbedürftigkeit erweckt.

Auf die Frage nach der Erfahrbarkeit dieses Tausches wird man nur mit dem Hinweis auf unterschiedliche Formen der Insinuation antworten können, in denen diese Entgegenkunft in das sich umstrukturierende Bewusstsein des Empfängers tritt. Sie hatte im Fall des Apostels nach dessen Selbstzeugnis die Form einer Überwältigung, verbunden mit der unausweichlichen Nötigung (1Kor 9,16), den zu verkündigen, von dem er sich (nach Phil 3,12) ergriffen fühlte. Im Fall der urchristlichen Charismatiker verdichtete sie sich sogar zur förmlichen Inspiration, die sie zur Schaffung der nachgestalteten Herrenworte befähigte. Im »Normalfall« wird es sich dagegen um ein fast unmerkliches Bewogensein handeln, das sich entlastend auf die sorgende Bekümmerung um die Alltagsbedürfnisse (Lk 12,22–30) auswirkt und statt dessen zur Übernahme der Sorge Jesu um die Heraufkunft des Gottesreiches bewegt (Lk 12,31). Denn damit vollzieht sich eine denkerische Umgewichtung, durch die das Anliegen Jesu mit wachsender Klarheit an die Stelle des sorgenden In-der-Welt-seins (*Heidegger*) tritt.[36] Wenn der Philipperbrief in seinem abschließenden Friedenswunsch dazu aufruft, sich »um nichts zu sorgen« (4,6), schließt sich damit der Ring zu Paulus, der auch darin, wie so oft, aus seiner Ausnahmestellung in die Normalität zurücktritt. Nichts ist für Paulus bezeichnender als die Tatsache, dass er diese Zusammenhänge nicht lehrhaft, sondern konfessorisch, also am Paradigma seiner selbst entwickelt. Weil er sich durch das Leben in Christus befreit, getröstet und gestärkt weiß, kann er auf dem Höhepunkt seiner Selbstaussage versichern, dass er in Christus seine wahre Identität gefunden habe und dass Christus an die Stelle seines Ich getreten sei (Gal 2,20). So ist es nur konsequent, wenn er die Zumutung, er möge beweisen, dass Christus in ihm redet, mit der Aufforderung zurückweist: »Prüft euch doch selbst, ob ihr im Glauben steht, stellt euch selbst auf die Probe! Oder erseht ihr an euch nicht, dass Christus in euch ist?« (2Kor 13,3.5). Was er in einem Akt der Herzensentblößung mitteilt, müsste den Adressaten als Spiegel ihrer mystischen Selbstfindung vorkommen. So wird er tatsächlich – gerade auch in diesem exzessiven Sinn – »allen alles, um wenigstens einige zu gewinnen« (1Kor 9,22). Wie kein anderer der neutestamentlichen Autoren spricht Paulus »provozierend«, dies jedoch so, dass er aus sich heraus- und auf seine Gesprächspartner zugeht, um diese zu sich selbst zu führen. Das traf Albert Schweitzer mit den Worten: »Mit Gewalt stößt Paulus den Menschen, durch Selbstbekenntnisse, in denen er sich ihm preisgibt, in ein Erleben hinein, das dem seinen gleich werden soll.«[37] Wer das begriffen und mitvollzogen hat, hat diesen »antwortenden Zeugen« wirklich verstanden.

3. Die Geburt der Weisheit aus dem Schweigen

Die Erfahrung

Die Geschichte der Weisheit beginnt mit einer im Buch Hiob gestellten Frage:

> *Die Weisheit – wo kommt sie her? Wo ist der Ort der Einsicht? Verhüllt ist das vor den Augen der Lebenden, verborgen sogar vor den Vögeln des Himmels. Abgrund und Tod erklären: Unser Ohr vernahm von ihr nur ein Raunen. Gott allein weiß den Weg zu ihr, Er nur kennt ihren Ort (Hi 28,20–23).*[38]

Der gnostische Mythos weiß um eine andere und für ihre Deutung aufschlussreiche Herkunft, wenn er die Weisheit mit der *Sige*, dem ewigen Schweigen, in eine genealogische Beziehung setzt.[39] Denn von da führt eine Linie zur Konzeption der spekulativen Weisheit, in der die jüdische Weisheitslehre gipfelt. Sie baut auf zwei höchst gegensätzlichen Voraussetzungen auf. Einerseits auf der altisraelischen Erfahrungsweisheit, die sich in affirmativ gestalteten Sinnsprüchen (Gnomen) artikuliert und (nach Spr 1,5) eine regelrechte »Kybernetik«, verstanden als die Kunst, durch die Klippen des Daseins unbeschädigt hindurchzusteuern, zum Ziel hat.[40] Andererseits geht sie auf eine der schwersten Krisen in der Glaubensgeschichte Israels zurück. Was aber zunächst die Gnomen anlangt, so hat sich in vielen dieser »Besser-als-Sprüchen« (Rad) uralte Lebenserfahrung gesammelt und zu gültigen Einsichten geklärt, manche davon so, dass sie wie diese in den Schatz der Sprichwörter eingegangen sind: »Wer anderen eine Grube gräbt, fällt selbst hinein, und wer einen Stein wälzt, auf den fällt er zurück« (Spr 26,27); Gleiches gilt auch von dem Spruch: »Wer Pech anrührt, besudelt sich, und wer mit Spöttern umgeht, wird ihnen gleich« (Sir 13,1). Das Unbehagen der Weisheitsliteratur gegenüber der menschlichen Habgier und Unersättlichkeit spricht aus dem Wort: »Totenreich und Unterwelt werden nie satt; nicht zu sättigen sind die Augen des Menschen« (Spr 27,20). Radikaler noch wiederholt ein Zahlen-Spruch denselben Gedanken: »Diese drei werden nie satt und diese vier sagen nie genug: die Unterwelt, ein verschlossener Schoß, die nach Wasser verlangende Erde und das unersättliche Feuer« (Spr 30,15). Dem entspricht dann das Lob der Bescheidung: »Besser ein Stück trockenes Brot in Sorglosigkeit als ein Haus voller Opferfleisch mit Streit« (Spr 17,1), das sich in dem Satz wiederholt: »Besser ein Gericht Gemüse mit Liebe als Mastfleisch mit Hass« (Spr 15,17). Einen dieser Sprüche nahm Paulus als Argumentationshilfe in die Liebesethik seines Römerbriefs auf (12,20f.): »Hungert dein Feind, dann gib ihm Brot, hat er Durst, so gib ihm Wasser, dann häufst du glühende Kohlen auf sein Haupt, und Gott wird es dir lohnen« (Spr 25,21f.).

Der Notstand

Die Einbeziehung in den neutestamentlichen Argumentationszusammenhang wirkt wie eine Reminiszenz an die für die Entwicklung des Weisheitsmotivs entscheidende Umsetzung der Erfahrungsweisheit in die theologische Weisheitsspekulation der jüngeren Weisheitsliteratur. Sie war offenkundig die Folge eines schweren spirituellen Einbruchs, konkret gesagt, des Erlöschens des Prophetismus, der die Geschichte Israels von Anfang an begleitet und gedeutet hatte. In Form einer denkwürdigen Klage spricht davon das Psalmwort:

> Weisende Zeichen sehen wir nicht, prophetische Stimmen hören wir nicht, und keiner von uns weiß, wie lange noch? (Ps 74,9)

In diesem an den Eingang des 22. Psalms erinnernden Notschrei bekundet sich das Gefühl einer den Glauben Israels zutiefst irritierenden Gott-Verlassenheit, die sich aber nicht etwa auf einen Zweifel an Gottes Existenz, wohl aber auf seinen Willen bezieht, noch weiterhin der Wegbegleiter und »Hüter« Israels durch den Zuspruch der von ihm gesandten Propheten zu sein. Gleichzeitig erinnert das Verstummen der prophetischen Stimmen an das Schweigen (Sige), in das der Mythos die Weisheit eingebettet sah. Nach deuteronomistischer Vorstellung war dieses Verstummen aber nicht so sehr die Folge eines allmählichen Versiegens als vielmehr des gewaltsamen Endes, das die Propheten, gerade auch aus neutestamentlicher Sicht (Mt 23,35ff.), erlitten.[41] Wenn dieser Notstand kompensiert werden sollte, musste etwas geschehen, was *Max Horkheimer* im Blick auf die Opfer der terroristischen Gewalt in den von *Gertrud von le Fort* dichterisch vorweggenommenen Satz fasste:

Aufgabe der Philosophie ist es, was sie getan haben, in eine Sprache zu übersetzen, die gehört wird, wenn auch ihre vergänglichen Stimmen durch die Tyrannei zum Schweigen gebracht wurden.[42]

Im dichterischen Bild vollbringt dies ›Die Letzte am Schafott‹, die das durch die Hinrichtung ihrer Schwestern abgerissene ›Veni Creator‹ zu Ende singt. Doch durch den Begriff »Kompensation« wird die zur Rede stehende Aufgabe auf ungebührliche Weise vereinfacht. Darauf hebt der an die Schriftgelehrten und Pharisäer gerichtete Vorwurf Jesu ab, der in der schärferen und nur im Sinn einer »negativen Dialektik« zu entschlüsselnden Lukasfassung lautet:

Weh euch, ihr errichtet Denkmäler für die Propheten, die eure Väter umgebracht haben. Dadurch bestätigt und billigt ihr die Untaten eurer Väter. Sie haben gemordet; ihr baut Grabmäler (Lk 11,47f.).[43]

In der Sicht Jesu sind die Denkmäler der Versuch, den Prophetenmord nachträglich zu verklären und dadurch in ein affirmatives Geschichtsverständnis einzuebnen. Doch gerade das bestätigt die Untat, die in ihrer himmelschreienden Ungeheuerlichkeit wie eine Wunde hätte offengehalten werden müssen. Eine ganz andere »Bestätigung« wäre geboten: die in Form des Eingeständnisses der Mitschuld. Dann wäre es zu jener wirklichen »Verklärung« und jener kreativen »Kompensation« gekommen, wie sie im Entwurf der spekulativen Weisheit tatsächlich erfolgte.

Die Konzeption

Sie konnte nur auf einem sich selbst in eine »via illuminativa« überholenden Läuterungsweg erreicht werden, wie ihn die Weisheitsdenker beschritten, die für das kreative Ingenium Israels standen. Im selbstkritischen Bedenken der Prophetenschicksale gelangten sie zur Schau jener Himmelsgestalt, in der das »getan« war, wovon die verstummten Stimmen gesprochen hatten. Was sie erblickten, war die Selbstmitteilung Gottes im Spiegel seiner »Throngenossin« und des »Abbilds seiner Güte«. Es war »getan«, sofern die Weisheit als Kind bei seiner Schöpfung vor ihm spielte und als erhellender Geist die

Sprecher Gottes zu ihrem Werk herangebildet hatte. Doch ließ sie sich auch selbst vernehmen, indem sie die irrenden Menschen zum Gastmahl ihrer Lehre rief. Von ihr erklärt das Buch der Weisheit:

Sie ist der Widerschein des ewigen Lichts, der ungetrübte Spiegel von Gottes Kraft, ein Abbild seiner Güte (Wsh 7,25ff.).[44]

Von diesen Begriffen ging der letzte in die neutestamentliche Weisheitsspekulation ein, während der des Spiegels für das fruchtbar wurde, was nun an die Stelle der prophetischen Führung trat. Denn im Spiegel der Weisheit lernte Israel eben jene Geschichte reflektieren, die, wie insbesondere die seiner Befreiung aus dem »Sklavenhaus Ägypten« (Ex 20,2), der prophetischen Führung unterstanden hatte. Dem ist das große, wenngleich von zwei didaktisch-apologetischen Einschüben unterbrochene Gebet gewidmet, in welches das Weisheitsbuch ausmündet. Es ist ein betont demütiger Blick, den der im Bewusstsein der Aporetik des Denkens schreibende Verfasser auf die Geschichte des Auszugs wirft:

Wir erraten kaum, was auf der Erde vorgeht, und finden nur mit Mühe, was doch auf der Hand liegt. Wer kann da ergründen, was im Himmel ist? (Wsh 9,18).

War es in der altisraelitischen Erfahrungsweisheit der Gedanke an die dem Menschen anzuratende Selbstbescheidung – bewegend schön im 131. Psalm zum Ausdruck gebracht –, der zur Vorstellung von der seiner Denkkraft gezogenen Grenze führte, so gewinnt diese in der Folge zunehmend an Profil und Eigendynamik. Wie insbesondere in der »überwältigenden« Gottesrede am Schluss des Buches Hiob (38,1–41,26) wird sie nun zum Inbegriff einer den Menschen in seine Endlichkeit niederzwingenden Größe. Sich ihr so wie Hiob in seinem »Widerruf in Staub und Asche« (42,6) zu beugen, führt unter dem Eindruck der erlittenen Übermächtigung in die Skepsis, die der Weisheit ebenso naheliegt wie die konjekturale Denkweise, zu der sich *Nikolaus von Kues* in seiner Methodenschrift (›De coniecturis‹) bekannte. Doch das Weisheitsbuch steht dafür ein, dass der Grenzerfahrung eine ganz andere Reaktion noch näherliegt: das Gebet. Schon zu Beginn der zentralen »Spurensuche« nach dem Wesen der Weisheit (Wsh 6,22) betont ihr Entdecker:

Ich betete, und Klugheit wurde mir gegeben, ich flehte, und der Geist der Weisheit kam zu mir (Wsh 7,7).

Dass das mehr als eine literarische Einkleidung ist, beweisen die großen Zeugnisse der Gotteserkenntnis, die ihren Gedanken entweder wie das ›Proslogion‹ des *Anselm von Canterbury* im Stil einer »rührenden Gebetform« (*Heine*) oder wie der ›Aufstieg des Moses‹ des *Gregor von Nyssa* und die augustinische Ostia-Vision im Nachvollzug des mystischen Aufstiegs entwickelten. Sie erreichen ihr Ziel nicht schlussfolgernd, sondern intuitiv, und das bedeutet für sie: im Erlebnis einer unverfügbaren Gewährung dessen, wonach sie sich »ausstreckten«. Das Dunkel, in das sie durch die mehr noch erlittene als nur erfahrene Grenze zu stürzen drohte, lichtete sich für sie dadurch auf, dass die Weisheit für sie unversehens in Erscheinung trat und sich ihnen zeigte. Wie insbesondere im Buch Weisheit deutlich wird, verfasste sich diese zu einer schaubaren Gestalt, in der den zu ihr Aufblickenden ihr höchstes Sinnziel vor Augen trat.

Entscheidend für den weiteren Gedankengang ist jedoch die Deutung der Weisheit als »ungetrübter Spiegel des Gotteswirkens«; denn damit war das Medium gefunden, das, stellvertretend für den versiegten Prophetismus, zum Bedenken der prophetisch gedeuteten Geschichte und zu den daraus für die Bewältigung der Gegenwartsaufgaben zu ziehenden Lehren verhalf. Darauf beziehen sich die erwähnten Einschaltungen: die erste mit einer Lektion über die pädagogische Milde, die Gott zur Belehrung und Besserung der Betroffenen in seinen Strafgerichten walten lässt (Wsh 11,15–12,27); die zweite mit ihrer im Gedanken an Gottes Transzendenz entwickelten Polemik gegen die »Torheit« des Götzendienstes (13,1–15,19). Indessen gilt das Hauptinteresse der im Gebet Salomons aufgerufenen Erinnerungen der rettenden Führung, die Gott seinem Volk während der Gefahr beim Auszug aus Ägypten gewährte. Den faszinierenden Schlussgedanken bildet die Vorstellung von einer »Transponierung« der in der Seinsordnung herrschenden Harmonie. Wie sich bei der Umstimmung einer Harfe Töne und Rhythmen ändern (19,18), verwandelten sich beim Auszug Landtiere in Wassertiere, während das Feuer im Wasser doppelt glühte und das Wasser seine »löschende Kraft vergaß« (19,19f.): ein für den Autor durchschlagender Beweis dafür, dass Gott sein Volk noch nie im Stich ließ, sondern ihm stets und überall seinen Beistand gewährte (19,22).

Diese Geschichtsbetrachtung setzt sich fort in das »Väterlob« am Schluss des Buches Jesus Sirach (44,2–50,24). Auch für seinen Verfasser ist der Mensch »ausweglos« von der Hand Gottes umgriffen (33,13), jedoch von einer Hand, die ihn der Ausweglosigkeit des Daseins entrinnen und das Gute zu seinem Besten nutzen hilft (39,27). Dabei zeigt die Mahnung »Mein Sohn, achte auf die Zeit!« (4,20), dass dem Verfasser auch an der Einsicht in die sich »vom Morgen bis zum Abend« ändernde Zeit (18,26) und zumal an der Erfassung des von Gott zugewiesenen »Kairos« gelegen ist.[45] Bei seiner Geschichtsbetrachtung verfährt er darin freilich weniger konsequent. Denn sein Gang durch die Geschichte führt nicht, wie Gerhard von Rad bemängelt, zur Wahrnehmung der geheimnisvollen Führungen durch Gott und der von ihm eingelösten Verheißungen; vielmehr gleicht er eher dem Gang durch eine Ruhmeshalle mit den Standbildern großer Gestalten, in denen dem Betrachter der lebendige Beweis göttlicher »Kybernetik« entgegentritt.[46]

Obwohl sich der Verfasser bescheiden nur für denjenigen hält, der »nach den Schnittern Nachlese hält« (33,16), weiß er doch auch, dass er »mit Gottes Segen vorangekommen ist« (33,17), aus heutiger Sicht vor allem darin, dass er die von ihm beschworenen Gestalten in ein dialogisches Verhältnis zu sich zu ziehen vermochte. In seinem Schlussbild, das dem Hohepriester Simeon gilt, erscheint die Gestalt geradezu in die der Weisheit überhöht, wenn es von diesem heißt:

> Wie herrlich, wenn er herausblickte aus dem Zelt
> und zwischen den Vorhängen hervortrat:
> wie ein strahlender Stern zwischen den Wolken
> wie der Vollmond am Festtag,
> wie die leuchtende Sonne über dem Königspalast
> wie ein zwischen den Wolken erscheinender Regenbogen (Sir 50,5ff.).

Die Entsprechung

Im abschließenden Segenswunsch erhebt sich der Autor sogar noch zu einer weiterführenden Einsicht, wenn er die Weisheit mit dem Frieden zusammendenkt (Sir 50,23). Damit schlägt die alttestamentliche Weisheitsspekulation eine Brücke zur neutestamentlichen Christologie, die Jesus ebenso als Weisheit bezeichnet (1Kor 1,30) wie sie ihn »unseren Frieden« nennt (Eph 2,14). Hinter dieser schmalen Brücke kommt indessen eine ungleich festere zum Vorschein, die die Entdeckung der neutestamentlichen Weisheit betrifft. Denn die Übertragung des Begriffs Weisheit auf den erhöhten Christus folgte einem Prozess, der erstaunlich genau der alttestamentlichen Entdeckung entspricht. Auch die Weisheit, zu der Jesus stilisiert wurde, ging nämlich, ebenso wie die alttestamentliche, aus einem Schweigen hervor.

Es war fürs Erste das Schweigen des vor seinen Richtern und Henkern Verstummenden, der dieses Schweigen erst in seinem Todesschrei brach. Wie die ihm in den Mund gelegten Kreuzesworte beweisen, sah sich die Urgemeinde schon dadurch veranlasst, sein Schweigen durch meist alttestamentliche Deuteworte zum Reden zu bringen. Erst recht stellte sich ihr dieses Problem angesichts der Ostererscheinungen, da sich, wie *Anton Vögtle* deutlich machte, keine verbalen Äußerungen des Auferstandenen nachweisen lassen.[47] Das traf die Urgemeinde umso härter, als sie sich (nach Lk 22,35f. und Joh 17,11) nach seinem Abschied ganz auf sich selbst gestellt sah und in dieser neuen Situation seiner Weisung doppelt bedurft hätte. Davon ging ein mächtiger Sinndruck auf sie aus, der sie zu einer kreativen Lösung drängte.

Dabei kam ihr aber gerade das Ereignis der Auferstehung, bezeugt durch die Erscheinungen des Auferstandenen, zustatten. Denn es nötigte sie, von ihm auf neue Weise zu reden. Die Erscheinungen bewiesen, dass er keineswegs gescheitert und noch weniger von Gott verworfen, sondern im Gegenteil aufs Wunderbarste bestätigt und »erhöht« worden war. Das musste gegen den Anschein seines Scheiterns geltend gemacht und weltweit verkündet werden. So drängte die Auferstehung ins Wort.

Das galt in erster Linie vom Ereignis selbst, durch das der am Kreuz Erhöhte in einer Weise an seinen Erwecker heranrückte, dass sich dafür der Begriff »Sohn Gottes« unmittelbar nahelegte. Nach Ausweis der von Paulus im Eingangswort des Römerbriefs aufgenommenen Formel empfand die Urgemeinde das Ereignis tatsächlich als seine »Einsetzung zum Gottessohn mit Macht« (Röm 1,4). Als ein göttliches Sprachgeschehen gedeutet, war es demgemäß die »in die Gräber« dringende Gottesstimme, die den Gekreuzigten zu neuem göttlichem Leben rief. In verbalisierter Form ergab sich daraus der Anruf »Du bist mein geliebter Sohn« (Mk 1,11), den der Auferstandene mit seinem »Ich bin es« bestätigte und das sich demgemäß noch vor den Zeugen an den erweckenden Vater richtete.

Damit hatte der Auferstandene ein erstes – und wichtigstes – Hoheitsprädikat an sich gerissen, dem andere schrittweise folgten. Als Nächstes kam aber nach der Logik – und Psychologie – des Vorgangs nur dasjenige in Betracht, das insgeheim schon dem Schweigen des Auferstandenen ein Ende gesetzt hatte. Es war derselbe Begriff, der bereits zur Kompensation des verstummenden Prophetismus verholfen hatte: das Prädikat Weisheit.

Die Stimme

In seiner Untersuchung ›Weisheit in Israel‹ wies *Gerhard von Rad* darauf hin, dass sich mit dem Weisheitsmotiv unmittelbar ein Anruf verbindet.[48] Wie sie (nach Sir 24,3) »aus dem Mund des Höchsten« hervorging, wird sie selbst zur Anrede und zum Anruf an die in Torheiten versunkenen Menschen. Deswegen beginnt und schließt das große Lehrgedicht des Spruchbuchs (8,1–36), das im Mittelstück die Beteiligung der Weisheit am Schöpfungswerk schildert (8,22–31), mit Bezeugungen ihres werbenden Redens:

> Auf der Weghöhe hat sie sich aufgestellt, neben dem Stadttor,
> am Eingang der Pforte lässt sie sich vernehmen:
> An euch, ihr Männer ergeht mein Ruf,
> meine Stimme dringt zu den Menschen (8,2ff.).
> Und nun, meine Söhne, hört auf mich,
> werdet weise und schlagt meine Worte nicht in den Wind ...
> denn wer mich findet, der findet das Leben
> und erlangt das Wohlgefallen Gottes (8,32–35).

Wie *von Rad* betont, ereignet sich hier eine Art Selbstüberschreitung der Offenbarungsrede, die im alttestamentlichen Prophetismus keine Entsprechung hat; denn die Weisheit redet in einem im Grunde nur Jahwe zukommenden Ich-Stil. Es ist, als hätten die Weisheitslehrer, die zu ihrer Konzeption gelangten, die »große Stimme« im Ohr, die nach *Nikolaus von Kues*, dem Autor dieses Theorems, sowohl in der Tiefe des Menschenherzens ertönt als auch die ganze Weltgeschichte durchdrang, bis sie schließlich im Todesschrei Jesu verhallte. Aus dieser Quelle schöpft die Weisheit, wenn sie in der Autorität der Ich-bin-Rede zu ihren Hörern spricht.[49] Jetzt wird klar, dass der Auferstandene in dem Maß, wie er zur Weisheit stilisiert wurde, eine Stimme gewann. Zwar nicht so, wie sie ihm von den Osterperikopen zugelegt wurde, wohl aber mittelbar, im Wort der von ihm inspirierten Sprecher, die von der heutigen Theologie vor allem im Bereich der Wandercharismatiker und der prägenden Persönlichkeiten des johanneischen Kreises gesucht werden. Es sind jene vom Geist des Auferstandenen ergriffenen Männer und Frauen, von denen der Erhöhte in den Oden Salomons erklärt: »Ich bin auferstanden und in ihrer Mitte; durch ihren Mund will ich reden«.

Das hatte dann allerdings zur Folge, dass die nachgestalteten Herrenworte insgesamt im Sinn des Weisheitsmotivs strukturiert und stilisiert wurden. Strukturiert: sofern sich in ihnen vielfältig der »Weisheitsweg« spiegelt, der von der Höhe des göttlichen Thrones in die »Niederungen« der Menschenwelt führte und von da, aufgrund der Ablehnung, auf die das Angebot der Weisheit stößt, wieder zurück zu ihrem göttlichen Ursprung. An diesem vom äthiopischen Henochbuch überlieferten »Curriculum« orientierte sich aber nicht nur das Johannesevangelium. Vielmehr ließ sich davon zuvor schon die lukanische Darstellung des Lebensweges Jesu bestimmen. Danach ist er – nach anfänglicher Konzentration seiner Tätigkeit auf das heimatliche Galiläa – ständig unterwegs: abgelehnt von seiner Familie, bedroht von seinem Landesherrn, abgewiesen von den Samaritern, nur ausnahmsweise gastlich aufgenommen im Haus von Maria und Martha und schließlich (nach Lk 9,51) entschlossen, den durch das Prophetenschicksal vorgezeichneten Todesweg nach Jerusalem einzuschlagen. Dass sein Weg damit tatsächlich im angenommenen Sinn strukturiert ist, bestätigt der Evangelist in aller Form, wenn er dessen Verlauf ausdrücklich auf einen »Ausspruch der Weisheit« (Lk 11,9) zurückführt.

Die Stilisierung

Mit dieser Strukturierung des Lebenswegs hängt ursächlich auch die weisheitliche Stilisierung Jesu und seiner Worte zusammen. Aussagen, die zunächst den Eindruck erwecken, Äußerungen des historischen Jesus zu sein, erweisen sich bei näherem Zusehen als weisheitlich überhöht. So, wie schon *Bultmann* nachwies, die Klage über das ablehnende Jerusalem, das er vergeblich unter seine Flügel nehmen wollte (Lk 13,43), oder das Wort von der Ungeborgenheit dessen, der im Unterschied zu Füchsen und Vögeln keinen Platz zum Ausruhen findet (Lk 9,58), aber auch die Selbstunterscheidung Jesu, der »isst und trinkt« (Lk 11,34), von der Asketengestalt des Täufers, mit dem er dann doch das gleiche Schicksal der Ablehnung erfährt.[50]

Nach *Schenke* liegt diesem Wort eine offene »Gleichsetzung des irdischen Jesus mit dem Menschensohn«, dagegen eine nur »verdeckte mit der Weisheit« zugrunde.[51] Das verweist auf den engen Zusammenhang der beiden Himmelsgestalten, der den Menschensohn geradezu als die »männliche« Perspektive der Weisheit und diese als die »weibliche« Seite des Menschensohnes erscheinen lässt.[52] Trotz ihrer geradezu physiognomischen Ähnlichkeit – nach dem äthiopischen Henochbuch ist das Antlitz des Menschensohnes gleich dem der Sophia »voll Anmut wie das eines heiligen Engels« – besteht zwischen beiden doch eine erhebliche Differenz: Die Weisheit steigt zur Menschenwelt herab; der Menschensohn muss in sie herabgeholt werden. Psychologisch geschieht das in der Vision des Stephanus, der den Menschensohn nur deshalb »zur Rechten Gottes stehen« sehen konnte (Apg 7,56), weil er ihn zuvor schon aufgrund der Christologie der »Hellenisten« als Archetyp in sich trug.[53]

In seiner Vision trat ihm der vor Augen, den er in seinem Glauben bereits in seine Lebenswirklichkeit herabgeholt hatte.[54] Doch damit trat er nur in die Spur Jesu, der sich in einem Schlüsselerlebnis seiner Bewusstseinsgeschichte in der Himmelsgestalt des Menschensohns wiedererkannt und diesem dadurch zu seiner geschichtlichen Realisierung verholfen hatte, und dies vor allem durch die Übernahme seiner Aufgabe, das Gottesreich heraufzuführen. Trotz aller Versuche, den Menschensohntitel als nachösterliche Projektion zu erweisen, wird sich die Häufigkeit seiner Verwendung und die Plötzlichkeit seines späteren Verlöschens nur durch die Annahme erklären lassen, dass es tatsächlich zu jenem Augenblick der Identifizierung kam, der Jesus dann auch dazu veranlasste, den Titel für sich in Anspruch zu nehmen.

Die Anwendung

Die Bibel ist ein prophetisches Buch. Das bringt es mit sich, dass manche ihrer Inhalte erst in der Rückschau späterer Interpreten voll zur Geltung kommen; doch erklärt es sich daraus auch, dass sie Probleme der Spätzeit im visionären Fernblick ausspricht. »Prophetische Stimmen hören wir nicht« (Ps 74,9): wie hätte die religiöse Situation der Gegenwart exakter beklagt werden können? Nur hat sich der Fragepunkt inzwischen auf diejenigen verlagert, die wie in der Stunde der alttestamentlichen Kompensation anstelle der verstummten Propheten das Wort ergriffen hatten: auf die Weisheitslehrer im Feld der Gegenwartstheologie. Denn auf ihm vollzog sich dieselbe Evakuierung des Olymps der großen Leitgestalten, die gleicherweise auch das Erscheinungsbild der Politik, der Philosophie, der Literatur und der Kunst bestimmt. Beflissene und weithin auch bemühte Epigonen übernahmen den Stab aus ihrer Hand, ohne dass sie jedoch zu ihrer Größe aufgewachsen wären. Welcher Politiker reicht an Churchill und seine Gegner heran, welcher Philosoph an Heidegger und Wittgenstein, welcher Literat an Joyce und Faulkner, welcher Maler an Picasso und Beckmann, welcher Komponist an Hindemith und Schönberg und welcher Theologe an Bultmann und Rahner? Doch mit dem Verstummen ging ein nicht weniger bestürzendes Versiegen einher. Wo finden sich, um nur die theologische Produktion anzusprechen, Entsprechungen zu den großen Entwürfen der politischen, ästhetischen und therapeutischen Theologie? Wenn sich eine amerikanische Stimme unlängst darüber beklagte, dass »die meisten Geistlichen, von den Laien ganz abgesehen, es aufgegeben haben, theologische Literatur zu lesen«, wird man die Gegenfrage nach den Werken stellen müssen, die sie dieser fatalen Abstinenz entreißen könnten.[55] Zu einem Teil hängt die offenkundige Flaute sicher damit zusammen, dass die Schulen, die sich an *Bultmann* und *Rahner* angeschlossen hatten, zerfielen und dass *Guardini* und *Balthasar* keine Schulen zu bilden vermochten. Was sich in der Folge statt dessen ausgestaltete, waren keine Schulen, sondern Seilschaften, die sich kurzfristig an »Reizgestalten« wie den theologisch hochstilisierten *René Girard* anklammerten, um dann ebenso rasch, wie sie entstanden waren, wieder zu zerfallen. Da innovatorische Leistungen auch im Rahmen einer Schule stets die Sache von Einzelpersönlichkeiten sind, müssen die Ursachen jedoch tiefer liegen. Hat sich der gewaltige Innovationsschub, der vom Zweiten Vatikanum ausging, bereits erschöpft? Oder wirken sich die Tendenzen, seine Errungenschaften zurückzunehmen und restaurativen Kräften Vorschub zu leisten, zusammen mit der Verstärkung lehramtlicher Kontrollmechanismen lähmend auf die theologische Produktivität aus? Oder liegt es daran, dass die vom Konzil ausgehenden Signale nicht sensibel genug registriert und in denkerische Entwürfe umgesetzt wurden? Da die Theologie aber stets in einer Wechselwirkung mit dem sie tragenden Glaubensgeist steht, könnte es schließlich auch daran liegen, dass dem Glauben der Gegenwart, mit Lessing gesprochen, der »Beweis des Geistes und der Kraft« abhanden gekommen ist, ganz zu schweigen von der Erosionskraft, die von der Glaubenslosigkeit im systematisch entchristlichten europäischen Osten und von der Glaubensschwäche im lethargischen Westen ausgeht.

Die Zeichen

Doch das das Verstummen der prophetischen Stimmen beklagende Psalmwort trifft nur in seiner ersten, nicht jedoch in seiner zweiten Hälfte, die vom Fehlen der »deutenden Zeichen« spricht, auf die Gegenwart zu. Denn an Zeichen fehlt es am Ende dieses extrem widersprüchlichen Jahrhunderts keineswegs. Ein Erstes war der Kirche in Gestalt des Konzils gegeben, ein zweites der Welt in Gestalt des freiheitlichen Aufbruchs (1989), der das Ende des Ost-West-Konflikts und den Anfang des europäischen Zusammenschlusses brachte und der sich überdies von vergleichbaren Geschichtszäsuren dadurch unterschied, dass er als eine ausgesprochen »sanfte Revolution« in das Gedächtnis der Menschheit einging. Da auf beide das *Hölderlin*-Wort »ein Zeichen sind wir, deutungslos« (›Mnemosyne‹) zutrifft, stellt sich beide Male die Aufgabe, sie zum Reden zu bringen. Doch wer könnte diese Aufgabe angesichts der um sich greifenden Sprachlosigkeit übernehmen?

Was das Konzil anlangt, so zeitigte es eine Spätfrucht, die faktisch einer Selbstinterpretation gleichkommt. Angesprochen ist damit die nach Konzilsende spontan entstandene Jesusliteratur, die durch den aufklaffenden Gegensatz von einer »Christologie von oben« und einer beim Sozialverhalten Jesu ansetzenden »Christologie von unten« in einer unüberbrückten Aporie verblieb und dadurch zu einer überbrückenden Nachbesserung geradezu herausforderte. Bei der noch ausstehenden Deutung ginge es somit um den Versuch, die über die Aporie hinausführende Synthese zu finden. Wenn diese in der damals schon vorgeschlagenen »Christologie von innen« bestünde, käme das der Einsicht gleich, dass das Konzil dann wirklich »erklärt« und in seinen Konsequenzen begriffen wäre, wenn es als Überschreitung der heteronomen Verfassung von Christentum und Kirche auf deren mystische Zukunftsgestalt hin verstanden würde. Die noch fehlende Deutung bestünde dann in der Verabschiedung der Heteronomie und damit in jener Bewusstseinswende, die nach zahlreichen Indizien bereits in Gang gekommen ist und nur noch als solche auf den Begriff gebracht und publik gemacht zu werden braucht.

Doch vor diese Aufgabe schiebt sich die vergleichsweise größere, die mit der in ihrem Tiefgang noch immer nicht begriffenen Wende von 1989 gestellt ist. Sie provoziert freilich nicht nur durch das hermeneutische Defizit, sondern auch durch ein mit ihr einhergehendes Verstummen, das den Zustand des Glaubens in den befreiten und um neue Identität bemühten ostdeutschen Ländern betrifft. Denn dieser Glaube hat nicht nur seine Bekenner, sondern auch seine Sprache verloren. Und seine Sprachkrise wird dadurch nicht etwa, wie man hoffen könnte, abgemildert, sondern noch entscheidend verschärft, dass ihm in Gestalt des ozeanischen Atheismus, der erst durch den Fall des Eisernen Vorhangs voll zum Vorschein kam, ein gleichfalls verstummender Gegner gegenübersteht.

Dabei müsste die Anknüpfung an die beiden großen Modelle mit der Beobachtung einsetzen, dass die Deutung beide Male von einem Freiheitsgeschehen ausgeht: im Fall des Weisheitsbuchs von dem gegen Ende ausführlich kommentierten Exodus, im Fall des von Gott »zur Weisheit« erhobenen Christus von der durch ihn bewirkten Freiheit von allen niederzwingenden Daseinsstrukturen. Darin hat der freiheitliche Aufbruch seine exemplarischen Vorbilder, die seiner Interpretation die entscheidenden Verstehenshilfen bieten könnten. Dabei ließe der Vergleich mit dem Exodus erst seine volle Bedeutung in Erscheinung treten. Mit ihm hat er die politische Konsequenz gemeinsam. Dort die Konstituierung Israels als das Zwölf-Stämme-Volk, hier der Anstoß zum europäischen Zusammenschluss. Gleichzeitig käme aber auch die Differenz zum Vorschein. Dort der im Siegeslied des Moses besungene Untergang des ägyptischen Expeditionskorps, hier eine Revolution, die ohne Blutvergießen den wohl tiefsten Einschnitt im europäischen Geschichtsgang nach sich zog und deshalb als das Paradigma einer »sanften Revolution« in der Erinnerung fortlebt.

Demgegenüber legt der Vergleich mit der Befreiungstat Jesu die religiöse Dimension des Aufbruchs frei, die in erster Linie in dessen zeitgeschichtlicher Verifizierung bestehen dürfte. Die unverkennbare Krise des Auferstehungsglaubens – im allgemeinen Glaubensbewusstsein ebenso wie in dessen theologischer Reflexion – ist zweifellos darauf zurückzuführen, dass das wissenschaftlich erstellte Weltbild keinen Eingriff Gottes ins Weltgeschehen zuzulassen scheint. Gemessen an den Daten, auf die sich die Deutung des Exodus bezog, spricht aber im Blick auf das Zustandekommen und den Verlauf der Wende weit mehr noch für die Beteiligung einer transzendenten Geschichtsmacht, zumal die zum Vergleich anstehende Befreiungstat Jesu, zusammen mit seinem revolutionären Eingriff in das zwiespältige Gottesbild der Menschheit, alle Merkmale einer sanften Revolution aufweist. Ihr ist somit die entscheidende Verstehenshilfe für die Deutung des freiheitlichen Aufbruchs zu entnehmen. Was aber besagt die Wende, wenn diese in Anspruch genommen wird, und wozu verpflichtet sie?

Der Archetyp

Die erste Antwort auf diese Frage bezieht sich auf die erkenntnistheoretischen Voraussetzungen der Osterbotschaft. Aus eigener Anschauung konnten nur die Augenzeugen vom Osterereignis reden, also nur die wenigen (nach Apg 10,41) »von Gott erwählten Zeugen«. Wie aber die anderen, angefangen von den »anfänglichen Dienern des Wortes« (Lk 1,2) bis hin zu den Verfassern der neutestamentlichen Schriften? Auf diese subtile Frage antwortet Paulus mit der These, dass sich das Bild des Auferstandenen in ihren Herzen spiegelte und dass sie ihm »von Klarheit zu Klarheit anverwandelt« wurden (2Kor 3,18). Im Anschluss an *Carl Gustav Jung* könnte man von einem ihnen eingestifteten Archetyp sprechen, aus dem sie ihre Intuitionen und die ihre Verkündigung illustrierenden Bilder schöpften.[56] An einen derartigen »Christuskomplex« dürfte auch *Guardini* gedacht haben, als er davon sprach, dass das Dasein aufgrund des »jahrhundertelangen Mitvollzugs der Christus-Existenz« einen neuen, »nicht einer eigenmenschlichen Reife« entstammenden, sondern durch göttlichen Anruf bewirkten »Ernst« gewonnen habe.[57] Das ist umso wahrscheinlicher, als ihm in der Gestalt Hitlers ein Usurpator vor Augen stand, der seine Faszination, ähnlich den urchristlichen Verführern, die sich imitatorisch in die Rolle Christi hineinspielten, nicht zuletzt der Aneignung des christologischen Archetyps verdankte.

Alles spricht dafür, dass dieser ungeheuerliche Missbrauch korrigiert und der dem europäischen Bewusstsein eingestiftete Archetyp in seiner genuinen Form wieder hergestellt wird. Eben dies ist dann aber auch die erste Forderung, zu der die Wende verpflichtet. Denn es wäre noch nicht genug, sie als das größte Freiheitsereignis gegen Ende eines von Zwängen und Repressionen beherrschten Jahrhunderts zu begreifen; sie muss vielmehr auf den Urheber der Freiheit zurückgeführt und von ihm her in ihrer Unerhoffbarkeit immer neu vergegenwärtigt werden. Dazu verhilft aber nichts so sehr wie eine restituierende Rückbesinnung auf den christologischen Archetyp, durch den das Freiheitsereignis der Auferstehung im Glaubensbewusstsein der gesamten Folgezeit fort- und weiterlebt.

Die umfassendere Verpflichtung aber ergibt sich aus dem Anblick des ozeanischen Atheismus, dessen Größenordnung erst durch den Fall des Eisernen Vorhangs voll in Erscheinung trat. Ungeachtet seines Schweigens entwickelte er, wie sich neuerdings durch die Recherche von *Klaus-Peter Jörns* ergab, eine ungeheure Erosionskraft, die sich längst schon auf den »freien Westen« auswirkte und zu einer umfassenden religiösen Verödung führte.[58] Zweifellos besteht darin für den Gottesglauben die große Herausforderung der Stunde. Wenn sich dieser nicht aufgeben, sondern seiner elementaren Verpflichtung zur Selbstreproduktion nachkommen will, muss er diese Herausforderung annehmen und sich zu einer angemessenen Reaktion aufraffen. Doch worin müsste diese bestehen?

Die Solidarisierung

Zunächst in einem Akt der Solidarisierung, der davon ausgeht, dass die Initiative niemals die Sache einer einzigen Religion oder gar Konfession sein kann, da es zweifellos der zusammengefassten Energien aller »Gottgläubigen« bedarf, wenn sie nicht am Separatismus der Initiatoren scheitern soll. Das Bewusstsein der gemeinsamen Herausforderung und der damit gegebenen Verantwortung könnte insbesondere die in erster Linie für die Gegeninitiative verantwortlichen Abrahamsreligionen dazu bewegen, ihre alten und neuen Konflikte im Blick auf die sich ihnen stellende Aufgabe beizulegen. Diese selbst aber könnte kaum besser als im Gegensatz zu *Nietzsche* bestimmt werden, der in seiner ›Morgenröte‹ die »vielleicht zehn bis zwanzig Millionen Menschen unter den verschiedenen Völkern Europas, welche nicht mehr an Gott glauben«, dazu aufforderte, sich ein Zeichen der Verständigung zu geben, um sich ihrer Macht bewusst zu werden.[59] Freilich dürfte es bei der bloßen Erkundung der Solidarität und Kooperationsbereitschaft nicht bleiben. Vielmehr müssten diese in der Bekundung jener elementaren Gemeinsamkeit verankert werden, die die Bezeichnung »Abrahams-Religionen« überhaupt erst rechtfertigt. Das aber ist nicht so sehr die Übereinkunft im Gottesbegriff als vielmehr die in der gemeinsamen Überzeugung von einer göttlichen Offenbarung. Dass Gott die Menschheit zwar befähigte, mit dem Licht der Vernunft die Ursprünge und Dimensionen des Universums und die Entwicklung des Lebens zu durchleuchten, sie aber in der Zentralfrage nach dem Sinn des Daseins nicht ihrer eigenen Erhellungskraft überließ, sondern darauf mit seinem Selbsterweis antwortete, ist allein die tragfähige Basis für eine wirksame Gegeninitiative gegen den ungeheuren Schwund des Gottesglaubens in dieser Zeit.

Indessen muss der von dieser Verödung geforderte Kraftakt – denn nur um einen solchen kann es sich handeln – tiefer, und das heißt, beim religiösen Menschen einsetzen. Ihm muss klargemacht werden, dass durch die Hektik der unersättlichen Habgier, verstanden als die Manie des Habenwollens, kein Glück zu machen ist, da sich der Wert und damit der Quell des Glücks eines Menschen letztlich nur an dem bemisst, was er aus sich gemacht hat und infolgedessen ist. Deshalb muss er vor der Gefahr des Abfalls von sich selbst gewarnt und gleichzeitig dazu ermutigt werden, die jeweils besseren Möglichkeiten in sich freizusetzen und nach der in der Hektik des modernen Kulturbetriebs vergessenen Persönlichkeitskultur zu streben. Wenn das gelingt, werden die verschütteten Quellen der Religiosität wieder in ihm aufbrechen, sofern nur der durch die Medienszene heraufbeschworenen Gefahr der Reduzierung des Menschen auf die Eindimensionalität sehnsuchtsloser Saturiertheit gewehrt wird.

Die Heilung

All dies lehrte bereits in ganz ähnlich klingendem Vokabular die alttestamentliche Weisheit. Und sie sagte es, höchst modern, mitunter in Sätzen, die nach *Gerhard von Rad* »über dem Abgrund der Verzweiflung« zustandekamen. Doch damit zeigt sie sich in einer neuen, bisher kaum wahrgenommenen Perspektive: der therapeutischen. So empfand es, noch ganz im Geist der Antike, *Boethius*, als sie in Gestalt seiner jugendlich-greisenhaften Lehrmeisterin Philosophie an das »Krankenlager« des im Kerker von Pavia sein Todesurteil Erwartenden trat und ihn durch ihren mütterlichen Zuspruch von der lähmenden »Lethargie« heilte, der er angesichts der Todesdrohung verfallen war. Als Therapeutin erscheint sie aber auch in ihrem christologischen Aspekt.

Denn der bereits vermerkten Tatsache, dass von allen Attributen das der Weisheit als eines der Ersten dem Auferstandenen zugelegt wurde, entspricht das lebensgeschichtliche Pendant, dass der historische Jesus zwar keinen der ihm später zugewiesenen Hoheitstitel für sich in Anspruch nahm, dass er sich aber umso nachdrücklicher den Titel zulegte, den die um die Hoheitstitel entbrannte Diskussion übersah, als er sich den Arzt der Kranken – und für ihn waren ausnahmslos alle krank – nannte. Doch wie heilt die in ihm erschienene und wirkende Weisheit?

Die radikalste Antwort darauf lautet: indem sie sterben hilft, und das besagt: indem sie den gegen den Tod aufbegehrenden Menschen zum Einverständnis in sein Sterbenmüssen bewegt und ihn dadurch dem Sog der Verzweiflung entreißt. Doch dazu bedarf es einer langen Einübung. Sie beginnt mit einer Umerziehung dessen, der alles, wie es am Schluss des Gleichnisses vom reichen Kornbauern heißt, von der Anhäufung des Besitzes erwartet und darüber verabsäumt, »reich vor Gott zu sein« (Lk 12,21), also in der Vertauschung der Habgier mit dem Willen zum Sein. Und sie setzt sich fort in die Kunst der Verabschiedung vom Entbehrlichen und Überflüssigen und in die noch schwerere der Entsagung, zu der sich nach einem Leben strahlender Erfolge der späte *Goethe* bekannte. Die eigentliche Therapie der Weisheit besteht jedoch in der Kompensation all dessen, was sie aufzugeben lehrt, mit dem, was nun in das leer gewordene Herz Einzug hält. Und das ist jener Friede, von dem es am Schluss des Philipperbriefs in einer an den anselmischen Gottesbeweis erinnernden Wendung heißt, dass er alles Denken übersteigt und Herzen und Gedanken in Christus bewahrt (4,7). Auch darum wusste *Goethe*, als er dichtete:

> *Dem Frieden Gottes, welcher euch hienieden*
> *Mehr als Vernunft beseliget – wir lesens –*
> *Vergleich ich wohl der Liebe heitern Frieden*
> *in Gegenwart des allgeliebten Wesens.*

Aus dieser Sphäre des individuellen Erlebens erhebt er sich schließlich – wie das »edle Glied der Geisterwelt« im Faust-Schluss – in die des End-Gültigen und letztlich Erfüllenden mit den Worten:

> *In unseres Busens Reine wogt ein Streben,*
> *sich einem Höheren, Reinern, Unbekannten*
> *Aus Dankbarkeit freiwillig hinzugeben,*
> *Enträtselnd sich den ewig Ungenannten.*

Gemeint ist damit die Hingabe an das, was alles Denken übersteigt, um es in seine bergende Macht aufzunehmen. Von dieser Macht scheint *Thomas von Aquin* berührt worden zu sein, als er die Arbeit am Schlussteil seiner ›Summa Theologica‹ unterbrach und seinem Sekretär erklärte, dass ihm alles, was er geschrieben habe, wie »Spreu« vorkomme, und danach bis zu seinem Lebensende schwieg.[60] Ähnliches wird aber auch von Paulus gegolten haben, wenn angenommen werden darf, dass das Philipperwort jene Wende einleitete, an der dieses Leben extremer Aktivität in die Schlussphase ausmündete, in der er sein Werk als Leidender und Schweigender vollendete. Aber trifft das nicht auch auf Jesus selber zu, der in johanneischer Sicht nach der Friedenszusage der Abschiedsreden (Joh 14,27) sein Lebenswerk durch seine schweigend hingenommene Passion krönte?

Wenn es sich aber so verhält, schließt sich hier der Ring dorthin zurück, wo von der Geburt der Weisheit aus dem Schweigen die Rede war. Das war, wie sich jetzt zeigt, nur die eine Hälfte dessen, was es ausfindig zu machen galt. Jetzt aber zeigt sich, dass die Weisheit, ebenso wie sie aus dem Schweigen hervorging, wieder ins Schweigen führt. Und das aus innerer Notwendigkeit. Denn die Weisheit rührt an letzte Zusammenhänge, die sich nach

Auskunft der augustinischen Ostia-Vision der Versprachlichung entziehen, weil sie nur noch angrenzend berührt werden können. Wovon man aber nicht reden kann, sagt *Wittgenstein*, darüber muss man schweigen.

4. Die Geburt des Glaubens aus dem Wort

Die Kopfgeburt

Wenn man davon ausgeht, dass der Glaube nicht nur eine wachsende Herausforderung durch außerchristliche Religionen, sondern ebenso auch durch den in neuen Formen wiedererstandenen Mythos zu bestehen hat, ist es angebracht, die längst überfällige Besinnung auf die Entstehung des Glaubens mit einem mythischen Bild zu eröffnen. Es ist das wie kaum eine andere Szene des antiken Mythos sprichwörtlich gewordene Bild von der Geburt der Athene, die gewappnet und kampfbereit dem Haupt ihres Vaters Zeus entspringt. Für diese wunderbare Geburt bieten die alten Mythologen unterschiedliche Deutungen.[61] Nach der einen verschlang Zeus seine erste Gattin Metis, die so viel wie »kluger Rat« bedeutet, um der ihm drohenden Entmachtung durch deren Nachwuchs zu entgehen. Der anderen zufolge wollte er sich dadurch, dass er die zur Fliege gewordene Metis verschluckte, deren Weisheit bemächtigen. In jedem Fall aber musste ihm Hephaistos den von rasenden Schmerzen gepeinigten Kopf spalten, dem dann Athene mit einem weithin dröhnenden Kampfruf, der Himmel und Erde erzittern ließ, in voller Rüstung entstieg.

In einer »Kopfgeburt« erblickte *Walter F. Otto* den Kerngedanken dieses Mythos.[62] Und *Günter Grass*, der diesen Begriff im ironischen Stakkato eines eher beiläufigen Werkes aufnahm, zeigte sich fast erschreckt von dem virulenten Eigenleben der »Ausgeburten«, das darin zum Ausdruck kommt.[63] Lange vor Grass hatte schon *Ulrich von Wilamowitz-Moellendorff* einzelne Züge des Mythos für einen lächerlichen theologischen Einfall erklärt; doch schlägt durch alle Kritik, selbst noch bei Grass, die unwiderstehliche Faszination durch, die von dem mythischen Bildgedanken ausgeht. Denn das Bild von der Kopfgeburt der Athene spricht zu suggestiv von der Erfahrung, dass Geistiges sich verselbständigen, in einem genealogischen Prozess sich selbst reproduzieren, im Grenzfall sogar gestalthaft sich gegenübertreten kann, als dass es nicht unmittelbar an die Selbsterfahrung jedes Denkens appellieren würde. Mit sichtbarer Ergriffenheit hat deshalb *Walter F. Otto* den antiken Mythos vom spontanen Hervortreten des Gedankens zu eigenständiger Größe und Schönheit nachgezeichnet und in dieser wunderbaren Geburt den Schlüssel zu den

Aktivitäten der Athene, insbesondere aber zur »Poesie ihrer Liebe zu Odysseus«, die dann noch tiefsinniger durch *Hans Urs von Balthasar* gedeutet wurde, gefunden.[64] Tatsächlich gewinnt das Verhältnis des Odysseus zu Athene nur unter der Voraussetzung jene in der außerchristlichen Dichtung beispiellose »Zartheit und Ehrfurcht«, die ihm Balthasar nachrühmt, dass die Göttin mehr ist als nur Idee: mehr im Sinn einer zu spontaner Selbstentschließung fähigen Macht.[65] In ihr ist tatsächlich, wie *Eckart Peterich* von ihr sagt, Metis, das alte göttliche Wort, »auf zauberhafte Weise … Fleisch geworden, ein Wunsch, ein echtes Ideal, herrliche Gestalt«.[66] In ihrer Klarheit unterscheidet sich Athene von allen vergleichbaren Gottheiten, von der abweisenden Schroffheit der Artemis ebenso wie von der Zwielichtigkeit Apolls, der gleichzeitig Licht- und Todesgott ist. Denn Apoll besagt Glut, Athene Helle, eine verbindende und wärmende, niemals aber versengende Helle. Deshalb ist ihr gleicherweise die scharfblickende Eule wie der silbrig glänzende Ölbaum heilig. Sosehr sie als Göttin des Kampfes den Sieg liebte und deshalb den Beinamen »Nike« trug, schätzte sie an ihren Günstlingen doch am meisten die selbst in der Hitze des Kampfes bewahrte Besonnenheit. Deshalb erfreute sich der »listenreichste« unter den homerischen Helden ihres besonderen Beistands.[67]

Kritische Adoption

Anders als *Grass* fanden die Kirchenväter den Mythos von der Kopfgeburt der Athene nicht widersinnig, sondern allenfalls »verdreht«, sofern ihrer Meinung nach darin ein ursprüngliches Wissen um göttliche Zusammenhänge wie auch in anderen Szenen des Mythos in entstellender und verzerrter Form wiedergegeben wurde. So hält der Märtyrerphilosoph *Justin* den Brauch, Standbilder der Zeustochter Kore an Wasserquellen aufzustellen, für eine irreführende Anspielung auf den Satz des biblischen Schöpfungsberichts, dass der »Geist Gottes über den Wassern schwebte«. Und er fügt hinzu:

Auf ähnliche Weise verdrehten sie den Sachverhalt, als sie Athene als Tochter des Zeus, freilich nicht aus geschlechtlichem Umgang, ausgaben. Da sie nämlich wussten, dass Gott aus Überlegung durch den Logos die Welt geschaffen hat, erklärten sie Athene zu seinem ersten Gedanken. Uns freilich erscheint es höchst lächerlich, eine Frauengestalt als Abbild des Gedankens hinzustellen. Ebenso widersprechen auch den anderen Kindern des Zeus ihre Taten.[68]

Wesentlich differenzierter verfährt, damit verglichen, *Origenes* in seiner Replik auf den polemischen Vorschlag des Christentumskritikers *Kelsos*, die Christen würden zu einer vollkommeneren Gottesverehrung gelangen, wenn sie sich dazu bereit fänden, auch die Sonne und die Göttin Athene durch Lobgesänge zu feiern.[69] Die Christen seien vielmehr, so Origenes, vom Gegenteil überzeugt; denn sie verherrlichten nur den einen Gott und seinen eingeborenen Sohn, der gleicherweise »Gott und sein Wort« ist. Mit der Sonne, dem Mond, den Sternen und dem ganzen himmlischen Heer zusammen aber besängen sie in Gemeinschaft mit allen Gerechten den einen höchsten Gott und seinen eingeborenen Sohn. Zwar könne man sich Athene auch bildlich erklären und unter ihr die persönlich gedachte Weisheit verstehen; doch müsste dann erst nachgewiesen werden, dass »ihr Wesen auch tatsächlich dieser bildlichen Ausdrucksweise entspricht«; denn wenn es sich herausstellen sollte, dass in ihr nur eine Frauengestalt der Vorzeit zu göttlichen Ehren gelangt sei, käme ihre Verehrung für Christen nicht in Betracht, da diese noch nicht einmal das Recht hätten, »die so mächtige Sonne anzubeten«. Auf jeden Fall aber müsse der Kerngedanke des Mythos, wonach sie in voller Waffenrüstung aus dem Haupt des Zeus hervorgeht, von den vielen Zusatzfabeln wie insbesondere der von ihrer versuchten Vergewaltigung durch Hephaistos abgehoben werden, weil kein aufrichtiger Wahrheitssucher etwas Derartiges annehmen könne.

In dieser Replik zeichnet sich auch schon die Spur einer positiven Rezeption ab, die schließlich auf verschlungenen Wegen, die teilweise im Bereich der häretischen Randszene verliefen, zur Gleichsetzung Athenes mit der Gestalt der göttlichen Weisheit (Sophia) führte. Eine nicht unbeträchtliche Rolle scheint dabei, zumindest nach Auskunft des *Hippolyt von Rom*, die Selbstmythisierung des *Simon Magus* gespielt zu haben, der sich als die Verkörperung des Heiligen Geistes und seine Gefährtin Helena als die von ihm aus der Verirrung zurückgeholte Weisheit (Epinoia) ausgab, gleichzeitig aber auch derselben Angabe zufolge Bildnisse anfertigen ließ, in denen er als Zeus, Helena dagegen als Athene dargestellt war.[70] Wichtiger noch als diese Sinnübertragung scheint für die christliche Rezeption des Mythos jedoch die mit ihm wenigstens ansatzweise gegebene Stadienlehre gewesen zu sein, die sich gleicherweise auf die Vorstellung von der Geburt des Logos wie auf die von seiner offenbarenden Manifestation ausgewirkt haben dürfte.

Die Atemwende

Wenn man dem Wink des *Origenes* folgt und die »Zusatzfabeln« von dem für die christliche Theologie assimilierbaren Kerngedanken des Athene-Mythos abstreift, bleibt tatsächlich ein Bildgedanke, der sich bis in die theologischen Spekulationen *Schellings* hinein verfolgen lässt. Sofern er auf die Vorstellung von der Geburt des Logos einging, steht er freilich von vornherein in einem wenigstens partiellen Häresieverdacht, dem erstmals *Marcell von Ancyra* Ausdruck verlieh, als er die Lehre von einer »Logosgeburt« für schriftwidrig erklärte.[71] Bei diesem Kerngedanken handelt es sich um die Vorstellung von einem Wechsel zwischen »Selbstausgabe« (Diastole) und »Zurücknahme« (Systole) in Gott, der den innersten Rhythmus des menschlichen Gottesverhältnisses bestimmt und in dieser Sicht noch bei *Goethe* nachklingt, am schönsten in einem Gedicht aus dem Buch des Sängers im ›West-östlichen Divan‹:

> Im Atemholen sind zweierlei Gnaden:
> Die Luft einziehen, sich ihrer entladen;
> Jenes bedrängt, dieses erfrischt;
> So wunderbar ist das Leben gemischt.
> Du danke Gott, wenn er dich presst,
> Und dank ihm, wenn er dich wieder entlässt.[72]

Da die Vorstellung von diesem »belebenden Wechsel« an die von der göttlichen »Eudokia« erinnert, mit der sich *Theodor von Mopsuestia*, einer der prominentesten Vertreter der antiochenischen Katechetenschule, zu erklären sucht, dass der allgegenwärtige Gott den nach ihm Suchenden nah, den Widerstrebenden aber fern ist, wird man ihn schließlich auf den emotionalen Antagonismus in der Erfahrung des Heiligen zurückbeziehen dürfen, zumal dieser schon von *Augustin* unübertrefflich klar angesprochen worden war. Lange bevor *Rudolf Otto* das Heilige in seiner gleichnamigen Schrift (1921) als die

Spannungseinheit von Mysterium tremendum und Mysterium fascinosum bestimmte, hatte er in seinen ›Bekenntnissen‹ die suggestive Frage gestellt:

Was ist das für ein Lichtstrahl, der mich trifft, mein Herz durchbohrt und doch nicht verletzt? Ich erschauere und ich erglühe; ich erschauere, weil ich ihm unähnlich bin, und ich erglühe, weil ich ihm ähnlich bin.[73]

Jedenfalls bietet sich von hier aus die Möglichkeit an, den Gefühlskonflikt im Erlebnis des Heiligen auf den schon im Athene-Mythos anklingenden Gedanken an einen Phasenunterschied im Geheimnis des Göttlichen zurückzuziehen, der auf das Stadium des Zurückschlingens das der Verausgabung folgen lässt. Aus dem ersten erklärt sich dann, vom mythischen Hintergrund her drastisch genug, das Element des Erschauerns, aus dem zweiten das des Entzückens.

Demgegenüber konzentriert sich *Schelling* in seiner gedankentiefen Untersuchung über das ›Wesen der menschlichen Freiheit‹ (1809) auf das, was man im Anschluss an einen *Celan*-Titel die »Atemwende« zwischen den beiden Phasen nennen könnte, weil er dort den Ursprung der göttlichen Ideen und damit der Offenbarung vermutet, der bekanntlich das besondere Interesse seiner späten Philosophie galt. Da sich seiner Überzeugung zufolge »ein ewiges Bewusstsein« nicht denken lässt, muss sich der Menschengeist wie in jedem anderen, so auch im göttlichen Leben »Bewegung, Fortschreitung bis hin zu jenem Ende« vorstellen, »da Gott Alles in allem ist«.[74] Dieser durch die Endlichkeit des Menschengeistes diktierten Hilfskonstruktion zufolge kommt der entscheidende »Fortschritt« im Gottesbewusstsein dadurch zustande, dass in Gott dem Offenbarungswillen ein anderer Wille entgegensteht, der in sein innerstes Wesensgeheimnis zurückstrebt: ein »An-sich-Halten«, das dem göttlichen Drang zur Selbstmitteilung in den Weg tritt, so dass durch diesen fruchtbaren Konflikt ein »reflexives Bild alles dessen« entsteht, was Gottes Wesen in unendlicher Seinsfülle enthält, jetzt, ins Bild verfasst, aber zum Urentwurf seiner Schöpfung und, radikaler noch, zum Urgehalt seiner offenbarenden Selbstmitteilung wird.[75] Es ist also der Konflikt zweier Liebesweisen in Gott, der sich verausgabenden und mitteilenden und der sich in die eigene Innerlichkeit versenkenden Liebe, der die Welt der Ideen und ihren Inbegriff, die Weisheit, in ihm entstehen lässt. Das ist so deutlich im

Rückbezug auf die gnostische Gottesspekulation am Rand des frühen Christentums gesagt, dass der motivgeschichtliche Zusammenhang geradezu in die Augen springt. Eine weniger deutliche Linie führt aber darüber hinaus auf den Mythos von der »Kopfgeburt« der Athene zurück, sofern dem Bild von der verschlungenen Mutter und der »freigesetzten« Tochter bereits der Antagonismus der gegenstrebigen Tendenzen zugrunde liegt. Umgekehrt ist es dann aber so, als habe *Origenes* bereits etwas von dieser Fernwirkung geahnt, als er auf eine Klärung des allegorischen Hintergrunds des Athene-Mythos drängte, weil die Göttin dann bereits als die »persönlich gedachte Weisheit« verstanden werden könne.

Der Absprung

Angesichts der relativ breiten, wenngleich durchweg kritischen Rezeption des Athene-Mythos in der Patristik überrascht es, dass unter den sich anbietenden biblischen Vergleichen nicht auch die Stelle aus dem Weisheitsbuch in Anspruch genommen wird, die im Blick auf die Tötung der ägyptischen Erstgeburt vom »Sprung« des ewigen Wortes von seinem Königssitz berichtet, zumal das Haupt des Zeus gerade die Kirchenväter an die Gipfelhöhe des Weltenbergs erinnert haben dürfte. Doch auch ohne diese zusätzliche Klammer weist die Stelle eine überraschende Motivähnlichkeit auf:

Als tiefes Schweigen alles umfing und die Nacht die Mitte ihres Laufs erreicht hatte, sprang dein allmächtiges Wort vom Himmel herab, vom königlichen Thron, gleich einem gewaltigen Krieger, mitten in das dem Verderben geweihte Land (Wsh 18,14f.).

Damit entfiel zwar ein besonders suggestives Bindeglied; doch lag es in der Tendenz der im Motiv der Geburt des Logos zentrierten Logosspekulation, dass sie in Richtung auf das in die Welt hineingesprochene Gotteswort fortgeführt wurde. Eine Vorentscheidung dazu war schon gefallen, als die frühen Väter, beginnend mit *Theophil von Antiochien*, zwischen einem »einbehaltenen« (endiáthetos) und einem ausgesprochenen (prophorikós) Gotteswort zu unterscheiden begannen.[76] Denn nunmehr konzentrierte sich die Frage darauf, wie der menschgewordene Logos zum Offenbarer dessen werden konnte, was er als der lebendige Spiegel der göttlichen Ideen von Ewigkeit her war. Dabei stand diesen Theologen von Anfang an vor Augen, dass mit der unendlichen Differenz von göttlichem und menschlichem Geist so etwas wie eine extreme Sprachbarriere gegeben war, die im Vollzug des Offenbarungsgeschehens überwunden werden musste. Sie hatten sogar bereits eine Vorstellung davon, dass diese Überwindung nur auf dem Weg einer, wie sich der Schelling-Kritiker *Kierkegaard* ausdrückte, indirekten Mitteilung, also in Form des »Paradoxes«, erfolgen konnte.[77] Doch während Kierkegaard betonte, dass sich der Offenbarer, um seinen Adressaten nicht radikal zu überfordern, einer Selbstverhüllung bedienen und deshalb als der »Gott incognito« auftreten musste, hoben sie mehr auf das damit verbundene Moment der Entäußerung (exinanitio) ab, von dem schon im Christushymnus des Philipperbriefs (2,7) die Rede war. Am weitesten geht in diesem Zusammenhang *Hilarius von Poitiers*, der von einer förmlichen »Abbreviatur« des menschgewordenen Wortes spricht. Zwar hörte Gott auch in diesem Zustand der Selbstverkleinerung nicht auf, der ewige und unendliche zu sein, der er immer gewesen war; dennoch geht er in seiner Herablassung ganz in die beengenden Bedingungen eines wahren Menschseins ein:

> Zwar stand es in Gottes Macht, etwas anderes zu werden, als das, was er blieb; nicht jedoch, dasjenige nicht mehr zu sein, was er immer gewesen war; als er somit in einem Menschenleben als Gott geboren wurde, hörte er nicht auf, Gott zu sein; und als er sich bis zur Empfängnis, Wiege und Kindheit verkleinerte, verlor er dennoch nichts von seiner göttlichen Macht.[78]

Diese Entäußerung, die Hilarius in der Folge auch als eine demütig-gehorsame Selbstbegrenzung der »unumschreibbaren Kraft« Gottes bezeichnet, geschah im Interesse »unserer Annahme«; doch tat sie der Macht des sich begrenzenden Gottessohnes keinen Abbruch:

> Denn beim Vorgang dieser erniedrigenden Selbstentleerung behielt er doch die ganze Macht, die diese Entleerung in ihm erlitt.[79]

Um diese voll auszuleuchten, bemühte sich die Väter-Theologie in der Folgezeit um den Nachweis, dass Christus gerade auf dem Tiefpunkt seiner Erniedrigung zur allumfassenden Weite seines Heilswirkens gelangte. So trat neben die Vorstellung vom »Verbum abbreviatum« ergänzend diejenige vom »Verbum extensum«, die vor allem *Gregor von Nyssa* in seiner ›Großen Kateche‹ entwickelte:

> *Da es der Gottheit zukommt, alles zu durchdringen, und sich, der Natur der Dinge entsprechend, in alle ihre Teile hinein auszudehnen … will uns das Kreuz durch seine Gestalt, die nach vier Seiten auseinander geht, darüber belehren, dass er, der im Augenblick seines nach dem göttlichen Heilsplan erlittenen Todes daran ausgestreckt war, derselbe ist, der das Universum in sich eint und harmonisch verbindet, indem er die verschiedenartigsten Dinge zu einem einheitlichen Ganzen zusammenfasst.*[80]

Es blieb einem der großen Programmentwürfe der Barockmalerei vorbehalten, die beiden Positionen durch eine dritte zu ergänzen und so zu einer regelrechten Stadienlehre des göttlichen Wortes fortzuentwickeln. Eindrucksvolles Dokument dieser Konzeption ist das von *Franz Georg Hermann* geschaffene Deckengemälde des Bibliothekssaals von Schussenried (1757), das alle in den – einstigen – Bücherbeständen repräsentierten Wissenschaften so gruppiert, dass sie den drei auf einer einweisenden Kartusche genannten Stadien des göttlichen Wortes zugeordnet erscheinen. Denn das von Engeln getragene Schriftbild fasst den Gedanken- und Figurenreichtum des Gemäldes in dem knappen, programmatischen Text zusammen:

> Verbum
> *in carne abbreviatum*
> *in cruce extensum*
> *in coelo immensum.*[81]

Wie der Wissenschaftsbezug des Programmgedankens zeigt, hat sich mit ihm die Frage nach der Geburt des Wortes ganz auf die nach seiner Offenbarerrolle, im Grunde sogar schon auf die nach seiner Rezeption in Glaube und Theologie verlagert. Aufs Ganze gesehen ist das ein Konzept, das – mit der einen Ausnahme *Hans Urs von Balthasars* – noch immer auf seine Wiederbelebung im theologischen Denken der Gegenwart wartet. Als Initialstoß dazu kann die von Balthasar in seiner Geschichtstheologie ›Das Ganze im Fragment‹ (1963) skizzierte »Lebensgeschichte« des göttlichen Wortes gelten, nach der dieses zum Menschen ebenso im Stadium seines Kindseins, vor allem im Bild der »Madonna mit dem Kind«, wie in dem seiner Mannesreife, ebenso in seiner Passion wie im Stadium seiner Verherrlichung, also in Auferstehung und Himmelfahrt, redet. »Wie einen stammelnden Laut« vernimmt er das, was ihm das göttliche Kind zu sagen hat; doch spricht ihn nicht weniger auch der Gekreuzigte an, so wie ihm »der Auferstandene und der in den unsichtbaren Himmel Entrückte« zuredet; denn:

> Wenn Christus in jedem Stadium seines irdischen Lebens vollgültiges Wort aus Gott ist – nicht nur wo er öffentlich verkündet, sondern auch wo er sich mit Einzelnen unterhält, nicht nur wo sein Wort aufgezeichnet wird, sondern auch in den viel häufigeren Fällen, da es unaufgezeichnet verhallt, nicht nur wo er spricht, sondern auch wo er schweigt oder betet – dann zeigt sich das menschliche Dasein in allem, abgesehen von der Sünde (Hebr 4,15) als geeignet, Gott zur Sprache zu dienen. In einem viel höheren Sinn als dem rein-menschlichen ist dann jedes Lebensalter, jeder Zustand des Fleisch gewordenen Wortes endgültige Selbstdarstellung der Fülle Gottes, und in jedem waltet diese Fülle.[82]

Im Interesse einer vollen Rezeption müsste nur noch entschiedener als hier bedacht werden, dass Jesus in der Totalität seines Daseins der Offenbarer des Vaters ist: im aufgezeichneten oder verhallten Wort seiner Verkündigung nicht weniger als in seinem vielfachen, vor allem während seiner Passion durchgehaltenen Schweigen, in seinem helfenden Handeln nicht weniger als in seinem Leiden, vor allem aber in seiner Auferstehung, die zugleich als die Ankündigung – und Vorwegnahme – des vollendenden »Schlusswortes« seiner Parusie zu gelten hat.[83] Denn nur auf der Basis eines in diesem Sinn ausgearbeiteten Konzepts seines Offenbarertums wird sich die schon von Hilarius geäußerte – und gerade für den theologischen Disput der Gegenwart hochaktuelle – Überzeugung bestätigen lassen, dass der wahre Gottesname trotz aller Vorankündigungen vor Christus unbekannt war. So sehr dieser Name schon im Schöpfungsbericht erklingt und von Mose bei der Erscheinung am brennenden Dornbusch vernommen wurde, wurde er doch im Vollsinn des Wortes erst durch den mitgeteilt, der auf unfassliche und unaussprechliche Weise aus Gott geboren ist:

Dieser Name wird vom Sohn öffentlich gelehrt und denjenigen kundgetan, die ihn nicht kennen. So wird der Vater durch den Sohn verherrlicht, indem er als der Vater eines solches Sohnes erkannt wird.[84]

Der Ausgriff

Eine zeitgemäße Glaubensbegründung müsste gleichzeitig höher und tiefer ansetzen als die bisherigen Modelle. Höher, damit der Schatten der Heteronomie, der besonders das Gehorsamsmodell verdunkelte, endgültig beseitigt werden kann. Aber auch tiefer, weil vom Glauben nur so der Anschein einer apologetischen Überfremdung ferngehalten werden könnte. Denn der Glaube kann letztlich nur durch sich selbst begründet werden, konkret gesprochen durch den, auf den er sich glaubend bezieht. Der aber wendet sich in seiner Selbstübereignung tendenziell allen und jedem zu, auch den ihm fern Stehenden und Entfremdeten. Genauer bedacht, ist das eine lange vernachlässigte Rücksicht, von der sich aber schon Paulus in den selbstquälerischen Fragen des Römerbriefs umgetrieben zeigt:

Wie sollen sie den anrufen, an den sie nicht glauben? Wie sollen sie an den glauben, von dem sie noch nichts gehört haben? Wie sollen sie hören, wenn niemand verkündigt? Und wie soll jemand verkündigen, wenn er nicht gesandt ist? (10,14).[85]

Was für Paulus zuletzt nur im Rekurs auf die »unerforschlichen Wege« der göttlichen Weisheit und Vorsehung lösbar war (Röm 11,33–36), kann heute »vordergründiger«, durch ein entschiedeneres Bedenken des Zusammenhangs von Glaube und Gottesfrage, und – was im Grunde dasselbe besagt – von Glaube und Gebet angegangen werden.[86] Des Zusammenhangs von Glaube und Gottesfrage zunächst, weil die Sache des Glaubens dadurch auf die denkbar breiteste Basis gestellt werden kann. Denn die Gottesfrage stellt schon derjenige, der mit existentiellem Ernst nach dem Sinn seines Daseins fragt.[87] Wie dem nach Gott Fragenden wird auch ihm schon frühzeitig klar, dass ihm mit thetischen Auskünften so wenig gedient ist wie mit gelegentlichen Erfahrungen des Gebraucht- und Bestätigtseins, weil seine Frage ihrer innersten Tendenz zufolge nach einer Antwort verlangt. Weil ihm aber nur mit einer Antwort Genüge geschieht, die gleicherweise zuständlich und unüberholbar ist, sieht er sich auf die Bahn der Gottesfrage verwiesen, von der er mit wachsender Deutlichkeit begreift, dass er sich von Anfang an auf ihrer Linie bewegte. Doch im Gegensatz zu seiner Erwartung, damit in eine leicht zu bewältigende »Zielgerade« einzubiegen, erfährt er jetzt erst, eine wie dramatische Bewandtnis es mit der Gottesfrage hat. Weit davon entfernt, ihr Ziel durch argumentative Schritte zu erreichen, kommt sie diesem zuletzt nur auf dem Weg des Erleidens nahe. Wie selbst noch ihr atheistisches Schatten-bild bestätigt, erreicht sie die volle Offenheit für die Antwort, die sie erwartet, indem sie sich zum Aufschrei nach Gott steigert.[88] Das aber heißt, dass schon die Gottesfrage demselben Ziel wie der – als Verstehensakt gedeutete – Glau-be entgegenstrebt, so dass dieser umgekehrt, was die Frage seiner Anknüp-fung anlangt, auf sie zurückweist.

Dasselbe gilt aber auch vom Verhältnis des Glaubens zum Gebet. Denn das Gebet ist »spekulativer«, als ihm deutungsgeschichtlich in der Regel zugute gehalten wurde. Und auch das gilt in spiegelbildlicher Entsprechung für den Glauben, der strukturell gesehen ungleich »frömmer« ist, als sein durchschnittliches Verständnis von ihm annimmt. Vom Gebet aber sagt schon seine Bestimmung durch *Johannes von Damaskus*, es sei ein Aufstieg des Geistes zu Gott.[89] Wenn es sich aber so verhält, vollzieht sich im Gebet jene »Erhebung des Geistes«, die *Hegel* in seinen unabgeschlossenen ›Vorlesun-gen‹ über die Beweise vom Dasein Gottes‹ (1829) als den spekulativen Kern aller Gottesbeweise erkannte.[90] Überragendes Paradigma dessen ist der ansel-mische Gottesbeweis, den sein Entdecker, mit *Heine* gesprochen, deswegen in einer »rührenden Gebetform« entwickelte, weil er in seinem argumentativen Zentralgedanken nur aus der Logik des Gebets begriffen werden kann.[91] Denn es ist gegen die kritischen Einwände – von *Gaunilo von Marmoutier* über *Thomas von Aquin* bis zu *Immanuel Kant* – allen Ernstes zu fragen, ob für die im Gebet waltende Logik des Herzens ein als existierend gedachter Gott nicht tatsäch-lich größer im Sinn von »potenter« und »effizienter« ist als ein bloß gedach-ter. Doch wie es sich damit auch immer verhält; auf jeden Fall zeigt dieses Paradigma, dass das Gebet der Gottesfrage ebenso nahesteht wie diese dem Glauben, so dass nun auch Gebet und Glaube in einer unvermuteten Wech-selbeziehung erscheinen. Danach ist das Gebet ein impliziter, zumindest aber beginnender Glaube und dieser ein bis in seine letzten Konsequenzen hinein durchgehaltenes Gebet. Voraussetzung dessen ist nur wiederum, dass es im Glauben um das Vernehmen jener Antwort geht, auf die sich Gottesfrage und Gebet, ausdrücklich oder unausdrücklich, zubewegen.[92] Jeder Verständigungsakt führt aus den Tiefen eines Infernos zu den Höhen des Paradieses, das mit dem geglückten Einverständnis von Sprecher und Rezipient erreicht ist.[93] Zunächst bricht, freilich ganz unverhofft, ein Abgrund auf, weil Verständigung nur dann zustande kommt, wenn der Rezipient den Sprecher, wenigstens für die Dauer seiner Mitteilung, als Autorität gelten lässt. Das aber ist unweigerlich mit dem Risiko verbunden, von ihm anstelle der erhofften Belehrung und Bestätigung das Gegenteil, ein Wort der Zurückweisung oder gar der Drohung gesagt zu bekommen. In diesem Fall würde die Hoffnung, durch das Gespräch dem Elend der Einsamkeit entrissen zu werden, aufs Schwerste enttäuscht; denn der Redende sähe sich in dem Augenblick, da er den Fuß über die Schwelle seiner Individualität setzt, nur umso schmerzlicher auf sich selbst zurückgeworfen.

Aus naheliegenden Gründen, die sich aus dem Offenbarungsanspruch des Christentums ergeben, stand dieses Unterwerfungsmoment auch für die Initiatoren der traditionellen Glaubenstheorie so sehr im Vordergrund, dass sie den Glauben, am nachdrücklichsten in der Definition des Ersten Vatikanums, als reinen Gehorsamsglauben bestimmten, durch den der Glaubende dem sich der Welt mitteilenden Gott die volle Unterwerfung seines Intellekts entgegenbringt. Nachdem schon Max Weber ironisch von der Virtuosenleistung des damit erbrachten Vernunftopfers gesprochen hatte, entstand danach, vor allem im Vorfeld des großen Einbruchs der Kritik gegen Ende der sechziger Jahre des vorigen Jahrhunderts, also der Zeit der Studentenrevolte, ein Problemfeld von ungeahnter Komplexität, in das eine Autorität um die andere hineingeriet: die elterliche ebenso wie die schulische, die staatliche ebenso wie die kirchliche. Nun wäre es aber illusionär zu glauben, dass die nach traditioneller Auffassung den Glaubensakt verbürgende Gottesautorität allein von dieser Erschütterung unberührt geblieben wäre. Sie blieb dies so wenig, dass die Autoritätskrise vielmehr hier, im religiösen Zentralbereich, mit am frühesten registriert wurde. In der ihm eigenen Sensibilität für religiöse Spannungsmomente und Noterfahrungen stellte schon *Peter Wust* die Frage, die sich dem heutigen Menschen angesichts der schon seit dem Spätmittelalter, vor allem aber seit *Descartes* und *Kant* betonten Andersheit und Unergründlichkeit Gottes geradezu auf die Lippen drängt, auch wenn sie dem Verfasser von ›Ungewissheit und Wagnis‹ noch als eine Frage von »beinahe unheimlicher Verwegenheit« vorkam:

Warum ist Gott oben, am Gipfel der Vollkommenheit, und warum nicht wir, die Fragenden, oder warum nicht wenigstens einer von uns? Und warum ist dieses eine höchste Wesen mühelos, kampflos oben, an der Spitze der Seinshierarchie, während wir alle uns mühen müssen in endlos zermürbendem Kampf und in qualvollster Daseinsunruhe?[94]

Auf das Verstehensproblem zurückbezogen, ist das die quälende Frage, ob wir uns Gott tatsächlich mit dem Vertrauen zuwenden können, in ihm die offenbarende – auch unsere verschütteten Möglichkeit aufschließende – Sinnerfüllung zu finden, oder ob wir uns, indem wir ihn als letzte Sinn- und Seinsinstanz gelten lassen, nicht dem Richterstuhl seiner unvergleichlichen Andersheit ausliefern, vor dem nichts bestehen kann. So scheint sich tatsächlich im Augenblick der entscheidenden Annäherung der Abgrund des Infernos unter uns aufzutun.

Vieles deutet darauf hin, dass die Glaubensgeschichte gerade heute an einem ihrer großen Wendepunkte angelangt ist. Das gilt womöglich auch in dem Sinn, dass wir nach fast zweitausendjährigem Schwanken erstmals begreifen lernen, wie sehr die Botschaft Jesu mit ihrer zentralen Stoßrichtung darauf ausgeht, der Menschheit eben diese Sorge abzunehmen. Wenn Gott in seinem gekreuzigten und auferstandenen Sohn definitiv aus seiner Verborgenheit hervortrat, dann im Sinne dieser neuen Erkenntnis nicht, um die Welt, wie noch die Bußpredigt des Täufers annahm, dem Feuergericht seines Zornes zu unterwerfen, sondern um sich ihr als das erfüllende Sinnziel ihrer höchsten Hoffnungen darzustellen. Deshalb beginnt die durch Jesus eröffnete Verständigung mit dem in ihm aufscheinenden und nahegekommenen Gott auch mit dem Wort, das in seinem kindlichen Freimut alle Angst hinter sich ließ: Vater.[95] Wer sich diese Anrede im Sinne Jesu zu eigen macht, hat es nicht mehr nötig, den ausgestreckten Arm der göttlichen Strafgerechtigkeit mit Hilfe des Luther'schen Fiduzialglaubens, so hilfreich dieser auch immer gemeint war, zu unterlaufen, weil diese Gottesanrede die Gewissheit einschließt, dass Gott nicht gefürchtet zu werden braucht, sondern so, wie er selbst der vorbehaltlos Liebende ist, geliebt sein will.

Demgegenüber ist die Anwendung dieser Einsicht auf das Glaubens-problem ein Werk unserer Zeit. Sie wurde ermöglicht durch die philosophi-sche Hermeneutik und vollzogen durch die hermeneutische Fundamental-theologie.[96] Dabei entwickelte jene ein völlig neues Verständnis von Autorität, nach welchem diese nicht Ausdruck einer Machtposition, sondern Hilfe auf dem Weg zur Wahrheit ist. Danach besitzt Autorität primär nicht derjenige, der »an der Macht ist«, sondern der, der »etwas zu sagen hat«. Das machte sich die hermeneutische Fundamentaltheologie für eine Neukonzeption des Glaubens zunutze. Sie konnte zeigen, dass Gehorsam nur ein Element, nicht schon das Ganze des Glaubens ist, da sich dieser dem im Offenbarungswort zu ihm redenden Gott nur unterwirft, um ihn mit dem, was er ihm zu sagen hat – und das ist nach *Karl Rahner* nicht mehr und nicht weniger als Gott selbst –, verstehen zu können. So ist der Glaube zentral ein »Gott verstehen« und als solcher der lebenslang unabgeschlossene Versuch des Menschen, sich mit Gott »ins Einvernehmen« zu bringen: die ebenso einfache wie befreiende Lösung eines sich heute mit neuer Dringlichkeit stellenden Problems, wenn freilich eine Lösung, die mit ihrer Vorgeschichte bis in die Paulusbriefe zurückreicht.

Die Annahme

An der paulinischen Position gemessen ist der Abstand zwischen dem Offen-barungsgott und dem Hörer seines Wortes freilich immer noch zu groß, als dass das Glaubensproblem damit schon vollständig aufgearbeitet wäre. Denn inzwischen trat auch darin eine Wende der Glaubensgeschichte ein, dass sich der Glaube noch nie so sehr wie heute solidarisch mit allen heilsbedürftigen Menschen und noch nie so wenig als die Sache einer begrenzten Anzahl reli-giös Privilegierter wusste. Unüberhörbar, als sei sie über die Jahrtausende hinweg ihm zugesprochen, klingt dem glaubensbereiten Menschen dieser Zeit die bohrende Frage des Römerbriefs im Ohr, wie er an den glauben kön-ne, von dem er – trotz aller Verkündigung – noch nicht wirklich gehört habe.

Es genügt, sich zwei Daten der gegenwärtigen Lebenswelt vor Augen zu halten, um die Aktualität dieser Frage bestätigt zu sehen. Zum einen wächst in einer religiös verarmten und ausgebluteten Welt die Anzahl derer, die auch von der durch die modernen Medien gestützten Verkündigung der Heilsbotschaft nicht mehr erreicht werden: Wie sollen sie hören? Und mit der zunehmenden Einsicht in die geschichtliche Tiefendimension der Menschheit stellt sich zum anderen die Frage nach dem Heilsbezug der vor- und außerbiblischen sowie der früh- und vorgeschichtlichen Kulturen, von dem des auf mindestens zwei Millionen Jahre zurückzudatierenden Früh- und Vormenschen, dem um seines Menschseins willen wenigstens ein religiöses Grundverhältnis zugesprochen werden muss, ganz zu schweigen. Im Hinblick darauf tut man gut daran, sich an die offene Form zu erinnern, unter der sich das Buch Hiob den Offenbarungsempfang vorstellt, da die entscheidende Gestalt- und Wortwahrnehmung hier mit Erfahrungen eines noch unbestimmten Erschauerns und Ergriffenseins beginnt:

> Zu mir stahl sich ein Wort,
> von ihm vernahm mein Ohr ein Flüstern,
> in Ängsten, bei nächtlichen Gesichten,
> wenn Tiefschlaf auf den Menschen fällt.
> Ein Schreck ergriff mich und ein Beben,
> alle meine Glieder ließ er erzittern;
> ein Hauch strich mir übers Gesicht,
> es sträubten sich mir die Haare am Leib.
> Da stand – aber ich konnte sein Aussehen nicht erkennen –
> eine Gestalt vor mir, ein leises Raunen ließ sich hören:
> Ist wohl ein Sterblicher vor Gott im Recht,
> oder ein Mensch rein vor seinem Schöpfer? (4,12–17).[97]

Unversehens stellt sich hier, zumindest vom Rand her, das Bild von der Kopfgeburt der Athene wieder ein. Und diese Erinnerung verdichtet sich, wenn man hinzunimmt, wie sich der Inbegriff der göttlichen Weltenpläne, die Weisheit, im Buch Jesus Sirach vorstellte:

> Aus dem Mund des Höchsten ging ich hervor
> und bedeckte die Erde wie ein Nebel.
> Auf den Höhen schlug ich mein Zelt auf,
> und mein Thron stand auf einer Wolkensäule.

Den Kreis des Himmels umwanderte ich
und in den Tiefen der Urflut ging ich umher,
in den Wellen des Meeres, aus der ganzen Erde,
in jedem Volk, in jeder Nation erlangte ich Besitz (24,3–6).[98]

Hier tritt die Weisheit nicht nur, wie das Weisheitsbuch sagt, ihrem göttlichen Urheber als der »makellose Spiegel« und das »Abbild seiner Güte« gegenüber (7,26); vielmehr steht sie auch schon, mit dem Fortgang der Stelle gesprochen, im Begriff, »in heilige Seelen einzugehen, um sie zu Freunden Gottes und Propheten« heranzubilden (7,27). Es ist nur noch die Frage, wie sich ihr Wirken dort gestaltet, und was bei diesem »Bildungsakt« konkret geschieht.

Auf der Ebene der Offenbarungsempfänger, in der Terminologie *Kierkegaards* ausgedrückt, der »Schüler erster Hand«, antworten darauf die Berichte von den Berufungsvisionen der Propheten, allen voran diejenigen des Propheten Jeremia.[99] Obwohl sich dieser im drastischen Sinn des Ausdrucks von Jahwe verführt (20,7) und so mit seinem Prophetenamt mehr geschlagen als ausgezeichnet fühlt, erinnert er sich doch in geradezu nostalgischen Wendungen seiner Beglückung beim Offenbarungsempfang:

Fanden sich Worte von dir, so verschlang ich sie.
Dein Wort war mir Wonne und Herzensfreude;
denn dein Name war über mir ausgerufen, Jahwe Gott Zebaot! (15,16).

Bedeutsam ist in dieser Aussage vor allem der Bildgedanke von der »Einverleibung« des Gottesworts, der im Heilsruf des johanneischen Jesus, gewandelt in die Vorstellung vom »Trank des Glaubens«, wiederkehrt.[100] Bevor diese Spur aufgenommen werden kann, muss jedoch zunächst die dabei vorgenommene Übertragung des Offenbarungsempfangs auf den Glaubensakt gerechtfertigt werden. Diese Notwendigkeit besteht auch angesichts der Position Kierkegaards, der in seinen ›Philosophischen Brocken‹ (1844) die Differenz zwischen dem Schüler erster und zweiter Hand unter der Voraussetzung, dass Gott selbst »der Lehrer« ist, für gegenstandslos erklärt.[101] Denn eben diese Voraussetzung gilt es, wenn nicht zu begründen, so doch zu verifizieren. Das aber geschieht nirgendwo so ausdrücklich wie bei Paulus, der sich ebenso durch Christus ins Gottesgeheimnis eingeweiht weiß, wie er für seine Christus-Verkündigung in

Anspruch nimmt, ihrem wahren Sachgehalt gemäß als »das Wort Gottes« gehört und angenommen zu werden (1Thess 2,13). Das hat für ihn seinen innersten Grund darin, dass ihm in seiner Berufungsstunde, wie er es an zentraler Stelle des Galaterbriefs zum Ausdruck bringt, das Geheimnis des Gottessohnes ins Herz gesprochen wurde; oder jetzt in seinem eigenen Wortlaut:

> Als es aber dem, der mich vom Mutterschoß an ausersehen und durch seine Gnade berufen hat, gefiel, seinen Sohn in mir zu offenbaren, damit ich ihn unter den Heiden verkünde, zog ich nicht mehr Fleisch und Blut zu Rat. Auch reiste ich nicht zu denen, die vor mir Apostel waren, nach Jerusalem hinauf; vielmehr begab ich mich nach Arabien und kehrte dann wieder nach Damaskus zurück (Gal 1,15ff.).[102]

Doch so sehr er sich durch diesen Zuspruch privilegiert und (nach Apg 10,41) in den Kreis der von Gott erwählten Auferstehungszeugen einbezogen weiß, stellt er sich doch zugleich in vollem Bewusstsein auf die Seite derer, die erst durch das Wort der Verkündigung zum Glauben kommen. So bildet er den Grenzfall, in welchem der Schüler erster und zweiter Hand zur Einheit verschmelzen. Dass das ohne jeden Bruch geschehen kann, erklärt sich aus paulinischer Sicht dadurch, dass beide – der Offenbarungsträger und Auferstehungszeuge wie der auf sein Zeugnis hin Glaubende – ein und denselben Lebensinhalt empfangen. Denn der Glaube ist, paulinisch gesehen, von seinem zentralen Inhalt her Auferstehungsglaube, so dass dem Glaubenden, wenngleich auf abkünftige Weise, dasselbe widerfährt, was sich im Berufungserlebnis des Apostels ereignete. Wie ihm dort das Geheimnis des Gottessohns ins Herz gesprochen wurde, so dass für ihn die ganze Lebensaufgabe fortan darin besteht, dieses Geheimnis weltweit zu verkünden, so gilt auch für den Glaubenden:

> Wenn du mit deinem Mund Jesus als den Herrn bekennst und in deinem Herzen glaubst, dass Gott ihn von den Toten auferweckt hat, erlangst du das Heil. Denn mit dem Herzen glaubt man zur Rechtfertigung und mit dem Mund bekennt man zum Heil (Röm 10,9).[103]

Wenn es sich aber so verhält, kann das »Wesen« des Glaubens auf eine Weise bestimmt werden, die noch nicht einmal einen Schatten von Heteronomie

aufkommen lässt. Es hätte die christliche Glaubensmöglichkeit niemals gegeben, wenn Gott nicht in Christus sein ewiges Schweigen gebrochen und sich
der Welt zu verstehen gegeben hätte. So steht und fällt der Glaube, wie schon
Ignatius von Antiochien sagte, mit Christus, dem »aus dem Schweigen hervorgegangenen Wort Gottes«.[104] Demnach ist Gott für den Glaubenden zwar
Autorität, jedoch nicht im Sinne dessen, der über ihn die absolute Macht hat,
sondern dadurch, dass er ihm das schlechthin Wichtigste – sich selbst – zu
sagen hat, und es ihm auch wirklich zusagt. Indem er sich ihm in der Vielfalt
der Offenbarertätigkeiten Jesu, zumal aber in seiner Auferstehung, zu verstehen gab, »provozierte« er im tiefsten Sinn dieses Ausdrucks den Glaubensakt,
der sich nun von seiner ganzen Entstehung her als ein Akt gottbezogenen
Verstehens erweist.

Es liegt auf der Hand, dass sich dieses Verstehen, anders als im Falle eines
Wort- oder Textverstehens, nicht auf den engen Rahmen eines kognitiven
Aktes beschränkt. Wer sich gläubig auf die Selbstzusage Gottes in Christus
bezieht, erstrebt zwar jene intime Mitwisserschaft um das Gottesgeheimnis,
die der johanneische Christus den durch und an ihn Glaubenden in Aussicht
stellt, am bewegendsten wohl in dem Wort der Hirtenrede:

> Ich bin der gute Hirt; ich kenne die Meinen, und die Meinen kennen mich, wie mich
> der Vater kennt und ich den Vater kenne; und ich gebe mein Leben hin für meine Scha-
> fe (Joh 10,15).

Doch klingt es schon in dieser Schlusswendung durch, dass es in diesem Verstehen letztlich um eine Lebensbeziehung geht; und das heißt, auf ihren
Ursprung zurückbezogen, dass, wer Gott versteht, in seinem gläubigen Verstehensakt die ganze »Last Gottes« (*Görres*) auf sich nimmt.[105]

Mit diesem Vorgang hat es aber eine eigentümliche Bewandtnis: Wer die
Last Gottes auf sich nimmt, erfährt an sich, je länger desto deutlicher, dass er
in Wirklichkeit von Gott getragen und angenommen wurde. Doch damit stellt
sich der Glaube auch schon als die große Lebenshilfe des heutigen Menschen
heraus. Er ist die ihm aus göttlicher Huld erwiesene Hilfe zur Selbsthilfe,
Anstoß zur Bewältigung jener entscheidenden Aufgabe, die *Guardini* mit dem
Wort von der »Annahme seiner selbst« umschrieb.[106]

Im Augenblick, da sich alles geklärt zu haben schien, ist damit tatsächlich ein neues und unerwartet großes Problemfeld angesprochen. Denn was fällt dem heutigen Menschen schwerer als die von Guardini geforderte Zustimmung zur Tatsache seiner Existenz, die ihm gleicherweise von innen – durch Erfahrungen der Identitätskrise – und außen – durch die entfremdenden Lebensbedingungen – erschwert wird? Doch hat diese unerwartete Problematisierung auch einen heuristischen Sinn. Denn sie zeigt, dass mit der Aufgabe der Glaubensbegründung nicht erst dort der Anfang gemacht werden muss, wo die Frage nach der Existenz Gottes und seiner offenbarenden Selbstmitteilung ansteht, sondern vorher schon, wo sich der existentiell verunsicherte, geängstete und von sich abgehaltene Mensch um die »Annahme seiner selbst« bemüht. Im Zusammenhang damit zeigt sich dann aber etwas noch Erstaunlicheres, das aus der Verstehensstruktur des Glaubens folgt. Verstehen ist ein menschliches Grundverhalten, das sich unmittelbar aus dem Selbstvollzug des Menschseins ergibt. Es baut nicht auf Vorleistungen auf, sondern begründet eben jene Beziehungen, die es verarbeitet. Es steht in seinem eigenen Licht. So auch hier. Es ist also nicht so, dass der Mensch zuerst mit sich ins Reine gekommen sein muss, damit er glauben kann; vielmehr wirkt der Glaube schon hier, am Akt der Selbstverwirklichung, mit. Mehr noch: Die Zustimmung zu sich selbst ist bereits ein Glaube, so dass geradezu gesagt werden kann, dass der Glaube an Gott mit dem Glauben an sich selbst seinen Anfang nimm. Das gilt dann aber auch im umgekehrten Sinn, und das besagt: Wer an Gott glaubt, wird dadurch erst ganz zu sich selbst geführt, bis hinaus zu jener ungeahnten Höhe des Selbstseins, die das leuchtende Wort von der Gotteskindschaft der Glaubenden bezeichnet.

Die Gottesgeburt

Doch auch damit ist das mythische Bild von der Kopfgeburt der Athene noch nicht voll eingeholt. Deutlich wurde zwar, dass der Glaube korrespondierend auf den Akt der göttlichen Selbstmitteilung eingeht und insofern aus dem Offenbarungswort hervorgeht. Und dazu bedurfte es noch nicht einmal eines Schlags von jener Wucht, wie ihn Hephaistos gegen das Haupt des Zeus geführt hatte; vielmehr genügte von seiten des Menschen bereits der ungleich sanftere Anstoß in Gestalt seiner Gottesfrage, um den zur Entstehung des

Glaubens führenden Prozess in Gang zu setzen. Was indessen noch fehlt, ist jenes gestalthafte Moment, das Athene zum lebendigen Spiegelbild ihres Urhebers werden lässt und sich in ihr zärtliches Verhältnis zu ihrem Schützling fortsetzt. Sollte sich das nur auf die Geburt des ewigen Wortes beschränken, wie sie sich im Hervorgang der Weisheit aus dem Mund des Höchsten ankündigt? Sprechen nicht vielmehr schon die Gründe der Symmetrie dafür, dass sich auch der Hervorgang des Glaubens aus dem Wort zu etwas Gestalthaftem verfasst?

Doch es sind keineswegs nur Gründe der Symmetrie, sondern sachgegebene, die mit dem Wesen des Glaubens – zumindest aus paulinischer Sicht – zu tun haben. Im Grunde ist schon alles mit der Wendung gesagt, dass dem Apostel in seiner Berufungsstunde das Geheimnis des Gottessohns ins Herz gesprochen wurde. Dass er damit tatsächlich einen neuen, alle Sinnerwartung weit übertreffenden Lebensinhalt empfing, sagt er dann auch ausdrücklich, wenn er bekennt:

Leben – das heißt für mich Christus; und Sterben gilt mir als Gewinn (Phil 1,21).

Mit dem ihm innerlich gewordenen Christus hat er die definitive Identifikationsmitte gefunden, den Kristallisationskern seiner Existenz, den er im Auge hat, wenn er von sich gesteht: »Doch durch die Gnade Gottes bin ich, was ich bin« (1Kor 15,10). Wie ihm Christus zum Lebensinhalt geworden ist, weiß er sich aber auch in ihm aufgehoben und von ihm umhüllt, so dass der Formel »Christus in mir« die dazu spiegelbildliche »Ich in Christus« korrespondiert. In der Paulusschule wurde diese antithetische Formel auch sozialmystisch verstanden und zur Vorstellung von dem die ganze Gemeinschaft der Glaubenden umfassenden, mit ihrem Glauben heranreifenden All-Christus fortentwickelt. In diesem Sinn spricht der Epheserbrief davon, dass die kirchlichen Ämter und Dienstleistungen letztlich dem »Aufbau des Leibes Christi« dienen:

So sollen wir alle zur Einheit im Glauben und in der Erkenntnis des Gottessohnes gelangen, zur vollen Mannesreife und zum Vollalter Christi (4,12f.).

Neu ist an dieser Vorstellung aber nicht nur die Ausweitung in die sozialmystische Dimension, sondern nicht minder auch der Gedanke an ein Heranreifen zum vollen Altersmaß.[107] Dass diesem Gedanken die Vorstellung von einem durch die Gemeinschaft der Glaubenden gebildeten – und in beständigem Erkenntnisfortschritt begriffenen – Kollektivsubjekt zugrunde liegt, ist im vollem Umfang wohl erst von der romantischen Theologie gesehen und von *Johann Adam Möhler* dahin abgewandelt worden, dass der partikuläre Einzelne unfähig ist, die Größe Gottes zu fassen, so dass es des Zusammenschlusses aller zu einem in Liebe geeinten Ganzen bedarf, wenn der,»der das Ganze schuf«, auf eine ihm angemessene Weise erkannt werden soll.[108]

Dagegen hat sich die mystische Theologie, wie *Hugo Rahner* in einem großangelegten Artikel über die »Gottesgeburt« zeigte, die Vorstellung von einem Heranreifen zum Vollalter für die Verdeutlichung des Glaubensinhalts zunutze gemacht.[109] Zwischen den Extremen, die entweder von der Geburt des Logos in der Menschenseele, ja sogar von einem »mystischen Wachsen und Sterben des ewigen Wortes« im gottergriffenen Herzen (*Ambrosius*) oder aber von einer »Umformung« des Glaubenden in die Christusgestalt (*Maximus*) sprachen, bildete sich eine mittlere Tradition aus, die den Gedanken des Wachstums im Glauben auf dessen leibhaftigen Inhalt bezog. So entwickelte sich, am explizitesten bei *Gregor von Nyssa*, die Vorstellung von dem inwendigen Christus, der durch den Glauben im Herzen geboren und durch das Glaubenswachstum zur vollen Mannesreife gelangt.[110]

Damit tritt der grandiosen Vorstellung von der »Kopfgeburt« der Zeustochter das intime Bild von der »Herzensgeburt« des geglaubten Christus gegenüber. Jene erschreckt, dieses tröstet; jene begeistert, dieses verpflichtet. Denn der ikonographische Unterschied liegt vor allem darin, dass Athene in voller Lebensgröße, gerüstet und kampfbereit, aus dem Haupt ihres Urhebers hervorgeht, während die mystische Geburt Christi im Herzen der Glaubenden, wie es der Eigengesetzlichkeit des Vorgangs entspricht, seine Vergegenwärtigung mit seinem Kindsein beginnen lässt. In Erinnerung an den Kerngedanken der irenäischen Christologie könnte man geradezu von einer »Rekapitulation« seiner Lebensstadien in der Innerlichkeit des Glaubenden sprechen.[111]

Dennoch könnte man versucht sein, die Vorstellung als ein allegorisierendes Gedankenspiel abzutun, wenn sie nicht von *Balthasar* offenbarungstheoretisch unterbaut worden wäre.[112] Wenn Jesus, wie die heute wieder auflebende Einsicht der Vätertheologie besagt, in der Totalität seines Daseins die

Selbstoffenbarung Gottes ist, gilt das selbstverständlich auch von den Stadien seiner Lebensgeschichte. Dann eröffnet sein Kindsein einen ebenso tiefen wie unersetzlichen Einblick in das Gottesgeheimnis wie sein jahrzehntelanges Leben in der Verborgenheit und sein öffentliches Wirken im Dienst der wort- und tathaften Reich-Gottes-Verkündigung. Vor allem aber will dann sein vielsagendes Verstummen in der Passion, zusammen mit seinem Todesschrei am Kreuz und dessen todüberwindender »Erhörung« im Ereignis seiner Auferstehung als eine fortschreitende Einweihung in die »Tiefen der Gottheit« (1Kor 2,10) verstanden werden.[113] Wenn es sich mit der Selbsterschließung Gottes aber so verhält, muss umgekehrt auch der Glaube die einzelnen Stadien der Lebensgeschichte Jesu reflektierend und nachvollziehend durchlaufen, um so zu seiner Vollgestalt heranzureifen. Je mehr er sich darum bemüht, wird er, wie man auch im Anschluss an ein *Newman*-Wort sagen könnte, lernen, von der stammelnden »Knabensprache« seines Beginns zur »Mannessprache« der vollen Zustimmung fortzuschreiten.[114]

Dem entspricht der nicht minder wichtige Wandel im Verhältnis des Glaubens zu seinem Inhalt. Da dieser, so sehr er als die immer schon erwartete Antwort auf die menschliche Gottesfrage zu gelten hat, doch die freie, ungeschuldete und uneinklagbare Gewährung des Offenbarers bleibt, ist dieses Verhältnis zunächst auf den Ton gehorsamer Unterwerfung unter die Autorität Gottes gestimmt, wenn auch gemildert durch den Gedanken an den hermeneutischen Sinn seiner Überlegenheit. Darin tritt nun dadurch ein radikaler Wandel ein, dass das Autoritätsmoment im Blick auf das Kindsein Jesu ganz in den Hintergrund tritt. Statt dessen werden ganz andere Beziehungsformen »tonangebend«: Dankbarkeit, Zärtlichkeit und ein Gefühl von bewundernder Betroffenheit, in das sich sogar eine Spur von Fürsorge einmischt. Ähnliches gilt für das Dunkel der verborgenen Jahre, in das die Frage des Zwölfjährigen: »Wusstet ihr nicht, dass ich dorthin gehöre, wo mein Vater ist?« (Lk 2,49) wie ein Lichtstrahl fällt. Was sodann von der Rekapitulation der Leidensgeschichte in der Innerlichkeit des Glaubenden gilt, wurde durch *Johann Georg Hamann* zum Ausdruck gebracht, der in der Tiefe seines Herzens »die Stimme des Bluts«, vergossen durch den am Kreuz »erschlagenen Bruder«, klagen hörte.[115] Mit der Einkehr des Glaubens in sein Zentralgeheimnis, die Auferstehung Jesu, ist schließlich sogar, zumindest aus paulinischer Sicht, der Gegenpol zur Autorität und Gehorsamsbindung erreicht; denn das

Urwort dieses Glaubens ist kein anderes als das des von Christus überwältigten, in Dienst genommenen und dadurch doch zugleich endgültig freigesetzten und zu sich selbst gebrachten Apostels, der seine Heilserfahrung in die Frage fasst:»Bin ich nicht frei?«(1Kor 9,1).

Damit ist nun aber die Besinnung auf die Geburt des Glaubens fast unmerklich in die auf die Wiedergeburt zur Gotteskindschaft übergegangen. So entspricht es durchaus ihrer Logik. Denn der Glaube ist eine Gottestat am Menschen, die ihrer innersten Absicht zufolge auf seine Erneuerung und Integration abzielt. Umgekehrt wird man von der Wiedergeburt des Menschen nur dann sachgerecht reden können, wenn man den Beitrag der Glaubenskraft dazu berücksichtigt. Dafür muss die Sache des Glaubens jedoch zurückverfolgt werden bis zu seiner Geburt aus dem offenbarenden Gotteswort.

Viertes Kapitel

ERSCHLIESSUNG

1. Der Durchblick

Bei der Erkundung der Lesarten, die zur Erschließung der Tiefenschichten der neutestamentlichen Schriften verhelfen, darf diejenige nicht unberücksichtigt bleiben, die das vierte Evangelium auf der von ihm erreichten höchsten Reflexionsstufe bietet. Doch das kann nicht in Form einer Anweisung, sondern nur im Anschluss an die Schlüsselfigur geschehen, die von ihrer ganzen Konzeption her der Methodensuche entgegenkommt: an die Figur des Lieblingsjüngers, die trotz ihrer Gleichsetzung mit dem Evangelisten im Epilog des Evangeliums (Joh 21,24) nicht als historische Persönlichkeit gelten kann, wie dies schon aus aus ihrer durchgehaltenen Anonymität, erst recht aber aus ihrer Funktion und Verhaltensweise erhellt. Bezeichnend für diese taucht »der Jünger, den Jesus liebte« ebenso kurzfristig auf, wie er dann wieder verschwindet. So schon bei seinem ersten Auftritt in der Szene mit der Entlarvung des Verräters, bei der ihn Jesus in sein Leidensgeheimnis einweiht (Joh 13,26), so des Weiteren in der Szene unter dem Kreuz, in der ihn Jesus der neben ihm stehenden Mutter als »Sohn« übergibt (19,26) und dadurch mit sich identifiziert, und schließlich nach der ursprünglichen Fassung des Evangeliums ein letztes Mal, und jetzt zusammen mit Petrus, im Wettlauf zum Grab, wobei er schon durch den Anblick der darin verbliebenen Relikte zum Osterglauben gelangt.[1] Dabei bleibt er den Teilnehmern der Szenen gegenüber auffällig distanziert. Denn weder gibt er sein Wissen um die Identität des Verräters an den Fragesteller Petrus weiter, noch bekundet er seine Betroffenheit durch das Kreuzesgeschehen. Gleichwohl kommen mit seinem jeweiligen Auftritt die Dinge in Bewegung. Mit seinem ersten Erscheinen setzt das Passionsgeschehen ein, mit seinem zweiten beginnt das Sterben Jesu; während das dritte den Auftakt zu den Ostererscheinungen bildet.

Der Schlüssel

Schon dieses eigentümliche Kommen und Gehen, erst recht aber die mit seinem Verhalten verbundene Konnotation lassen erkennen, dass es sich bei der Figur des Lieblingsjüngers, entgegen alter und neuer Identifizierungsversuche, um ein literarisches Konstrukt handelt, das im Sinn einer an die Mignon in ›Wilhelm Meisters Lehrjahren‹ erinnernden Idealfigur als eine personifizierte Leseanweisung zu gelten hat. Nicht umsonst wurde sie schon von der mittelalterlichen Kunst aus dem Kontext der Abendmahlsszene herausgelöst und in Gestalt der »Johannesminne« zu einem bewegenden Meditationsbild gestaltet. Dass sie in ihrer hermeneutischen Bedeutung nicht nur für das Johannesevangelium, sondern ebenso auch für die Synoptiker gilt, ist aus der ihr typenverwandten Figur des »Christusbegleiters« im Zyklus von Sant' Apollinare Nuovo, der einstigen Palastkirche *Theoderichs des Großen*, zu schließen, die auch in ausschließlich synoptischen Szenen an der Seite Jesu erscheint.[2] Doch worin besteht ihre Funktion?

Nach der Eingangsszene mit der Entlarvung des Verräters zu schließen, steht der Lieblingsjünger für einen Akt der Einfühlung und Anteilnahme. Denn Jesus redet in dieser Szene im Wissen darum, dass der Tod nicht aus dem Kreis seiner Gegner, sondern dem seiner Freunde und Tischgenossen auf ihn zukommt, und er lässt dies, »zuinnerst erschüttert«, die Jünger wissen. In der dadurch ausgelösten Verwirrung taucht unversehens der Jünger auf, der, an die Brust Jesu gelehnt, diesem die ihm von Petrus insinuierte Frage stellt: »Wer ist es, Herr?« (Joh 13,25), um danach, ohne die Auskunft an den Anreger weiterzugeben, wieder aus der Szene zu verschwinden. Damit reduziert sich seine Rolle auf die des teilnehmenden Fragestellers, der die empfangene Antwort in sein Verschwinden mit hineinnimmt. Es ist die Rolle des von Jesus zum Mitwisser gemachten Fragestellers und damit der Symbolfigur einer »fragenden Rezeption«. Durch diesen Kunstgriff hebt der Evangelist den von den Synoptikern überlieferten Wortwechsel Jesu mit Judas in einen höheren Kontext; mehr noch: Er enthebt Jesus der Misslichkeit eines unmittelbaren Kontakts mit dem Verräter, während er gleichzeitig die Möglichkeit gewinnt, seinen Lesern durch den Lieblingsjünger die ihm wichtige Leseanweisung zu erteilen.

In der Szene unter dem Kreuz wird der Lieblingsjünger zum leibhaftigen »Vermächtnis« Jesu an die – in gleicher Anonymität wie er belassene – Mutter, der er sich dadurch zu mystischer »Wiedergeburt« übereignet. In einer an die Doppelgängerschaft Jesu in den apokryphen Evangelien erinnernden Weise verschmilzt der Lieblingsjünger dadurch mit Jesus, der, indem er stirbt, in diesem auf- und fortlebt. Daraus ergibt sich seine hermeneutische Funktion.

In seiner Verschmelzung mit Jesus drängt er den Leser, sich dessen Worte und damit den Text des Evangeliums so »gesagt sein zu lassen«, dass er ihm im Optimum wie seine eigene Aussage vorkommt. »Gut sollten wir diese Stimme kennen lernen«, mahnt *Augustin* in seinem Psalmenkommentar, »sie innerlich vernehmen und sie uns zu eigen machen« (›in Psalm.‹ 42,1).

Funktional gesehen zieht die letzte Szene – der Wettlauf zum Grab – die Konsequenzen aus den beiden ersten. Aufgrund seiner Einfühlung in das Leidensgeheimnis Jesu und seiner Einswerdung mit dem Gekreuzigten ist der Lieblingsjünger in das einbezogen, was Jesus am Ende seines Leidensweges widerfährt und was er mit seinem sieghaften »Consummatum est« besiegelt: in die sich schon am Kreuz ereignende Auferstehung. Anders als die formellen Osterzeugen, die erst durch die Erscheinungen zum Glauben an den Auferstandenen gelangen, gewinnt er diesen bereits durch den Anblick der im Grab zurückgelassenen Tücher. Für den Leser, der es mit den Relikten in Gestalt der neutestamentlichen Schriften zu tun hat, ein Fingerzeig, diese mit *James M. Robinson* als das literarische Osterwunder zu würdigen und sich dadurch zum Glauben führen zu lassen.[3]

Einzelne Perspektiven zeichnen sich dem Leser bei dieser Lektüre ab, wenn er denjenigen hinzuzieht, der nach *Bacon* und *Bultmann* noch am ehesten Anspruch darauf erheben könnte, mit dem Lieblingsjünger identifiziert zu werden: Paulus.[4] Denn diese trotz ihrer Unmöglichkeit »beste« Annahme würde in ihrer Konsequenz dazu führen, dass die durch den Lieblingsjünger repräsentierte Lesart im Licht des paulinischen Damaskuserlebnisses differenziert werden könnte. Da dieses von Paulus dreifach – akustisch, optisch und haptisch – ausgelegt wurde, ergäben sich dann drei Perspektiven: eine erste, die Jesus als Befragten und Fragenden erscheinen lässt; eine zweite, die ihn in weisheitlicher Beleuchtung zu erkennen gibt, und eine dritte, die auf seinen dienenden Machterweis abhebt. Auf das paulinische Ostererlebnis zurückbezogen, verhilft die vom Lieblingsjünger gebotene Anleitung somit dazu, das Geheimnis Jesu in dialogischer, saptientialer und diakonischer Sicht zu erschließen. In dieser dreifachen Funktion erscheint der Lieblingsjünger vor allem dann, wenn er in seiner Affinität zu den Geniusgestalten großer Dichtungen gesehen wird, etwa zur Diotima in *Platons* ›Gastmahl‹, der Sokrates sein Wissen um den Eros verdankt, zur Beatrice in *Dantes* ›Göttlicher Komödie‹, die als Konfiguration der Weisheit erscheint, und zur Mignon in

Goethes ›Wilhelm Meister‹, die in ihrer beständigen Hinwendung zu Gott das zu werden verspricht, als was sie in ihrer »rastlosen Stille« erscheint.[5]

Der dialogische Aspekt

Als Fragender und Befragter erscheint Jesus nach den beiden Kronzeugen des dialogischen Aspekts, *Kierkegaard* und *Buber*, in der großen Krisenstunde seines Lebens, als er mit dem Programmwort »Ich bin das Brot des Lebens«, das Kierkegaard im Einklang mit der Großen Einladung an die Bedrückten und Beladenen (Mt 11,28) vernimmt, auf erbitterte Ablehnung stößt (Joh 6,60–66), so dass er, »befragt« von diesem niederschmetternden Schicksalsschlag, sich nach dem Sinn seines Einsatzes, seiner Sendung und zuletzt nach dem seiner selbst fragen muss. Nach dem von den Evangelien entworfenen Lebensbild müsste ihm der Himmel die ersehnte Antwort geben. Doch die Passion wirft bereits ihre Schatten auf ihn, so dass dieser schweigt. An seiner Stelle spricht ihm nun aber der Freund die ersehnte Antwort zu: »Du bist Christus, der Sohn des lebendigen Gottes« (Mt 16,16). Begreiflich, dass Kierkegaard aus dieser bekenntnishaften Antwort und der spontanen, fast enthusiastischen Zustimmung Jesu den schmerzlichen Unterton heraushörte, der seiner Überzeugung nach alle Herrenworte, selbst die freudigsten durchhallt, obwohl die Antwort doch den Anruf der Himmelsstimme bei der Taufe (Mk 1,11), abgewandelt zu einem Trostwort aus Freundesmund, wiederholt hatte.

Von hier aus lässt sich die Linie sowohl nach vorwärts als auch nach rückwärts durchziehen. Nach rückwärts bis zur Szene mit dem Zwölfjährigen, der den Vorwurf der Mutter mit der Gegenfrage zurückweist: »Wusstet ihr nicht, dass ich dorthin gehöre, wo mein Vater ist?« (Lk 2,49).[6] Denn im Blick auf den Fortgang der Szene drückt diese Antwort das Erlebnis einer zweifachen Zugehörigkeit – der bisherigen zu Familie und Herkunft und der neuerlebten zu seinem Gott – aus, das sich spontan in die Frage »Wer bin ich?« verfasste und damit in jene Elementarfrage, die der Mensch im Sinn des *Augustin*-Wortes »factus sum mihi quaestio magna« nicht so sehr stellt als vielmehr ist, und die die Lebensgeschichte Jesu fortan wie ein Schatten begleitet. Eingeholt wird er von diesem Schatten sodann in der – von *Buber* in ihrem Kern als historisch angesehenen – Szene vor dem Richterstuhl des Hohepriesters, der ihm mit tödlichem Ernst die Identitätsfrage stellt. In seiner Antwort überbietet Jesus die erwartete Bejahung mit dem Blick auf seine künftige Verherrlichung, mit dem er nach Buber zugleich die Blickbahn aufstößt, in welche die Zeugen seiner österlichen Erscheinungen eintreten; denn sie sehen ihn dieser Deutung zufolge letztlich deshalb, weil sie von ihm bereits gesehen sind.[7]

Zuletzt aber, am Kreuz, stellt Jesus, wie schon in der Jüngerbefragung, nochmals die Gegenfrage nach dem Sinn seines Lebens und Sterbens, und jetzt in Gestalt seines unartikulierten Todesschreis, den Gott nun aber nicht mit der erhofften Errettung aus seiner Todesnot und ebensowenig mit einem verbalen Zuspruch, sondern mit seinem todüberwindenden Selbsterweis beantwortet, also damit, dass er den Sterbenden in seine Lebensfülle aufnimmt.[8]

Die weisheitliche Sicht

Wenn man mit Paulus davon ausgeht, dass dem Auferstandenen nach dem Hoheitstitel »Gottessohn« derjenige der Weisheit zugelegt wurde (1Kor 1,30), konkretisiert sich damit nun auch die Sicht, in welcher Jesus im Medium dessen gesehen werden muss, der in der ersten Szene an seiner Brust ruht (Joh 13,23). Das ist ein unverkennbarer Rückverweis auf den, der nach dem Prolog am Herzen des Vaters ruht und von dort herabstieg, um den Menschen die rettende Kunde zu bringen (Joh 1,18). Das aber ist, eröffnet durch den Lieblingsjünger, eine ausgesprochen weisheitliche Sicht des von Jesus durchschrittenen Heilswegs. Wie die Weisheit von ihrem Ursprungsort in den Himmelshöhen herabstieg, um eine Wohnstätte in der Menschenwelt zu suchen, dort aber auf Ablehnung stößt, so dass sie wieder an ihren Sitz unter den Engeln zurückkehrt, gilt auch von Jesus: »Er kam in sein Eigentum; doch die Seinen nahmen ihn nicht auf« (Joh 1,11). Doch im Licht des Weisheitsmotivs konnte nicht nur der Lebensweg Jesu nachgezeichnet werden; vielmehr entspricht auch seine Gestaltzeichnung dem mit ihr gegebenen Modell. Wie sie als »Abbild« der Güte Gottes gerühmt wird, nennt ihn der Kolosserbrief übereinstimmend mit Paulus »das Bild des unsichtbaren Gottes« (1,15). Und wie sie die Unmündigen zum Gastmahl ihrer Lehre einlädt, wendet auch er sich einladend an die Bedrückten und Beladenen, so wie er dem sich ihm verweigernden Jerusalem mit dem Klageruf nachtrauert:»Wie oft wollte ich deine Kinder um mich sammeln, so wie eine Henne ihre Küken unter ihre Flügel nimmt; ihr aber habt nicht gewollt« (Lk 13,34). Deshalb führt ihn sein Weg auch durch Verwerfung und Tod zurück zu seiner angestammten Geborgenheit am Herzen des Vaters.

Wie die Entstehungsgeschichte der Weisheit lehrt, geht aber auch vom Tode Jesu ein sapientialer Impuls aus. Denn die Weisheit entstand aus dem schöpferischen Kompensationsakt, durch den Israel die Not, die durch das Verstummen der prophetischen Stimmen eingetreten war (Ps 74,9), in eine spirituelle Tugend verwandelte: in die Konzeption der spekulativen Weisheit. Nun war aber das vielfach beklagte Verstummen nicht etwa die Folge eines allmählichen Versiegens, sondern die der Unterdrückung und Ermordung der als störend und subversiv empfundenen Propheten. Durch die Weisheit gewannen sie wieder Antlitz und Stimme. Gleiches gilt nun aber auch für den, der am Kreuz zum Schweigen gebracht wurde. In seiner Auferstehung wurde er auch in dem Sinn»von Gott für uns zur Weisheit«, dass er erneut – und machtvoller als je zuvor – in Erscheinung trat und durch seine Zeugen und Sprecher seine Stimme erhob. Insofern folgte die Entstehung der neutestamentlichen Schriften und nicht zuletzt die der nachgestalteten Herrenworte, die einen Großteil ihres Inhalts ausmachten, einer weisheitlichen Spur. Auch sie sind die Tugend, in welche die Not des Kreuzestodes Jesu verwandelt wurde.

Der diakonische Aspekt

Durch seinen Platz an der Brust, also am Herzen Jesu, erschließt der Lieblingsjünger eine noch tiefere Sicht, die vom Leser die Rückbesinnung auf den mit der Auferstehung gegebenen Ausgangspunkt der christlichen Botschaft erfordert. Sofern der Auferstandene dem universalen Gesetz der Todverfallenheit entrissen und in ein transkreatürliches Gottesverhältnis aufgenommen war, wurde dem, wie Paulus zu Eingang des Römerbriefs bezeugte (1,4), nur der Titel»Sohn Gottes« gerecht. Denn mit der Todesgrenze hatte er auch die der Kreatürlichkeit überschritten. Deshalb ergeht in den Evangelien an ihn der auf seine Existenzfrage antwortende Anruf:»Du bist mein geliebter Sohn!« Da das aber ein Wort der sich ihrem Wesensgesetz zufolge verströmenden und verschenkenden Liebe ist, steht Jesus vor der Aufgabe, die ihm zugeeignete Gottessohnschaft zu veräußern und an die Menschen weiterzugeben. Das nötigt ihn zunächst zur Suche nach einem Mittelbegriff, der sein Geheimnis sagbar macht und den er schließlich in dem aus der danielischen Menschensohnvision entnommenen Begriff »Reich Gottes« findet. Da sich dieser jedoch (nach Lk 17,20) sowohl der Veranschaulichung als auch der Einordnung in das Koordinatensystem von Raum und Zeit entzieht, sieht sich Jesus vor die zusätzliche Aufgabe gestellt, eine eigene Sprachwelt zu schaffen, durch die dieses »Geheimnis des Gottesreiches« veröffentlicht und mitgeteilt werden kann. Von dieser überragenden Sprachleistung gilt aber dasselbe wie von seinen Machterweisen, durch die er das Gottesreich heraufführt und im selben Maß, wie ihm dies gelingt, sich selbst der leid- und todverfallenen Welt einstiftet. In beidem, seinem bewegenden Wort wie seiner helfenden Tat, erweist sich aber das gesamte Lebenswerk Jesu als eine fortwährende Diakonie und als die in immer neuen Formen getätigte Übereignung seiner Gottessohnschaft.

Dass das im Bruch mit der üblichen Gleichnis- und Wunderinterpretation so gesagt werden kann, hängt mit dem Einblick in den Identifikationsakt Jesu zusammen, den der in seiner Funktion als Lesehilfe begriffene Lieblingsjünger gewährt. Denn er steht, gerade auch seiner künstlerischen Darstellung in der »Johannesminne« zufolge, in einer derart symbiotischen Beziehung zu Jesus, dass er in diesem seine Lebensmitte hat, während Jesus umgekehrt in ihm und durch ihn denkt und liebt. Das bestätigen die relativ zahlreichen Hinweise, wonach Jesus auf einem zum gewohnten Identifikationsakt gegensinnigen Weg zu sich selbst findet: nicht durch Abgrenzung und Entgegensetzung, sondern durch Hingabe und Selbstübereignung. Doch damit ist die dreifache Sicht bereits auf eine höhere hin überschritten, die sich als der Zielraum darstellt, auf den die durchschrittenen Aspekte hinführen.

Der Zielraum

Gemeint ist damit die Dimension, auf welche die drei Aspekte hinauslaufen, weil erst dort im Wort gesehen und das Sehen als Folge eines vorgängigen Gesehenseins erfahren wird. Für den Zugang zu dieser Dimension gilt allerdings das Wort von der engen Tür und dem steilen Weg, weil dort nach den

Hinweisen der Osterberichte die gewohnten Denk- und Anschauungsformen hinfällig werden und neue Gesetze der Begegnung mit Christus und der Beziehung zu ihm gelten. Denn es ist der Raum, den Paulus mit dem Grundwort »in Christus« umreißt, und der nach dem Gipfel, den die Paulusforschung in den Vorkriegsjahren erreichte, als die »Sphäre« zu denken ist, welche die Gemeinschaft der Glaubenden umhegend, belebend, inspirierend und integrierend umgreift und die doch zugleich als personale Wirklichkeit aufgefasst werden muss.[9] Als umgreifende Sphäre hat sie zugleich jenen Mittelpunkt, den Paulus mit dem zweiten Grundwort, der Formel »Christus in uns«, bezeichnet.

Das aber ist die Sphäre des mystischen Leibes, der auf der einen Seite durch die Ämter und Geistesgaben vielfältig gegliedert ist und von dem doch zugleich gilt, dass in ihm sich keiner selber lebt und stirbt, sondern dass beides, Leben und Sterben, »im Herrn« geschieht. Da Christus als Gekreuzigter und Gestorbener auferstanden ist, kann es nicht überraschen, dass hier nicht nur vom Leben, sondern auch vom Sterben die Rede ist. Gerade darauf liegt nun der entscheidende Akzent.

Wenn Christus, wie mit dem Mystiker Paulus alle folgenden betonen, in uns denkt und, indem er uns denkt, zu sich selbst erwacht, kommt es in der Mitte dieses Zielraums unvermeidlich zu einer Kollision der sich in Akten der Abgrenzung vollziehenden allgemein menschlichen Selbstfindung mit der seinen, die ihr Ziel auf dem Weg der Selbstübereignung anstrebt. Dann tritt er auf einen jeden von uns so zu wie in den Osterberichten, wenn er sich den von seiner Erscheinung Erschreckten mit dem beruhigenden Wort zu erkennen gibt: »Keine Angst, ich bin es!« Zu dieser Beruhigung ist auch aller Anlass, weil jetzt sein hingegebenes Ich an die Stelle unseres immer schon zurückschreckenden und sich abgrenzenden treten will, und dies nach dem Grundsatz aller christlichen Mystik: »Ich lebe; doch nicht ich – Christus lebt in mir« (Gal 2,20). Das ist der große Herzenstausch, der der Verabschiedung der subjektbezogenen Denk- und Lebensweise und damit einem spirituellen Sterben gleichkommt. Bei der grundlegenden Auslegung seines Damaskuserlebnisses spricht Paulus verdeutlichend von einem ergreifenden Überwältigtwerden durch den Auferstandenen (Phil 3,12), gleichzeitig aber auch davon, dass ihm dabei sein im Glanz der Gottherrlichkeit erstrahlendes Antlitz zu Gesicht gekommen sei (2Kor 4,6). Wie ist das zu verstehen?

Formal nur so, dass der Auferstandene mit seinem präsentativen »Ich bin es« in die sich versperrende Subjektmitte des Glaubenden einbricht, um die Regie seines Bewusstseins, die Art seines Denkens und Wollens und nicht zuletzt seines Fühlens zu übernehmen. Weil das von seiten des Menschen nur als ein todbringendes »Nicht mehr ich«, also als der Entzug seines gewohnten Selbstseins, empfunden werden kann, beruhigt ihn der Zuspruch »keine Angst«, der ihn der über ihn hereinbrechenden Todesangst entreißt.

Doch das ist nur die negative Seite eines eminent positiven Vorgangs, der seine Mitte in dem mit diesem spirituellen Sterben verbundenen Selbstgewinn hat. Denn Paulus, der diesen Vorgang mit dem Bild des aus dem zerbrechenden Gefäß hervorleuchtenden Schatzes veranschaulicht (2Kor 4,7), weiß, dass sich in diesem Augenblick das ereignet, was *Konrad Lorenz* im Rückgriff auf das Vokabular der Mystik mit dem Begriff »Fulguration« umschreibt: der Aufgang des unerwartet Neuen im Untergang des Bisherig-Alten.[10] In diesem Augenblick tritt das ein, was *Johann Georg Hamann* in seiner ›Aesthetica in nuce‹ mit der Aufforderung »Rede, dass ich dich sehe!« meint.[11] Denn das in die zerbrechende Subjektivität einbrechende Christus-Ich gewinnt nun Kontur und Gestalt. Und die mit seinem Eintritt verbundene Zusage nimmt schaubare Züge an: die Züge des in aller Fühlung gesuchten Angesichts. Zwar weiß Paulus an dieser Stelle sehr genau zu unterscheiden; denn es handelt sich nicht um die Wiederholung der den Osterzeugen vorbehaltenen Schau, wohl aber um die Wiederspiegelung jenes Bildes, von dem er sagt, dass wir ihm durch das Wirken des Geistes »von Klarheit zu Klarheit« anverwandelt werden (2Kor 3,18). Wenn *Franz Werfel* den Berichterstatter am Schluss seines ›Stern der Ungeborenen‹ in den Blick seines sterbenden Kindes hineinsterben lässt, geschieht hier das Umgekehrte. Getroffen von dem Blick, der sich aus dem inwendigen Spiegelbild an uns richtet, erkennen und finden wir uns wieder in dem, der uns geliebt und sich uns hingegeben hat, um uns unverlierbar in die Geistes- und Lebensgemeinschaft mit sich aufzunehmen.

2. Das öffentliche Geheimnis

In seinem Essay über die Evangelisten als Schriftsteller macht *Walter Jens* auf einen auffälligen Zug in deren Darstellungsweise aufmerksam, den der Religionswissenschaftler *Heinrich Frick* zuvor schon an den großen Weltreligionen beobachtet hatte:

> *Alle drei Religionen kennen eine heilige Nacht. Der Buddhismus jene entscheidende Nacht, in der Buddha die große Erleuchtung gewinnt und den Pfad zur Erlösung von allen Leiden entdeckt. Der Islam die »Nacht der göttlichen Vollmacht«, in der der Engel Gabriel Mohammed die Offenbarung Allahs in Gestalt des Korans überbringt, die Christenheit die Stunde des Eintritts ihres Stifters in die Welt zur Weihnacht.*[12]

Ebenso verfahren nach Jens die Evangelisten, wenn sie entscheidende Ereignisse der Lebensgeschichte Jesu in das Dunkel der Nacht tauchen:

> *Und immer wieder die Nacht! In der Nacht fanden die Hirten das Kind in der Krippe, in der Nacht begann Jesus zu wirken, in der Nacht verließ er die Städte, in der Nacht besprach er sich mit Gott, in der Nacht verkündete er sein großes Geheimnis, in der Nacht verzweifelte er, in der Nacht kamen die Schergen. Nacht wurde es, als er starb.*[13]

Doch über Jesus liegt für Jens noch ein anderes Dunkel: die Nacht seiner Einsamkeit. Seinem Verständnis zufolge heben die »vier Schriftsteller« mit Nachdruck auf die Einsamkeit Jesu ab:

> *Einsam von der Szene im Tempel über die Szene in Getsemane bis zur Szene am Kreuz. Einsam – und für sich – auch dort, wo er sich einließ oder wo man, in freundlicher oder feindlicher Absicht, sich im wörtlichen Sinn mit ihm gemein machen wollte. Einsam unter den Menschen: noch in der Berührung weltweit von ihnen getrennt. Einsam in Situationen, die den Charakter der Begegnungen hatten, aber nie den Charakter des Austauschs.*[14]

Danach ist das Herz Jesu nur nach oben hin geöffnet; nur dorthin spricht er

sich aus. Und dies mit dem Grundwort seiner Gottesbeziehung: »Abba –
Vater!« Was kommt darin zum Ausdruck und wie kommt er dazu?

Die Anrede

Wer sich mit dieser ehrfürchtigen Zärtlichkeitsanrede an Gott wendet, hat
mit der Gottesangst zusammen auch jede der sekundären Ängste überwunden, weil er mit diesem Wort die Mauer der Unnahbarkeit Gottes durchbrach,
weil er mit ihm den Abgrund der Gottesferne überwand und weil er mit ihm
Zugang zu seinem Herzen, dem Inbegriff der Liebe, gewann. Im Stil des paulinischen Hymnus auf die Liebe könnte er fragen:

> Wenn Gott mit mir ist, wer ist dann gegen mich? Wenn ich ihn Vater nennen darf,
> wird er mir dann nicht alles übergeben? Was kann mich trennen von seiner Liebe?
> Trübsal oder Bedrängnis oder Verfolgung oder Hunger oder Blöße oder Gefahr oder
> Schwert? Nein, ich bin gewiss, dass mich weder Tod noch Leben, weder Gegenwärtiges
> noch Zukünftiges, weder Mächte der Höhe noch der Tiefe noch irgendein anderes Hin-
> dernis von dieser Liebe trennen können (nach Röm 8,31–39).

Von dieser Liebe getragen, wird Jesus sogar dem ihn mit dem Tod bedrohen-
den Landesherrn nur mit überlegenem Spott begegnen:

> Geht, und sagt diesem Fuchs: Siehe, ich treibe Dämonen aus und wirke Heilungen,
> heute und morgen und am dritten Tag werde ich es vollendet haben. Aber heute und
> morgen und am nächsten Tag muss ich wandern; denn es geht nicht an, dass ein Pro-
> phet außerhalb von Jerusalem umkommt (Lk 13,32f.).

Getragen von dieser Liebe versucht er, den Seinen zu einem angstfreien Leben
zu verhelfen und ihnen das Joch der Sorge von den Schultern zu nehmen: Das
eine, indem er die Pfahlwurzeln der Angst aus ihren Herzen reißt: mit der
Gottesangst zusammen die Angst vor den Mitmenschen, die in der Befürchtung besteht, dass sich der ersehnte Partner von heute über Nacht in sein ver-
hasstes Gegenteil verwandeln könne, aber auch die Angst des Menschen vor
sich selbst, stimuliert durch das Selbstzerwürfnis dessen, der letzte Selbst-

zweifel nie ganz auszuräumen und nie ganz für sich einzustehen vermag. Das andere, indem Jesus die ihm Nachfolgenden zu einem Rollentausch zu bewegen sucht; denn er erklärt sich bereit, ihre Sorgen um die alltäglichen Nöte und Bedürfnisse zu übernehmen, vorausgesetzt, dass sie sich statt dessen seine Sorge um den Anbruch des Gottesreichs zu eigen machen.

Die Tragweite seines Ansatzes reicht jedoch noch tiefer: Getragen von der durch seine Anrede erschlossenen Liebe lässt Jesus, zusammen mit der Welt der Ängste und Sorgen, so ernst er sie nimmt, die Religiosität der Heteronomie mit ihren spirituellen, kultischen und sozialen Konsequenzen hinter sich. Denn er will den fröhlichen, Gott im Geist und in der Wahrheit anrufenden Beter, er will praktizierte Liebe und nicht Opfer, und er will anstelle einer auf Herrschaft und Unterwerfung gegründeten Sozialordnung eine andere, in der seinem Vorbild entsprechend ein jeder dem anderen im Geist dienender Liebe zuvorkommt. Doch wie kommt er zu seiner Gottesanrede und was bedeutet sie für seine Lebensgeschichte?

Der Anruf

Der nächste Weg führt aller Wahrscheinlichkeit nach über das Beten dieses »gewaltigsten Beters der Geschichte« (Wernle), in das die ersten Vaterunserbitten (Lk 11,2) Einblick gewähren. Denn damit legt Jesus den Jüngern im Zug des von ihm erstrebten Sorgentauschs, zusammen mit seinem Anliegen, auch seine Gottesanrede auf die Lippen. Doch das Gebet verweist nach dem lukanischen Bericht zurück auf die Taufszene, von der es heißt:

> Als er betete, öffnete sich der Himmel, der heilige Geist stieg in leibhaftiger Gestalt wie eine Taube auf ihn herab, und eine Stimme erklang vom Himmel her: »Du bist mein geliebter Sohn; an dir habe ich mein Wohlgefallen« (Lk 3,21f.).

Da der Einsame, der auch nach der markinischen Vorlage (Mk 1,11) als einziger den himmlischen Zuspruch zu hören bekam, mit niemand in einen Austausch trat (Jens) und sich auch (nach Joh 2,24) niemand anvertraute, erhebt sich die Frage nach der »Quelle« und letzten Herkunft dieser Szene. Durch ihre Einbindung in das Taufgeschehen sieht man sich spontan an dessen rituellen Vollzug und, im Blick auf diesen, an seinen »mystagogischen« Sinn erinnert. Ihn spricht Paulus an, wenn er im Römerbrief fragt:

Oder wisst ihr nicht, dass wir alle, die auf Christus hin getauft sind, in seinen Tod hineingetauft sind? Wir sind also durch die Taufe auf seinen Tod begraben, damit wir so, wie Christus durch die Herrlichkeit Gottes von den Toten auferweckt wurde, in einem neuen Leben wandeln. Denn wie wir durch die Nachbildung seines Todes mit ihm verwachsen sind, werden wir es auch durch seine Auferstehung mit ihm sein (Röm 6,3ff.).

Das aber ist ein unüberhörbarer Rückverweis auf den Briefeingang, wo Paulus unter Verwendung einer vorgegebenen Formel vom Gottessohn sagt:

Er entstammt dem Fleische nach dem Geschlechte Davids; dem Geist der Heiligkeit nach aber wurde er eingesetzt zum Gottessohn mit Macht durch die Auferstehung von den Toten (Röm 1,3f.).

Mit diesem Wort markiert Paulus aber nicht nur den Anfang seines Briefs, sondern – dem Eingangswort des Johannesprologs vergleichbar – zugleich den Ausgangspunkt des Neuen Testaments und des gesamten Christentums, das seine Existenz ebenso wie seinen Inhalt ausschließlich der Auferstehung Jesu verdankt. Das hat eine durch eine Reihe von Symptomen belegte Inversion im Erzählduktus der Evangelien im Gefolge. Zwar berichten sie ihrem kerygmatischen Zweck zufolge, zunächst nach Art einer Biographie von dem – unterschiedlich angesetzten – Anfang her auf das Ende in Kreuz und Auferstehung hin. Gleichzeitig entsprechen sie aber auch dem durch diese gesetzten Anfang, so dass die Lebensgeschichte Jesu ebenso sehr im entgegengesetzten Sinn, also von ihrem Ende her, erzählt wird. Dafür sprechen insbesondere die »versprengten« und als solche »vorgezogenen« Ostergeschichten wie der Seewandel Jesu, der wunderbare Fischzug und die Verklärungsszene. Dieser gegensinnige Erzählduktus mündet in die Taufszene aus, die nun, vor dem Hintergrund der paulinischen Deutung des Ritus, auf völlig neue Weise lesbar wird. Als Schlüssel dazu bietet sich der im Epheserbrief überlieferte urchristliche Taufhymnus an, der mit dem Aufruf beginnt:

Wach auf, du Schläfer, steh auf von den Toten, und Christus wird dir aufleuchten
(5,14).

Da damit die eschatologische Erweckung aus dem Todesschlaf gemeint ist, geht es bei dem Aufruf letztlich um die Stimme, die (nach Joh 5,28) in die Gräber dringt und die Toten zu neuem Leben ruft. Sie aber ergeht erstmals und grundstürzend an den »Erstgeborenen aus den Toten« (Kol 1,18), der damit in die Lebensfülle des ihn (nach Hebr 5,7) erhörenden und aus seiner Todesnot befreienden Gottes aufgenommen wird. Der Zuspruch der Himmelsstimme »Du bist mein geliebter Sohn« muss dann als die Verbalisierung der Formel »eingesetzt zum Gottessohn mit Macht durch die Auferstehung von den Toten« verstanden werden.

Damit ist sowohl die Frage nach der Bedeutung wie nach der Herkunft des Hoheitstitels »Sohn Gottes« aufgeworfen. Auf die erste antwortet das insbesondere von *Anton Vögtle* durchdachte Theorem, wonach durch die Auferstehung der Botschafter zur Botschaft, der zum Glauben Rufende zum Geglaubten und der Lehrer zur Lehre wurde. Darin bekundet sich die Tatsache, dass der scheinbar Gescheiterte und von Gott Verworfene durch seine Auferstehung in göttlicher Hoheit erschien und demgemäß die höchsten Titel wie Messias, Menschensohn und Gottessohn an sich riss. Dass das in erster Linie vom Gedanken an seine Gottessohnschaft gilt, wird durch dessen Herkunft evident. Zweifellos ist die unmittelbare »Vorlage« in der Zusage des messianischen Königspsalms »Mein Sohn bist du, heute habe ich dich gezeugt« (Ps 2,7) zu suchen. Im Sinn heutiger Forschungsergebnisse ist außerdem anzunehmen, dass diese Formel in Anlehnung an das ägyptische Inthronisationsritual entwickelt und in den liturgischen Sprachgebrauch Israels aufgenommen wurde. Begründet aber war diese Zuweisung in der Überzeugung, dass Jesus durch die Auferweckung von den Toten dem Gesetz der universalen Todverfallenheit enthoben und dadurch in ein transkreatürliches Gottesverhältnis aufgenommen wurde. Das aber konnte nur genealogisch und zulänglich nur mit dem Titel »Sohn Gottes« benannt werden.

Der Vorgriff

Für die Gestaltzeichnung Jesu in den Evangelien hatte dies eine weitreichende Konsequenz, die sich in den Satz fassen lässt, dass der von ihnen Gezeichnete im beständigen Vorgriff auf seine Auferweckung aus dem Tod lebt, denkt und handelt. Das besagt für die Synoptiker, dass sie ihn nie rein »vorösterlich« darstellen, sondern dass selbst die Szenen, in denen er sich ganz menschlich äußert und verhält, insgeheim im Licht seiner Verherrlichung stehen. Im ersten Evangelium nach Markus betrifft das die »geheimen Epiphanien« (*Dibelius*), die dessen Jesusbild prägen; für das Johannesevangelium besagt es, dass Jesus in ihm vielfach als der bereits Erhöhte oder doch im wissenden Vorgriff auf seine künftige Verherrlichung spricht.

Wenn das vollends glaubhaft werden soll, muss es näher entfaltet und durch den sich dann ergebenden Durchblick bestätigt werden. Er betrifft in erster Linie den Dialog, in welchem Jesus lebenslang mit seinem Gott begriffen ist. Für den auf sein Ende hin Lebenden ist der Zuspruch der Himmelsstimme nicht Ernennung, sondern Antwort auf die Frage, die er nicht so sehr stellt als vielmehr ist. In eine ausgesprochene Fragenot stürzt ihn der Massenabfall (Joh 6,60–66), auf den der Himmel mit einer Bestätigung seines Zuspruchs reagieren müsste. An Stelle des – schweigenden – Himmels spricht der Freund, dessen Bekenntnis »Du bist Christus, der Sohn des lebendigen Gottes« (Mt 16,16) von Jesus tatsächlich als Eingebung des Vaters verstanden wird (16,17). Auf seine Befragung durch den Hohepriester (Mk 14,60ff.) antwortet er selbst mit dem Blick auf seine künftige Verherrlichung – für Martin Buber ein Wort, mit dem der Schauende zugleich die Blickbahn für die Zeugen seiner österlichen Erscheinungen aufstößt.[15] Sein Ende aber erreicht dieser lebenslange Dialog im Todesschrei des Gekreuzigten, den Gott nicht mit einem Wort, sondern mit der »Tat« seiner Auferweckung beantwortet.

Die prospektive Sicht verhilft in erster Linie zur Beantwortung der für das Gottesverhältnis Jesu und seine Verkündigung zentralen Frage, wie er zur Anrede »Abba – Vater« gelangte. Als Schlüsselmotiv erweist sich dann das der Taufe, das er mit dem Wort kommentiert:

Mit einer Taufe muss ich getauft werden, und wie drängt es mich, sie zu erleiden (Lk 12,50).

Was ihn drängt, ist sein Todesverlangen, da er sich von seinem Tod die von keiner Vermittlung mehr verstellte Einung mit seinem Gott verspricht. Das aber nimmt er in beispielloser Kühnheit dadurch vorweg, dass er den ewig verschwiegenen und verborgenen Gott im Bruch mit allen Vorstellungen von ihm mit der ehrfürchtigen Zärtlichkeitsanrede »Abba – Vater« anzurufen wagt. Damit antwortet er diesem Gott ebenso auf seine österliche Einsetzung zum »Gottessohn mit Macht« (Röm 1,3f.) wie auf dessen rettenden Selbsterweis, der sich ihm verbalisiert, im Zuspruch der Himmelsstimme, angekündigt hatte. Es war also ebenso seine wahrhaft himmelstürmende Kühnheit wie sein Dank für die vorgefühlte Auferweckung, was ihm das »Abba – Vater« auf die Lippen legte.

Ebenso verweist der Vorgriff auf das Ende Jesu auf den Weg der Weisheit, von der es in der alttestamentlichen Überlieferung heißt, dass sie nach ihrer Verwerfung durch die Menschen zu ihrem Sitz unter den Engeln zurückkehrt. Dem entspricht die Stilisierung des Lebensweges Jesu, von dem es im Johannesprolog heißt: »Er kam in sein Eigentum; doch die Seinen nahmen ihn nicht auf« (Joh 1,11), und der sich mit der Ankündigung:« Ich steige auf zu meinem Vater und eurem Vater, zu meinem Gott und eurem Gott« (20,17) von seinen »Brüdern« verabschiedet. Indessen erscheint er aber auch bei den Synoptikern im Vergleich zu Salomon als der Größere und damit als die personifizierte Weisheit (Lk 11,31). Ihm werden deshalb Weisheitsworte in den Mund gelegt, darunter die weisheitlich geprägte Einladung an die Bedrückten und Beladenen (Mt 11,28), in der *Kierkegaard* das Grund- und Schlüsselwort des Evangeliums gefunden zu haben glaubte. Das berechtigte aber weder *Bultmann* noch *Barth* zu deren skeptischer Distanzierung von der Suche nach dem historischen Jesus, zu der *Ernst Käsemann* im Bruch mit der Schulmeinung aufrief.[16] Und das heißt erst recht nicht, dass die Erkundung der »ureigenen Worte« Jesu als aussichtslos gelten müsse, wohl aber, dass es im Gesamtbericht der Evangelien Stellen gibt, an denen die Stimme des Historischen bis zur Unkenntlichkeit mit der des (nach 1Kor 1,30) »von Gott zur Weisheit« gewordenen Erhöhten verschmilzt. An diesen Stellen wird das historisch Greifbare vom Vorgriff auf die mit der Auferstehung anbrechende Geschichte überholt, die sich vom Historisch-Einmaligen dadurch unterscheidet, dass sie auf die Gegenwart des Hier und Heute hin offen ist.

Das gilt auch von dem Zentralbegriff der Verkündigung Jesu, die in allen ihren Formen den Reich-Gottes-Gedanken umkreist. Auch dieses Leitwort ist, ungeachtet seiner eschatologischen Blickrichtung, in die mit der Auferstehung Jesu anbrechende Zukunft hineingesprochen. Wenn es in der Folge fast gänzlich aus der nachösterlichen Sprachwelt verschwindet, so deswegen, weil es sachlich in das Fortleben Christi und in dessen soziale Konkretisierung, die Kirche, ein- und aufgegangen ist. Seine weisheitliche Herkunft aber ergibt sich aus der Tatsache, dass Jesus den Auftrag, das Reich Gottes heraufzuführen, aus der Hand des Menschensohns übernimmt, der als der Doppelgänger der Weisheit gilt.[17] Für diesen Zusammenhang dürfte auch sprechen, dass im Spruchbuch von dem auf sieben Säulen errichteten Palast der Weisheit die Rede ist (9,1), in den die Weisheit die Unwissenden zum Gastmahl ihrer Lehre einlädt. Beide Male geht es um die Vorstellung eines Raumes, der den von ihm Umschlossenen Geborgenheit, Licht und Leben bietet.

Schöpfer und Diener

Den Kern dieser Sicht hat man dann erreicht, wenn man die Auferstehung Jesu, in der seine Lebensgeschichte ausmündet, als den göttlichen Eingriff in das Nichts begreift, das der todverfallenen und ihrem Ende entgegenfiebernden Welt bevorsteht und das durch diesen Eingriff zum Ausgangspunkt der »neuen Schöpfung« (2Kor 5,17) wird. Bei der Stillung des Seesturms (Mk 4,35–41) erscheint Jesus dann in der Attitüde des Schöpfers, der den Chaosgewässern gebietet und sie (nach Ps 104,6f.) in ihre Schranken verweist. Bei der Hochzeit von Kana erweist er sich (nach Mk 2,19) als der Freudenspender, der die Gäste zum »Hochzeitsmahl des Lammes« einlädt (Apk 19,9). Beim Wunder der Brotvermehrung nimmt er die eschatologische Mahlgemeinschaft vorweg. Im Vorgriff auf seine Auferstehung nimmt er vor allem aber den Kampf gegen die Todesgewalten auf: in der Auferweckung des Lazarus ruft er, sofern sie nur in ihrer Tiefensymbolik begriffen wird, sich selbst aus dem Abgrund des Todes heraus und erweist er sich so als der in der Interaktion mit seinem Gott stehende Akteur des Geschehens; in der Auferweckung der Tochter des Jairus und des Jünglings von Naim wischt er im Vorgriff auf sein endzeitliches Walten die Tränen von den Augen der Trauernden; in der Heilung der Aussätzigen dehnt er die Mahlgemeinschaft mit den Erniedrigten und Beleidigten auf die aus der Lebensgemeinschaft Ausgestoßenen und in sozialer Hinsicht »Toten« aus; in der Heilung der Blinden, Tauben und Gelähmten bekämpft er die Vorboten des Todes in Gestalt der menschlichen Gebrechen und Leiden. In alledem aber präsentiert er sich als der »verwundete Arzt«, der in seiner Passion die Leiden der Welt auf sich nimmt und in seiner Auferstehung das Dasein auf die Basis der mit ihr anbrechenden neuen Schöpfung hebt.

Voll ausgeleuchtet ist der Ansatz jedoch erst, wenn der diakonische Zug im Lebensvollzug Jesu hinzugenommen wird. Denn er, der Menschensohn, »ist nicht gekommen, sich bedienen zu lassen, sondern um zu dienen« (Mk 10,45). Dabei lassen die Abendmahlsszene und ihr johanneisches Äquivalent, die Fußwaschung, keinen Zweifel daran, dass sein Dienst in der hingebenden Selbstübereignung an die Seinen besteht, in denen er fortleben, sich bezeugen und wirken will. Das klingt in dem an der Schwelle des Todes gesprochenen Bekenntnis an, dass er von der Frucht des Rebstocks nicht mehr trinken werde, bis er »davon neu trinke im Gottesreich« (Mk 14,25). Was hier im Bild der endzeitlichen Mahlgemeinschaft aufscheint, fasst Paulus in das des mystischen Leibes (1 Kor 12,12; Röm 12,4), mit dem er die Utopie des Gottesreiches in die Wirklichkeit der Kirche überführt. Gleichzeitig steht dieses Bild dafür ein, dass das Christentum nicht als eine moralische, sondern als eine mystische Religion zu gelten hat und dass sein Fortleben an die Bewahrheitung der Prognose Karl Rahners gebunden ist, dass der Christ der Zukunft ein Mystiker oder überhaupt nicht sein werde. Doch was folgt aus diesem dialogischen, sapientialen und diakonischen Aspekt für die Gottesbotschaft Jesu?

Der neue Gott

Wer so im Vorgriff auf die größte aller denkbaren Innovationen lebt, ist nicht gekommen, um die Menschheit in dem zu bestätigen, was sie immer schon unter Gott verstand und von Gott zu wissen glaubte, sondern dazu, die »Tiefen der Gottheit« (1 Kor 2,10) zu entsiegeln und das unter der Hülle menschlicher Projektionen verborgene Geheimnis zu erschließen. Gemessen an der Geschichte des Gottesbegriffs erscheint Jesus damit als der größte Revolutionär der Religionsgeschichte. Denn bei aller Verschiedenheit kommen deren Gottesbilder doch allesamt darin überein, dass das göttliche Geheimnis »mit Furcht und Zittern« verehrt werden müsse, da sich in ihm ein ebenso gütiger wie drohender und strafender Gott verberge. Dazu sah sich die Menschheit ebenso durch ihre Geschichtserfahrung wie durch die Lebenserfahrung jedes Einzelnen veranlasst, die in ihrem Wechsel von Licht und Schatten nach einer Erklärung schrie und die diese im Bild des ambivalenten Gottes gefunden zu haben glaubte.

Jesus aber durchschaute den fatalen Mechanismus, der diese Projektion zustande kommen ließ und trug sie wie eine störende Übermalung von dem darunter verborgenen Antlitz ab. Kaum eine Szene bringt das drastischer zum Ausdruck als seine Kontroverse mit den Sadduzäern, die mit einer absurden Geschichte die Unmöglichkeit des Jenseitsglaubens zu beweisen suchten und denen er entgegenhält:

> Ihr irrt; denn ihr kennt weder die Schrift noch die Macht Gottes. Gott ist kein Gott der Toten, sondern der Lebenden; ihm leben alle (Mk 12,24; Lk 20,38).

Worin das Anderssein Gottes besteht, sagt er zuvor schon in dem Kernsatz seiner Bergpredigt:

> Liebt eure Feinde, tut Gutes und leiht aus, ohne etwas zurückzufordern; dann wird euer Lohn groß sein, und ihr werdet Kinder des Höchsten sein, der gütig ist, sogar gegenüber den Undankbaren und Bösen (Lk 6,35).

Wie eine Flamme schlägt dieses Wort in das auf Vergeltung und Kompensation bedachte und von Rachegefühlen umgetriebene Menschenherz. Und so hat Jesus seine Gottesbotschaft auch selbst empfunden:

> Feuer auf die Erde zu werfen, bin ich gekommen; und was will ich anderes, als dass es brenne! (Lk 12,49).

Im Anschluss an dieses Wort fragte *Milan Machovec*, wodurch es Jesus gelungen sei, die »Welt in Brand zu setzen«.[18] Und er gab darauf die halbrichtige Antwort: nicht durch die Neuartigkeit seines Programms, sondern dadurch, dass er mit seiner Lehre identisch war. So sehr er mit dem Nachsatz an den

Kern von *Kierkegaards* »Christologie von innen« rührt, den dieser mit dem Satz »der Helfer ist die Hilfe« umschrieb, verfehlt er mit dem Vordersatz die Qualität der Botschaft Jesu, die tatsächlich einer Innovation größten Stils gleichkommt. Gleichwohl verwies er mit seiner Frage auf die »Fackel«, mit der Jesus die Welt tatsächlich zu entflammen und umzugestalten suchte: auf den Feuerbrand seiner Reich-Gottes-Botschaft, die er nach eigenem Bekunden durch seine Wundertätigkeit machtvoll kommentierte. Vollständiger hatte das *Nietzsche* begriffen, als er sich mit dem Gedicht ›Ecce homo‹ in die Rolle Jesu hineinzuspielen suchte:

Ja! Ich weiß, woher ich stamme!
Ungesättigt gleich der Flamme
glühe und verzehr' ich mich.
Licht wird alles, was ich fasse,
Kohle alles, was ich lasse.
Flamme bin ich sicherlich.[19]

Die Mitteilung

Zurückgelassen blieb wie eine ausgebrannte Schlacke das alte Gottesbild der Menschheit, dem Jesus mit seiner Verkündigung des bedingungslos Liebenden tatsächlich das in der Flamme seiner Botschaft aufleuchtende Bild des neuen Gottes entgegensetzte. Das heißt freilich keineswegs, dass er mit dem Gottesglauben seines jüdischen Volkes gebrochen habe, dem er vielmehr zutiefst, vor allem in der prophetischen Kunde von dem zärtlich liebenden und eifersüchtig wachenden Bundesgott Israels, verpflichtet blieb. Die Spannung, in die er mit seiner Verkündigung gegenüber dieser Tradition geriet, macht freilich zugleich klar, dass er es letztlich nur im Vorgriff auf seine Auferweckung wagen konnte, Gott mit dem Vaternamen anzurufen und diesen Namen den Seinen auf die Lippen zu legen, damit er weltweit verkündet würde. Dass darin auch der Quellgrund seines Sohnesbewusstseins lag, ergibt sich aus der hermeneutischen Einsicht, dass sich der Sprecher das von ihm Gesagte stets selbst gesagt sein lassen muss, um wirklich verstanden zu werden. In seinem Grenzfall konnte sich Jesus die Abba-Anrede nur in der Form gesagt sein lassen, dass er aus ihr die Zusage seiner Sohnschaft heraushörte. Das verdeutlicht der Johannesprolog mit dem Bildgedanken, wonach Jesus vom Herzen des Vaters kam, um als das mit seiner Botschaft identische »Wort« der Welt die rettende Kunde zu bringen. Dort liegt dann aber auch der Ausgangspunkt seines Wirkens, mit dem er das »tätigt«, was ihm von seinem Ursprungsort zufloss. Vorausgesetzt ist dabei allerdings, dass die Evangelien weder eine Biographie noch eine Legende von Jesus bieten, wohl aber ein Bild, das, ungeachtet seiner historischen Verankerung, ebenso aus der Erinnerung an seine Lebensgeschichte wie aus dem Vorgriff auf seine Todüberwindung lebt. Darin besteht das ihm aus dem Dunkel des vorgeahnten Endes aufleuchtende Geheimnis, zu dessen Enthüllung er sich aufgerufen weiß.

Am Feuer dieses Geheimnisses entzündete Jesus, um in seinem Bild zu bleiben, die Fackel, mit der er die Welt in Brand setzte. Da er aber mit seinem Sohnesbewusstsein nicht vor die Welt, am wenigsten vor die seines zeitgeschichtlichen Umfelds hintreten konnte, bedurfte es eines Mittelbegriffs, der seine Gottessohnschaft auf eine rezipierbare Weise sagbar machte. Ihn gewann er, wie sich zeigte, auf dem Umweg über seine Identifikation mit dem Menschensohn in Gestalt des Begriffs »Reich Gottes«, da nun die Aufgabe dieses himmlischen Repräsentanten und Fürsprechers Israels, das Gottesreich heraufzuführen, in seine Hand fiel. Und dies in dem hohen Sinn, dass er sich nun ebenso wie mit der Gestalt des Menschensohns auch mit dessen Aufgabe identifizierte. Nur so wird es verständlich, dass ihn der größte Theologe der alten Christenheit, *Origenes*, nach dem Vorgang *Markions* die »autobasileia«, also das »Gottesreich in Person«, nennen konnte.[20] Für Jesus selbst ergab sich damit ein Sprachproblem erster Ordnung, das nun dem ersten, das er mit der Vokabel »Reich Gottes« gelöst hatte, auf dem Fuß folgte. Denn den von ihm eine Verdeutlichung seines Schlüsselbegriffs einfordernden Fragestellern muss er gestehen:

> Das Reich Gottes kommt nicht in sichtbarer Gestalt, auch kann man nicht sagen: Es ist hier, oder dort. Das Gottesreich ist vielmehr in euch (Lk 17,20).

Unter dem Zwang, das, was weder zur Erscheinung gebracht noch in das Koordinatensystem von Raum und Zeit eingebracht werden konnte, verkünden zu müssen, wurde Jesus zum großen Sprachschöpfer, der in Gestalt seiner Bildworte und Gleichnisse eine eigene Sprachwelt schuf, um das im Grunde Unsagbare doch noch promulgieren zu können. Allen Auslegungsversuchen, die thematisch mit Adolf Jülichers Untersuchung über die Gleichnisreden Jesu (1910) einsetzten, war Jesus selbst zuvorgekommen, als er im selben Atemzug von Gleichnissen und vom »Geheimnis des Gottesreichs« (Mk 4,11) sprach. Mit seiner Frage: »Womit sollen wir das Gottesreich vergleichen, in welches Gleichnis es fassen?« (Mk 4,30) ließ er sogar etwas von der Mühe der Versprachlichung durchblicken.

Die Gleichnisse

Doch wie erreichen die Gleichnisse ihr Ziel? Die sich nach einem Jahrhundert intensiver Forschung ergebende Antwort lautet: indem sie entweltlichend von Weltlichem sprechen. Damit ist ebenso verneint, dass sie inhaltlich über das Gottesreich informieren, wie zum Ausdruck gebracht ist, dass sie ihr Ziel in verfremdend-performativer Weise verfolgen. Insofern geht es ihnen vorwiegend um die Metanoia, die Jesus als Vorbedingung für den Eintritt in das Gottesreich gefordert hatte (Mk 1,11). Daher ihre exzentrische Stoffwahl, verstanden als ihre Vorliebe für das Ungewöhnliche (Dienender Herr), Unverhoffte (Schatz im Acker), Unerwartete (Zudringlicher Freund; Nächtlicher Einbruch), Skurrile (Gottloser Richter), Widersinnige (Betrügerischer Verwalter) und Provozierende (Weinbergarbeiter). Dabei richtet sich der Blick des Erzählers auf das meist Übersehene (Aussaat) und Unbeachtete (Selbstwachsende Saat), auf das Ungewöhnliche (Barmherziger Samariter) und Empörende (Unbarmherziger Knecht), so dass seine Geschichten einen auffälligen Überhang zum Noch-nicht aufweisen. Ziel dieser durchgängigen Verfremdung ist ein Entfremdungseffekt, der die Hörer ihrer Lebenswelt gegenüber auf Distanz bringt und sie zugleich auf etwas Ungreifbar-Zukommendes warten lässt, wie es sich im überreichen Ertrag des Sämanns, im glücklichen Fund des Grabenden, in der Rettung des Überfallenen und des verlorenen Schafs, in der Belohnung des Betrügers und in der Einladung des Gesindels ankündigt. Wenn sich dieser diffuse Gesamteindruck zu einem Ganzen zusammenschließen soll, bedarf es jedoch eines Kristallisationskerns, um den sich dieses aufbauen kann.

Ihn warf Jesus in Gestalt zweier Gleichnisse in die Schmelze seiner Erzählungen. Im Stil der hebräischen Poesie variieren sie denselben Gedanken, nur einmal affirmativ und dann dramatisch. Im ersten Fall handelt es sich um das Gleichnis vom Dienenden Herrn, der in seiner Freude über die Wachsamkeit seiner Knechte sich eine Schürze umbindet, das Abendessen bereitstellt und sie zu Tisch bittet, um sie zu bedienen (Lk 12,36ff.). Den zweiten dramatischen Fall bildet das Gleichnis vom Fürbittenden Weingärtner, dem der Herr befiehlt, den Feigenbaum, der schon drei Jahre lang keine Früchte brachte, umzuhacken. Doch anstatt sich diesem Befehl zu beugen, setzt sich der Weingärtner für den offensichtlich unfruchtbaren Baum mit geradezu verzweifelten Argumenten ein, um ihn vor dem ihm zugedachten Schicksal zu bewahren (Lk 13,6ff.). Beide Male handelt es sich um unverkennbare Befremdungsgeschichten. Die scheinbare Absurdität der beiden Fabeln löst sich jedoch unter der Bedingung auf, dass sie auf den Erzähler selbst zurückbezogen werden, der in diesen Parabeln ein literarisches Selbstportrait entwarf. Nur der Logik seiner verzweifelten und (nach Joh 13,1) bis »zum Äußersten« gehenden Liebe entspricht das jeder Erfahrung Hohn sprechende Verhalten des Weingärtners, so wie das Gleichnis vom Dienenden Herrn nur im Blick auf den verständlich wird, der »nicht gekommen ist, um sich bedienen zu lassen, sondern um zu dienen« (Mk 10,45).

Das aber bestätigt aufs Nachdrücklichste, dass die christozentrische Deutung des Gottesreichs zu Recht besteht, so dass dieses als die soziale Selbstdarstellung Jesu zu gelten hat. Mit diesem Programm, mit dem er, wie *Machovec* betonte, identisch war, stiftete er sich der nach neutestamentlichem Verständnis in Wehen liegenden und vergehenden Welt ein, um ihre Strukturen und Verhältnisse auf eine neue, mit seiner Gottesentdeckung gegebene Basis zu heben. Sofern seine Reich-Gottes-Verkündigung vornehmlich in Gleichnissen erfolgte, haben diese nun gleichfalls als seine kerygmatische Selbstexplikation zu gelten, immer vorausgesetzt, dass er das Feuer, an dem er diese Fackel entzündete, der ihm in seiner Auferstehung »zugesprochenen« und zugeeigneten Sohnschaft entnahm. Sie aber wurde, um nochmals daran zu erinnern, von den Evangelien auf den Anfang in die Taufszene zurückprojiziert, um deutlich zu machen, dass in ihrer Sicht die ganze Lebensgeschichte von diesem Anfang her im Licht des Ereignisses stand, ohne das es weder zum Christentum noch zu dessen »Grundschrift«, den Evangelien, gekommen wäre.

Wenn Jesus selbst »das Gleichnis Gottes« ist (*Schweizer*), das seine definitive Deutung erst im Ereignis der Auferstehung erfährt, wird sich auch in den Gleichnissen etwas von den gegensinnigen Erzählweisen der Evangelien abzeichnen. Unter diesem Gesichtspunkt hebt sich der prospektive Zug schon in den Wachstumsgleichnissen, vor allem aber im Gleichnis vom verlorenen Sohn ab, dessen »Investitur« (Lk 15,22) geradezu als eine Vorwegnahme der Einsetzung Jesu »zum Gottessohn mit Macht« (Röm 1,4) erscheint. Deutlich wird aber auch der Gegenzug, demzufolge das Ende schon im Anfang erreicht ist: so schon im Gleichnis vom Schatz im Acker, insbesondere aber in dem von den Weinbergarbeitern, das abschließend den auf den Abend hin erzählten Vorgang geradezu auf den Kopf stellt, wenn es die Letzten zu den in Wahrheit Ersten deklariert (Mt 20,8–16).[21]

Doch damit stellt sich die Frage, ob die Evangelien durch diese gegensinnigen Erzählweisen nicht das von ihnen aufgebaute Bild, kaum dass es entstand, auch schon wieder verdunkeln. Hängt es womöglich damit zusammen, dass die Suche nach der »Gestalt« Jesu auf eng gezogene Grenzen stößt und dass in den Ostergeschichten vom wichtigsten Erkennungszeichen, seinem Gesicht, überhaupt nicht die Rede ist?

Das Geheimnis

Das wäre zu befürchten, wenn der Gegenzug die »Hauptschrift« auslöschen würde, wenn also die Lebensgeschichte in den österlichen Rückbezügen völlig unterginge. Wie die nur sporadisch eingesprengten Ostergeschichten zeigen, ist das aber keineswegs der Fall, auch wenn von ihnen Impulse ausgehen, die die Erkundung des »rein Historischen« erschweren. Wohl aber tritt aus dem durch diese Gegenläufigkeit entstehenden Dunkel das hervor, was *Pascal* in seiner titelgleichen Meditation das »Geheimnis Jesu« nannte: ein Geheimnis, von dem er sich gleichwohl die Klärung letzter Heils- und Lebensfragen versprach. Wie war das möglich?

Um beim biographischen Zug einzusetzen, so lässt er im Leben Jesu nicht nur jenes allgemeine »Sein zum Tode« hervortreten, das *Heidegger* als Grundtendenz jeder menschlichen Lebensgeschichte ausmachte, da sich Jesus (nach Lk 9,51) bewusst und entschlossen, ja »unverwandten Blicks« nach Jerusalem begibt, wo ihn wie jeden vorangehenden Propheten das gewaltsame Ende erwartet. Indessen lässt diese Bereitschaft aus den schon wiederholt angegebenen Gründen nicht auf den vielfach angenommenen »Opfergang« schließen, wohl aber auf die einzigartige und ihn vom gesamten Rest der Menschheit unterscheidende Selbstfindung Jesu, die das Selbstsein nicht in Akten der Abgrenzung, sondern der Hingabe anstrebt und so seinem Leben wie seinem Tod das Gepräge einer Veräußerung »an die Vielen« verleiht.

Diese Hingabe in den Tod gilt aber in erster Linie seinem Gott, weil er, wie schon der Zwölfjährige fühlte, die Beantwortung seiner Lebensfrage nur von der Stunde seiner endgültigen Zugehörigkeit zu ihm (Lk 2,49) erwartet. Im Vorgriff auf diese Stunde, die ihm seine grausame »Erhöhung« am Kreuz, aber auch seine definitive Verherrlichung bringen wird, wagt er es, Gott mit seiner ehrfürchtigen Zärtlichkeitsanrede anzurufen, mit der er, zusammen mit jeder menschlichen Heteronomie auch die religiöse hinter sich lässt und Zugang zum Herzen jener Liebe gewinnt, die ihm, weil sie der Inbegriff göttlicher Selbstverschwendung ist, den seine Anrufung beantwortenden Kuss des Sohnesnamens auf die Lippen drückt. Indem er Gott mit dem Vaternamen anrief, wusste er seine Lebensfrage über alle menschliche Sinnerwartung hinaus beantwortet und sich in ein ewiges Sohnesverhältnis aufgenommen; denn mit dem Eintritt in diese transkreatürliche Gottesbeziehung ließ er auch die Strukturen der Endlichkeit und Kontingenz hinter sich, so dass er wurde, was er immer schon, ja schon seit »Grundlegung der Welt« und damit seit Ewigkeit war.

Damit ging der biographische Zug aber auch schon in den gegensinnigen über, der Jesus als den erscheinen ließ, der er von Ewigkeit her war und im Historischen den zu Gott Erhöhten aufscheinen ließ. Nun wurde der Botschafter, mit *Vögtle* gesprochen, zur Botschaft, der Glaubensbote zum Geglaubten und der Lehrer zur Lehre und in alledem zum leibhaftigen Inbegriff der rettenden Selbstmitteilung Gottes an die (nach Röm 8,20) unter das Joch der Vergänglichkeit gebeugte und unter dieser Knechtschaft stöhnende Welt, als Inbegriff dieser rettenden Entgegenkunft aber zugleich zum Inbegriff ihres endzeitlichen Hoffnungsziels, als Gottessohn die lebendige Verheißung einer allumfassenden Gotteskindschaft (8,21).

So erfuhr ihn Paulus, als er, überwältigt durch ihn (Phil 3,12), in seiner Damaskusstunde ihn als den Gottessohn erkannte (Gal 1,16) und auf seinem

Antlitz den Glanz der Gottesweisheit (1Kor 1,30) wahrnahm. In diesem Antlitz, in dem noch die Wunden der Passion nachleuchteten (Gal 3,1), war ihm nicht nur alles vor Augen gestellt und gesagt, sondern zugleich der Auftrag zu weltweiter Verkündigung des Gesehenen erteilt. Fortan lag ein Zwang zur Mitteilung des Wahrgenommenen auf ihm (1Kor 9,16); denn der Geschaute, der sich selbst nicht vernehmen ließ, wollte (nach Röm 15,18) in ihm zu Wort kommen und weltweit verkündet werden.[22]

Die Veröffentlichung

Der Wahrheit, deren Paulus in seiner Vision ansichtig wurde, ist es eingestiftet, zu leuchten. Sie ist dem Wort des Evangeliums zufolge das Licht, das auf den Leuchter gestellt werden muss, damit es allen Hausgenossen leuchte (Mt 5,15). So ergibt es sich aus ihrer Herkunft als Gewährung der Liebe. Weil Jesus, wie es der an ihn ergangene Zuspruch (Mk 1,11) artikuliert, seine Einsetzung zum Gottessohn als Liebeserweis des von ihm angerufenen Vaters erfährt, ist er durch eben diese Zuwendung angehalten, seine Gottessohnschaft weltweit zu veräußern und weiterzugeben. Schon die Sprache, die er sich schafft, um diese Promulgation tätigen zu können, ist, mit einer Wendung Gertrud von le Forts ausgedrückt, »eine Form der Liebe«, mit der er die Liebeszuwendung seines Gottes in ein auf Veröffentlichung ausgerichtetes Sprachgeschehen umsetzt. Ebenso sollen die, denen er seine heilende Hand auflegt, seine Wundertaten als Erweise der sie aus ihrem Elend befreienden Gottesliebe begreifen. Gleiches gilt aber auch für Paulus, der die ihm widerfahrene Offenbarung des Gottessohnes (nach Gal 1,16) ausdrücklich als einen Erweis des göttlichen Wohlwollens versteht. Demgemäß ist der »Zwang«, dem er bei seiner Verkündigung gehorcht, keine autoritative Direktive, sondern das Geheiß der ihn (nach 2Kor 5,14) »drängenden« Liebe Christi. Steht im Motivationszentrum Jesu seine Gottessohnschaft, so in dem des Apostels das ihm von Gott zugesprochene Wissen um sie.

Dabei steht er wie zuvor schon Jesus selbst vor Barrieren. Denn er muss bei seinem Verkündigungsdienst nicht nur »Bollwerke« und »Sinngespinste« beseitigen (2Kor 10,5); vielmehr behindert ihn auch die Differenz zwischen dem mündlich ausgerichteten und dem – vom ihm erstmals eingesetzten –

schriftlich übermittelten Wort, zumal es dabei zu einer ausgesprochenen Inversion kam. Während seine Briefe nach dem Urteil seiner Gegner »wuchtig und kraftvoll« sind, wirkt sein persönliches Auftreten »schwächlich und matt« (2Kor 10,10). Demgegenüber stand Jesus vor der schier unlösbaren Aufgabe, das Wort vom Gottesreich, das sich (nach Lk 17,20) jeder Veranschaulichung und Verortung entzog, in eine kommunikative Sprache fassen zu müssen. Während er sich unter dieser Herausforderung zum Schöpfer einer eigenen Sprachwelt in Gestalt seiner Bildworte und Gleichnisse erhob, zog sich Paulus in seine Mystik zurück, um den in sich zu Wort kommen zu lassen, von dem er sich ergriffen und zu weltweiter Verkündigung aufgerufen wusste. Nur so, also mit diesem mystischen Synergismus, kann er es sich am Ende seines Römerbriefes erklären, dass es ihm in vergleichsweise kurzer Zeit gelungen war, das Evangelium in weitem Bogen von Jerusalem bis Illyrien zu tragen.

Wenn man bedenkt, dass sich hinter der gegenwärtigen Kirchenkrise weitgehend eine Sprachkrise ausmachen lässt, steht die Christenheit heute erneut vor einer Aufgabe, wie sie sich schon Jesus stellte.[23] Erneut geht es darum, das Geheimnis zu veröffentlichen, das sich den in der bestehenden Lebenswelt geltenden Kategorien und Strukturen entzieht. Der Unterschied besteht nur darin, dass sich dabei der Akzent vom Geheimnis des Gottesreichs auf das der Auferstehung verlagerte, die durch die Aufklärung in den Anschein der Undenkbarkeit gerückt wurde.

Angesichts dieser Sachlage ist eine kollektive Kraftanstrengung angesagt, der, wie der Herausforderung durch den ozeanischen Atheismus, nur mit den zusammengefassten Energien aller zu begegnen ist, die – in Anspielung auf eine gegensinnige Äußerung *Nietzsches* gesprochen – noch an Gott glauben. Insbesondere bedarf es im Fall des unglaubwürdig gewordenen Auferstehungsglaubens der Kooperation von Philosophie, Geschichtswissenschaft und Theologie, wenn die von der Aufklärung errichtete Barriere der Undenkbarkeit von Auferstehung durchbrochen werden soll. Denn es gilt, die absolute Ausnahme des in der menschlichen Erfahrungswelt Niedagewesenen, dass ein Toter zum Leben erweckt wird, wieder denkbar werden zu lassen. Der Beitrag der Philosophie müsste sich dabei auf die Überprüfung des von der Aufklärung, insbesondere von *David Friedrich Strauss* aufgestellten Ausschließungskonzepts beziehen, während von der Theologie die Klärung des

Begriffs »Auferstehung« zu erwarten wäre. Die Geschichtswissenschaft aber hätte zu klären, ob die sanfte Revolution von 1989, gemessen an der noch unabsehbar tiefen Zäsur, die sie in den Geschichtsgang legte und insbesondere an ihrem unblutigen Verlauf, nicht die Bedingungen eines so noch nie dagewesenen Ereignisses erfüllt.

Von diesem Zusammenwirken wäre zunächst zu erwarten, dass die auffällige Marginalisierung der Auferstehung Jesu im Erscheinungsbild der heutigen Theologie aufgehoben und das Ereignis wieder, wie es ihm von seiner ganzen Bedeutung her zukommt, in die Zentralposition des Christenglaubens eingesetzt wird. Doch damit wäre bereits der entscheidende Schritt zu der Einsicht getan, dass das Christentum in allen Formen seiner Selbstdarstellung dem Ereignis der Auferstehung entstammt, in dem Gott wie nie zuvor aus dem Dunkel seiner Verborgenheit hervortrat und sein Geheimnis, bahnbrechend für alle christlichen Vollzüge und Aktivitäten, veröffentlichte.

3. Das Brot des Lebens

Vermutlich besteht das Leben aller Großen des Geistes, der Wissenschaft, der Technik und der Kunst in dem Wunsch, ihr Lebenswerk mit einer alles zusammenfassenden Idee, einer wissenschaftlichen und technischen Gipfelleistung und einem alles Frühere überbietenden Werk zu krönen. Daher dann auch die Suche nach einer alle Phänomene erklärenden Theorie, einer Weltformel, einem universalen Friedensreich oder einem alle Künste in sich vereinenden Gesamtkunstwerk.

Die Spitzenaussage

Dass auch die Lebensleistung Jesu in diesem Zusammenhang gesehen werden kann, bestätigt schon seine auf die Umgestaltung aller Verhältnisse drängende Proklamation des Gottesreichs. Wenn das aber auf seine Sozialutopie zutrifft, ist anzunehmen, dass dies nicht weniger auch für seine Verkündigung gilt. Dann ist es angebracht, in deren Feld nach einer Spitzenaussage zu suchen, die als sein zusammenfassendes Programmwort zu gelten hat. Und das sowohl im Blick auf sein Bedürfnis, verstanden zu werden, als auch hinsichtlich der Schwierigkeiten, auf die er mit seiner Reich-Gottes-Botschaft stieß.

Was das Erste anlangt, so stand Jesus schon aus zeitgeschichtlichen, erst recht aber aus lebensgeschichtlichen Gründen unter Erfolgszwang. Denn die politische Situation, von der Jesus voraussah, dass sie sein Volk in die Katastrophe stürzen würde, spitzte sich durch die Agitation der Zeloten dramatisch zu. Gleichzeitig konnte er sich von seinen Gleichnisreden nur bedingt den mit ihnen verfolgten Zweck versprechen, da er sich damit der Gefahr gravierender Missverständnisse aussetzte. Drastischer Beleg dafür ist die Tatsache, dass die ihm von den Synoptikern in den Mund gelegten Deutungen als offenkundige Fehlinterpretationen zu gelten haben.[24] Zwar vermochte Jesus diesen für ihn so abträglichen Tatbestand durch die performative Wucht seines Wortes zu kompensieren. Das bestätigen die Zeugen seiner ersten Auftritte ebenso wie die zu seiner Ausforschung Abgesandten der Gegner. Die einen mit dem Ausruf: »Was ist das? Eine neue Lehre, und sie wird mit Vollmacht vorgetragen!« (Mk 1,27). Die anderen mit der lapidaren Begründung: »Noch nie hat ein Mensch so wie dieser geredet« (Joh 7,46).

Doch von dieser Wucht drang kaum etwas in die literarische Dokumentation der Botschaft ein, in der aufgrund ihrer Eindimensionalität das lehrhafte Element vorherrscht. Umso intensiver muss nun auf diesem Feld die Suche nach der Spitzenaussage betrieben werden. *Kierkegaard*, der ingeniöse Leser des Evangeliums, glaubte diese in der großen Einladung an die Bedrückten und Beladenen (Mt 11,28) gefunden zu haben. Doch bezieht er diese so nachdrücklich auf die johanneische Brotrede und den auf sie folgenden Massenabfall, dass in dieser Richtung weiter geforscht werden muss, obwohl das Johannesevangelium vor erhebliche Zusatzprobleme stellt.

Die Rezeption

Sie betreffen zunächst schon die – gegen neuere Frühdatierungsversuche feststehende – Distanz des vierten Evangeliums zur Lebens- und Sprachwelt Jesu, vor allem aber die ebenso unbestreitbare Tatsache, dass der größte Teil seines Redestoffs aus der nachösterlichen Verarbeitung der Botschaft hervorging und demgemäß aus nachgestalteten Herrenworten besteht. Im Licht einer rezeptionsgeschichtlichen Erschließung zeigt sich jedoch, dass alle Evangelien aus einer derartigen Verarbeitung hervorgingen und sich nur durch abgestufte Grade der Rezeption unterscheiden. Das hat seinen innersten Grund darin, dass Jesus, wie sein Umgang mit den Menschen lehrt, seine Identität durch Akte der Selbstübereignung gewinnt; so ist dann aber auch sein Wort auf die Aufnahme und das Verständnis seiner Hörer angelegt.

Das verweist die Suche nach der Spitzenaussage auf die johanneischen Ich-bin-Worte, die insgesamt auf den Grundton der Hingabe und Selbstmitteilung abgestimmt sind. Sie erinnern insofern an die synoptischen Evangelien, als auch dort das »Ich bin es« erklingt: so als das Präsentationswort des Erscheinenden in der Perikope vom Seewandel Jesu (Mk 6,50), aber auch in antichristlicher Brechung im usurpierten Erkennungswort seiner endzeitlichen Widersacher (Lk 21,8). Auf diesen Worten liegt insofern der Akzent, als sie das Evangelium wie eine es ordnende und gliedernde Lichterkette durchziehen, angefangen von dem präsentativen »Ich bin es« Jesu im Gespräch mit der Samariterin (Joh 4,26) bis zu dessen Wiederholung in der Verhaftungsszene, das die zur Festnahme Jesu erschienene »Kohorte« zu Boden wirft (18,5f.). Dazwischen erstreckt sich die Reihe der um ein Prädikatswort erweiterten Aussagen, in denen sich Jesus das »Brot des Lebens«, das »Licht der Welt«, die »Tür«, den »rechten Hirten«, die »Auferstehung«, den »Weg, die Wahrheit und das Leben« und schließlich den »wahren Rebstock« nennt.[25]

Das Brotwort

Um eine Entscheidung über die Rangfolge herbeizuführen, muss der lebensgeschichtliche Zusammenhang berücksichtigt werden, der im Fall des Brotwortes höchst dramatische Formen annimmt und dieses zugleich in mehreren Kontexten erscheinen lässt, so dass es gleichzeitig in einem wirtschaftlichen, politischen, religiösen und existentiellen Aspekt erscheint.

Der erste ergibt sich aus der Zeichenforderung der von Anfang an skeptisch gestimmten Volksmenge, die, offensichtlich unbeeindruckt von der wunderbaren Speisung, von Jesus einen Beweis seiner Sendung fordert und sich bei diesem Ansinnen auf das Mannawunder während der Wüstenwanderung Israels beruft (Joh 6,31ff.). Fast gewaltsam wird die Zusage Jesu: »Ich bin das Brot des Lebens« (6,35) durch diese Voreingenommenheit auf die wirtschaftliche Notlage des Volkes bezogen, wie sie sich etwa in der – womöglich an Kinder – gerichteten Frage spiegelt:

Wenn einer von euch seinen Vater um Brot bittet, wird er ihm wohl einen Stein geben? Oder statt eines Fisches eine Schlange? Oder wenn er um ein Ei bittet, wird er ihm wohl einen Skorpion geben? (Lk 11,11ff.)

In dieser Sicht bezieht sich das Brotwort zunächst auf den Hunger und damit auf den menschlichen Nahrungsbedarf. Doch die in Israel herrschende Not war vor allem die Folge der rigorosen Steuergesetzgebung Roms und der durch seine Herrschaft geschaffenen politischen Lage, die das zum kompromisslosen Freiheitskampf entschlossene Zelotentum heraufbeschwor.[26] Wie sehr das Brotwort in diese sich zusehends verschärfende Situation hineingesprochen ist, zeigt der Hinweis, dass die Menschen unter dem Eindruck des Speisungswunders Jesus »an sich zu reißen« und zu ihrem Anführer zu machen suchen (Joh 6,15). Mit seiner entschiedenen Weigerung versagt sich Jesus zwar nicht dem Verlangen nach Freiheit, wohl aber dem Vorhaben, diese auf gewaltsamem Weg anzustreben. Dazu ist er in erster Linie durch seine Botschaft vom Gott der bedingungslosen Liebe motiviert, die allen Strategien der Gewalt diametral entgegensteht. Wenn der Zusatz »für das Leben der Welt« (6,51) verständlich werden soll, muss dies zuletzt noch auf den Existenzakt Jesu zurückbezogen werden, der wie alle Ich-bin-Worte so vor allem auch das Brotwort trägt und erklärt.

Der Hunger

Im Rückbezug des Brotworts auf die wirtschaftliche Notlage der Adressaten spiegelt sich unmittelbar die angespannte Situation Israels, mittelbar aber auch die Verfassung des Menschen, der als das Nahrung benötigende und darum dem Hunger unterworfene Wesen erscheint. In der Sicht Jesu bezieht sich diese Angewiesenheit aber ebenso auf seine sozialen, geistigen und religiösen Bedürfnisse. Zwar lebt für ihn der Mensch vom Brot, aber (nach Lk 4,4) »nicht vom Brot allein«. Selbst bei der Beschaffung des Brotes ist er nach dem Gleichnis vom zudringlichen Freund auf mitmenschliche Hilfe und, nach der Brotbitte des Vaterunsers zu schließen, auf die des (nach Lk 12,30) um seine Sorgen wissenden Gottes angewiesen.

Wenn es in der Versuchungsperikope heißt, dass der Mensch mehr noch als vom Brot von jedem Worte lebe, »das aus dem Munde Gottes kommt« (Mt 4,4), ist mitgesagt, dass Gleiches auch vom menschlichen Zuspruch gilt, da das Wort Gottes immer nur durch Menschenmund an seinen Hörer ergeht. So sieht dann Paulus den Menschen, wenn er seine Adressaten mahnt, sich so zu verhalten, wie sie es vom ihm »gehört und gesehen« haben (Phil 4,9), und so auch der Jakobusbrief, wenn er rät: »Jedermann sei rasch zum Hören, langsam aber zum Reden« (Jak 1,19). Danach ist der Mensch auf Kommunikation mit Seinesgleichen angelegt und auf menschlichen Zuspruch angewiesen.

Die Wendung »aus dem Munde Gottes« legt die religiöse Tiefendimension des menschlichen Angewiesenseins frei. Dort ist der Mensch so radikal an Gott verwiesen, dass er die entscheidende Lebenshilfe nur von ihm erwarten kann. Zwar ist er unablässig um die Erhaltung seines Daseins bemüht; doch kann er mit all seiner Sorge der ihm zugemessenen Lebensspanne »keine Elle« hinzufügen (Lk 12,25). Deshalb rät Jesus seinen Hörern zu einem Tausch: ihm ihre Sorgen zu überlassen und dafür die seine um das »Reich Gottes und seine Gerechtigkeit« zu übernehmen (12,31). Dann werde ihnen alles andere hinzugegeben werden. Denn die Sorge um das Alltägliche verzehrt die Lebenskraft; die um das Gottesreich baut sie auf.[27]

Die Befreiung

In die Notsituation seines Volkes hineingestellt, sah sich Jesus auch zur Bewältigung der politischen Bedrohung aufgerufen. Für das im Brotwort gipfelnde Johannesevangelium ist das bereits Geschichte und deshalb nur noch historische Reminiszenz. Anders für die nach dem jüdischen Krieg und seinen katastrophalen Folgen entstandenen Synoptiker. Sie wissen noch um Jesu Sympathie für den Freiheitswillen der Zeloten, die ihn veranlasste, mindestens einen aus ihren Reihen in seinen Zwölferkreis aufzunehmen. Und sie berichten von einer Szene im Tempelvorhof, in der Pilatus eine gegen seine Übergriffe gerichtete Demonstration blutig niederschlagen ließ (Lk 13,1–5). Inzwischen hatte sich die Lage dramatisch verschärft, nachdem eine von Caligula angeordnete Provokation das Land in Aufruhr und Verelendung gestürzt und die judenfreundliche Politik des Kaisers Claudius keine nachhaltige Beschwichtigung erzielt hatte. Als das Land kurz vor der Jahrhundertmitte auch noch von einer schweren Hungersnot heimgesucht wurde und es den Zeloten gelang, kurzfristig die Macht an sich zu reißen, trieben die Verhältnisse definitiv der durch den Aufstand heraufbeschworenen Katastrophe entgegen, die Jesus mit der Warnung, dass »kein Stein auf dem anderen« bleiben werde (Lk 19,44; 21,6), angekündigt hatte.

Im Blick auf dieses Ende setzte Jesus dem Freiheitsprogramm der Zeloten sein eigenes Konzept entgegen, das nicht genauer als mit »Freiheit durch Frieden« umschrieben werden kann. Dabei verfährt er genauso wie bei der Frage nach dem rechten Weg, den er dadurch weist, dass er sich selbst zum Lebensweg erklärt (Joh 14,6). Es ist nicht der traditionelle Weg der Gebote und Verbote, sondern der neue der Immunisierung, die er dadurch erreicht, dass er sich den Seinen als das leibhaftige Prinzip des Guten einstiftet. Ebenso verfährt er in der Frage der Freiheit. Noch in dem nachösterlichen Wort, das die Wandercharismatiker als Friedensboten wie »Schafe unter Wölfe« sendet (Lk 10,5f.), ist diese Strategie zu erkennen. Sie retten die Freiheit, indem sie zum Frieden bewegen. Denn sie wirken in der Kraft dessen, der (nach 2Kor 3,17) ebenso sehr die Freiheit wie der Friede ist (Eph 2,14).

Das schließt keinesfalls aus, dass diese Freiheit auch erkämpft und gegen Ungerechtigkeit und Unterdrückung verteidigt werden muss. Deshalb befürwortet Jesus mit seiner Antwort auf die Fangfrage nach der Steuermünze auch nicht, wie ihm nur zu oft unterstellt wird, den Kompromiss zwischen der *civitas terrestris* und *civitas Dei* (Mk 12,13–17), sondern den zwar friedlichen, aber kompromisslosen Einsatz für die Rechte Gottes, der in seiner Fernwirkung der Überzeugung Jesu zufolge die ersehnte Beseitigung der Unrechtverhältnisse nach sich zieht. Erst wenn diese befreiende und rettende Wirkung in die Aussage einbezogen wird, lässt sich das Wort »Ich bin das Brot des Lebens« in seinem vollen Klang vernehmen.

Die Motivation

Doch diese Wirkung versteht sich nicht von selbst. Vielmehr ist sie an eine Voraussetzung gebunden, die zunächst geklärt werden muss. Diese ist, wenngleich indirekt, in der Verheißung angesprochen: »Wie mich der lebendige Vater gesandt hat und ich durch den Vater lebe, so wird der, der mich verzehrt, durch mich leben« (Joh 6,57). Das ist ein eindeutiger Rückverweis auf die Gottesbeziehung und, mit ihr zusammen, auf das Gottesbild Jesu. Doch wie verhält es sich damit?

Die Antwort ergibt sich am besten im Blick auf die um das alttestamentliche Gottesbild entstandene Diskussion, in der die Vertreter einer religionsgeschichtlichen Richtung den Repräsentanten einer Theologie des Alten Testaments mit *Gerhard von Rad*, *Claus Westermann* und *Josef Schreiner* an ihrer Spitze entgegentraten. Im Bruch mit dem weitgehenden Konsens, der die Konstituierung Israels als Nation an den von den Patriarchen angebahnten und von Mose durch den Empfang des Gottesnamens (Ex 3,14) vollzogenen Durchbruch zum Monotheismus gebunden sah, vertreten die Sprecher der religionsgeschichtlichen Forschung den Standpunkt, dass es sich dabei um eine Rückprojektion eines erst nachexilisch zum Zug gekommenen »Sondervotums« in einer immer noch polytheistisch dominierten Religiosität handle.[28] Dabei gehen die beiden Protagonisten *Görg* und *Weippert* nur in der Frage der entscheidenden Beeinflussung auseinander, die Görg im alten Ägypten ortet, seine von Weippert angeführten Kontrahenten jedoch im assyrisch-babylonischen Götterhimmel suchen. Indessen übersehen beide, dass die nationale Konsolidierung Israels, wie dies sogar noch in der Stilisierung der Schoah zum Holocaust durchscheint, stets an eine Identitätsfindung im Namen des Gottes erfolgte, der durch seine personale Einheit und Transzendenz vom Olymp der konkurrierenden Völkerschaften unterschieden war. Es war der »Gott der Heerscharen« und als solcher ein Gott des Kampfes, der die Seinen beschützte und die Gegner mit seinem Zorn bedrohte und den noch *Martin Buber* am Ende seiner Reden über das Judentum »unseren grausamen und gütigen Herrn« nennt.[29]

Das aber ist nicht der Gott Jesu, dessen religionsgeschichtliche Großtat darin bestand, dass er mit dem ambivalenten Gottesbild der Menschheitstradition brach, um so die rettende Wende im Gottesverhältnis seines bedrängten Volkes und in der Fernwirkung dessen der ganzen Menschheit herbeizuführen. In sein Verhältnis zu diesem Gott nimmt er die ihn als »Brot des Lebens« Verzehrenden auf. Dieser Gott ist dann auch die innerste Motivation derer, die er vom Weg des Hasses und des – hoffnungslosen – Kampfes abbringen und auf den des rettenden Friedens führen wollte.

Die Identifikation

Doch wie bewirkt er diese Umstimmung und Neuorientierung? Jeder Versuch, diese Frage mit dem Hinweis auf eine pädagogische oder ethische Direktive zu beantworten, greift zu kurz. Er verfehlt die Bedeutung, die sich mit dem Motivwort »Brot« verbindet; denn diese bezieht sich auf einen Kräftegewinn, der mit dem Verzehr des Brotes einhergeht. Wie aber kann sich Jesus überhaupt als das »Brot des Lebens« bezeichnen und sich damit in einer Weise deklarieren, die im Munde jedes anderen, auch jedes Religionsstifters, absurd erschiene?

Die Brücke zur Beantwortung dieser Frage schlug *Kierkegaard* mit dem Schlüsselsatz seiner Christologie, mit dem er Jesus von allen anderen Wohltätern der Menschheit dadurch unterschied, dass er ihn, anders als jene, in seinen Gewährungen und zumal in seiner Hilfe präsentisch fortwirken sah. Unverkennbar ist damit das Problem seines Identifikationsaktes aufgeworfen, weil die Frage nach seiner personalen Fortwirkung, wenn überhaupt, dann nur im Rückgang auf diesen beantwortet werden kann. Darauf gibt Jesus selbst schon die Antwort, wenn er die Zeichenhandlung der Fußwaschung mit den Worten kommentiert, die sich wie eine Paraphrase eines Selbstbekenntnisses ausnehmen: »Der Menschensohn ist nicht gekommen, sich bedienen zu lassen, sondern zu dienen« (Mk 10,45), und die nach *Günther Keil* seine Tat als einen »Dienst freiwilliger tiefster Erniedrigung zugunsten der Jünger, also als einen Dienst aus Liebe zu ihnen« zu verstehen geben.[30]

Das aber nötigt dazu, seinen Identifikationsakt, wie bereits deutlich wurde, im Gegensinn zu dem allgemein-menschlichen zu deuten. Die Selbstcharakteristik als »Brot des Lebens« erklärt sich dann als die metaphorische Umschreibung und bildhafte Veranschaulichung dieser Selbstfindung auf dem nur ihm möglichen, aber von ihm dann auch bis zu letzten Konsequenz beschrittenen Weg. Was das synoptische Pendant zur johanneischen Waschungsszene in Gestalt des Abendmahlsberichts vergegenwärtigt, ist dann der sakramentale Mit- und Nachvollzug dieser von ihm immer schon, wie in seinen Reden so in seinen Heilungswundern, geübten Selbstübereignung.

Das Antlitz

Das Brot verschwindet vom Tisch, wenn es gegessen wird, so wie das Wort verhallt, wenn es gesprochen und verstanden wurde. Und doch fordert, wie bereits anklang, *Johann Georg Hamann* in einer seiner gedankentiefsten Äußerungen: »Rede, dass ich dich sehe.« Es ist das Postulat, das er schon durch die Schöpfung erfüllt sieht. Doch dieses Wort gilt nicht nur von dem, was die Himmel rühmen und sich die Gestirne zurufen, sondern erst recht von den Menschen, die sich durch ihre Sprache im guten wie im schlimmen Sinn »verraten«. Dann aber kann und muss es auch auf das Schriftwort bezogen werden und nicht zuletzt auf die johanneischen Bildaussagen, die in lebensgeschichtlicher Hinsicht in dem die entscheidende Wende im Leben Jesu heraufbeschwörenden Brotwort gipfeln. Wenn diesem Wort tatsächlich der Identifikationsakt Jesu zugrunde liegt, muss in ihm dem Hamann-Satz zufolge etwas von der Physiognomie seines Sprechers aufscheinen. Auf das Logion vom Dienenden Menschensohn zurückbezogen, ist das dann aber unverkennbar das Antlitz einer sich bis zur Selbstverschwendung verausgabenden und dienenden Liebe. Beeinträchtigt wird dieses Ergebnis lediglich dadurch, dass das sich abzeichnende Gesicht vom Licht dieser exzessiven Liebe auf ähnliche Weise überstrahlt wird wie das im Glanz der Gottherrlichkeit aufscheinende Antlitz des Auferstandenen, das Paulus (nach 2 Kor 4,6) in seiner Damaskusvision zu Gesicht bekam.

Wenn sich in diesem Gesicht dann doch Kontur und Profil abzeichnen sollen, muss das hinzugenommen werden, was das Brotwort an Folgen heraufbeschwor: der Massenabfall, den die Hörer mit dem Protest begründen:

Diese Rede ist hart, wer kann sich so etwas anhören? (Joh 6,60).[31]

Angesichts ihrer wirtschaftlichen und politischen Notlage hatten sich die Hörer etwas gänzlich anderes erwartet: Hilfe in ihrer Verelendung und ein Signal zu dem von den zelotischen Agitatoren angestrebten Freiheitskampf. Anstelle von Brot und Kampf bietet Jesus aber sich selbst, und dies mit der Folge, dass unter seinen Hörern eine ungeheure Frustration um sich greift, die alsbald in Hass und Ablehnung umschlägt.

Damit fällt ein schwerer Schatten auf das im Licht der Liebe erstrahlende Gesicht: der Schatten des Todes. Denn auf die Frage, warum Jesus verworfen und schließlich ans Kreuz geschlagen wurde, geben die üblichen Hinweise auf seine Gesetzes- und Institutionskritik, seine Parteinahme für die Erniedrigten und Ausgegrenzten oder auf seinen Tempelprotest nur Teilauskünfte. Letzter Beweggrund seiner Verwerfung und seines gewaltsamen Todes ist vielmehr der Eindruck der Überforderung, den seine Verkündigung des neuen Gottes und seine Selbstpräsentation als Sachwalter dieses Gottes der bedingungslosen Liebe nach sich zog. Denn die Menschheit hatte sich seit Urbeginn auf das Bild des zwiespältigen, gleicherweise zu fürchtenden wie liebenden Gottes festgelegt, weil sie in ihm die Erklärung ihrer welt- und lebensgeschichtlichen Erfahrungen zu finden glaubte: in den Stunden der Begünstigung Erweise seiner Güte, in Rückschlägen und Katastrophen Folgen seiner Strafgerechtigkeit. Ihm setzte Jesus den Gott der vorbehaltslosen, selbst die Undankbaren und Bösen umfangenden Liebe entgegen (Lk 6,35), der zwar keine Erklärung für Heil und Unheil zu bieten schien, jedoch, was vielen Enttäuschten völlig entging, mit seiner Liebe zu den Leidenden und Unglücklichen herabstieg, während der strafende Gott in unüberbrückbarer Distanz zu ihnen verharrte.

Durch diesen Schatten gewinnt das aus dem Brotwort aufscheinende Antlitz konkrete Züge. Was sich zeigt, ist das Gesicht dessen, der, weil er selbst geprüft wurde, mit uns, den mit Leiden und Schwachheiten Behafteten, mitfühlt (Hebr 4,15), der auch dann treu bleibt, wenn wir ihm untreu werden (2Tim 2,13) und in dem wir, weil er größer ist als unser Herz, unser anklagendes Herz beruhigen können (1Joh 3,19f.). Es ist das Gesicht, das sich (nach 2Kor 3,18) in unserem Innersten spiegelt, so dass wir uns in ihm wiedererkennen, und das uns zugleich der Betroffenheit durch diese Widerspiegelung dadurch enthebt, dass es uns dem Bild seiner Herrlichkeit anverwandelt. So ist es das Gesicht der Liebe, die uns ebenso demütigt wie über uns erhebt und dadurch auf die uns ebenso bewegende wie beunruhigende Frage nach dem Sinn unseres Daseins die erfüllende Antwort gibt.

Brot und Wein

Die Suche nach dem im Brotwort aufscheinenden Antlitz mündet schließlich in die subtile Frage der Selbstfindung dessen aus, der sich im Lebensbrot den Seinen als Inbegriff ihrer Selbstfindung übergibt. Im Akt seiner Hingabe wurde er zur alles erfüllenden Antwort auf ihre Sinnfrage. Das meint das von *Hans Urs von Balthasar* in Erinnerung gerufene *Augustin*-Wort:

Erfreue dich meiner in dir; erkenne dich in mir
(Gaude de te in me; agnosce te in me).[32]

Doch mit diesem Spiegelverhältnis ist zugleich ausgesagt, dass sich der zum Prinzip menschlicher Identität Gewordene auch seinerseits in den Seinen wiederfindet, dass er also in ihrem Glauben zu sich selbst erwacht. Unverkennbar rührt die mystische Reflexion damit an die plotinische, die gleichfalls in dem Gedanken gipfelt, dass das Denken des Einen ebenso zur Selbsterkenntnis des Denkenden in ihm wie zu dessen Selbsterkenntnis in den Denkenden führt. Denn der den Grenzbegriff des Einen Denkende wird durch dessen Geistmacht wie von einer Woge erfasst und über sich hinausgerissen. Dabei wird er im gleichen Augenblick des Einen wie seiner selbst ansichtig; seine Initiative schlägt um in die Entgegenkunft des Gesuchten, das er in sich aufnimmt, um dadurch zu sich selbst zu finden.[33]

Gleiches hatte darauf aufbauend *Augustin* von dem aus Haupt und Gliedern bestehenden »ganzen Christus« gesagt, dessen Lebensakte seiner Deutung zufolge Akte gegenseitiger Selbstfindung sind, so dass sich Christus in der Verkündigung seiner Glieder selbst verkündet, in ihrem Glauben sich selbst bejaht, in ihrer Meditation sich selbst betrachtet, in ihrem Wirken sich selbst beschenkt und in ihrem Suchen bei sich selber einkehrt; denn, so fragt Augustin:

> Wohin gehen wir, wenn nicht zu ihm? Wodurch gehen wir, wenn nicht durch ihn? Also geht er durch sich selbst zu sich selbst.[34]

Doch findet sich dafür auch eine Anknüpfung in der Lebens- und Bewusstseinsgeschichte des historischen Jesus? Die trotz moderner Abschwächungsversuche nicht hoch genug zu veranschlagende Antwort darauf gibt das von Markus überlieferte ursprüngliche Kelchwort, dem zugleich der wichtigste Aufschluss über das Todesbewusstsein Jesu zu entnehmen ist:

> Von nun an werde ich nicht mehr von der Frucht des Rebstocks trinken bis zu dem Tag, an dem ich von neuem davon trinke im Gottesreich (Mk 14,25).[35]

Das Wort ist im Bewusstsein des todüberwindenden Fortlebens Jesu in die Zukunft hineingesprochen und deshalb als Ausdruck der Selbstreflexion des Erhöhten nicht ohne weiteres ersichtlich. Doch die Zielangabe »im Gottesreich« gewinnt nun durch die Gewissheit seines Fortlebens neue Konturen. Sie bezeichnet den Wirkraum dieses Fortlebens und deshalb ihn selbst, jetzt aber geweitet zu jener Sphäre, die alles zukünftige Sein umschließt. Als solche ist sie Ausdruck und Folge seines Selbstbegriffs, der wie der von Paulus angesprochene Friede »alles Begreifen übersteigt und Herzen und Gedanken in Christus Jesus bewahrt« (Phil 4,7). Indem der fortlebende Christus die Seinen umfängt und bewahrt, erwacht er zu sich selbst; und die von ihm Umgriffenen entdecken ihn als ihren Identitätsgrund im Zentrum ihrer selbst. Sie sind seine Gedanken, der Stoff, aus dem sich sein Selbstbewusstsein erhebt; er ist der sie erfassende und denkende Logos, das Denken ihres Denkens und Gedachtseins. Indem sie ihn als das Lebensbrot in sich aufnehmen, werden sie ihrerseits zum Brot der Selbstwerdung in seinem Mund.

Wie aber steht es um jenen Grenzbegriff, den der menschliche Intellekt aufgrund einer inneren Sperre nicht zu bilden vermag, weil er sich in diesem Fall wegdenken, also selbst aufheben müsste; wie steht es also um den Gedanken des Todes? Paulus antwortet: Wenn wir mit Christus gestorben sind, so werden wir auch mit ihm leben; denn »wenn wir durch die Ähnlichkeit des Todes mit ihm verwachsen sind, werden wir es auch durch die Ähnlichkeit der Auferstehung sein« (Röm 6,5). Was der Gedanke an den eigenen Tod nicht leistet, das vollbringt das Bedenken des von Christus für uns – und in uns – erlittenen Todes. Dieser Gedanke räumt den verbliebenen Restbestand aus und schafft jene Offenheit, in die sich der als Lebensbrot Entäußerte hineinbegibt, um die durch ihn Beschenkten gleicherweise zu sich wie zu ihm kommen zu lassen. Das ist der »Wein«, der zusammen mit dem Brot bei jenem Mahl aufgetischt wird, bei welchem der fortlebende Christus ebenso der Gastgeber wie die Speise ist.

4. Jesus – das Wunder Gottes

In einer geist- und kenntnisreichen Untersuchung stellt *Klaus Berger* die Frage »Darf man an Wunder glauben?« (1996), mit der er eine sensible Stelle des heutigen Glaubensbewusstseins trifft.[36] Wenn schon *Lessing* von seiner kritisch gestimmten Zeit sagen konnte, dass es in ihr keine Wunder mehr gebe, gilt das nach allgemeiner Einschätzung heute erst recht, nachdem sich in der Philosophie der analytische Zug weithin durchsetzte, nachdem die Sprache, verglichen mit derjenigen *Goethes*, signifikant verflachte, und nachdem der Mensch, geprägt durch die Medienwelt, immer mehr zur Eindimensionalität tendiert. Wunder, so scheint es, gehören allenfalls noch in die inner- und außerkirchliche Sektenszene, wenn nicht in das irrationale Feld der Parapsychologie und Esoterik. An dieser skeptischen Einstellung konnte auch das fesselnd geschriebene Werk *Josef Imbachs* nichts ändern, das für eine »existentielle Auslegung der Wunder« eintrat.[37] Das Wunder, daran ist kein Zweifel, steht im Gegenwind des Zeitgeistes und ist, wenn überhaupt, dem von der heutigen Lebenswelt geprägten Menschen nur noch schwer zu vermitteln.

Die Berufungsinstanz

In dieser Frage gibt es für Christen nur eine letzte Berufungsinstanz: den Wundertäter Jesus von Nazaret.[38] Doch gerade ihm wurden die Wunder als Relikte seiner Zeitgebundenheit abgesprochen und in das Reich typologischer Übertragungen, wenn nicht gar mythischer Überfremdung verwiesen. Dem scheint nicht zuletzt die Diskussion der für seine Deutung aufschlussreichen Hoheitstitel Recht zu geben, die alle einschlägigen Auszeichnungen wie Davidssohn, Messias, Gottessohn und Kyrios als nachösterliche Zuweisungen erwies.[39] Dabei ließ sich die Forschung freilich den Titel entgehen, den Jesus unzweifelhaft mit dem Satz in Anspruch genommen hatte:

> *Nicht die Gesunden brauchen den Arzt, sondern die Kranken; ich bin nicht gekommen, die Gerechten zu berufen, sondern die Sünder* (Mk 2,17).[40]

Im Sinne seiner »Überbietungslogik« besagt dieser Satz, entgegen dem äußeren Anschein, nicht etwa, dass zwischen den der Hilfe bedürftigen »Kranken«
und den aus eigener Kompetenz und deshalb der ärztlichen Zuwendung nicht
bedürftigen »Gesunden« unterschieden werden müsse. Vielmehr werden damit jene gerügt, die sich aufgrund falscher Selbsteinschätzung für gesund halten und sich deshalb der rettenden Hilfe entziehen. So gesehen, betont der
Satz aufs Nachdrücklichste, dass Jesus sein gesamtes Wirken einem therapeutischen Aspekt unterstellt und im Sinn einer altchristlichen Anrufung als
»unser einziger Arzt«, also als Wundertäter, gesehen werden will. Dabei hat
dieser Satz bereits die Auferstehung im Rücken, die als das zentrale und das
vorangehende Wunderwirken Jesu überstrahlende Gotteswunder zu gelten hat.

Der Graben

Doch gerade diesem Zentralwunder gegenüber erhob sich ein bis heute nach-
wirkender Einwand, den *Lessing* erstmals mit dem Aufschrei über den »garstigen breiten Graben«, über den er trotz aller Anstrengung nicht hinwegkommen könne, zur Sprache brachte, und den er dann nochmals in die Frage
fasste:

> *Wann wird man aufhören, an dem Faden einer Spinne die ganze Ewigkeit aufhängen*
> *zu wollen?*[41]

Mit dem Spinnenfaden war die nur historische Vergewisserung des Osterge-
schehens gemeint, mit der »Ewigkeit« der darauf aufbauende und über Heil
und Unheil entscheidende Glaube. Der Notschrei Lessings wurde tatsächlich, wenn auch erst lange nach seinem Tod, aufgenommen und von *Kierkegaard* zweimal, schon in seinen ›Philosophischen Brocken‹ (1844) und dann
definitiv in seiner ›Einübung im Christentum‹ (1850) beantwortet.

In seinen ›Philosophischen Brocken‹ geht Kierkegaard auf das Problem
des Grabenbruchs dadurch ein, dass er die Unterscheidung der Augenzeugen, in seiner Sprache der »gleichzeitigen Schüler«, von den auf deren Zeugnis Angewiesenen, den »Schülern zweiter Hand«, für den durch Jesus aufge-
worfenen Fall als gegenstandslos erweist. Es verhalte sich dabei vielmehr wie

bei dem von ihm als absolutes Paradox bezeichneten ontologischen Gottesbeweis, bei dem sich das Beweisziel aufgrund seiner Selbstevidenz einstelle, sobald man vom Versuch einer Beweisführung ablasse. Ebenso erledige sich das mit der unterschiedlichen Schülerschaft aufgeworfene Problem, sobald eingesehen werde, dass nicht die Lehre, sondern der Lehrer »Gegenstand des Glaubens« ist.[42]

Mit dem Stichwort von der »akustischen Täuschung« verweist Kierkegaard sodann auf die in der ›Einübung im Christentum‹ entwickelte Lösung, die auf eine neue Lesart des Evangeliums hinausläuft. Solange das Schriftwort nur als Text aufgefasst werde, bleibe es bei dem »Ärgernis am Paradox«, also bei dem von Lessing mit aller Schärfe aufgerissenen Problem. Anders, wenn auf den unterschwelligen Leidenston geachtet werde, der alle Herrenworte, selbst die freudigsten, durchdringe. In der Betroffenheit durch ihn werde der Zeitenabstand gegenstandslos und die Gleichzeitigkeit mit Jesus erreicht. Denn als der Gott in Knechtsgestalt ging er eine Leidensgemeinschaft mit denen ein, die daran Anstoß nahmen. Indem er diesen Kelch, »bitterer als Wermut«, auf sich nahm, erwies er sich als der göttlich Mitleidende mit ihnen, der ihr Leiden an ihm zu dem seinen machte. So wird er zur Passionsgestalt des geheimen, innerlichen Leidens, die Kierkegaard mit den Worten umreißt:

O, mit offenen Armen dazustehen und »kommt her« zu sagen – und dann fliehen alle, aber sie fliehen nicht nur, sondern sie fliehen, weil sie daran Anstoß genommen haben. O, Heiland der Welt zu sein.[43]

Doch gerade so gewann er eine Präsenz, durch die der Zeitenabstand zu ihm hinfällig wurde. Da er aber als Helfer, wie der Schlüsselsatz der ›Einübung‹ versichert, mit der von ihm erwiesenen Hilfe identisch war, fiel mit dem Zeitenabstand auch jede räumliche Distanz und mit ihr alles, was kategorial von ihm trennte, weg. Und der Glaube an ihn erwies sich, wie es in der das Werk eröffnenden »Anrufung« heißt, als die Bedingung der Gleichzeitigkeit mit ihm, ja, näher bestimmt, als diese selbst.[44]

Die Wunderfrage

Bekanntlich begründete Lessing den von ihm als unüberwindlich empfundenen Grabenbruch mit dem Hinweis auf sein aufgeklärtes Jahrhundert, in dem
keine Wunder mehr geschähen. Darin unterscheide sich seine Zeit von der
der paulinischen Kreuzespredigt, die vom »Beweis des Geistes und der Kraft«
gestützt war und noch von der des *Origenes*, der gleichfalls unter dem Eindruck
von Wunderzeichen stand.[45] Schon in dessen Folgezeit muss sich jedoch der
Bruch abgezeichnet haben, da *Augustin* die Wunder zur göttlichen Anfangs-
belehrung der Menschheit zählte, die in seiner fortgeschrittenen Zeit nicht
mehr erforderlich seien und deshalb auch nicht mehr vorkämen: eine Position, die der späte Augustin dann freilich in seinen ›Überprüfungen (Retrac-
tationes)‹ in aller Form widerrief.[46]

Wie schon bei Augustin, der nach *Kurt Flasch* »die Wunder Jesu so deutet,
dass alles Spektakuläre nur Verweis auf das Ewige und Innere« ist, verfolgt
auch die Wunderdiskussion der Gegenwartstheologie die Tendenz, die Wunder Jesu auf seine Sendung und letztlich auf ihn selbst zurückzunehmen. In
diesem Sinn fragt *Klaus Berger*: »Wie eng gehören die Wunder zu Jesus? Könnten sie fehlen? ›Brauchte‹ er sie?«[47] Und er antwortet auf diese Frage, indem er
darauf verweist, dass Jesus mit Vollmacht für das Kommen des Gottesreiches
geworben habe.[48] Ja, er erblickt in der von ihm als Wunder gewürdigten Auferstehung Jesu die definitive Antwort auf die Zeichen- und Wunderforderung
seiner Gegner.[49] Das liegt vollauf auf der Linie der neutestamentlichen Befun-
de. Zwar erwecken die Szenen wie insbesondere die von der Heilung der
Gelähmten (Mk 2,1–12) bisweilen den Eindruck, als setze Jesus seine Wunder,
wie ihm von der Folgezeit bis in die Gegenwart hinein unterstellt wurde, in
apologetischem Interesse, also zum Beweis seiner göttlichen Macht und Sendung, ein.[50] Indessen handelt es sich dabei unverkennbar um die urchristliche
›Übertextung‹ einer ursprünglich reinen Glaubensgeschichte.[51] Im Fall des
Gelähmten ist es sogar der Glaube der Freunde, den Jesus mit dem von ihnen
erhofften Wunder belohnt. Da die Urgemeinde jedoch wegen ihrer Praxis der
Sündenvergebung in Beweisnot geraten war, stilisierte sie die Episode in einer
Weise um, dass Jesus das Wunder als Beweis seiner Vergebungsmacht und
damit indirekt auch der ihren wirkt:

Damit ihr aber seht, dass der Menschensohn Macht hat, auf Erden Sünden zu verge-
ben, spricht er zu dem Gelähmten: Steh auf, nimm deine Trage und geh nach Hause
(Mk 2,10f.).

Von dieser apologetischen ›Abzweigung‹ führt die in ihrer Urfassung von Matthäus überlieferte Täuferanfrage auf Jesus zurück, der diese Frage mit dem
Hinweis auf seine therapeutische Tätigkeit beantwortet:

Geht hin und berichtet dem Johannes, was ihr hört und seht: Blinde sehen, Lahme
gehen, Aussätzige werden rein, Taube hören, Tote stehen auf, und Armen wird die
Frohbotschaft verkündet (Mt 11,48).[52]

Die Selbstauslegung

Zwar ist das Logion vordergründig als Antwort an den durch das Ausbleiben
des Gerichts verunsicherten Täufer stilisiert; doch hat es in Wahrheit den
Charakter einer Selbstdarstellung, in der sich Jesus förmlich durch seine
Wundertaten expliziert. Damit wird zunächst schon die von Berger vermerkte
Gleichgewichtigkeit von Reden und Wundertaten bestätigt. Was Jesus durch
sein Wort verkündet – das Kommen des Gottesreichs –, das besagen die Wunder im Medium einer ›Tatsprache‹. Wenn durch sein Wirken Blinde sehend
werden und Lahme ihre Gehfähigkeit zurückgewinnen, muss jedermann
deutlich werden, dass der Gott Jesu Christi mit dem Leid der Welt – wie mit
den Chaosgewalten im Schöpfungsmythos – im Kampf liegt und es durch
den, der in seinem Auftrag »gekommen ist«, zurückzudrängen und zu mini-
mieren beginnt. Was die Armen dem Schlusswort zufolge zu hören bekommen, bekommen die Leidenden auf denkbar hilfreiche Weise zu spüren.

Zu dem zentralen Sinn der Stelle verhilft jedoch erst die Erkenntnis, dass
die Antwort Jesu als eine tathafte Selbstauslegung zu verstehen ist. In seinen
Wundertaten kommt sein Geheimnis zum Vorschein. Das deckt sich mit der
ältesten Antwort auf die Frage nach der Bedeutung des Gottesreichs, die *Origenes* dadurch gab, dass er Jesus das »Gottesreich in Person« nannte.[53] So entspricht es der sich anbahnenden Erkenntnis, dass das ganze Wirken Jesu
unter einem diakonischen Vorzeichen steht und deshalb, wie im Grunde

schon Kierkegaard sah, als eine einzige Selbstübereignung begriffen werden muss. Davon macht nicht einmal seine Gottessohnschaft eine Ausnahme; vielmehr gibt er gerade sie an die Glaubenden in der Form weiter, dass er sie, mit dem Zentralbegriff der christlichen Anthropologie gesprochen, zum Stand der Gotteskinder erhebt. Im Begriff des Gottesreichs aber fand Jesus wie in keinem anderen das sprachliche Gefäß, in das er sich mit seinem ganzen Heilswillen, ja mit seinem Selbstsein hineinzulegen vermochte. Was er als das »Gleichnis Gottes« ist (*Schweizer*), bringt diese Vokabel metaphorisch zum Ausdruck. Denn das Gottesreich ist, in seinem Zentralsinn begriffen, die soziale Selbstdarstellung Jesu und als solche das Medium, durch das er sich unverkürzt zu verstehen gibt. Wenn er aber in seiner Replik auf den Vorwurf der Gegner, dass er als Komplize Satans agiere, darauf besteht, dass er mit seinen Wundern in Wahrheit der Heraufkunft des Gottesreichs Bahn breche, schließt sich der Ring zu seinem Heilshandeln. Ebenso wie in seinen Gleichnissen geht es ihm auch bei seinen Machterweisen um die Vergegenwärtigung des Gottesreichs und, wesentlicher noch, um seine wirkmächtige Selbstauslegung und Selbstpräsentation.

Wenn der gewonnene Ansatz zutrifft, müssen sich an den Wundern Jesu Züge seiner Persönlichkeit ablesen lassen. Es gilt dann, die Wunder in einer Weise auf ihn selbst zurückzubeziehen, dass er im Brennpunkt der davon handelnden Berichte erscheint. Wenn das gelingen soll, müssen aber zunächst die volkstümlichen und apologetischen Übertextungen abgetragen und die Berichte auf ihre vermutliche Urgestalt zurückgeführt werden. Ebenso müssen offensichtliche Dubletten wie im Fall der beiden Speisungswunder berücksichtigt werden, aber auch die Übertragungen alttestamentlicher Wunder wie die von Mose, Elija und Elischa berichteten auf Jesus. Was die Evangelien dann an Wundertaten wie die Heilung des Besessenen in Kafarnaum (Mk 1,21–28), eines Aussätzigen (Mk 1,40–45), des Gelähmten (Mk 2,1–12), der blutflüssigen Frau (Mk 5,25–34) oder des epileptischen Jungen (Mk 9, 14–19) schildern, entspricht nach *Reginald Fuller* »mehr dem Eindruck, den das Wirken Jesu bei seinen Jüngern und im Volk hinterlassen« hatte, als »bestimmten historischen Vorgängen«.[54]

So sehr das auf der eingeschlagenen Linie liegt, stehen dem doch zwei Beobachtungen entgegen. Einmal die Tatsache, dass Jesus bei seinen Wundern stets auf Gott und den Glauben an ihn zurückverweist. An ihm sollen die Zeugen dieser Machttaten erkennen, dass Gott am Werk ist, um die Leid-behaftung seiner Schöpfung zurückzudrängen und ihr das Gepräge seines Reiches zu verleihen. Was aber den Glauben betrifft – und darin besteht die zweite Beobachtung –, so spricht Jesus davon wiederholt wie von einer selb-ständig agierenden Entität. So etwa im Wechselgespräch mit dem Vater des epileptischen Jungen, der mit der verzweifelten Bitte an Jesus herantritt:

Wenn du etwas vermagst, dann hab Erbarmen mit uns und hilf uns! (Mk 9,22).

In seiner Antwort nimmt Jesus den Ausruf des Vaters auf; doch verweist er ihn nicht an seine eigene Macht, sondern an die des Glaubens:

Wenn du etwas vermagst? – alles vermag, wer glaubt! (9,23)

Das aber kommt einem indirekten Hinweis auf die Allmacht Gottes gleich, von der es im Fortgang des Evangeliums heißt:»Bei Gott ist alles möglich« (Mk 10,27).[55] Wenn man mit *Martin Dibelius* davon ausgeht, dass das Evange-lium nach Markus das der »geheimen Epiphanien« ist, will gerade dieses betonte Zurücktreten Jesus hinter seinen Gott, das Gottesreich und den Glau-ben als ein geheimes Aufscheinen seiner Herrlichkeit verstanden werden, so dass nun doch von dem Wunder auf ihn selbst zurückgeschlossen werden kann. Aufschlussreich sind dann schon jene Wendungen, mit denen er die meist auf spektakuläre Weise Geretteten wieder in die Normalität des Alltags zurückführt, so die Aufforderung an die Eltern des vom Tod erweckten Mäd-chens, ihm zu essen zu geben (Mk 5,43) oder die – freilich in der Elijage-schichte (1Kön 17,23) vorweggenommene – Schlussbemerkung zur Toten-erweckung in Naim:»Er gab ihn seiner Mutter« (Lk 7,15), weil sie die lebenszugewandte Menschlichkeit Jesu erkennen lassen. Tiefer noch lässt das an die Syrophönikierin gerichtete Wort blicken, die die anfängliche Zurück-verweisung mit außergewöhnlicher Einfühlung und Hochherzigkeit auf-genommen hatte:»Frau, dein Glaube ist groß; dir geschehe, wie du willst!« (Mt 15,28). Schon hier erscheint Jesus in unverkennbarer Mitbetroffenheit, die noch stärker bei der Heilung der blutflüssigen Frau zum Vorschein kommt (Lk 8,46) und ihn schließlich in der Gestalt des »verwundeten Arztes« erschei-nen lässt, am deutlichsten dort, wo er, wie in seiner ungläubigen Heimatstadt

Nazaret (nach Mk 6,5f.), keine Wunder zu wirken vermag.[56] Hier sind seinem Wirken unübersteigliche Grenzen gezogen und nicht nur räumliche, wie er sie im Fall der Syrophönikierin mit den Worten anspricht: »Ich bin nur zu den verlorenen Schafen des Hauses Israel gesandt« (Mt 15,24). Wenn man das hinzunimmt, was Lukas von seinem Auftritt in der heimatlichen Synagoge berichtet (Lk 4,28ff.), müsste man aus der Schlussbemerkung des Markusberichts »und er wunderte sich über ihren Unglauben« (Mk 6,6) mehr als nur eine Verwunderung, eher schon eine Verwundung heraushören.

Die Bewunderung

»Wenn du etwas vermagst, dann hilf uns!« In diesem Notschrei des verzweifelten Vaters wird Jesus als Helfer angerufen, der die von ihm erbetene Hilfe freilich zunächst dem Glauben zuspricht. Da die von ihm ausgehenden Wirkungen, und unter ihnen als erste der Glaube, der Einsicht *Kierkegaards* zufolge, mit ihm identisch sind, ist er in diesem höheren Sinn dann doch der in ihm angerufene und gesuchte Helfer. Und so scheint er denn auch vollends in seinen Wundertaten auf. In der Brotvermehrung als das »Brot des Lebens«, in den Blindenheilungen als das »Licht der Welt«, in den Erweisen seines Erbarmens gegenüber denen, die ihm »abgerissen, wie hirtenlose Schafe« vorkommen, als der »gute Hirt«, in der Heilung der vom Satan gefesselten Frau (Lk 13,15–17) als der große Befreier, in den Wundertaten seiner Sendboten als der wahre Friedenstifter (Lk 10,5–9), in der Auferweckung der Toten als die »Auferstehung und das Leben«.[57]

Das ist im Vorgriff auf die nachösterlichen Hoheitstitel gesagt.[58] Indessen ist das insofern legitim, als die die Wundertaten Jesu überliefernde Urgemeinde, wie *Berger* betont, die Auferstehung Jesu als die krönende Wundertat begriff, welche die von ihr erzählten Wunder als »Eckstein« zu einem stabilen Bau zusammenschloß, und diesen erst in seinem vollen Licht erscheinen ließ.[59] Dieses Licht fällt etwa auf die wunderbare Brotvermehrung, die dadurch als Hinweis auf die österliche Tischgemeinschaft erscheint, insbesondere aber auf die Auferweckung des Lazarus, die dadurch als eine zeichenhafte Vorwegnahme der Auferstehung Jesu lesbar wird.

Wenn etwas für die These von der österlichen Beleuchtung der Wunderszenen spricht, ist es die auffällige Tatsache, dass der wunderbare Fischzug und der Gang Jesu über den See in den österlichen Kontext hineingehören und insofern als vorgezogene oder, wie der Fachausdruck besagt, als »versprengte« Ostergeschichten zu gelten haben. Beide sprechen außerdem dafür, dass die entscheidende Ostererscheinung am See Gennesaret stattfand. Insbesondere gilt das für die (nach 1Kor 15,3) Ersterscheinung vor Petrus, der diese im Sinn seiner Ernennung zum »Menschenfischer« als Auftrag empfand, die verstörte Jüngergruppe neu zu konsolidieren und zu ihrer Rückkehr nach Jerusalem zu bewegen.[60] In seinem Gang über den See (Mk 6,45–52) schreitet Jesus sieghaft über die Todes- und Chaosgewalten, die ihn im Seesturm – wie den von ihm geretteten Petrus (Mt 14,28–31) – zu vernichten drohten (Mk 4,37ff.). Und mit dem wunderbaren Fischzug (Lk 5,4–9) bekräftigt er die Sendung, die sich aus seiner Auferstehung für die Zeugen seiner Erscheinungen ergibt. Insgesamt aber gilt von ihm, wie er schon am Kreuz seiner Mutter zu verstehen gibt, dass jetzt die Stunde seiner Verherrlichung eingetreten ist, die bei der Hochzeit zu Kana »noch nicht gekommen« war (Joh 2,4) und dass demgemäß nun auch die ihm in zeitlicher Hinsicht gezogene Grenze von ihm abfällt.

Was das letztlich zu besagen hat, wird durch den wiederholten Hinweis verdeutlicht, wonach die Zeugen dieser Wundertaten wie insbesondere der von dem wunderbaren Fischzug überwältigte Petrus vor Jesus niederfallen, und das mit der Begründung: »denn Staunen hatte ihn und alle, die mit ihm waren, ergriffen« (Lk 4,8f.). Staunen und Bewunderung ist somit die unmittelbare Reaktion auf den Wundertäter, der somit selbst im Licht des Wunderbaren erscheint.

Von hier führt aber schon ein kleiner Schritt zu der Folgerung, dass Jesus selbst, vor allem im Blick auf seine Auferstehung, als das große Gotteswunder zu gelten hat. Damit bestätigt der Wundertäter den Eindruck des Botschafters, auf dessen Worte die Zuhörer mit dem Ausruf reagieren:

Was ist das? Eine neue Lehre! Und sie wird mit Vollmacht vorgetragen (Mk 1,27).

Im selben Sinn reagieren die Abgesandten der Pharisäer, die sich für ihre Untätigkeit mit dem Geständnis entschuldigen:

Noch nie hat ein Mensch so geredet wie dieser (Joh 7,46).

Wer aber so seine Umwelt in Staunen und Bewunderung versetzt, wird von ihr als wunderbar erfahren. Das steht hinter den Wunderszenen, die wie die Heilung des Besessenen in Kafarnaum (Mk 1,27), die Heilung des Gelähmten (Mk 2,12), die Bändigung des Seesturms (Mk 4,41) und die Totenerweckung in Naim (Lk 7,16) mit einer bewundernden Akklamation der Zeugen schließen. Zwar gilt ihr Staunen zunächst dem Geschehen, letztlich jedoch dem, der durch seine Machttaten ihre Bewunderung auf sich zieht.

Der Einwand

Doch dagegen erhebt Kierkegaard einen gewichtigen Einwand, und das gerade an jener Stelle seiner ›Einübung im Christentum‹, an der er darauf abhebt, dass bei der Lektüre des Evangeliums nicht nur, wie er zuvor betont hatte, auf den alles durchdringenden Leidenston, sondern auch auf die »Augen« geachtet werden müsse, die sich auf den Betrachter richten und ihn ins aktive Einvernehmen ziehen.

Es ist überdies die Stelle, von der sich Bischof Mynster besonders provoziert fühlte, dem Kierkegaard vorgeworfen hatte, dass er die christliche Botschaft lediglich als Gegenstand der »Betrachtung« und erbaulichen Erhebung behandle.[61] Doch die christliche Wahrheit wolle nicht, dass der Mensch »von sich fortkomme«, sondern dass er durch sie »zu sich heimkomme«. Im ersten Fall liefe letztlich sogar alles auf die »Abschaffung des Christentums« hinaus.[62] Auf diesen Vorüberlegungen basiert der von Kierkegaard erhobene Einwand. Er besteht in der Unterscheidung von Bewunderung und Nachfolge; denn dem Bewunderer stehe nur der Verherrlichte vor Augen, und er laufe Gefahr, vor lauter Bewunderung den Erniedrigten aus dem Blick zu verlieren. Doch stehe nun einmal fest, dass Christus nie von anbetenden Bewunderern, dagegen »fort und fort« von den ihm Nachfolgenden gesprochen und darunter diejenigen verstanden habe, die nicht nur seiner Lehre anhängen, sondern die sich in ihrer Lebenspraxis von ihm leiten und bestimmen lassen.[63] Auch müsse man annehmen, dass er nur zu gut wusste, *warum sein ganzes Leben auf Erden vom Anfang bis zum Ende darauf angelegt war, »Nachfolgende« zu gewinnen, und warum er darauf ausging, »Bewunderer unmöglich zu machen«.*[64]

Denn es sei nicht nur die Absicht Christi gewesen, die Welt zu erlösen, sondern »Fußstapfen« für diejenigen zu hinterlassen, die sich ihm anschließen wollten. Als der in seine Nachfolge Rufende stehe er zugleich vor und hinter ihnen. Hinter ihnen als treibende Kraft, vor ihnen als lockendes Vorbild.[65]

Doch in der Vorbildlichkeit Christi finde der Bewunderer das »Versteck«, in welchem er sich unter dem Vorwand, ihn mit den stärksten Ruhmestiteln anzurufen und zu verehren, der Forderung der Nachfolge entzieht. Deshalb sei Christus als der Erniedrigte, in Armut, Elend, Schmach und Schande erschienen, um jede Bewunderung auszuschließen.[66] Was aber die Erhebung anlangt, so sei das nicht die Sache der Verehrer, sondern allein die seine, obwohl das nicht ausschließe, dass die von ihm Emporgezogenen andere mit sich ziehen, »soweit ein Mensch dies vermag«. Das betont die das Werk abschließende Anrufung, die den vorausgehenden Halbsatz nochmals aufnimmt:

Soweit ein Mensch dies vermag; denn du bist es doch allein, der zu dir ziehen kann, obgleich du alles und alle dafür in Anspruch nehmen willst – um alle an dich zu ziehen.[67]

Das Wunder

Die Stoßrichtung dieses Einwands ist unverkennbar: Er zielt auf die gerade in der Lebenszeit *Kierkegaards* verbreitete Tendenz, Jesus im Sinn einer humanistischen Vorbildfigur zu stilisieren und ihn damit zum Menschheitsideal zu erheben. Doch in einer Zeit, in der schon *Nietzsche* die Ideale im Sturm der Geschichte wie überreife Früchte zu Boden fallen sah, ist diese Gefahr gering, zumal der Humanismus durch die barbarischen Exzesse der jüngsten Vorzeit in seine bisher schwerste Krise geriet. Die Frage, die Kierkegaard in einer Zeit des idealistischen Überschwangs aufwarf, stellt sich heute neu: für diese Zeit der verlorenen und untergegangenen Ideale. Das bestätigt auch ein Blick in die heutige Jesusliteratur. Während in der älteren monophysitische Überhöhungen der Gestalt Jesu keine Seltenheit waren, herrscht heute eher die gegenteilige Tendenz vor, seine Gestalt ins Menschlich-Allzumenschliche einzuebnen und ihn nur noch als Prototyp des gebrochenen, enttäuschten und mit sich selbst überworfenen Menschen gelten zu lassen.

Dadurch ist die von Kierkegaard beschworene Gefahr nicht gegenstandslos geworden; aber sie bildet keinen Einwand mehr gegen Einsichten, die zu einem überhöhten Jesusbild führen. Sie sind lediglich Anlass, im kritischen Sinn zu differenzieren. Ausgeschlossen müssen jene Stilisierungen bleiben, die im Sinne Kierkegaards als Vorwand dienen könnten, den Ernst der Nachfolgeforderung abzuwiegeln und sich ihren Konsequenzen zu entziehen. Doch davor bewahrt schon der Begriff des Wunders, wenn er nur angemessen gefasst wird. Was besagt er dann?

Formal gesprochen: die Integration all dessen, was bei den Zeichenhandlungen Jesu als wunderbar empfunden wird, in die Gestalt ihres Urhebers. Das aber bezieht sich, genauer besehen, nie auf das Spektakuläre, Aufsehenerregende und Sensationelle, so sehr das vordergründig aus den Äußerungen der Zeugen zu sprechen scheint. Als wunderbar empfinden sie vielmehr, dass dort, wo zuvor Dunkel herrschte, Licht wird, dass dort, wo Not war, Hilfe kommt, dass dort, wo Fesseln waren, Freiheit entsteht, kurz, dass dort, wo »Finsternis und Todesschatten« herrschten, Leben, Wärme, Fülle, Helle und Freude Einzug halten. Dies alles aber nicht im Sinn abstrakter Gegebenheiten, sondern konkretisiert in der Gestalt dessen, der das nie hätte bewirken können, wenn er es nicht selbst in personaler Verwirklichung gewesen wäre.

Die von Kierkegaard vermutete Gefahr, dass er dadurch die Bodenhaftung verlieren, aus der Partnerschaft mit den zu ihm Aufschauenden ausbrechen und sie dadurch aus der Verpflichtung auf ihn entlassen könne, besteht nicht. Denn die Hilfen, durch die er sich über die Lebenswelt erhebt, sind und bleiben auf deren erklärte Notstände bezogen. Soweit diese nach seiner Feststellung »Arme werdet ihr immer bei euch haben«, (Mt 26,11) zu jeder Zeit fortbestehen, sind sie sogar Appelle an die Jünger Jesu, sich in seinem Auftrag für deren Bewältigung einzusetzen.

Und doch ist all das erst die Vorstufe. Das Ziel ist dagegen erst dann erreicht, wenn er tatsächlich im Horizont dieser vielfachen Formen des Wunderbaren und – entscheidender noch – als deren Inbegriff gesehen und gewürdigt wird.

Gesehen; denn das unterscheidet den gewonnenen Zugang von dem doktrinalen: dass keine Lehraussage über ihn gemacht, sondern dass eine Perspektive eröffnet wird, in der er neu in Erscheinung tritt: erscheinend als die realisierte Menschheitsutopie, als das von der Menschheit immer schon ersehnte und in keinem Anlauf je erreichte Hoffnungsziel, als die leibhaftige Stillung ihres Hungers, als der Durchbruch in die Freiheit, als die große Lichtung am Ende ihrer Erkenntnis- und Irrwege, als die eingelöste Verheißung des weltweit erstrebten und immer wieder verfehlten Friedens, als das Glück in ihrem Unglück, die Ruhe nach ihren Mühen und in alledem als der Aufgang der Sonne des bedingungslos liebenden Gottes in der von Ängsten verdüsterten Welt.[68]

Vor allem aber gewürdigt; denn es darf – und darin behält der Kierkegaard'sche Einwand recht – bei der bloß bewundernden Betrachtung nicht bleiben. Das verlangt schon die dem Wunder angemessene Rezeption. Wie der frühe Augustin erkannte, hat das Wunder seine volle Triftigkeit nur für den Augenzeugen, von dem es erlebt, anerkannt, bestätigt und bezeugt wird. Dem Wunder gegenüber gibt es keine Neutralität. Es kann nicht vergegenständlicht werden, so dass man es auf sich beruhen lassen könnte. Es fordert zur Entscheidung zwischen Akzeptanz und Ablehnung heraus, zum Ja oder Nein. Wer aber dazu ja sagt, hat bereits eingewilligt, von ihm überwältigt und in Bann geschlagen zu werden. Das Wunder lebt im Zeugen auf; der Zeuge lebt das Wunder mit.

Für das in Jesus geschehene Gotteswunder heißt das: es verlangt den Glauben. Denn das Wunder ist gerade nicht »des Glaubens liebstes Kind«, sondern umgekehrt ist es die Mutter des Glaubens. Der aber tritt dadurch in einen völlig neuen Aspekt. Wie es schon Buber der Christenheit ins Stammbuch schrieb, ist es mit dem vergegenständlichenden Satz-Glauben nicht getan, da Glaube im Sinne von »emuna« ursprünglich Vertrauensglaube sei, dem es darum gehe, in der Gotteswirklichkeit letzten Halt und Stand zu gewinnen.[69] Seiner Insinuation entsprechend hat sich inzwischen tatsächlich eine Glaubenswende vollzogen, die, synchron zur Erkenntnis, dass das Christentum weder als eine asketische noch als eine moralische, sondern als eine genuin mystische Religion zu gelten hat, den Akzent vom Gegenstandsglauben auf den Erfahrungs- und Innerlichkeitsglauben verlegte.[70]

Der nächste Schritt auf diesem Weg führt zu dem »Wunderglauben«, wie ihn das sich in Jesus ereignende Gotteswunder erfordert. Dass davon im Präsens gesprochen werden muss, hängt mit der von Kierkegaard gleichfalls schon hervorgehobenen Tatsache zusammen, dass Jesus, so sehr er als historische Gestalt mit einer menschlichen Lebensgeschichte zu gelten hat, niemals wie andere Große der Menschheit »vergangen« sein kann. Das aber verleiht dem Glauben an ihn eine ausgesprochen präsentische Konnotation. Ihm gegenüber gibt es weder das Versteck der bewundernden noch das der historischen Distanzierung. Denn er war nicht das von Gott in ihm gewirkte Wunder; er ist es.

Das Hemmnis

Doch was beweist der Umstand, dass von diesem Gotteswunder nur im Präsens die Rede sein kann? Ist da im Sinne eines von *Nietzsche* gegen *Descartes* erhobenen Einwands nicht zu befürchten, dass dieser Eindruck einem »Fallstrick der Worte« zuzuschreiben ist? Und ist Ähnliches nicht auch bei Kierkegaard zu befürchten, wenn er, wie es den Anschein hat, allzu problemlos vom Erniedrigten zum Erhöhten übergeht und von der Gleichzeitigkeit mit diesem spricht? Indessen trifft dieses Bedenken auf ihn schon deswegen nicht zu, weil er, wie schon zu Eingang deutlich wurde, die angesprochenen Werke als Antwort auf *Lessings* Klage über den »garstigen breiten Graben« entwarf, der ihn von der bloß historischen Gewissheit nicht zur metaphysisch-religiösen gelangen lasse. Kierkegaard geht bekanntlich davon aus, dass das Evangelium ebenso eine Stimme wie ein Auge hat, und dass es durch dessen Blick und den alles durchziehenden Leidenston den Leser in ein dialogisches, den Zeitenabstand überbrückendes Verhältnis mit sich hineinzieht.

Unverkennbar deutet das – trotz Nietzsches Einwand – darauf hin, dass die Lösung des Lessingproblems nicht, wie Kierkegaard noch in den ›Philosophischen Brocken‹ vermutete, im Feld der – mit dem »absoluten Paradox« des ontologischen Gottesbeweises gemeinten – Spekulation, sondern in dem der Sprache zu suchen ist.[71] Das aber verweist zurück auf die Rede vom Gotteswunder, akzentuiert durch die Frage, ob diese schon hinreichend ausgeleuchtet wurde. Ein Wunder gewinnt, so der frühe *Augustin*, seine volle Relevanz nur für den Augenzeugen. Erzählte, also nur historisch referierte und überlieferte Wunder unterliegen dagegen dem Lessing'schen Vorbehalt, so dass sie, entgegen der mit dem Mittelalter einsetzenden Praxis, nicht apologetisch aufgefasst und in Anschlag gebracht werden können. Doch die Rede von Wundern lässt aufhorchen, gleichviel ob sie sich auf Vergangenes oder aktuell Geschehendes bezieht. Das gilt auch von der Bezeichnung Jesu als dem größten aller Gotteswunder. Sie ist gegenüber dem Zeitenabstand indifferent, da sie sich auf den trotz seiner Historizität als gegenwärtig Empfundenen bezieht. Überzeugen könnte das allerdings nur unter der Voraussetzung, dass der Vokabel beschwörende Intensität und damit die Macht zukäme, ihn entweder der Vergangenheit zu entreißen oder ihn in seiner bereits vorhandenen Anwesenheit aufzurufen. Da die erste Möglichkeit nicht zu verifizieren ist, bleibt nur, dem zweiten Weg nachzugehen.

Das Osterwunder

Der Suche kommt die These *James M. Robinsons* entgegen, wonach die von ihm untersuchte Spruchquelle (Q) ungeachtet der Tatsache, dass sie keine Passions- und Osterberichte enthält, selbst – und mit ihr dann auch das Neue Testament insgesamt – als »das literarische Osterwunder« zu gelten hat.[72] Denn ohne das Ereignis der Auferstehung des Gekreuzigten hätte keinerlei Anlass bestanden, den Lehren und Lebensverhältnissen des scheinbar Gescheiterten, gesellschaftlich Geächteten und dazu noch (nach Gal 3,13) von Gott Verworfenen nachzugehen, um sie missionarisch zu promulgieren und literarisch zu dokumentieren. So ist das Christentum mitsamt seiner Urkunde in Gestalt der neutestamentlichen Schriften das in die Gegenwart hineinragende »Osterwunder«. Doch damit ist die präsentische Bedeutung der zur Diskussion stehenden Vokabel noch immer nicht wirklich verifiziert. Geklärt wurde allerdings, dass von dem in Jesus geschehenen Gotteswunder nur unter Einbeziehung der österlichen Perspektive angemessen gesprochen werden kann.

Wenn das geschieht, ist mit diesem »Wunder« nicht nur die Auferweckung Jesu vom Tod angesprochen, sondern ebenso auch ihre Bedeutung für den Fortgang seiner Geschichte. In einer betont exoterischen und damit an die antiochenische Gemeindetheologie angelehnten Sprache bringt das Paulus in seiner Korrespondenz mit Korinth mit den Worten zum Ausdruck:

Wenn Tote nicht auferweckt werden, ist auch Christus nicht auferweckt worden. Wenn aber Christus nicht auferweckt wurde, ist euer Glaube nichtig ... und auch die in Christus Entschlafenen sind dann verloren (1Kor 15,16ff.).

Die Erweckung

Wenn man diese Aussage ihrer eschatologischen Perspektive entkleidet und auf die esoterische Grundposition des Apostels zurücknimmt, ist das gleichbedeutend mit der Feststellung, dass die Auferstehung als Umbruch von der Lebens- zur Wirkungsgeschichte Jesu zu gelten hat. Was in der eschatologischen Perspektive als Fortleben der »in Christus« Verstorbenen im Jenseits erscheint, ist dann als das immerwährende Fortleben Jesu in der Glaubensgemeinschaft zu verstehen. Denn für alle gilt, was der Neutestamentler *Alfred Wikenhauser* Paulus mit dem bereits angeführten Satz zum Ausdruck bringen lässt:

Der für mich am Kreuz Gestorbene führt nunmehr in mir als Auferweckter sein Leben.[73]

Wenn das wirklich geschehen soll, müssen diejenigen, für die er starb, ihrerseits sterben, und das besagt: von ihrem welthaft definierten Selbstsein ablassen, damit er in ihnen aufleben kann. Denn nur so werden sie wirklich in seine »Erweckung« hineingenommen. Umgekehrt bedarf aber auch er eines Weckrufs, wenn er tatsächlich zu seinem kollektiven Fortleben gelangen soll. In der Urkirche geschah das durch das »Maranatha«, das man im Anschluss an *Käsemann* als den »gottesdienstlichen Schrei nach der Freiheit« verstehen könnte.[74] Wenn Käsemann diese Zuordnung auch nicht formell vollzieht, gibt sie doch der ekstatischen Anrufung einen höchst überzeugenden und zudem dem paulinischen Begriff des Christentums entsprechenden Sinn. In ihrem »Maranatha« ruft dann die Urkirche nach ihrem endzeitlichen Befreier, den sie jetzt schon als den Inbegriff der von ihr in religiöser, sozialer und kosmischer Hinsicht erfahrenen Freiheit begreift; denn »zur Freiheit«, so versichert Paulus an zentraler Stelle, »hat uns Christus befreit« (Gal 5,1).

Die Richtigkeit dieser Ableitung angenommen, könnte im Fall des »Gotteswunders« nun umgekehrt geschlossen werden. Mit dieser Vokabel wäre dann der Begriff gefunden, auf den der gesuchte Weckruf aufbauen könnte. Doch dazu bedürfte es einer Inspiration, wie sie der Urgemeinde in Überfülle zu Gebote stand, die dann im Lauf der Glaubensgeschichte, nicht zuletzt infolge der doktrinalen Strukturierung der Botschaft, immer mehr verebbte. So bleibt sie eines der großen Desiderate der gegenwärtigen Stunde. Wenn sie sich aufs Neue erfüllen soll, muss der Begriff »Gotteswunder« überprüft, durchdacht, interpretiert und spirituell aufgenommen werden. Vor allem aber muss er in die spezifisch österlichen Aspekte der Angstüberwindung (Mk 6,50), des Friedens (Joh 20,19) und der Freude (Joh 20,20) gerückt werden. Dann gewinnt er erst jene Evidenz, die sein Eigenleben bedingt und ausmacht. Während alle anderen Bezeichnungen und Titel auf Vorgewusstes zurückgreifen und insofern eine rückbezügliche Struktur aufweisen, wird er nun, im Aspekt des Niedagewesenen, in seiner auf Kommendes vorgreifenden Struktur ersichtlich. Was als Wunder empfunden wird, hebt sich nicht nur von allem Bekannten und Verständlichen ab; es weckt vielmehr die Erwartung darauf, dass ähnlich Überraschendes auch aufs Neue eintreten könnte.

In diesem Sinn ist Jesus das große Gotteswunder. Als solcher kann er auf keines der von ihm bestehenden Bilder, so zutreffend und richtig sie sein mögen, festgelegt werden, weil er für immer neue Überraschungen gut ist. Er steht immer noch bevor und ist insofern stets im Kommen. Gerade dadurch aber gibt er sich als die wunderbarste aller Gaben zu verstehen, durch die die Welt mit und in ihm beschenkt ist: als die Gabe, die sich dadurch über jede andere erhebt, dass sie mit dem Geber identisch ist und dass sie wie er selbst immer noch bevorsteht; als die Gabe, die aber zugleich auch denkbar größte Aufgabe ist. Denn Jesus bindet seine Gewährungen an die Bereitschaft zum Mitvollzug, in seiner Sprache: an den Willen zur Nachfolge. Wie er den Seinen versichert: »Ohne mich könnt ihr nichts tun« (Joh 15,5), ist er auch seinerseits auf ihr Zutun angewiesen. Er denkt, glaubt, hofft und liebt in ihnen, dies jedoch so, dass er sich dabei auf sie einlässt und in ihrem Wissen und Wollen zu sich kommt. In diesem mystischen Synergismus erwacht er zu sich selbst. Da es aber nach der patristischen Auslegung der Seesturmperikope immer wieder Zeiten gibt, in denen »der Herr in seiner Nachsicht gleichsam schläft« (Tertullian), bedarf es auch immer wieder der Weckrufe, die ihn zu Erweisen seiner Gegenwart und Wirkungsmacht bewegen.[75] Kaum einmal drang dieser Weckruf inständiger zu ihm als in Form des urchristlichen »Maranatha«, in dem das Freiheitserlebnis der jungen Christenheit seinen ekstatischen Ausdruck fand. Ob es, nachdem es längst auf den Lippen der Beter verstummte, heute unter dem Eindruck des als Gotteswunder entdeckten Jesus wiederholt oder durch eine zeitgerechtere Anrufung ersetzt werden muss, kann nur die von diesem Neuheitserlebnis angeregte Spiritualität und ihre sprachschöpferische Kompetenz lehren. Inzwischen aber kann ihr nicht wirksamer als dadurch vorgearbeitet werden, dass das Geheimnis Jesu unter dem Gesichtspunkt des in ihm geschehenen d geschehenden Gotteswunders denkend und betend beherzigt wird.

5. Bindet ihn los!

Im Zug der Neuentdeckung Jesu, zu der die moderne Theologie auf breiter Front aufgebrochen ist, gewann die Annahme »versprengter« Ostergeschichten zunehmend an Boden. Wenn sich die Sprecher des Zweiten Petrusbriefs darauf berufen, »mit ihm auf dem heiligen Berg gewesen« und Ohrenzeugen der vom Himmel herab ertönenden Gottesstimme gewesen zu sein (2Petr 1,16ff.), ziehen sie die als lebensgeschichtliches Ereignis überlieferte Verklärungsszene insgeheim in die nachösterliche Perspektive, so dass sie, fast unmerklich, an die kollektive Ostererscheinung heranrückt, mit der das Matthäusevangelium seine Darstellung beschließt (Mt 28,16–20).[76]

Ähnliches gilt nach der Darstellung des Johannsevangeliums offensichtlich für das siebte und letzte der von Jesus gewirkten »Zeichen«, für die Auferweckung des Lazarus.[77] Auch hier verdichtet sich der Eindruck, dass diese Szene in erster Linie als Vorwegnahme von Jesu eigenem Sterben gemeint ist, so dass sich Jesus hier als sein eigener Erwecker präsentiert. In seinem Machtwort erklingt dann die schon zu Beginn des Evangeliums angekündigte »Stimme« (Joh 5,28ff.), die jetzt an ihn selbst als den Ersten der im Grabe Liegenden ergeht und ihn zu neuem Leben ruft. Dementsprechend gewinnt dann auch seine Aufforderung »Bindet ihn los und lasst ihn gehen!« (Joh 11,44) eine den Horizont der Erzählung übergreifende Bedeutung. So wurde sie tatsächlich an theologiegeschichtlich hochbedeutsamer Stelle von *Albert Schweitzer* verstanden, als er in der Schlussbetrachtung seiner ›Geschichte der Leben-Jesu-Forschung‹ (von 1906) von deren Ergebnis bemerkte:

> *Es ist der Leben-Jesu-Forschung merkwürdig ergangen. Sie zog aus, um den historischen Jesus zu finden und meinte, sie könnte ihn dann, wie er ist, als Lehrer und Heiland in unsere Zeit hineinstellen. Sie löste die Bande, mit denen er seit Jahrhunderten an den Felsen der Kirchenlehre gefesselt war, und freute sich, als wieder Leben und Bewegung in die Gestalt kam und sie den historischen Menschen Jesus auf sich zukommen sah. Aber er blieb nicht stehen, sondern ging an unserer Zeit vorüber und kehrte in die seinige zurück.*[78]

Die Fesseln

In seiner Hellsichtigkeit ist das ein bedenkliches Wort. Bedenklich, weil es von Schweitzers Überbetonung der Zeitbedingtheit und Zeitgebundenheit Jesu belastet ist, der ein personales Hineinwirken in die Geschichte undenkbar erschien; vor allem aber hellsichtig, weil es, zusammen mit der Leistungskraft der historischen Kritik, auch deren Unvermögen anspricht, die Gestalt Jesu wirklich zu fassen. Hierin übersteigt die Aussage sogar die Intention ihres Sprechers. Was heute jedoch mit Vehemenz ins Blickfeld drängt, ist das Motiv der nach Schweitzers Ansicht von der historischen Kritik gesprengten Fesseln der Kirchenlehre, weil der geradezu absurde Fall eingetreten ist, dass die Fesseln ausgerechnet von Vertretern einer kritischen Theologie repariert und der Gestalt Jesu aufs Neue übergeworfen werden.

Schon im Disput mit *Eugen Drewermann* war es dazu gekommen, dass sich namhafte Exegeten den Vorwurf zu eigen machten, dass der umstrittene Theologe die – von *Heinrich Heine* geforderte – Abschaffung der Sünde zugunsten religiöser Selbstfindung betreibe und sich damit gegen die Intentionen Jesu stelle. Dabei fielen sie sich insofern selbst in den Rücken, als sie die von der Forschung längst als sekundären Einschub erwiesene Schlüsselstelle – »Deine Sünden sind dir vergeben« (Mk 2,5) – in offensichtlich dogmatischem Interesse als authentisches Jesuswort zu erweisen suchten.[79] Es ist und bleibt jedoch eine vergebliche Liebesmühe, den historischen Jesus auf den Komplex der subjektiven Sünde festzulegen, da ihm nach Ausweis seines mit dem Bildwort vom »Tisch der Sünder« umschriebenen Sozialverhaltens ungleich mehr an der »strukturellen Sünde« der gesellschaftlichen Unrechtverhältnisse und zumal an deren Opfern gelegen war. Indessen gelang es der Forschung in diesem Fall noch nicht einmal in ihrem eigenen Bereich, die Anbindung Jesu an die Kirchenlehre vom »Heiland der Sünder« im subjektiven Verständnis des Wortes zu lösen, geschweige denn, dass sie mit ihrer Erkenntnis für das allgemeine Glaubensverständnis bewusstseinsbildend geworden wäre.

Die ungleich schwerere Fessel, die Jesus in letzter Zeit aufs Neue übergeworfen wird, besteht jedoch in seiner Festlegung auf den Satisfaktionsgedanken. Denn für eine bis in die Abendmahlsworte zurückreichende und das Glaubensbewusstsein der Christenheit aufs Tiefste prägende Tradition steht es fest, dass der Tod Jesu sowohl von seinem Motiv wie von seiner Zweckbestimmung her eine Sühneleistung erbrachte. Jesus starb, dem programmatischen Wort des Ersten Johannesbriefs zufolge »nicht nur zur Sühnung für unsere Sünden, sondern auch für die Sünden der ganzen Welt« (1Joh 2,2). Zwar führte die von *Anton Vögtle* angeregte Forschung gegen diese Funktionalisierung des Todes Jesu schwerwiegende Bedenken ins Feld; doch bildete sich um den Dogmatiker *Raymund Schwager* eine Theologengruppe, die, gestützt auf den anthropologischen Pessimismus *René Girards* und die resignative Selbsteinschätzung des heutigen Menschen, den Sühnegedanken aufs Neue zu bekräftigen und christologisch zu verankern suchte.[80]

Der Hintergrund

Wenn man sich die befreiende Wirkung der Distanzierung Jesu vom Opfer- und Sühnekomplex vergegenwärtigt, drängt sich fast unabweislich die Frage nach den Gründen auf, die zur Wiederbelebung des traditionellen Konzeptes führten. Sie sind vermutlich zeit- und religionsgeschichtlicher Art. Angesichts der entsetzlichen Exzesse menschlicher Brutalität und Gewalt in diesem Jahrhundert liegt es nur allzu nahe, im Menschen mit *Burkert* den homo necans zu sehen und mit *Girard* anzunehmen, dass sein Sozialverhalten auf die Nachahmung eines »Gründungslynchmordes« zurückgeht, obwohl im Sinne beider Hypothesen anzunehmen wäre, dass sich ein derart mörderisches Wesen längst ausgerottet haben müsste. Gegen den selbstzerstörerischen Hang eines primär aggressiven Wesens kämen auch die von Girard aufgewiesenen Übertragungsmechanismen auf die Dauer nicht an.

Doch zu diesen zeitgeschichtlichen Motiven treten vermutlich religionsgeschichtliche hinzu, die insbesondere mit dem durch den Auschwitzkomplex extrem belasteten Verhältnis des Christentums zum Judentum zusammenhängen. Offensichtlich kommen hier gleichzeitig zwei gegensinnige Sperren ins Spiel. Obwohl es im Zug einer menschlichen Selbsterkundung erforderlich wäre, nach den anthropologischen Voraussetzungen von Auschwitz zu fragen und zumindest versuchsweise zu ergründen, welche Verunstaltung am Menschen geschehen sein musste, damit der geradezu industrialisierte Mord an Millionen unschuldiger Menschen geschehen konnte, besteht auf jüdischer Seite offensichtlich wenig Neigung, dieser Frage nachzugehen, vermutlich deshalb, weil davon, sicher nicht ohne Grund, ein Entlastungs- und Alibieffekt befürchtet wird. Dagegen wuchs unter gläubigen Juden die Neigung, an Auschwitz mit *Hans Jonas* die theologische Rückfrage zu stellen und die Folgen für den Gottesbegriff auszuleuchten.

Andererseits ist zu vermuten, dass die von Jonas gezogene Konsequenz, wonach nach Auschwitz die Attribute der Allmacht, Gerechtigkeit und Güte Gottes aufgegeben werden müssten, aus christlicher Sicht nicht nachvollziehbar erschien und dass diese Hemmung die Tendenz begünstigte, im Gegenzug dazu die doch als zentral geltenden Gottesattribute zu retten. Das aber konnte schwerlich effektiver geschehen als auf dem Weg einer Erneuerung der Satisfaktionslehre, die nach ihrer klassischen Begründung die Allmacht, Gerechtigkeit und Barmherzigkeit Gottes zur Voraussetzung hatte.

Handelt es sich hier um eine spezifisch theologische Sperre, so im Fall der Sünde um eine vorwiegend pastorale, die überdies mit einer fast schon zur Selbstverständlichkeit gewordenen Akzentverschiebung im Spektrum der christlichen Botschaft zusammenhängt. Denn es wird kaum noch als befremdlich und schon gar nicht mehr als bedenklich empfunden, dass sich die Aussagen des kirchlichen Lehramts seit Konzilsende zunehmend auf den sozial- und sexualethischen Aspekt verlagerten, so dass sich der Eindruck durchsetzen konnte, das Christentum habe in erster Linie eine moralische Botschaft auszurichten. Kaum noch besteht Klarheit darüber, dass das Christentum zwar eine Moral *hat*, im Unterschied zum Judentum und Islam aber keine Moral *ist*, weil sich sein Zentralinteresse weniger auf die Erziehung als vielmehr auf die Erhebung des Menschen richtet.

Indessen liegt der Schwerpunkt zweifellos in der seit Jahrhunderten praktizierten Verklammerung von Sündenbewusstsein und Heilsangebot. Mit dieser schien das ideale Instrumentarium gefunden zu sein, den erlösungsbedürftigen Menschen den Kirchen zuzuführen; denn nichts treibe ihn, wie *Kierkegaard* in der nachträglich in seine ›Einübung im Christentum‹ eingeschobenen und zuletzt doch wieder zurückgenommenen »Moral« behauptet, so effektiv in das absurde System des Christentums hinein wie das angsterfüllte Bewusstsein seiner Sündhaftigkeit.[81]

Vermutlich war die Reaktion auf *Drewermanns* Rückfrage nach den Ursachen der Sünde deshalb so heftig, weil man davon die Beschädigung dieses Mechanismus befürchtete, vielleicht aber auch, weil dadurch die Kirchen im

Sinne dessen, was ihnen *Oskar Pfister* längst schon angelastet hatte, in Verdacht gerieten, zusätzliche Sündenängste zu suggerieren, um die Gläubigen desto fester an sich zu binden. Nun steht aber außer Zweifel, dass der Mechanismus, fast wie die Hinrichtungsmaschine in *Kafkas* Erzählung ›In der Strafkolonie‹ (1914), schon von sich aus in Auflösung begriffen ist.[82] Doch wäre es verwegen, sich davon auch schon den Wegfall der damit gegebenen Sperre zu erwarten. Sie wird vielmehr, ebenso wie die theologische, nur auf dem Weg einer eindringlichen Analyse und der Bereitschaft, sie zu durchbrechen, zu beseitigen sein.

Die Rückfrage

Was das Problem der Sünde anlangt, so gilt auch für Jesus selbst, dass ihm mehr an der Erhebung als an der Erziehung des Menschen gelegen ist. Zwar bindet er bei der Proklamation des Gottesreiches sein Heilsangebot an die Bedingung der Metanoia. Sie aber bezieht sich in ihrem ethischen Aspekt gerade nicht auf den Komplex der Verfehlungen, an denen sich das Sündenbewusstsein entzündet, sondern auf das, was der Veruntreuer der ihm anvertrauten Talente Gott schuldig geblieben ist und immer wieder schuldig bleibt.[83] Von denen, die als Verirrte, Leidende oder Suchende zu ihm kommen, verlangt Jesus deshalb auch kein Sündenbekenntnis, sondern den Glauben. Selbst Paulus, der aufgrund seiner Verfolgertätigkeit allen Anlass zum Eingeständnis seines Unrechts gehabt hätte, nennt sich erst in den epigonalen Pastoralbriefen, nicht aber in seinen originären Äußerungen, den »ersten von allen Sündern« (1Tim 1,15). Dabei steht ihm ebenso wie Jesus der volle Ernst der Sünde vor Augen, die er sogar als eine frevelhafte Verstörung der menschlichen Gottebenbildlichkeit begreift (Röm 1,23). Doch weiß er zugleich, dass diese Verstörung nicht so sehr durch Versuche der Selbstkorrektur, so wichtig diese auch immer sind, behoben wird, als vielmehr durch die Erhebung des Menschen auf den Stand der Gotteskindschaft. Denn als Gotteskind ist er (nach Röm 8,15) der Sphäre der Angst und damit der gefährlichsten Quelle seiner Bosheit und Aggressivität entrissen.

Die entscheidende Rückfrage gilt jedoch der Herkunft und Motivation des Sühnegedankens. Er drang, wie schon *Nietzsche* erkannte, erst nachträglich in das Christentum ein, in erster Linie wohl durch die Mitglieder der Priester-gruppe, die sich (nach Apg 6,7) der jungen Christengemeinde anschlossen und mit ihrem Wissen um den jüdischen Opferkult die »erlösende« Antwort auf die die Christen der ersten Stunde bedrängende Frage mitzubringen schienen, warum Jesus sterben und warum er den entsetzlichen Kreuzestod erleiden musste. Denn eine plausiblere Antwort auf das, wie *Nietzsche* formulierte, schreckliche Fragezeichen »warum gerade so?« schien nicht anders denkbar als die sich nun geradezu aufzwingende: Er starb als das alle früheren Opfer unendlich überbietende Sühnopfer »nicht nur für unsere Sünden, sondern für die Sünden der ganzen Welt« (1Joh 2,2). Damit übernahm Jesus nicht nur die Rolle des sühnenden Stellvertreters der Menschheit vor dem Angesicht Gottes, sondern gleichzeitig auch eine psychologische Funktion: Er stand, wiederum stellvertretend, für das Bedürfnis des Menschen nach Selbstbestrafung und Sühneleistung, das seinem Sündenbewusstsein entsprungen war.[84] Durch ihn, so schien es, war das Problem, das die Sünde zwischen Gott und der Menschheit aufgeworfen hatte, auf nicht hinterfragbare Weise gelöst.

Das Defizit

Und doch krankte diese Lösung an einem mehrfachen Defizit. Zunächst an einem religionsgeschichtlichen; denn mit dem Kreuzestod seines Sohnes schien Gott (nach Joh 3,26) gerade jenes Menschenopfer gefordert und angenommen zu haben, das dem ebenso dazu aufgeforderten Abraham erlassen worden war. So gesehen fiel Gott mit dieser Forderung hinter eine von ihm selbst überschrittene Schwelle zurück, ja er schien, radikaler noch gefolgert, den Weg wieder dazu freigegeben zu haben, dass Menschen für die Sache der Religion »geopfert« wurden. Konnten sich dann aber nicht jene insgeheim gerechtfertigt fühlen, die der religiösen Sache mit geistiger und physischer Gewalt Bahn zu brechen suchten? Wie aber verhielt sich das mit dem nachdrücklichen Einspruch dessen, der als einzige Gewalt die der »Gewalttäter« anerkannte, die (nach Lk 16,16) das Gottesreich an sich zu reißen suchen?[85]

Doch diesem ersten Rückfall entsprach ein ungleich schwererer, der das Verhältnis des Sühnegedankens zur Umkehrpredigt Jesu betrifft. Sie proklamierte die Heraufkunft des Gottesreichs und band die Zugehörigkeit zu ihm ausschließlich an die Bereitschaft der Hörer zum Sinneswandel und zum Glauben. In diesem Sinne fasst der Markus-Evangelist den Beginn der Heilsverkündigung Jesu in die Worte zusammen:

Als Johannes ins Gefängnis geworfen worden war, durchzog Jesus das galiläische Land und sprach: Die Zeit ist erfüllt und das Reich Gottes nahegekommen. Kehrt um und glaubt an die Heilsbotschaft! (Mk 1,14ff.).[86]

Nichts deutet darauf hin, dass Jesus im Fortgang seines Wirkens dessen Effizienz mit der Bedingung seines Opfertodes verbunden hätte, oder dass Umstände eintraten, die ihn nötigten, sein Leben, wie es der Sühnegedanke will, in die Waagschale seines Wollens zu werfen. Auch der Massenabfall, der zweifellos als die schwerste Zäsur im Wirken Jesu zu gelten hat, bot dafür keinen Anlass. Zwar zogen sich die Wolken des Todesverhängnisses von diesem Zeitpunkt an immer bedrohlicher über ihm zusammen. Doch besagt das keineswegs, dass er die Akzeptanz seines Schicksals mit seiner Verkündigung verknüpft hätte; vielmehr spricht diese unverändert aus seinem angesichts des nahen Todes gesprochenen Verheißungswort, wonach er die Mahlgemeinschaft mit seinen Jüngern nicht länger aufrechterhalten könne, dass er sie aber im kommenden Gottesreich aufs Neue aufnehmen werde (Mk 14,26).[87]

Wohl aber überlagerte der Sühnegedanke in der späteren Auslegung die Verkündigung Jesu in einer Weise, dass der Zugang zum Heil nun ausschließlich an seinen Opfertod, nicht mehr jedoch an die Glauben erweckende Kraft seiner Proklamation des Gottesreichs gebunden schien. Vermutlich hatte das überdies die Folge, dass der Sinn für die einzigartige Sprachleistung Jesu verkümmerte und die von ihm geschaffene Welt der Gleichnisse nicht mehr als das Medium der Einübung – und geistigen Einbürgerung – in das von ihm gleicherweise proklamierte wie verkörperte Gottesreich begriffen wurde.[88]

Wenn aber das anzunehmen ist, kommt auch ein drittes Defizit zum Vorschein, demzufolge die Satisfaktionstheorie insgeheim einen Immunisierungseffekt verfolgt. Dann müsste ihm allerdings ein unterschwelliges Wissen um das zugrunde liegen, was im Fall der Suspendierung des Satisfaktionsgedankens zwischen Gott und der Welt geschehen oder doch denkbar werden konnte. Auf eine solche Ahnung deutet der Schluss von Anselms ›Cur Deus homo?‹ hin, wenn er Gott in eine Zwiesprache mit dem Sünder treten lässt, die, als Vollzug genommen, einer Aufhebung der ganzen Argumentationsfigur nahekommt, weil sie den Sühnegedanken zugunsten einer mystischen Begegnung hinter sich lässt. So wirkt schon Gottes Aufforderung: »Nimm hin meinen Eingeborenen und gib ihn für dich!« Erst recht aber spricht dafür der Fortgang des Wechselgesprächs, in das sich nun der Geopferte selbst mit dem Ansinnen einmischt: »Nimm mich hin und erlöse dich!« (II, c. 20).

Es gehört zu den tragischen Seiten der Theologiegeschichte, dass die Vertreter der Satisfaktionslehre Anselm nur bis in seine Argumentation, nicht aber bis zu diesem Höhepunkt folgten, wo er die Leiter, auf der er emporgestiegen war, abwirft, um unbeschwert von der Form des Aufstiegs in die Dimension des von ihm zuletzt erreichten Gottesverhältnisses einzutreten. Ursache dessen war die Nachwirkung der im Grunde schon gesprengten Fessel, die das Heil an das Sündenbewusstsein band und das eine nur als Aufhebung des anderen denkbar erscheinen ließ, zweifellos aber auch die Suggestion, welche die neuerdings in Umlauf gekommene pessimistische Einschätzung des Menschen angesichts der grauenhaften Anhäufung von Gewalt und Morden im zurückliegenden Jahrhundert ausübte. Dazu kam – und darin besteht der angenommene Immunisierungseffekt –, dass der auf den Zwiespalt im Gottes-, Welt- und Selbstverhältnis des Menschen abgestimmte Satisfaktionsgedanke diesen von dem abschirmte, was bei dessen Suspendierung mit aller Macht zum Vorschein gekommen wäre: seine Herausforderung durch den auf die Verwandlung der gesamten Lebenswelt drängenden Gott der bedingungslosen Liebe. Wenn es dagegen bei dem alten Zwiespalt blieb, verblasste die Strahlkraft dieses Gottesbildes und schwand die von ihm ausgehende Insinuation, sofern der religiöse Akt dann nicht geradezu auf eine Bestätigung des Bestehenden hinauslief.

Indessen wird dieses dreifache Defizit bei weitem von einem letzten überboten, das sich daraus ergibt, dass sich die Deutung des Kreuzestodes als Sühnopfer über die göttliche Interpretation hinwegsetzte, die dieser Tod durch die Auferstehung Jesu erfuhr.[89] Denn durch die Auferstehung wurde der Gekreuzigte nicht nur auf einzigartige Weise gerechtfertigt; sie erwies seinen Tod auch, wie dies Paulus in seiner Damaskusstunde erfuhr, als einen Gipfel der göttlichen Selbstoffenbarung. Durch sie gab Gott dem Kreuzestod

Jesu die authentische Deutung, die in dem blutigen Text des Kreuzes (nach 2 Kor 4,6) sein Wesensgeheimnis, die bedingungslose Liebe, aufscheinen ließ. Nur in Form einer Mutmaßung lässt sich freilich die Tatsache erklären, dass diese göttliche Interpretation von der scheinbar plausibleren des Opfertodes überlagert und von diesem aus dem Glaubensbewusstsein verdrängt wurde. Wie konnte es dazu kommen?

Grundsätzlich geantwortet: weil eine zweckhafte Erklärung unmittelbarer einleuchtet als eine strenge Sinndeutung. Demgegenüber wird eine genetische Erklärung von der sich aus unterschiedlichen – psychologischen wie kommunikationstheoretischen – Gründen verzögernden Rezeption des Osterglaubens auszugehen haben. Darauf könnte die »Schwerfälligkeit« und »Herzenshärte« hinweisen, die der Auferstandene den von seiner Erscheinung überrschten Jüngern wiederholt zum Vorwurf macht. Darauf dürfte aber auch der Umstand zurückzuführen sein, dass sich der Prozess der Versprachlichung des Osterereignisses nur stufenweise vollzog, da für das, was in dieser Welt der Todverfallenheit noch nie der Fall war, keine angemessene Vokabel bereitstand, so dass zunächst von »Offenbarung« (Gal 1,16), sodann von »Erhöhung« (Phil 2,9) gesprochen wurde, bis sich schließlich der Endbegriff »Auferstehung« einstellte.[90] Solange dieser Prozess nicht abgeschlossen war, fehlte aber der volle Impuls, der zur systematischen Erinnerung an den historischen Jesus bewog und zur Entstehung jenes Lebensbildes führte, dessen die göttliche Interpretation bedurfte, um wirklich verstehbar zu sein. Da die Verzögerung aber, wie die gegenwärtige Krise des Osterglaubens zeigt, noch immer anhält, müssen durchschlagende Gründe angeführt werden, die zum Abwurf der erwähnten Fesseln bewegen. Spiegelbildlich zur Reihenfolge, in der von ihnen die Rede war, seien zunächst der zentral-theologische und dann ein anthropologischer Beweggrund angeführt.

Das Zentralereignis

Wenn die Lehre von der Kanonizität und Inspiration der neutestamentlichen Schriften einen hermeneutischen Sinn hat, dann gewiss den, dass sie auf ihre Mitte hin gelesen werden müssen. Die aber bildet zweifellos die Gottesverkündigung Jesu, weil sein Werk nur dann über eine eigene religiöse Identität verfügt und weil aus diesem nur dann eine eigenständige Weltreligion hervorgehen konnte, wenn er der Menschheit zu einem neuen Gottesverhältnis verhalf.

Zu einem neuen Gottesverhältnis aber sah sich Jesus ebenso durch seine Gebetserfahrung wie durch die politische Situation seines Volkes gedrängt. Durch diese, sofern es für ihn darum ging, den Zeloten, die nach seiner Voraussicht im Begriff standen, Israel ins Verderben zu stürzen, den religiösen Vorwand ihres Freiheits- und Rachekampfes aus der Hand zu schlagen und sein Volk dadurch vor dem absehbaren Untergang zu bewahren.[91] Die ungleich tiefere Motivation bestand jedoch in seiner Gebetserfahrung, über die die ersten Vaterunserbitten den verlässlichsten Aufschluss geben.[92] Im Licht der Bitte um die Heiligung des göttlichen Namens muss ihm deutlich geworden sein, dass Gott von ihm mit jenem Namen angerufen werden wollte, der in seinem Mund einen völlig neuen Klang und Sinn gewann und den er schließlich seinem Modellgebet voranstellte: mit der Zärtlichkeitsanrufung »Abba – Vater«.[93] Damit fasste er das Gottesverhältnis, in das er sich hineingenommen wusste, in den einzig zutreffenden Ausdruck; denn mit dieser Anrede führte er die menschliche Gottesbeziehung in jene ungeahnte Dimension, die, jenseits aller Sehnsüchte und Erwartungen, von der alternativelosen Liebe Gottes ausgemessen war.

Zusammen mit der politischen Motivation veranlasste ihn das zu jenem Eingriff in das traditionelle Gottesbild der Menschheit, der ihn zum größten Revolutionär der Religionsgeschichte werden ließ. Im Zug dieser wahrhaft ›sanften‹ Revolution beseitigte er den Schatten des Grauen- und Schreckenerregenden aus dem Bild des gleicherweise »grausamen und gütigen« Gottes, von dem noch Martin Buber am Schluss seiner ›Reden über das Judentum‹ gesprochen hatte, um darin statt dessen das Antlitz des bedingungslos liebenden Vaters zum Vorschein zu bringen.[94] Deshalb tilgt er den »Tag der Rache« ersatzlos aus der jesajanischen Verheißung, die er in sich selbst erfüllt sieht (Lk 4,19), und deshalb fordert er Feindesliebe, indem er auf den Gott verweist, dessen Güte sogar die »Undankbaren und Bösen« umfängt (Lk 6,35).[95]

Auf diese ethische Konsequenz folgt eine zweite, institutionskritische, die das Schlüsselwort umschreibt: »Der Sabbat ist für den Menschen da und nicht der Mensch für den Sabbat« (Mk 2,27), ein Wort, das wie in einem Vorgriff auf

Kants kategorischen Imperativ den Menschen zum Selbstzweck erklärt und ihn dadurch in die Freiheit von allen gesellschaftlichen Bindungen und Zwängen entlässt. Auf Jesus selbst zurückbezogen, legt dieses Wort eine dritte Konsequenz nahe, die sich jetzt auf das Erlösungsverständnis und damit auf die entscheidende Fessel in Gestalt der Satisfaktionslehre bezieht. Denn wie konnte der Gott der bedingungslosen Liebe, in dem (nach 1Joh 1,5) »keine Finsternis«, am wenigsten die der Rache und Strafgerechtigkeit ist, von seinem vielgeliebten Sohn den Kreuzestod fordern, und, falls er dies doch verlangt hätte, welche Genugtuung konnte er angesichts seiner Todesqualen empfinden? Das ist die Frage, die sich umso dringlicher stellt, als unter allen Analogien zwischen Schöpfer und Geschöpf keine so wenig von der Unvergleichlichkeit Gottes beeinträchtigt wird wie die der menschlichen Vaterliebe.

Zweck und Sinn

Dass so weitergefragt werden konnte, ist die Folge des zweiten – anthropologischen – Grundes, der sich aus dem Todesverständnis ergibt, das sich unter dem Eindruck des massenhaften Sterbens im 20. Jahrhundert entwickelte. Es kulminiert in der Einsicht, dass der Tod als das integrierende Endereignis des Menschenlebens zu gelten hat und dass er deshalb zweckenthoben, als reiner Selbstzweck begriffen werden muss. Einem Zweck unterworfen, verlöre er, zusammen mit der in ihm auslaufenden Lebensgeschichte, seine Bedeutung und seine Würde. Denn im Tod kommt, so die Schlussfolgerung aus dieser Erkenntnis, der Sinn eines Menschenlebens definitiv zum Vorschein.

Mit dem Satisfaktionsgedanken wurde nun aber im Gegensatz dazu eine Zweckbestimmung an den Tod Jesu herangetragen, die seinen Sinn verdeckte. Wird sie auch nur versuchsweise aufgehoben, so leuchtet dieser Sinn spontan auf. Denn in dem Gott, den Jesus für sein Volk und für die Menschheit entdeckte, spiegelt sich das, was er lebte und war. Wenn Fichte meinte, dass die Philosophie eines Denkers letztlich davon herrühre, was für ein Mensch er sei, darf auch von der Gottesverkündigung Jesu auf seinen Lebens- und Selbstvollzug zurückgeschlossen werden. Dann aber entsprach der Gott der bedingungslosen Liebe, den er wie eine Sonne über der in Todes- und Gottesangst befangenen Welt aufgehen ließ, seinem Leben der vorbehaltlosen Hingabe an Gott, an seine Sendung und an die Menschen, die durch diese für Gott gewonnen werden sollten. Sein Tod war die definitive Enthüllung des Gottes, dem er (nach Röm 6,10) lebte. Wie der ambivalente Gott der religiösen Tradition dem gebrochenen Selbstverständnis des Menschen entsprach, spiegelt sich in dem Gott der bedingungslosen Liebe seine Selbstfindung in Akten der Entäußerung und Übereignung. Deshalb verschmolz in seiner Todeshingabe das, was er war, mit dem, wofür er lebte. Als er sterbend die Summe aus seinem Leben und Wirken zog, ging der neue Gott, den er ans Licht gehoben hatte, wie eine unsichtbare Sonne über der Welt, die ihn ans Kreuz geschlagen hatte, auf.[96]

Die Fulguration

Wenn der Tod das ratifiziert, was ein Mensch war und lebte, bringt der Kreuzestod Jesu den Sinn seines Lebens zum Vorschein, und dies in der für die Sinnerschließung angemessenen Form. Denn der Sinn kann nur entdeckt und gefunden werden, sofern er sich darstellt, klärt und zeigt. Doch dafür bietet sich kein Begriff so unmittelbar an wie der der »Fulguration«, mit dem *Konrad Lorenz* im Rückgriff auf den Sprachgebrauch der Mystik »den Vorgang des In-Existenz-Tretens von etwas vorher nicht Dagewesenem« im biologischen Evolutionsgang zu verdeutlichen sucht.[97] Die Umschreibung trifft in gesteigerter Weise auf die Sinnenthüllung im Tode Jesu zu. Denn sie markiert nicht nur die Art des Vorgangs, den sie als ein aufblitzendes In-Erscheinung-Treten bezeichnet, sondern verweist mit der Betonung des vorher noch nicht Dagewesenen auch schon auf seinen Inhalt. Im Aufleuchten seiner Liebe, die sich im Modus vorbehaltloser Selbstübereignung vollzog, ereignete sich das, was in dieser Welt der Interessen, der Selbstsucht, der Rivalitäten, der Aggressionen und des Hasses noch nie der Fall war: der Einbruch eines Prinzips, das dazu im kontradiktorischen Gegensatz stand und als solches darauf ausging, diese Welt der Negativität und des Vergehens auf die Basis einer reinen Positivität zu stellen – der Einzug des Prinzips Liebe. Wenn *Nietzsche* in der Parabel vom ›tollen Menschen‹ von einer höheren Geschichte spricht, »als alle Geschichte bisher war«, trifft er damit nicht, wie er meinte, die Konsequenz des von ihm proklamierten Todes Gottes, wohl aber die des Kreuzestodes Jesu, der, so gesehen, als der Elementar- und Gründungsakt dessen erscheint, was der Begriff »Reich Gottes« als Daseinsentwurf umreißt.

In dieser Bedeutung ist die am Kreuz Jesu sich manifestierende Liebe freilich erst dann zu ersehen, wenn sie in ihrer todüberwindenden Effizienz, und das besagt, als Beweggrund seiner Auferstehung, begriffen wird. Denn in dieser Sicht kommt die in ihr waltende Heilsmacht Gottes zum Vorschein. Wie diese Macht den Sterbenden in ihre Wirklichkeits- und Lebensfülle aufnimmt, so zieht sie die von seiner Liebe umfangene Menschenwelt zu sich empor. Für die Welt bedeutet das ihre Verwandlung in die Seinsform des Gottesreiches, für die Menschen die Erhebung zur Gotteskindschaft. Darin besteht die ›Fruchtbarkeit‹ dieser Liebe, von der das Bildwort von dem sterbenden und zu reicher Frucht erstehenden Weizenkorn (Joh 12,24) spricht.

Die Bewegung

In seinem Rückblick sprach Albert Schweitzer davon, dass in die vom Felsen der Kirchenlehre losgekettete Gestalt Jesu »Leben und Bewegung« gekommen, dass er dann aber an unserer Zeit vorübergegangen und in die seine zurückgekehrt sei. Nachdem der Gedankengang zunächst darauf ausging, die beiden wirksamsten Fesseln zu sprengen, stellt sich nunmehr die Frage, ob tatsächlich Leben und Bewegung in die Gestalt des Losgeketteten kam und, sofern dies eintrat, wohin ihn die in Gang gekommene Bewegung führte.

Die Antwort kann nur dort ansetzen, worauf das Ereignis der im Tod Jesu manifestierten Liebe letztlich hinausläuft: bei seiner Auferstehung, und dies umso mehr, als sie sowohl im allgemeinen Glaubensbewusstsein als auch innertheologisch ins Zwielicht geraten ist. Dort, sofern sie von einer erschreckend hohen Anzahl von Christen gegen die asiatische Reinkarnationsvorstellung ausgetauscht wird; hier, sofern eine Tendenz zur Marginalisierung ihrer Bedeutung für die Konstituierung des Glaubens festzustellen ist.[98] Dem kann nur mit Entschiedenheit die insbesondere von Paulus bekräftigte Zentralstellung der Auferstehung entgegengehalten werden, der ebenso konstitutive Bedeutung für die Ausgestaltung des Glaubens wie für den Aufbau der Kirche zukommt. Für diesen, sofern die im paulinischen Zeugenkatalog (1Kor

15,3–8) namentlich genannten Kephas und Jakobus die Spitzenpositionen in der Urgemeinde einnahmen und damit die hierarchische Kirchenstruktur begründeten. Vor allem aber für die Signatur des Glaubens, da der scheinbar am Kreuz Gescheiterte und von Gott Verworfene durch die Auferstehung ins Licht höchster religiöser Bedeutsamkeit trat, so dass von nun an Würdeprädikate wie »Menschensohn«, »Messias«, »Gottessohn« und »Kyrios« von ihm ausgesagt werden konnten. Jetzt wurde der verkündigende Jesus zum verkündigten Christus, der »Wegbereiter des Glaubens«, wie ihn der Hebräerbrief (12,2) nannte, zu dessen Inhalt und Gegenstand und der Lehrer seiner Jüngergemeinde zum Inbegriff der Lehre.[99]

Doch dieser Prozess führte nicht nur zur Strukturierung der Lehre, sondern ließ in der Folge auch den Auferstandenen selbst zu deren, wenngleich zentralem Gegenstand werden. Das brachte es schließlich mit sich, dass die Qualität des Glaubens mehr an der Richtigkeit der von ihm ausgesagten Prädikationen als am existentiellen Verhältnis zu ihm bemessen wurde. Eine Tendenz zur Verfestigung überlagerte die Kreativität des Glaubens und die lebendige Kommunikation der Glaubenden. Doch dabei konnte und durfte es nicht bleiben, wenn der Glaube nicht Gefahr laufen wollte, mit einer Ideologie verwechselt und schließlich als solche ausgegeben zu werden.

Kaum etwas spricht so sehr für den Wahrheitswert der paulinischen Rede vom mystischen Christusleib und des damit angesprochenen organischen Kräftespiels im Lebensvollzug der Glaubensgemeinschaft wie die Tatsache, dass schon in neutestamentlicher Zeit eine Gegenbewegung in Gang kam, die auf den Widerruf der Vergegenständlichung abzielte. Sie fand ihre programmatische Bezeugung im Eingangswort des Ersten Johannesbriefs, das sich weder auf das Erlebnis der Osterzeugen noch auf das Ereignis der Inkarnation (*Schnackenburg*) bezieht, sondern signifikante Erfahrungsweisen des in den Seinen fort- und auflebenden Christus bezeichnet. Wenn diese in einem Vernehmen, Schauen und Ertasten des Auferstandenen bestehen, wie dies das in diesem Eingangswort redende Kollektiv versichert (1Joh 1,1–3),[100] entspricht das vollauf der dreifachen Umschreibung, mit der Paulus von der an ihn ergangenen Gottesoffenbarung (Gal 1,16), von der Schau des Auferstandenen (2Kor 4,6) und von seinem Ergriffensein durch ihn (Phil 3,12) spricht, um sein Damaskuserlebnis zu verdeutlichen. Doch bezieht es sich jetzt auf den Reflex der österlichen Erfahrungsweisen in der Spiritualität der Nachgeborenen, denen zu jener Gleichzeitigkeit mit dem Heilsgeschehen verholfen werden muss, in der *Kierkegaard* den mystischen Fundamentalakt des Glaubens, verstanden als die Überwindung des garstigen breiten Grabens (*Lessing*), des sich ständig vergrößernden Zeitabstandes, erblickt.[101]

Die erfragte Bewegung zeichnet sich ab, sobald man den Vorgang von seiner Gegenseite, also vom Geglaubten her, angeht. Dann zeigt sich im Spiegel der drei Erfahrungsweisen, dass eine umfassende Inversion in Gang kam, durch die sich der Prozess der Verfestigung umzukehren beginnt. Jetzt will der Verkündigte wieder neu zu Wort kommen; jetzt bewegt der Geglaubte wieder – mehr als alle auf ihn angesetzten Argumente – zum Glauben; und jetzt beginnt der zur Lehre Festgeschriebene wieder zu lehren, zwar nicht wie damals auf dem Berg der Seligpreisungen und in der Säulenhalle Salomons, wohl aber durch die Stimme des inwendigen Lehrers.[102]

In alledem aber öffnet sich der Schrein der Vergegenständlichungen zu neuer Selbstvergegenwärtigung des von ihm Umschlossenen. Die Spuren dieser »Egression« sind freilich schwer auszumachen. Aber Vorgänge wie die Neuentdeckung Jesu im Glaubensbewusstsein der Gegenwart, das Viele bewegende Verlangen nach Glaubensmystik und die Wiederentdeckung der Kreativität des Glaubens deuten darauf hin, dass seine Anwesenheit fühlbar und seine Stimme hörbar zu werden beginnt. Das sind erste Symptome, nicht mehr. Und doch zeigen sie einem jeden, der sehen will, dass der Glaube lebt und, ungeachtet aller Rückschläge, seiner größeren Zukunft entgegengeht.

6. Auch ihr werdet leben!

Die Frage

»Wer bist du?«, ist Jesus nach der exzessiven Deutung *Martin Bubers* von seinem hohepriesterlichen Richter gefragt worden, so wie er selbst an der Wegscheide seiner Lebensgeschichte die Jünger nach seiner Identität gefragt hatte.[103] Jetzt aber sind wir es, die ihm dieselbe Frage, wenngleich in ganz anderer Erwartung, stellen. Und anders als damals lautet seine Antwort. Nicht mehr prospektiv, im Ausblick auf seine österliche Erhöhung, sondern aus der Position des endzeitlich Erhöhten, also so, wie es die Eingangsvision der Apokalypse zum Ausdruck bringt und wie es das Oratorium von *Franz Schmidt* ›Das Buch mit den sieben Siegeln‹ erklingen ließ:

> *Ich bin das A und das O, der Anfang und das Ende, der Erste und der Letzte.*[104]

In der Vision trägt er ein Diadem aus sieben Sternen in seiner Rechten. Mit diesem Wort beansprucht er somit, dass ihm, zusammen mit dem Siebengestirn der kleinasiatischen Gemeinden, die ganze Welt vom Anfang bis ans Ende ihrer Geschichte in die Hand gelegt ist. Was ist damit tatsächlich gesagt?

Das kann nur beantwortet werden, wenn zuvor der Hintergrund der Frage ausgeleuchtet und ihre Veranlassung geklärt wird. Und das bezieht sich auf den Ort und das Recht dieser Frage. Was ihren Ort betrifft, so besteht er in jener Innerlichkeit, die durch die mystische Einwohnung »eröffnet« und »bezogen« wurde, also in der für Paulus selbstverständlichen, nach *Gottlieb Söhngen* in der Gegenwartstheologie jedoch weithin vergessenen Tatsache, dass das Ziel der Auferstehung Jesu dessen Einwohnung im Herzen der Seinen ist; denn die traditionelle Antwort »aufgefahren in den Himmel, er sitzt zur Rechten Gottes, des allmächtigen Vaters« bezieht sich, mit einer hermetischen Gottesformel gesprochen, auf jene »Sphäre«, »deren Umkreis nirgendwo und deren Zentrum überall ist«.[105] Mit der Bestimmung dieses Ortes klärt sich aber auch der Anlass und damit das Recht der Frage. Ihr Hintergrund ist nach alledem die durch die Einwohnung des Erhöhten gewonnene neue Identität, die unwillkürlich die Erinnerung an den durchschnittlichen Identitätsgewinn und das Erwachen zum personalen Selbstbewusstsein weckt.

Die Bewusstwerdung

Nach unvordenklicher, zumindest bis auf Platon zurückreichender Ansicht besteht der Urakt der Bewusstwerdung in einem Akt des Staunens darüber, dass etwas ist und nicht nichts (*Leibniz*). Doch dem Staunen ist, wie der Ausdruck »starr vor Staunen« beweist, ein Moment der Erstarrung beigemischt, das auf einen tieferen Ursprung zurückweist (*Rosenzweig*), auf ein elementares Erschrecken und ein Erlebnis der Angst, und zwar Angst in ihrer Radikalform als Todesangst. Denn noch bevor sich der Denkende im Begreifen, dass etwas ist, an etwas festzuhalten vermag, fühlt er sich in das von ihm zunächst erlebte Nichts zurückgestoßen, so dass ihm der Ansatz zu seinem »Ich« unwillkürlich zu einem Notschrei, einem ›De profundis‹, gerät. Doch dieser Notschrei verhallt, wie *Nikolaus von Kues* auf einem Höhepunkt seiner Meditation ›Vom Sehen Gottes‹ deutlich machte, nicht ungehört. Ihm antwortet vielmehr ein rettender Zugriff, den der Kusaner mit den Worten umschreibt:

Sei dein eigen, dann bin auch ich dein eigen (c. 7,25).

Das aber ist die Ermutigung, der Todesdrohung durch einen Akt bewusster Selbstbehauptung zu begegnen, dem ein transzendenter Beistand zu Hilfe kommt. Auftauchend aus dem Meer der Angst nimmt der zu sich selbst Erwachende dann das wahr, was nach philosophischer Deutung das Primordialerlebnis seiner Bewusstwerdung ist: dass Seiendes ist und nicht nichts, und dass es als solches zum Inhalt seiner staunenden Erkenntnis wird. Jetzt befällt ihn nicht mehr die nach Rosenzweig mit seinem Staunen einhergehende Erstarrung, weil er diese, der Angst entronnen, bereits hinter sich ließ. Von der Erstarrung blieb lediglich ein »Rest« in Form der Vergegenständlichung, in der es des Wahrgenommenen ansichtig wird. Doch diese These einer der Bewusstwerdung zuvorkommenden Angstüberwindung ist von einer religiösen Hypothek belastet, die gelöscht werden muss, wenn sie überzeugen soll.

Die Einwohnung

Das könnte auf dem von Cusanus angedeuteten Weg der Dogmatik geschehen, die das Gesagte auf den Schöpfungsakt zurückführen und von dorther glaubhaft machen müsste. Doch verheißungsvoller ist der Weg der Mystik, der unmittelbar ins Zentrum des christlichen Existenzaktes führt. Dort wird der Bann der Angst durch die Einwohnung dessen gebrochen, der gekommen ist, um diejenigen zu erlösen, die ein Leben lang das Joch der Todesfurcht getragen (Hebr 2,15) und ihr Dasein im Schatten der Angst verbracht haben. Dass das zentral auf die Gottesentdeckung Jesu, konkreter noch gesprochen, auf seine ehrfürchtig-zärtliche Abba-Anrufung zurückgeht, sagt Paulus in dem Schlüsselwort des Römerbriefs (8,15), der den Stand der Heteronomie durch die Erhebung zur Gotteskindschaft überwunden sieht.[106]

Doch hier wird immer noch vorausgesetzt, was erst bewiesen werden muss; denn wie wird der Mensch zum Gotteskind? Formal gesprochen dadurch, dass ihn Gott, ungeachtet seiner Hinfälligkeit, Versuchlichkeit und Schwäche an sein liebendes Herz zieht und ihm dadurch zu einem naturhaft nicht erreichbaren Selbstverhältnis verhilft, inhaltlich gesehen durch die Einwohnung Christi in den Seinen. Doch wenn diese auch, wie *Söhngen* beklagte, zu einem der vergessenen Gegenstände der Gegenwartstheologie herabsank, ist doch nur dadurch die Frage nach dem Grund christlicher Angstüberwindung zu beantworten. Denn damit nimmt der vom geängsteten Menschenherzen Besitz, dessen lebensgeschichtliche Großtat in der Entdeckung des vorbehalt- und bedingungslos liebenden Gottes bestand und der nun als dessen leibhaftige Vergegenwärtigung das Joch der Angst und Todesfurcht zerbricht.

Als Grundpfeiler der Mystik aber wurde die Einwohnung, zusammen mit dem Motiv des Umfangenseins von Christus, wie die von *Adolf Deissmann*, *Albert Schweitzer* und *Alfred Wikenhauser* repräsentierte Paulusforschung der ersten Hälfte des vorigen Jahrhunderts nachwies, durch den Protagonisten der christlichen Mystik Paulus herausgestellt, der seine mystische Lehre sowohl auf das »in Christus« wie auf die Gegenvorstellung des »Christus in uns« begründet.[107] Er sieht nach dem Zeugnis seiner Briefe beide Motive in engster Korrespondenz, so dass sich das Umgriffensein als Horizont der Einwohnung und diese als das Zentrum der umgreifenden Sphäre darstellt. Beides aber bezieht sich, philosophisch gesehen, auf die mittelalterliche Formel von der unendlichen Sphäre und dem Allmittelpunkt, die ebenso das göttliche »Alles in allem« (1Kor 15,28) wie das All des Seienden, also die Welt, bezeichnet. Was aber hat die Einwohnung mit der Welt zu tun?

Der Weltbegriff

Auf diese Frage, in der nun doch die zunächst beiseite geschobene Dogmatik zu ihrem Recht kommt, antwortet Paulus zunächst grundsätzlich:

> Alles gehört euch ... Welt, Leben und Tod, Gegenwart und Zukunft; alles gehört euch. Ihr aber gehört Christus und Christus Gott (1Kor 3,21).[108]

Wie aber der Weltbesitz der zu Christus Gehörenden zustandekommt, deutet er in seinem »optischen« Damaskuszeugnis an, das die Frage auf den kosmischen Aspekt der Auferstehung Jesu zurückführt:

> Gott, der gesagt hat »es werde Licht«, er hat es auch in unsern Herzen tagen lassen, zum strahlenden Aufgang der Gottesherrlichkeit auf dem Antlitz Christi (2Kor 4,6).[109]

Im Licht der Präexistenzaussage von »unserm Herrn Jesus Christus, durch den alles ist und durch den auch wir sind« (1Kor 8,6) gelesen, wird in diesem auf den Schöpfungsbericht zurückblickenden Zeugnis die Geschichte von der Entstehung der Welt aufs Neue aufgerollt, gestützt auf den Gedanken, dass »in Christus weder Beschnittensein noch Unbeschnittensein etwas gilt, sondern allein die neue Schöpfung« (Gal 6,15). Die auf das brüchige Fundament der universalen Todverfallenheit gegründete Welt gewann in dem ein neues und ungleich stabileres Fundament, der durch seine Auferstehung diesem Gesetz entrissen und als »Erstgeborener von den Toten« (Kol 1,18) in das unverlierbare Gottesleben und damit in den Inbegriff der Wirklichkeit aufgenommen wurde. Dadurch gewann alles einen neuen Stellenwert und eine neue Konsistenz, so dass der Kolosserbrief vom Auferstandenen sagen kann:

Alles ist in ihm und durch ihn geschaffen, was im Himmel und was auf Erden ist, das Sichtbare wie das Unsichtbare: Throne, Herrschaften, Mächte und Gewalten; alles ist durch ihn und auf ihn hin geschaffen. Er aber ist vor allem und das All hat in ihm Bestand (Kol 1,16f.).[110]

Mitgesagt ist in alledem, dass auch das menschliche Dasein darin eine Neubegründung erfuhr, so dass die Klage des Apostels über die allgemeine Todverfallenheit (Röm 7,24) nicht unbeantwortet verhallte.

Das Geschichtsbild

Bevor diese Spur verfolgt werden kann, muss jedoch der Frage nachgegangen werden, ob die Aussage über den Kosmos auch auf die anderen Bereiche zutrifft, in die der Weltbegriff in seiner neuzeitlichen Deutung abgewandelt wurde. Nach *Giambattista Vico* bezog er sich unter dem Eindruck des erwachenden Geschichts- und Gesellschaftsbewusstseins fortan nicht mehr auf das von den Naturwissenschaften erforschte Universum, sondern auf die »ganz gewiss vom Menschen gemachte« Menschenwelt, den mondo civile der sich geschichtlich gestaltenden und umgestaltenden Menschenwelt.[111] Es liegt in der Natur dieser Entwicklung, dass darauf von der im Kosmosdenken befangenen Antike und damit auch vom frühen Christentum keine Antwort zu erwarten ist. Immerhin bricht Paulus im Römerbrief mit der – von ihm schon in der Korrespondenz mit Korinth verneinten (1Kor 7,31) – Vorstellung von einer ewig in sich kreisenden Welt, wenn er diese in Wehen liegen und sehnsüchtig ihrem Ziel »der Freiheit der Gotteskinder« entgegenstreben sieht (Röm 8,20ff.).[112]

Die dem Gewicht der Frage angemessene Antwort ergab sich jedoch erst aus dem zunächst lebensgeschichtlich und zuletzt zeit- und weltgeschichtlich entfalteten Einwohnungsmotiv. Das erste verdeutlicht die schon wiederholt angeführte Stelle aus dem Hoheliedkommentar des Kappadokiers *Gregor von Nyssa*, die von dem »in uns geborenen«, heranwachsenden und zur Vollgestalt heranreifenden »Kind Jesus« spricht.[113] Es ist das die von *Guardini* als »unerhört« empfundene Vorstellung, dass sich die Lebensgeschichte Jesu in individualgeschichtlicher Abwandlung im Glaubenden wiederholt, so dass er in einem jeden aufs Neue geboren wird, um in ihm zu reifen und schließlich das volle Alter der Mündigkeit zu erreichen.[114] Aber auch, wie dem hinzuzufügen ist, um in ihm zu lehren, zu kämpfen, zu leiden, zu sterben und zu neuem Leben aufzuerstehen. Ungleich kühner ist jedoch die Umsetzung dieser »Ontogenese« in die weltgeschichtliche »Phylogenese«, für die sich *Gertrud von le Fort* in ihrem dichterischen Werk, vermutlich auf Grund einer Anregung *Erich Przywaras*, ausgesprochen hat. Danach haben auch die geschichtlichen Epochen ihr mystisches Formgesetz in der Lebensgeschichte Jesu, so dass die eine im Frühlicht der Menschwerdung, die andere im Dunkel von Getsemani, eine dritte in der Nacht von Golgota steht, während über anderen die Morgenhelle der Auferstehung aufgeht und wieder andere von Vorboten des Weltgerichts erschüttert werden.[115] Das kommt aber auch einer Aussage über den Gang der Glaubensgeschichte gleich. Danach ist diese, ungeachtet ihrer inhaltlichen Kontinuität, einem permanenten Wandel unterworfen, der sein innerstes Formgesetz im Gang der Lebensgeschichte Jesu und ihrer zeitgeschichtlichen Brechung hat. Doch damit tritt auch schon ein dritter Aspekt des Weltbegriffs in den Vordergrund, der die geistige und kulturelle Welt betrifft und nun gleichfalls unter christologischem Gesichtspunkt befragt werden muss.

Die Geisteswelt

Auf diesem Feld hinkt die Entwicklung noch weiter zurück als auf dem des gesellschaftlich-geschichtlichen Weltbegriffs, da sich das Bewusstsein, in das Netz einer universalen Kommunikation und freier Verfügbarkeit aller Geisteswerke eingebunden zu sein, erst im Gefolge der rapide eskalierenden Medienszene konstituiert. Von der bereits absehbar gewordenen Macht der damit anvisierten Entwicklung vermittelt aber die heftig diskutierte These *Samuel Huntingtons* einen Begriff, wonach die Ursachen künftiger Kriege nicht mehr in ökonomischen oder imperialen Interessenkonflikten, sondern im »Zusammenprall der Zivilisationen«, also in geistig-religiösen Spannungen, zu suchen sind. Wenn man davon ausgeht, dass die Metaphysik zunehmend in die Technik abgewandert ist, heißt das, dass die Technik in ihrer zweifellos invasivsten Form der Medientechnik ihre philosophische Tiefenstruktur freizusetzen beginnt und zur Verlagerung des Schwergewichts der Dinge ins

Geistig-Kommunikative führt. Doch in welcher Beziehung steht das zum Einwohnungsmotiv und seinem Sinngrund? Darauf antwortet wiederum der Kolosserbrief mit dem Wunsch des in der Rolle des Apostels sprechenden Verfassers, seine Adressaten möchten zur vollen Einsicht in das in Christus bestehende Gottesgeheimnis gelangen,

in dem alle Schätze der Weisheit und Erkenntnis verborgen sind (Kol 2,2f.).[116]

Die Entsprechung zu der zuvor herausgestellten Weltbedeutung Christi springt in die Augen. Wie dort alle Kreaturen, verstanden als die Gesamtheit des Wirklichen, auf den durch seine Auferstehung zum Prinzip einer Neuschöpfung Gewordenen zurückgeführt und begründet wurden, so erscheint er jetzt als Inbegriff aller Weisheit, allen Wissens und aller Erkenntnis; denn:

Es gibt keine andere Erkenntnis als dieser eine ist, in ihm ist Anfang und Ende alles Erkennens.[117]

Mit diesem Satz bezieht *Lohmeyer* die Welt der Wissenschaft und Forschung ausdrücklich auf die Schöpfungsaussage zurück, in der der »Erstgeborene aus den Toten« im Blick auf seine Position als Seinsprinzip »der Anfang« genannt wurde (Kol 1,18). Im selben Sinn erscheint er nun auch als Prinzip und Inbegriff der geistigen Welt, der Welt der Forschens, des Wissens und der Kultur.[118] Den ebenso kühnen wie rigorosen Versuch, die prozessuale Seite dieses »objektiven Geistes« auszuleuchten, unternahm *Hegel* in seiner ›Philosophischen Weltgeschichte‹ (1822), in der er diese formal als die der Selbstauslegung des Geistes und inhaltlich als »Fortschritt im Bewusstsein der Freiheit« bestimmte.[119] Zwar schiebt er dabei alles Gegenläufige und Widerstrebende mit rigoroser Hand beiseite; doch zieht er unverkennbar mit dem – bereits prozessual gemeinten – Grundsatz des Galaterbriefs gleich, mit dem Paulus seinem Zentralbegriff von Christentum Ausdruck verlieh:

Zur Freiheit hat uns Christus befreit (Gal 5,1).[120]

Im Rückblick auf das Pauluswort von den »Wehen«, unter denen die Schöpfung ihrem Endziel entgegenstrebt, aber auch im Hinblick auf den tatsächlichen Gang der Weltgeschichte wird man auch von dieser Freiheitsgeschichte sagen müssen, dass sie ihrem Ziel nur unter Rückschlägen und Schmerzen näherkommt, dass sie aber auch wie in Paulus und den Vielen, die in seine Fußspur treten, immer wieder Förderer, Verteidiger und Märtyrer findet, die sich für das von ihr verfolgte Ziel einsetzen und dafür sorgen, dass in dieser sich immer wieder verschließenden Welt Freiräume entstehen, in denen sich der Mensch als der zur Freiheit Geborene erkennt, und in der der Glaube als die Tat der Freiheit erfahren wird. In diesen Freiräumen bestätigt sich dann aber nicht nur das Wort »die Wahrheit wird euch frei machen« (Joh 10,32), sondern auch das Recht der Umkehrung dieses Satzes. Denn Wahrheit wird nur in Akten der Selbstbefreiung von Wahnvorstellungen und, wesentlicher noch, von blind waltenden Zwängen gefunden, so dass aus alledem gefolgert werden kann, dass die gesamte Geisteswelt von ihrem Ursprung her gesehen das Werk der Freiheit ist.

Da dies auch für den gilt, in dem alle Schätze der Weisheit verborgen sind, erhebt sich die Frage, wie es zu seiner Gleichsetzung mit der Weisheit kam; denn im Zentrum der paulinischen Christologie steht, wegweisend für die urchristliche Stilisierung Christi, der Satz:

> Er ist für uns von Gott zur Weisheit, zur Gerechtigkeit, zur Heiligung und Erlösung geworden (1Kor 1,30).[121]

Die vermutlich beste Erklärung führt über die Frage nach der Entstehung der spekulativen Weisheit im nachexilischen Israel ans Ziel. Denn zu ihr erhob sich das Ingenium Israels unter dem Eindruck, dass die seine früheren Wege begleitenden Prophetenstimmen verstummten, wie es das bewegende Psalmwort vom Verstummen der prophetischen Stimmen und dem Ausbleiben der wegweisenden Zeichen beklagt (Ps 74,9).[122]

Da die prophetischen Rufer aber keineswegs von sich aus verstummten, sondern gewaltsam zum Schweigen gebracht worden waren, hatte die Konzeption der Weisheit, in der Israel fortan seine Geschichte reflektieren und daraus Konsequenzen für sein Verhalten zu ziehen lernte, den Charakter einer schöpferischen Kompensation, in der es das an den Propheten begangene Unrecht in eine sinnstiftende Idee umzusetzen suchte. Da im Kreuzestod Jesu der Letzte aus der Reihe der Propheten zum Schweigen gebracht wurde, dürfte sich seine Identifikation mit der Gestalt der Weisheit auf ähnliche Weise vollzogen haben, nur dass die Wendung, wonach er »von Gott« zur Weisheit erhoben wurde, nicht so sehr an einen kreativen Akt als vielmehr an eine inspirative Intuition denken lässt.[123] Wenn aber darin der Kreuzestod Jesu und alles, was in diesem zur letzten Entscheidung drängte, kompensiert wurde, wird das Kolosserwort begreiflich, wonach »alle Schätze der Weisheit und Erkenntnis« in ihm versammelt sind. Dann ist er nach christlichem Verständnis der gesamten Kultur und Geisteswelt als tragendes, erhellendes und zumal befreiendes Prinzip eingestiftet.

Der Selbstbegriff

Mit dem Wort des erhöhten Christus, das zu Beginn der Apokalypse erklingt und von dem Oratorium *Franz Schmidts* vergegenwärtigt wird, erhebt der Erhöhte Anspruch auf die Welt und, wie sich zeigte, auf diese in allen ihren Aspekten. Gleichzeitig dringt er aber auch in die Herzen der Glaubenden ein, wie es sich aus dem Anruf an die in den apokalyptischen Sendschreiben zuletzt angesprochene Gemeinde von Laodizea ergibt, der Jesus die Mahlgemeinschaft mit sich zusichert, vorausgesetzt, dass sie auf seine Klopfzeichen achtet und ihn bei sich aufnimmt (Apk 3,20).[124]

Auch wenn sich die Verheißung auf das messianische Freudenmahl bezieht, gilt sie doch im Sinn der präsentischen Eschatologie schon hier und jetzt, und heute jedem Einzelnen, so dass durchaus an die Freude der Einwohnung gedacht werden darf. Dann aber klingt im Wort des Erhöhten, der sich ausdrücklich den »Lebendigen« nennt, der den Tod überwand und als der nun ewig Lebende »die Schlüssel zu Tod und Unterwelt« besitzt (Apk 1,18), das Wort aus den Abschiedsreden an, in dem er dieses Leben den Seinen zuspricht:

Nur noch kurze Zeit, und die Welt sieht mich nicht mehr. Ihr aber seht mich; denn ich lebe, und auch ihr werdet leben (Joh 14,19).[125]

Zwar setzt das Wort mit dem Hinweis auf die »kurze Zeit« der Passion ein, die der empirischen Sichtbarkeit Jesu ein Ende setzte und ein »Sehen« nur noch in Form der Ostererscheinungen zuließ. Dann aber reißt das Motivwort

»leben« den Gedanken in einer Weise an sich, dass sich sein Sinn erst von ihm her erschließt. Im Johannesevangelium, dem der Satz entstammt, untersteht Jesus so sehr dem Auftrag, das göttliche Leben zu vermitteln, dass er geradezu mit dieser Sendung verschmilzt und sich schließlich selbst »das Leben« nennt (11,25; 14,6). Denn dazu ist er gekommen, der Welt das Leben zu geben (6,33; 10,10).[126]

Um es zu empfangen, bedarf es nach dem Wort an Laodizea eines Aktes der »Öffnung« und der Selbsterschließung, da die Einwohnung die ausdrückliche Einwilligung des »Heimgesuchten« zur Voraussetzung hat.[127] Die aber kann nur in der »Selbstverleugnung« dessen bestehen, der seine Identität in fortwährenden Akten der Abgrenzung und Unterscheidung von anderen und anderem und oft genug auch kämpferischer Selbstbehauptung gefunden hatte. »Er muss wachsen, ich aber abnehmen« (Joh 3,30) lautet demgegenüber das auf dem Kreuzigungsbild des Isenheimer Altars aufscheinende Motto des der Einwohnung korrespondierenden und sie ermöglichenden Vorgangs.[128] Es erinnert nicht umsonst an die Mühe der Bewusstwerdung, nur dass das Zurückbeben jetzt nicht die Folge der ängstigenden Bedrohung durch das Nichts, sondern der Fühlung dessen ist, der vor der Tür des Selbstseins steht und Einlass begehrt. Ihm in der Zurücknahme seiner selbst den ihm gebührenden Platz einzuräumen, ist der erste und entscheidende Schritt zur mystischen Selbstwerdung.

Auf ihn muss dann aber unverzüglich das kaum weniger wichtige Wort der Befestigung folgen, johanneisch ausgedrückt, des »Bleibens« in der Lebensgemeinschaft des »Rebstocks«, dessen Selbstdarstellung die Reihe der das Johannesevangelium illuminierenden »Ich-bin«-Worte beschließt.[129] Denn gegen die sich aufbauende Position erhebt sich die Alltagswelt mit ihren Erosionen und Zwängen, die den von Christus Ergriffenen in die kaum überwundene Identifikationsform zurückzustoßen sucht. Nicht umsonst mahnt der aus der mystischen Verbundenheit mit den »Zweigen« redende »Rebstock« mit großer Eindringlichkeit:

> Bleibt in mir und ich bleibe in euch. Wie die Rebe von sich aus keine Frucht bringen kann, wenn sie nicht am Rebstock bleibt, so auch ihr, wenn ihr nicht in mir bleibt. Ich bin der Rebstock, ihr seid die Reben. Wer in mir bleibt, und in wem ich bleibe, der bringt reiche Frucht; denn ohne mich könnt ihr nichts tun (Joh 15,4f.).[130]

Die Zusicherung

Wenn sich diese Aufforderung im Anschluss daran mit der Todesdrohung gegenüber dem verbindet, der die Lebensverbindung mit dem Rebstock aufgibt, kommt erst der Tiefensinn der Aussage zum Vorschein, der auf die Zusicherung »ich lebe und auch ihr werdet leben« (Joh 14,19) zurückweist. Denn jetzt wird deutlich, dass sein Sprecher mit dieser Zusage der Todverfallenheit des Angesprochenen zuvorkommt und ihm, ungeachtet seines unweigerlichen Sterbenmüssens, die aktuelle, ihm jetzt schon geltende Todüberwindung zusichert. Sein zurückgenommenes und in ihm immer wieder empordrängendes Ich stand stets im Schatten des ständig an es ergehenden dunklen Bescheids seines Sterbenmüssens.[131] Diesem Bescheid tritt nun dessen tröstlicher Widerruf entgegen: die Zusicherung der Lebensgemeinschaft mit dem, der, sterbend dem Gesetz der universalen Todverfallenheit entrissen, in die unverlierbare Lebenswirklichkeit Gottes aufgenommen und so zum »Urheber des Lebens« (Apg 3,15) wurde. Im Bewusstsein dieser sein ganzes Selbstverhältnis verwandelnden Verbindung kann Paulus am Schluss seiner Ausführungen zur Frage nach dem Gang der Endzeit fragen:

> Tod, wo ist dein Sieg? Wo ist, o Tod, dein Stachel? (1Kor 15,55).[132]

Das kommt einer wenngleich nur partiellen Rehabilitierung derer gleich, die in der Gemeinde von Korinth zum Befremden des Apostels die Ansicht vertreten, »eine Auferstehung der Toten gibt es nicht« (1Kor 15,12), sofern sie entgegen dem, was ihnen Paulus unterstellt, sich bereits im Stand der Auferstandenen fühlten. Wenn ihnen auch, wie *Schmithals* annimmt, gnostische Vorstellungen nahe gelegen haben dürften, ist doch auch der Gedanke nicht von der Hand zu weisen, dass es sich bei ihnen um Vorläufer der unter dem Namen »Isochristoi« bekannten palästinensischen Mönche handelte, die sich um volle Gleichgestaltung mit Christus bemühten und glaubten, »der Auferstehung und einer Himmelfahrt« schon bei Lebzeiten gewiss zu sein.[133] Auf ihren Grund zurückgenommen, ist dies die Gewissheit, jetzt schon durch die Lebensgemeinschaft mit dem Auferstandenen gleich ihm der Todesgewalt entrissen zu sein, und dies gestützt auf die Zusicherung: »Ich lebe, und auch ihr werdet leben«, die nicht futurisch, sondern präsentisch gemeint ist und so auch verstanden und angenommen sein will. Auf die noch offene Frage nach dem Zustandekommen dieser Gewissheit antwortet Paulus mit der Gegenfrage:

Was sollen wir dazu sagen? Wenn Gott für uns ist, wer ist dann noch gegen uns? Wenn er, der doch seinen eigenen Sohn nicht geschont, sondern ihn für uns alle hingegeben hat, wie sollte er uns nicht mit ihm alles schenken? (Röm 8,31f.).[134]

Dieses Geschenk kennt keine Einschränkung. Es schließt auch das durch den Sohn an die Seinen weitergegebene Leben ein, das sich gegen alle Welt- und Todesgewalten behauptet und so auch das Selbstverständnis der Empfänger bestimmen muss. Doch der Sohn ist nicht nur Gabe, sondern auch Geber. Daher besiegelt er das, was uns in und mit ihm gegeben ist, durch die Zuwendung seiner Liebe, durch die er sich das, was in ihm gegeben ist, zu eigen macht und selber gibt. Im Hinblick darauf beantwortet Paulus die Frage nach dem Grund des Gewissheit mit dem geradezu enthusiastischen Satz:

In alledem tragen wir den Sieg davon durch den, der uns geliebt hat. Denn ich bin gewiss: Weder Tod noch Leben, weder Engel noch Mächte, weder Gegenwärtiges noch Künftiges, weder Gewalten der Höhe noch der Tiefe noch irgendeine andere Kreatur werden uns trennen können von der Liebe Gottes, die in Christus Jesus ist, unserm Herrn (8,37ff.).[135]

Auch diese Worte sind wie Klopfzeichen, die darauf dringen, dass ihnen geöffnet und dem, was sie besagen, Einlass gewährt wird. Wenn das geschieht, gewinnt der mystische Selbstbegriff seine wirksamste Bestätigung. Denn in der Zusicherung klingt das präsentative »Ich bin es« mit, mit dem sich der vor der Tür Stehende wie einst bei seinen österlichen Erscheinungen zu erkennen gibt und den Glaubenden in sein Selbstsein hineinnimmt. Um diesen Kristallisationskern baut sich dann dessen neues, der Todverfallenheit enthobenes Selbstbewusstsein auf.

7. Die Rangfolge der Titel

Bei der Ausgestaltung des christlichen Glaubens fiel den christologischen Hoheitstiteln, mit denen die Würde Jesu umschrieben wurde, eine überragende Rolle zu, insbesondere den Titeln »Messias«, »Davidssohn«, »Menschensohn«, »Gottessohn« und »Kyrios«. Der bahnbrechenden Untersuchung *Ferdinand Hahns* (1963) zufolge wurden Jesus diese Titel entgegen dem von den Evangelien erweckten Eindruck erst nachösterlich zugelegt. Das kann freilich so nur mit einer erheblichen Einschränkung gesagt werden. Denn eindeutige Aussagen lassen keinen Zweifel daran, dass der historische Jesus einen Titel tatsächlich für sich in Anspruch nahm: den Titel Arzt.

Dafür sprechen zwei herausragende Belegstellen, von denen die eine freilich auf die Erfindung des Evangelisten Lukas zurückgehen dürfte, der die Szene mit dem Auftritt Jesu in der Synagoge des heimatlichen Nazaret (Lk 4,16–30) so gestaltet, dass sie als Abriss seiner gesamten Lebensgeschichte mit den Schwerpunkten Verkündigung, Streitgespräche und Passion lesbar wird. Dabei macht sich Jesus den Selbsteinwand: »Arzt, heile dich selbst!« (4,23). Umso klarer spricht dieselbe Selbstbezeichnung aus der Stelle, in der Jesus seine Zuwendung zu den Armen und ins soziale Abseits Geratenen mit dem Satz rechtfertigt:

Nicht die Gesunden, sondern die Kranken brauchen den Arzt (Mk 2,17).

In der für die Auswertung wichtigen Frage der Rangfolge der erwähnten Titel sprechen sich die Evangelien klar für den Vorrang des Titels Gottessohn aus. Er wird Jesus schon durch die Himmelsstimme bei der Taufe zugesprochen (Mk 1,11); er wird bekräftigt durch das Wort des Täufers: »Dieser ist der Sohn Gottes« (Joh 1,34), und erklingt dann nochmals im Epilog des Nikodemus-Gesprächs, und dort in der das gesamte Heilswerk überblickenden Aussage:

So sehr hat Gott die Welt geliebt, dass er seinen eingeborenen Sohn hingab, damit jeder, der an ihn glaubt, nicht verloren gehe, sondern das ewige Leben habe (3,16).

Das ist unverkennbar im Rückblick auf Leben und Passion Jesu, also aus nachösterlicher Sicht gesagt. Dasselbe gilt aber auch von dem Bekenntnis des die Exekution überwachenden Hauptmanns: »Wahrhaftig, dieser Mann war Gottes Sohn« (Mk 15,39), das nach Ansicht der meisten Ausleger den Glauben der Urgemeinde zum Ausdruck bringt und dessen Sprecher dafür als »Außenstehender« ebenso wie als der in das blutige Geschehen Involvierte besonders qualifiziert erscheint. Nachösterlich wurde Jesu aber nach Ausweis der Paulusbriefe (1Kor 1,30) und der Spruchquelle (Lk 11,31f.) auch mit der Weisheit gleichgesetzt und, zumal nach *Anton Vögtle*, als Menschensohn bezeichnet.

Der Menschensohn

Aus der Fülle der Jesus zugelegten Hoheitstitel ragen somit drei – Arzt, Weisheit, Menschensohn – heraus, die gestaffelt werden müssen, wenn sie in ihrer Bedeutung erschlossen werden sollen. Dem widersetzt sich jedoch das Johannesevangelium, sofern es zwischen den beiden Stellen, die Jesus den Gottessohn nennen, den Menschensohntitel so nachdrücklich ausspielt, dass der Vorrang der drei anderen ins Wanken gerät. Denn am Ende der Jüngerberufung versichert Jesus mit einem geradezu visionären Wort:

> Ihr werdet den Himmel offen und die Engel Gottes über dem Menschensohn auf- und niedersteigen sehen (Joh 1,51).[136]

Das ist in unverkennbarem Rückblick auf Jakobs Vision der Himmelstreppe (Gen 28,10–17) gesagt, doch so, dass es den Angesprochenen eine noch größere »Erfüllung« in Aussicht stellt. Daraus kann zwar nicht auf eine vorösterliche Entstehung dieses Titels geschlossen werden; wohl aber eröffnet die Szene eine Sicht der Entstehungsverhältnisse, die seine nachösterliche Herkunft in Zweifel zieht.[137] Dabei spricht die Stelle durchaus für die so gut wie allgemeine Annahme, dass sich der Titel aus der danielischen Menschensohnvision herleitet. Nur tritt bei einer Angleichung der beiden Szenen an die Stelle des himmlischen Menschensohns, der Israel vor dem Antlitz Gottes vertritt und dazu vor den »Hochbetagten« gebracht wird, ein Kollektiv von auf- und absteigenden Engeln, dem aber dieselbe Funktion zugewiesen ist. Im

Aufbau des Johannesevangeliums scheint die Stelle jedoch eine noch ganz andere Funktion zu haben: Sie tritt an die Stelle des vom Täufer nur referierten, nicht aber wirklich geschilderten Taufgeschehens. Wie bei den Synoptikern öffnet sich auch hier über Jesus der Himmel, mit dem er in einen von den Engeln repräsentierten Austausch tritt.

Nun ist es freilich auch um das Tauferlebnis Jesu prekär bestellt, da er nach dem ältesten Bericht (Mk 1,11) der einzige Hörer des an ihn ergehenden Anrufs ist, und da die von *Joachim Jeremias* angenommene Lösung ausgeschlossen werden kann, dass Jesus sein Erlebnis den Jüngern im Interesse ihrer Befestigung im Glauben mitgeteilt habe.[138] Indessen konvergieren alle Angaben, angefangen vom himmlischen Zuspruch bis zum Wüstenaufenthalt in der Versuchungsperikope, in dem Hinweis auf eine von Jesus durchlaufene Inkubationsphase, die der Verarbeitung seines – wie Lukas andeutet – prägenden Gebetserlebnisses diente. Wenn der Kern dieses Erlebnisses in der Einweisung Jesu in seine Gottessohnschaft bestand, lässt sich daraus auch auf seine Sendung schließen, so dass die Szene durchaus den Tatbestand einer »Berufungsvision« erfüllt. Denn als Frucht eines liebenden Zuspruchs wollte die Gottessohnschaft, wie es in der Natur der sich mitteilenden Liebe liegt, weltweit weitergegeben werden. Doch dazu bedurfte es eines Mittelbegriffs, der das ekstatische Erwählungserlebnis öffentlich sagbar machte. Ihn entnahm Jesus der Tradition des prophetischen Messianismus, der auf ein weltumspannendes Friedensreich ausging. Doch mit Hilfe des Menschensohntitels lässt sich die Spur der Rezeption noch genauer verfolgen. Denn sie führt, wie von der Forschung angenommen wird, zur danielischen Vision des vor dem Throne des »Hochbetagten« stehenden Menschensohns, der von ihm beauftragt wird, das Gottesreich heraufzuführen.

Wenn Jesus den Schlüsselbegriff seiner Botschaft der Hand des Menschensohns entnahm, muss es in der Inkubationsphase vor seinem öffentlichen Auftritt zu einem dramatischen Vorgang gekommen sein, bei dem der Menschensohn von seiner Position am Throne Gottes zu ihm, wie es im Nikodemusgespräch heißt, »herabstieg« (Joh 3,13). Mehr noch: Dann musste für ihn der Himmel eingestürzt sein, so dass er sich fortan im Menschensohn wiedererkannte und sich mit dessen Aufgabe beauftragt wusste. Entgegen der vor allem von Anton Vögtle vertretenen These von der nachösterlichen Herkunft des Menschensohntitels sprechen deshalb gewichtigere Gründe für seine Beanspruchung durch den historischen Jesus. Anders ist weder die Häufung der Selbstbezeichnungen Jesu in den Evangelien noch das rasche und fast völlige Verschwinden dieses Titels aus dem Vokabular der Urkirche zu erklären.

Was dieses Verschwinden anlangt, so erweckt das Nikodemusgespräch nämlich den Eindruck, dass der Menschensohntitel von der Bezeichnung Gottessohn und Sohn resorbiert wurde, so dass er darin fortlebt. Für die Frage der Reihung fällt dann aber der johanneische Einwand nicht mehr ins Gewicht. Wohl aber verstärkt sich der Eindruck, dass das visionäre Schlusswort der Jüngerberufung als Äquivalent zur synoptischen Taufszene zu gelten hat. Beide Male öffnet sich über Jesus der Himmel, und beide Male tritt er mit diesem in eine Korrespondenz: in der Taufszene direkt mit der Zusage der Gottessohnschaft, im visionären Schlusswort indirekt, veranschaulicht und vermittelt durch die auf- und niedersteigenden Engel. Im ersten Fall empfängt er den Inhalt seiner Botschaft, im zweiten, auf dem Umweg über seine Identifizierung mit dem Menschensohn, den begrifflichen Rahmen, der ihm zur Verkündigung seiner Botschaft verhilft. Damit tritt der Sohnestitel in einen operativen Aspekt. Er besagt nicht nur, wer Jesus ist, sondern auch das, was er in seinem Wirken auszurichten hat. Dagegen beziehen sich die beiden vorangehenden Titel auf die Frage seiner Selbsteinschätzung und seiner Rolle in den Augen der zu ihm aufblickenden Gemeinde.

Der Therapeut

Wenn die Selbstbezeichnung Jesu als Arzt die einzige ist, die er lebensgeschichtlich für sich in Anspruch nahm, liegt darauf ein ganz besonderer Akzent, der schon bei der ersten Erwähnung ein schweres Defizit zum Vorschein bringt. Denn im Urteil der Kirchen wurde, mit Ausnahme einiger Sekten wie der »Christian Science«, der therapeutische Aspekt des Lebenswerkes Jesu fast völlig in die Vergangenheit seines einstigen Wirkens abgedrängt, während die Wahrnehmung der therapeutischen Aufgabe so gut wie ganz der wissenschaftlichen Medizin überlassen blieb. Neben der apologetischen Abzweckung der Wunder Jesu, die ihren wirklichen Sinn zunehmend in Vergessenheit geraten ließ, dürfte dazu auch die Fehldeutung des Schlüsselwortes beigetragen haben, mit dem Jesus zwei Kategorien von Menschen zu unterscheiden schien: die »Gesunden«, die sich aus eigener Kompetenz das Heil erwirken, und die »Kranken«, die dazu seine Hilfe benötigen. Doch diese durch den Wortlaut nahegelegte Auffassung geht am Sinn des Ausspruchs völlig vorbei. Mit ihm nennt sich Jesus vielmehr den Arzt aller, von denen er lediglich die Gruppe jener abhebt, die sich über ihren Zustand hinwegtäuschen und deshalb erst zum Bewusstsein ihres Krankseins gebracht werden müssen. Diese Sicht bleibt zutreffend, auch wenn sich der Ausspruch primär auf den Vorwurf des Establishments gegen Jesu Zuwendung zu den religiös und sozial Geächteten bezieht. Denn in seiner Einschätzung sind beide »Krankheitsfälle« im gesellschaftlichen Organismus: die Ausgegrenzten aufgrund ihres Schicksals, die Kritiker wegen ihrer Überheblichkeit, durch die sie sich selbst ins Abseits manövrieren.

Das spricht zunächst für die weit über die gewohnte Semantik hinausgehende Auffassung, die Jesus mit seinem Arzttum verbindet. Für ihn ist das Heilsein des Menschen eingebunden in gesellschaftliche und, wie es die Rede von der »im Argen« liegenden Welt verdeutlicht, mundane Zusammenhänge. Der Tatkommentar, den er dieser Einschätzung durch seine Wundertaten hinzufügt, zeigt allerdings, wie sehr sich sein Arzttum insbesondere auf die im physischen und psychischen Sinn Kranken richtet:

Blinde sehen, Lahme gehen, Aussätzige werden rein, Taube hören, Tote stehen auf und den Armen wird die Frohbotschaft verkündet (Lk 7,22).

Das Heil, das er mit seiner Proklamation des Gottesreiches ansagt, gilt somit dem ganzen Menschen und ihm gerade auch in seiner leiblichen Heilsbedürftigkeit. Umgekehrt kann man das Kommen des Gottesreichs daran ersehen, dass Jesus die den Menschen niederhaltenden und »kränkenden« Zwänge und Fesseln bricht, wie es insbesondere den von ihm geheilten »Besessenen« widerfährt (Lk 11,20).[139]

Dieser Befund kann nur als Alarmruf angesichts der »Heilsvergessenheit« des faktisch bestehenden Christentums empfunden werden, das die Sache der Heilung längst schon an die wissenschaftliche Medizin abgetreten und sich selbst auf die Kultivierung des Seelenheils zurückgezogen hat. Zwar ist die dadurch eingetretene Diastase irreversibel, zumal ihre Voraussetzungen entscheidend zur Ausgestaltung der Systemtheologie beitrugen. Doch so sehr der Prozess der Entzweiung einer eigenen Logik folgte, stand er doch von Anfang an im Widerspruch zur Haltung Jesu, der seine Wunderkraft nie demonstrativ oder apologetisch einsetzte, sondern stets dem Zug seines vom Elend der Leidenden ergriffenen Herzens folgte. Die dem scheinbar widersprechende Heilung des Gelähmten, bei der Jesus das Wunder dem Wortlaut zufolge wirkt, um den Einwand der Gegner zu entkräften, er habe sich die Gott allein zustehende Macht der Sündenvergebung angemaßt (Mk 2,5–10), erledigt sich durch die Erkenntnis, dass es sich dabei um einen nachträglichen Einschub der wegen ihrer Vergebungspraxis angegriffenen Gemeinde handelt.[140]

Wenn die apologetische Abzweckung als eine nachträgliche Funktionalisierung des ursprünglich nur als rettende Heilszuwendung zu verstehenden Wunders anzusehen ist, öffnet die Beseitigung der Zwecksetzung den Blick für das tatsächliche Geschehen. Das aber kann nur in der heilenden Antwort Jesu auf die in ihn gesetzte Hoffnung bestehen, die sich in diesem Fall sogar auf den Glauben der Freunde bezieht, die den Gelähmten unter spektakulären Umständen zu seinem Retter gebracht hatten. Letzter Grund seiner Wundertat ist demgemäß seine sich vorzugsweise den Hilflosen und Leidenden zuwendende Liebe.

Der Abgrund

Doch der freigegebene Blick dringt tiefer, weil sich die Heilungsgeschichte, gerade in ihrer nachträglichen Verfremdung, wie ein Lehrstück für das letzte Kapitel der Lebensgeschichte Jesu ausnimmt: für seinen Kreuzestod, mit dem er endgültig in die Figur des »verwundeten Arztes« eingeht. Denn auch in diesem Fall schob sich eine funktionalisierende Deutung über das tatsächliche Geschehen. Und dies in Gestalt der geradezu obligatorisch gewordenen Satisfaktionsvorstellung, die den Tod Jesu dem Zweck einer von ihm zu erbringenden Opfer- und Sühnetat unterwirft. Ging es bei der Heilung des Gelähmten um die Abwehr des auf der Urgemeinde lastenden Verdachts, ein ausschließlich Gott zukommendes Privileg für sich in Anspruch genommen zu haben, so bei der Abzweckung des Kreuzestodes um den Versuch, dessen im tiefsten Dunkel liegenden Grund aufzuhellen. Denn auch nach der Auferstehung lastete auf der Gemeinde immer noch die Frage, die von dem späten Nietzsche in ihrer ganzen Radikalität ausgelotet wurde:

> *Erst der Tod, dieser unerwartete schmähliche Tod, erst das Kreuz, das im allgemeinen bloß für die Kanaille aufgespart blieb – erst diese schauerliche Paradoxie brachte die Jünger vor das eigentliche Rätsel:* »wer war das? was war das?« *... das schreckliche Fragezeichen* »warum gerade so?« – *dieser Zustand begreift sich nur zu gut.*[141]

Es war die quälende Frage, warum Jesus so früh und so qualvoll sterben musste. Darauf schien die – vermutlich von den (nach Apg 6,7) zum Christenglauben bekehrten Priestern eingebrachte – Deutung des Sterbens Jesu als Opfertod die alle Nöte ausräumende Antwort zu geben. Nur so ist es zu erklären, dass sich diese Auffassung in einem Großteil der neutestamentlichen Schriften, in der Liturgie und der Spiritualität so nachdrücklich durchsetzen konnte. Indessen schien sie nur die ersehnte Lösung zu bringen, weil sie an einem zweifachen Defizit krankte. Denn abgesehen davon, dass sich in dem für das Todesverständnis Jesu aufschlussreichsten Logion (Mk 14,25) keinerlei Hinweis darauf findet, stößt sie sich nicht nur mit der sich gerade in der heutigen Reflexion durchsetzenden Einsicht in die Unverfügbarkeit und Zweckenthobenheit menschlichen Sterbens, sondern vor allem mit der Gottesverkündigung Jesu, der mit dem Gott der Drohung, des Gerichts und der Strafe brach und statt dessen den Gott der bedingungslosen und (nach Lk 6,35) selbst die Undankbaren und Bösen umfangenden Liebe enthüllte.[142] Geradezu absurd erscheint die Satisfaktionsvorstellung, wenn sie im Sinn der »felix culpa« sogar zu der Konsequenz überspitzt wird, dass die Menschwerdung zu dem Ziel erfolgte, das der Würde des beleidigten Gottes entsprechende »Schlachtopfer« bereitzustellen und dadurch die Voraussetzung für die von der ewigen Gerechtigkeit geforderte Sühneleistung zu erbringen.

Wenn nun aber im Gegenzug dazu die Hülle der Zwecksetzung vom Tode Jesu weggenommen wird, kommt in seinem Kreuz das zum Vorschein, wofür Jesus tatsächlich wirkte, kämpfte und litt: die an der Liebesunfähigkeit der Menschheit scheiternde, aber gerade in diesem Scheitern aufleuchtende und die Finsternis des Bösen überstrahlende Liebe. Schlaglichtartig wird damit klar, wohin Funktionalisierungen und Diastase führten und was zur Wiederherstellung der ursprünglichen Verhältnisse unternommen werden muss. Die Folge war, mit dem von *Hans Sedlmayr* in die Debatte geworfenen Stichwort ausgedrückt, der »Verlust der Mitte«, also jene Exzentrizität, die den Glauben als Lehre, den Geist als System, die Ethik als Gesetz, die Liebe als Pflicht und die Praxis als Regeltreue erscheinen ließ. Bisweilen bis zur Unkenntlichkeit verdrängt wurde aber die Tatsache, dass im Kreuz die Sonne der Liebe aufleuchtete, und dass das Christentum deshalb in erster Linie dazu beauftragt ist, diese Sonne über der in Nacht und Leid versunkenen Welt aufgehen zu lassen.

Zu den großen Imperativen der Gegenwart gehört demgemäß die Neubelebung der therapeutischen Sendung des Christentums, insbesondere hinsichtlich der Fähigkeit, es mit der Todverfallenheit des Menschen aufzunehmen und ihm bei der Überwindung von deren unmittelbarer Folge, seiner Angstanfälligkeit, beizustehen. Es geht somit darum, die Hilfe des »verwundeten Arztes«, der die ihm selbst geschlagene Todeswunde durch die »Tat« seiner Auferstehung »heilte«, auf neue Weise in Anspruch zu nehmen.

Die verborgene Weisheit

Die weisheitliche Stilisierung Jesu in der Spruchquelle lässt darauf schließen, dass »Weisheit« zu den ersten Attributen zählte, die dem Auferstandenen zugelegt wurden. Das bestätigt Paulus, indem er unter den Begriffen, mit denen er die ideellen Perspektiven der Auferstehung auslotet, noch vor »Gerechtigkeit, Heiligung und Erlösung« die »Weisheit« nennt (1Kor 1,30).[143] Die Aussage krönt den Umschwung, den die Auferstehung des Gekreuzigten herbeiführte, indem sie die am Kreuz offengelegte Schwachheit und Torheit Gottes als sieghafte Macht und Weisheit erwies und damit den Vorwurf von Juden und Griechen, denen das Kreuz als Skandal und Torheit galt (1Kor 1,22ff.), widerlegte. Dabei ging es jenen, wie *Justins* ›Dialog mit dem Juden Tryphon‹ zeigt, um den für jüdische Auffassung skandalösen Versuch, das Heil von einem »gekreuzigten Menschen« zu erwarten, diesen dagegen um den Widerspruch, den das als Anti-Idee empfundene Kreuz gegen den platonischen Ideenhimmel erhob. Indessen kann die vorrangige Erhebung Christi zur Weisheit und die darauf aufbauende Weisheitslehre des Apostels so nicht voll erklärt werden, da in der Schlüsselstelle zwar »Gerechtigkeit, Heiligung und Erlösung« genannt werden, ein wirkliches Gegenstück zu »Skandal« und »Schwachheit« dagegen fehlt. Die Wurzeln der Stilisierung des Auferstandenen zur Weisheit müssen somit tiefer liegen.

Die Suche danach sieht sich an die Geburt der Weisheit aus dem im 74. Psalm beklagten Verstummen der Propheten verwiesen, die Israel mit ihrem meist kritischen Zuspruch auf seinem Weg durch die Geschichte begleitet hatten. Anstatt ihnen nachträglich Denkmäler zu errichten, hätten die Nachkommen der Mörder die Untat in unversöhnter Erinnerung behalten müssen, wie dies das an die um Egalisierung bemühten Epigonen gerichtete Jesuswort (Lk 11,47f.) beanstandet, das einem warnenden Hinweis auf den Umgang mit Jesu eigenem Ende gleichkommt.

Im Fall der zum Schweigen gebrachten Propheten bestand freilich die Möglichkeit der Kompensation, wie sie sich durch den Hervorgang der spekulativen Weisheit aus dem Dunkel ihres Schweigens ereignete. An die Stelle der verstummten Stimmen trat die als Abbild der Gottesgüte begriffene Weisheit, in der Israel seine Geschichte wie in einem Spiegel zu reflektieren und daraus Lehren für sein Verhalten zu ziehen lernte. Dass dieses Schweigen aber auch »zum Reden« gebracht werden konnte, wurde von Max Horkheimer im Blick auf das Verstummen der Opfer der von den mörderischen Diktaturen errichteten Vernichtungslager deutlich gemacht. Danach ist es die vornehmste Aufgabe der Gegenwartsphilosophie, ihr Schweigen in eine weithin hörbare Sprache zu übersetzen.[144]

Im Fall des an Jesus begangenen Unrechts, in dem jede menschliche Kompetenz unzureichend und deshalb unmöglich war, konnte nur eine göttliche Intervention den unerlässlichen Ausgleich schaffen. Auf den in tiefster Not ausgestoßenen Todesschrei des Gekreuzigten antwortete Gott anstatt mit einem verbalen Zuspruch mit seinem rettenden Selbsterweis, durch den er ihn in seine ewige Lebensfülle aufnahm und so aus dem Tod erweckte. Auch hier trat das Geschehen zuerst bildhaft »in Erscheinung«, so wie es Paulus in Gestalt des »von Gott zur Weisheit« Gewordenen (1Kor 1,30) vor Augen trat. Indessen wurde das Bild auch in diesem Fall bereits Modell dessen, was die Weisheit tut, die nach der Darstellung des Spruchbuchs an der Wegkreuzung und am Stadttor ihre Stimme erhebt, um den Unerfahrenen zum Gastmahl ihrer Unterweisungen und Lehren einzuladen.

Wie Hermann von Lips in akribischer Ableitung nachwies, ist vor allem die

Große Einladung Jesu an die Bedrückten und Beladenen (Mt 11,28), die *Kierkegaard* als das Schlüsselwort des ganzen Evangeliums ansah, im Sinn dieses Weisheitsrufs gestaltet: ein deutlicher Hinweis darauf, dass die Gestaltzeichnung Jesu nicht nur in der Spruchquelle, sondern auch in den beiden Großevangelien und im Johannesevangelium nach dem Modell der Weisheit und ihres Wegs erfolgte. Das Letztere gilt insbesondere vom Johannesevangelium, das schon im Prolog den Weisheitsweg – vom Herzen des Vaters zur Welt, und nach der Verweigerung der Aufnahme durch die Seinen zurück zum Ursprungsort – nachzeichnet. Entscheidender aber noch ist der Rückbezug auf den Tod Jesu.

Die Kreuzesweisheit

In diesem Rückbezug erscheint der Tod Jesu als das große Paradigma eines gewaltsam erzwungenen Verstummens. Gemeint ist damit nicht nur die Tatsache, dass Jesus sein von höchstem Einsatz für Gott und die Sache seines Reiches geprägtes Lebenswerk als Leidender und seiner von mitreißender Wirkung begleitete Redetätigkeit als Schweigender beendete, sondern die durch die exegetische Forschung erbrachte Verstärkung dieses Befunds. Denn in ihrem Licht zeigte sich, dass die dem Leidenden in den Mund gelegten Aussagen mit Einschluss seiner Worte am Kreuz als nachträgliche Verbalisierung seines tatsächlichen Verstummens zu gelten haben. Ihm gab, anders als *Goethes* Tasso, kein Gott zu sagen, was er litt. Vielmehr verschlug es ihm, der wie kein anderer seine Stimme für und zu Gott erhoben hatte, angesichts der Ungeheuerlichkeit seiner Passion so sehr die Sprache, dass er in völliges Schweigen versank. In ihm erlitt der größte aller Propheten das vom Psalm 74 beklagte Schicksal.

Nach Ausweis der Korintherstelle erblickte aber Paulus gerade in diesem – auch akustischen – Dunkel des Kreuzes den Glanz der Gottesweisheit, und das mit der Begründung:

> *Denn die Torheit Gottes ist weiser als die Menschen, und die Schwachheit Gottes ist stärker als die Menschen (1Kor 1,25).*

Für die paulinische theologia crucis stieß somit die Anti-Idee des Kreuzes eine vom platonischen Ideenkosmos nicht mehr umgriffene Dimension der Wahrheit auf, so wie sie auch um den – von *Gertrud von le Fort* einfühlsam beschriebenen – Sieg im Erliegen weiß. Damit ist im Grunde die Dialektik der paulinischen Kompensation angesprochen. Ihre tatsächliche Leistung ist aber erst dann ausgeleuchtet, wenn die darauf aufbauende Ideation in die Würdigung einbezogen wird. Dann zeigt sich, dass Paulus bei der Verarbeitung dessen, was er den Skandal und die Torheit des Kreuzes nennt, mit einer ingeniösen Energie zu Werke ging, die dem Entwurf der Weisheit im Dunkel des von Psalm 74 beklagten Verstummens ebenbürtig war und ihm zur Entdeckung der im Dunkel des Kreuzes verborgenen Gottesweisheit verhalf (1Kor 2,2). Es ist die von ihm den »Vollkommenen« verkündete Weisheit, die er mit dem aus prophetischen und apokryphen Elementen gefügten Wort umschreibt:

> *Was kein Auge geschaut, kein Ohr vernommen und keines Menschen Herz empfunden hat, was Gott aber denen bereithält, die ihn lieben (1Kor 2,9).*[145]

Mit diesem Wort hat Paulus, mit *Nikolaus von Kues* gesprochen, die Pforte zum Paradies der Gotteswohnung durchschritten, die von der Mauer des Zusammenfalls der Gegensätze, also vom Grenzwert des Denkbaren, umschlossen und vom tiefstgründigen Verstandesgeist, also vom Inbegriff aller Denkgehalte, bewacht ist. Zum Schlüssel zu dieser Pforte aber wurde ihm das Kreuz, in dem die Torheit Gottes alle Menschenweisheit besiegte, verstanden als jene Torheit, die sich der Mordlust der todverfallenen und dagegen unablässig aufbegehrenden Menschheit auslieferte, gerade aber dadurch jenen Tiefpunkt erreichte, von dem aus diese ebenso todverfallene wie todessüchtige Menschenwelt aus den Angeln gehoben und auf einen neuen Grund gestellt werden konnte. Das geschah in der Auferweckung des Gekreuzigten, der dadurch als der Abgrund der Kreuzesweisheit erscheint und als solcher ausgeleuchtet und in seiner Bedeutung erschlossen werden muss.

Der Gottessohn

Der Versuch, in diesen Abgrund einzudringen, ist gleichbedeutend mit dem, die Herkunft des Titels »Gottessohn« zu ergründen. Wenn dieser Titel, wie festgestellt, das zum Ausdruck bringt, was Jesus zu tun hatte, spricht dies für seinen Vorrang vor seiner Deklarierung zur Weisheit. Denn auch für die Bibel hat die praktische Vernunft die Priorität gegenüber der theoretischen. Wie aber kam es zum Sohnestitel, wenn sich die Belegstellen als sekundär erweisen und wenn der Zuspruch der Gottessohnschaft im Gebetserlebnis nach der Taufe schon deshalb als Fundort entfällt, weil Jesus nach den ältesten Zeugnissen als einziger der Hörer dieser Zusage war? Darauf antwortet Paulus mit der von ihm zu Eingang des Römerbriefs aufgenommenen Bekenntnisformel:

> Er entstammt dem Fleische nach dem Geschlechte Davids, nach dem Geist der Heiligkeit aber wurde er eingesetzt zum Gottessohn mit Macht durch die Auferstehung von den Toten (Röm 1,3f.).[146]

In dieser Formel wird das Gottessohnmotiv zum ersten Mal in aller Form intoniert. Doch diese Behauptung impliziert die Frage, wie es dazu kam. Eine befriedigende Antwort ist nur durch ein grundsätzliches Bedenken des Auferstehungsgeschehens zu gewinnen, und dies am anschaulichsten im Vergleich mit der Stelle in Bubers ›Zwei Glaubensweisen‹, an der er sich das Zustandekommen des Ausrufs »Mein Herr und mein Gott« erklärt, mit dem der Zweifler Thomas den Auferstandenen anruft und sich damit als »der erste Christ im Sinn des christlichen Dogmas« erweist. Blitzartig denke er, so Buber, »da kein Mensch nach jüdischer Vorstellung als Einzelner auferstehen könne, könne der ihm als Auferstandener Entgegentretende kein Mensch, sondern nur Gott, ›sein Gott‹, sein«.[147]

Auf die Entstehung des Gottessohntitels bezogen, würde das besagen: Da alle Lebewesen und insbesondere auch alle Menschen dem Gesetz der universalen Todverfallenheit unterworfen sind, ist dieser eine Auferstandene offensichtlich diesem Gesetz enthoben. Damit aber hat er dann auch aufgehört, lediglich Kreatur unter Kreaturen zu sein. Statt dessen ist er in einen transkreatürlichen Seinsstand aufgenommen, für den es in der menschlichen

Erfahrungswelt nur eine Alternative gibt: die Entstehung durch Zeugung und Geburt. Deshalb muss das Gottesverhältnis des Auferstandenen genealogisch gedacht und mit dem dafür einzig angemessenen Titel »Sohn Gottes« bezeichnet werden.

Damit steht fest, dass der Schlüssel zur titularen Investitur des Auferstandenen in dem Vorgang zu suchen ist, der zu seiner Bezeichnung als Gottessohn führte. Dieser Vorgang liegt aber auch seiner Bezeichnung als Weisheit zugrunde, da das Kreuz ohne seine Interpretation durch die Auferstehung stumm geblieben wäre. So aber, im Licht der Auferstehung, wurde es in jener Weise beredt, die ihm im Sinne der Forderung *Horkheimers* eine Stimme verlieh, wenngleich eine Stimme, die in Gestalt der Weisheit zunächst ins Bild trat, bevor sie tatsächlich zu reden begann.

Damit ist überdies der Schlüssel zur Entstehung der Kreuzesworte gefunden. So sehr diese zunächst als Verbalisierung des Schweigens zu verstehen sind, mit dem Jesus seine Passion auf sich nahm und bis zu seinem Todesschrei durchhielt, musste überdies auch der Grund und Antrieb dieses Verbalisierungsprozesses geklärt werden. Und der ist erst mit dem Vorgang aufgedeckt, der das Verstummen zur Sprache kommen ließ, wie er sich bei der Entstehung der Weisheit ereignete. Doch in welchem Verhältnis stehen die beiden, nun in ihrem Zusammenhang erfassten Titel mit der Selbstbezeichnung des historischen Jesus als Arzt?

Antwort auf diese Frage gibt die zentrale Belegstelle, mit der sich Jesus gegen den Vorwurf verteidigt, er halte Mahlgemeinschaft »mit Zöllnern und Sündern« (Mk 2,16), also mit den gesellschaftlich Deklassierten und Geächteten. Danach bezieht sich seine Selbstbezeichnung als Arzt primär nicht, wie man annehmen möchte, auf organische, sondern auf soziale Krankheitserscheinungen. So aber drängt sich der Eindruck auf, dass organische und psychische Krankheiten in seiner Sicht nicht so sehr Primärphänomene als vielmehr Folgen einer Erkrankung des gesellschaftlichen Organismus sind. Die von ihm gebotene Therapie besteht demgemäß erst in sekundärer Hinsicht in der Handauflegung, mit der er Blinden das Augenlicht, Tauben das Gehör und Gelähmten die Wiederherstellung schenkt, primär jedoch in der Proklamation des Gottesreichs, mit der er sich in letzter Hinsicht selbst als Heilmittel verordnete und in die pathologischen Daseinsstrukturen einstiftete. So muss seine heilende Selbstzuwendung jedenfalls nach *Kierkegaard* gesehen werden, der mit dem Schlüsselsatz seiner ›Einübung im Christentum‹ – »Der Helfer ist die Hilfe« – darauf abhob, dass sich Jesus dadurch von allen übrigen Wohltätern der Menschheit unterscheidet, dass er in seinen Gewährungen und Visionen, darunter in erster Linie in seiner Utopie vom Gottesreich, sich selbst ausgibt und gegenwärtig bleibt.

Die Übereignung

Das Schlüsselwort zu seiner »Christologie von innen« entdeckte Kierkegaard, wie erinnerlich, in Jesu Einladung der Bedrückten und Beladenen, denen er die »Ruhe« der Lebensgemeinschaft mit ihm verheißt. Zu dieser Einladung erbrachte die Forschung aber den Nachweis, dass sie nach dem Modell der zum Gastmahl ihrer Lehre einladenden Weisheit gestaltet ist und als solche auf die alttestamentliche Himmelsgestalt zurückweist. So erscheint der »Arzt« im Licht der Weisheit, bis er schließlich – so schon bei Paulus und in der Spruchquelle – mit dieser verschmilzt.

Bei Paulus aber geschah das, wie sich zeigte, dadurch, dass ihm in der Torheit des Kreuzes die »Gottesweisheit im Geheimnis« (1Kor 2,7) aufleuchtete, oder, akustisch ausgedrückt, dass der am Kreuz Verstummte als der »von Gott zur Weisheit« Gewordene in dieser auf neue Weise zur Sprache kam. Das aber hatte zur Voraussetzung, dass er in jenes transkreatorische Gottesverhältnis aufgenommen worden war, das sich zulänglich nur genealogisch, also mit dem Titel Gottessohn, ausdrücken ließ.

Hier also, in der Todentrissenheit des Gekreuzigten, nimmt die Rede von seiner Gottessohnschaft ihren Anfang, die nach den Evangelien im Zuspruch der Himmelsstimme an ihn ergeht. Dabei gibt der Wortlaut »Du bist mein geliebter Sohn« zu verstehen, dass es sich um ein Wort der Liebe handelt, die als das diffusivum sui ipsius darauf drängt, übereignet und weitergegeben zu werden. Insofern nimmt hier auch die Sendung Jesu ihren Ursprung, die, so gesehen, darin besteht, die ihm zugesprochene Gottessohnschaft weltweit zu verschenken.

Demzufolge gewann Jesus durch seine Identifikation mit dem Menschensohn in der damit an ihn fallenden Aufgabe, das Gottesreich heraufzuführen, die Metapher, die ihm die Selbstübereignung als Gottessohn sagbar und schließlich sogar zum Zentrum seiner Gottesrede werden ließ. Doch das, was er verkündete, tätigte er auch, da für ihn die praktische Vernunft den Vorrang vor der theoretischen und kerygmatischen hatte. Deshalb müssen seine Wundertaten als die fortwährende Praktizierung seiner Botschaft verstanden werden. Auch in ihnen vollzog sich, fühlbarer noch als in seinem Wort, seine rettende Selbstübereignung an die Bedrückten und mit der Not ihrer Leiden und Krankheiten Beladenen. Möglich aber wurde das, weil er selbst das große Gotteswunder war, der leibhaftige Einbruch der Liebe Gottes in diese kalte, leid- und hasserfüllte Welt. Deshalb müssen die drei grundlegenden Hoheitstitel in ihrem Verweisungszusammenhang begriffen werden: der Arzt im Licht der Weisheit und diese als die zur Sprache gebrachte Gottessohnschaft.

Fünftes Kapitel

KONSEQUENZEN

1. Die Verabschiedung der Heteronomie

Die Welt steht an einer Wende, vielleicht der tiefsten ihrer neueren Geschichte. Deutlichstes Symptom dessen ist der freiheitliche Aufbruch (1989), der das durch den Machtzuwachs des Sowjetblocks lange verzögerte Ende des Zweiten Weltkriegs besiegelte und damit, wenngleich nur prinzipiell, die Zeit des Blutvergießens beendete. Nicht minder spektakulär ist, gemessen am bisherigen Geschichtsgang, der Zusammenschluss der bis in die Mitte des 20. Jahrhunderts hinein verfeindeten Nationen und die Entstehung des vereinten Europas. Ebenso folgenschwer ist aber auch die dadurch ermöglichte Globalisierung der Märkte und in ihrem Gefolge der Weltwirtschaft. In seinen Folgen kaum abzusehen ist demgegenüber der durch die Abzweigung der Hochtechnik ausgelöste Prozess, der nach der Prognose *Freuds* auf die Realisierung uralter Menschheitsträume abzielt und bereits zur Bändigung der Atomenergie, zur Sternenreise, zur Bio- und Transplantationstechnik und zur Klonierung von höheren Lebewesen führte. Der Mensch, das bisher höchste Produkt der Evolution, steht durch gezielte Eingriffe in die Vererbungsmechanismen im Begriff, zu deren Gestalter und Subjekt zu werden. Gleichzeitig entwickelte die Hochtechnik in Gestalt der Medienszene ein Kommunikationssystem von noch unabsehbarer Aus- und Rückwirkung. Denn dadurch droht der Mensch, wie der Initiator der Kybernetik, *Norbert Wiener*, voraussah, seine Qualitäten einzubüßen und zur bloßen »Nachricht« zu werden.[1]

Das Erscheinungsbild

Dem entspricht das Erscheinungsbild der an dieser Entwicklung ebenso beteiligten wie von ihr betroffenen Christenheit. Denn mit der Konstituierung des subjektiven Bewusstseins (*Krüger*) schuf erst sie die Voraussetzung für die Befreiung, die Solidarisierung und den Willen, gestaltend in die naturalen Gegebenheiten einzugreifen.[2] Dennoch wirkt dieses Erscheinungsbild zwiespältig. Und dies nicht zuletzt deshalb, weil die Christenheit in eigentümlicher Selbstentfremdung sich ihrer eigenen Privilegien nicht hinreichend bewusst ist und die ihr von ihrem Ursprung her eröffneten Chancen nicht wahrzunehmen vermag. Es ist neben anderen Ursachen dieses gebrochene Erscheinungsbild, auf das ihre schwindende Akzeptanz zurückzuführen ist. So kam es während der letzten Jahrzehnte auf breiter Front zwar zu einer glaubensgeschichtlichen Kehre; doch wird sie weder von den berufenen noch von den selbsternannten Glaubenswächtern in ihrer Bedeutung erkannt.

Ähnlich verhält es sich mit dem Erscheinungsbild sowohl der protestantischen als auch der katholischen Theologie. Während jene noch immer von den spektakulären Errungenschaften der historisch-kritischen Methode zehrt, übersieht sie die Anzeichen, die für eine transkritische Lesart der biblischen Texte sprechen. Demgegenüber untersteht die katholische Theologie trotz aller Rückschläge noch immer der Schubkraft des Zweiten Vatikanums. Doch besteht ihre Tragik darin, dass sie dessen zentrales Vermächtnis nur unvollständig aufnahm, anstatt es zu seinen Konsequenzen fortzuentwickeln. Denn imponierender konnte sich dieses Vermächtnis nicht darstellen als in Gestalt der im Gefolge des Konzils nach erstaunlich kurzer Inkubationszeit förmlich aus dem Boden geschossenen Jesusliteratur.[3] Nur unvollständig hatte die Theologie diesen konziliaren Impuls aufgenommen, weil sie es bei dessen aporetischer Ausgestaltung in Gestalt einer Christologie »von oben« und einer Christologie »von unten« beließ, ohne dieser Alternative, wie es die Situation gefordert hätte, das Konzept einer »Christologie von innen« entgegenzusetzen.[4]

Daran sah sie sich allerdings von innen und außen her gehindert. Von außen durch die ständig wachsende Spannung gegenüber dem kirchlichen Lehramt, das, abgesehen von anderen Restriktionen, der durch die Bultmann-Schule in Gang gesetzten »Rückfrage nach Jesus« aufgrund traditionsbedingter Vorbehalte skeptisch gegenüberstand. Aber auch von innen her, weil sie es in der ökumenischen Euphorie der nachkonziliaren Jahre unterließ, die Suche nach der Identität des Christentums voranzutreiben. Dazu aber hätte ihr gerade die »Christologie von innen« verholfen. Zudem hatte Martin Buber den Christen beider Konfessionen, aber mit deutlicherem Blick auf die katholische, vorgeworfen, einem vergegenständlichenden Satzglauben verfallen und dadurch hinter den auch von Jesus geteilten »Emuna-Glauben« zurückgefallen zu sein, der sich auf die Verankerung des Glaubenden in der Gotteswirklichkeit beziehe. Im Gegensatz dazu komme es den Christen mehr auf die satzhafte Umschreibung als auf den Inhalt der Glaubensgeheimnisse an, an deren Erschließung doch alles gelegen sei.

Der Appell

Diese Kritik hätte die Theologie für die Tatsache hellsichtig machen müssen, dass sie, ebenso wie die von ihr bestimmte Glaubensinstruktion, immer noch das Hauptgewicht auf die gegenständlich umschriebenen Glaubenswahrheiten legt, obwohl diese ständig zu Antinomien und Aporien führen und dadurch die Akzeptanz ihrer Aussage behindern. Erst recht aber hätte Bubers Kritik die Theologie hellhörig machen müssen für das wahrhaft bahnbrechende Pauluswort, das dem zur Gotteskindschaft Gelangten die Entlassung aus der angstverhafteten Heteronomie verspricht (Röm 8,15).[5]

Mit diesem Wort zieht Paulus die Summe aus seiner esoterischen Lehre, die er seinen dafür unempfänglichen Adressaten (nach 1Kor 3,1ff.) nur zu gerne vorgetragen hätte. Sie gipfelt in dem Gedanken, dass die Glaubensgemeinschaft von Christus, dem Grund ihres Glaubens, wie von einer sie umhüllenden Sphäre umgriffen und so zur Innensicht des Geglaubten geführt ist. Dort erschließt sich ihr das Weltgeheimnis durch den, in welchem (nach Kol 1,16f.) alles geschaffen ist, und in dem »das All Bestand hat«.[6] Dort führt der Glaube an die Menschwerdung die Glaubenden zum Bewusstsein ihrer Wiedergeburt zu Gotteskindern. Dort enthüllt sich das Kreuz als die Pforte zur Freiheit und die Auferstehung als das tragende Prinzip der Neugestaltung aller Dinge. Und dort erweist sich das Ende als die vollendende Heimkehr zu dem Gott, der (nach 1Kor 15,28) »alles in allem« ist.

Mit diesem Wort hebt der Apostel aber vor allem darauf ab, dass der Glaube den Ausgang aus der Heteronomie in die Mystik bezweckt. Denn der Gegensatz zur Heteronomie ist für Paulus, anders als für die modernen Glaubenshüter, nicht die Autonomie des sich selbst von allen Autoritäten absetzenden Subjekts, sondern die Gotteskindschaft. Das wirft ein scharfes Licht auf den gegenwärtigen, immer noch von heteronomen Strukturen bestimmten Zustand des Christentums. Wo immer noch die Auffassung vorherrscht, dass sich dieses der Weltöffentlichkeit vornehmlich als moralische Orientierungsinstanz präsentieren müsse, ja dass es den heutigen Menschen überhaupt nur noch »als Ethik« vermittelt werden könne (Trillhaas),[7] wo des weiteren die Ansicht vertreten wird, dass die theologische Forschung auf die Bestätigung des lehramtlich Vorentschiedenen verpflichtet werden müsse, dass vom Kirchenvolk vor allem »kindlicher Gehorsam« einzufordern sei und dass es in erster Linie auf eine »theologische correctness« ankomme, ist ein Denken am Werk, das sich offensichtlich nicht vom Vertrauen in die Kraft der eigenen Sache und vom guten Willen der damit Befassten, sondern von Skepsis, Misstrauen und Angst leiten lässt. In seinem Einzugsgebiet herrscht dann aber offensichtlich jene Mentalität, der Paulus mit der Mahnung widerspricht, dass unter Christen nicht der Geist der Heteronomie und knechtischen Unterwürfigkeit herrschen dürfe, weil für sie keinerlei Anlass besteht, sich »aufs Neue« zu fürchten.

Angespielt ist mit diesem Wort ganz offensichtlich auf die Situation des spätantiken Menschen, der sich nach dem Verfall des Götterglaubens an unausweichliche Schicksalsmächte ausgeliefert fühlte. Weder diesen »naturalen« noch den vom »Zuchtmeister« des Gesetzes (Gal 3,24) ausgehenden Ängsten werden aber nach Paulus durch den Christenglauben neue hinzugefügt, da dieser von seinem innersten Wesen her das Werk der Angstüberwindung betreibt; vielmehr enthebt er alles Denken, Handeln und Sein der herrschenden Fremdbestimmung, um es auf das neue Prinzip der Gotteskindschaft zu gründen. Was ist damit gemeint?

Die Transparenz

Eine vollgültige Beantwortung dieser Frage ist nur auf dem Weg eines Durchblicks durch das Lebenswerk Jesu und der Erfassung seiner tragenden Absicht zu gewinnen. Den Ausgangspunkt bildet die Taufszene, die im Zuspruch der Himmelsstimme »Du bist mein geliebter Sohn« (Mk 1,11) gipfelt. Mit ihr eröffnen die synoptischen Evangelien ihren Bericht vom Wirken Jesu, dies jedoch so, dass sie diese Zusage zugleich auf das Geschehen in Kreuz und Auferstehung hin durchsichtig machen. Am Kreuz aber stellt der Sterbende noch einmal die Frage, die unausdrücklich über seiner ganzen Lebensgeschichte steht und die erstmals mit der Zusage der Sohnschaft beantwortet war: die Frage, die der Mensch nach Augustin nicht so sehr stellt, als vielmehr ist: »Wer bin ich?« Der Gekreuzigte stellt sie in der übersprachlichen und darum denkbar dringlichsten Form seines Todesschreis. Übersprachlich wie die Frage ist dann aber auch die an ihn ergehende Antwort, die Gott dem aus höchster Todesnot an ihn gerichteten Notschrei anstatt in Worten durch seinen rettenden Selbsterweis, und das heißt, dadurch gibt, dass er den zu ihm Aufschreienden der Todesnot entreißt und in seine göttliche Lebensfülle aufnimmt.

Die Auferstehung ist, so gesehen, die alle Hilfs- und Heilserwartung sprengende Antwort, die Gott dem Gekreuzigten – und durch ihn jedem Sterbenden – gibt. Wie der Eingang des Römerbriefs (1,4) zu verstehen gibt, war diese Antwort in verbalisierter Form aber gleichbedeutend mit der Zusage: »Du bist mein geliebter Sohn«, so dass diese der vorweggenommenen Intonation der Auferstehungsbotschaft gleichkommt.

Weil diese Zusage ein Wort der sich (im Sinne des diffusivum sui ipsius) verschenkenden Liebe ist, schließt die Jesus zugesprochene Sohnschaft tendenziell alle und alles ein. Die Gabe wird so zur Aufgabe, das ihn auszeichnende Privileg, der Gottessohn im einzigartigen und ausschließlichen Sinn zu sein, an alle dafür Ansprechbaren weiterzugeben. Daraus erklärt sich zunächst seine Suche nach einem Mittelbegriff, der diese Absicht auf eine kommunikable Weise sagbar macht. Ihn gewinnt er im Zug seiner Identifikation mit der Himmelsgestalt des Menschensohnes, dem die Heraufführung des Gottesreiches aufgetragen ist, den Jesus nun aber mit dem neuen Inhalt seines Sohnesbewusstseins füllt, so dass das Gottesreich zur Metapher seiner selbst und er zum Synonym des Gottesreiches wird.[8]

Von daher erklärt sich dann aber auch sein sprachschöpferisches Werk. Da sich die Basileia (nach Lk 17,20) jeder vergegenständlichenden Festlegung und jeder Einordnung in das Koordinatensystem von Raum und Zeit – denn: »es ist in euch« – entzieht, bleibt Jesus nur der Umweg, eine neue Welt von »Zeichen und Tönen« (Novalis) zu schaffen, durch die den Hörern der Zugang zum Gottesreich erschlossen wird.[9] In diesem Interesse schafft er die Sprachwelt seiner Gleichnisse, die durch ihr unweltliches Reden von Weltlichem die Hörer ihrer Lebenswelt entfremden und zu der vom Botschafter des Gottesreiches geforderten Metanoia bewegen.

Weil die Gleichnisse mehr in performativer als informativer Weise reden, erklären sich von hier aus auch die von Jesus gewirkten Wunder, die er mit dem Satz kommentiert, dass in ihnen das Gottesreich wirkmächtige Kontur gewinne (Lk 11,20). So sind die Wunder getätigte Gleichnisse, so wie diese als erzählte Wunder zu gelten haben.[10] Das ist keineswegs eine nur metaphorische Wendung, vor allem dann nicht, wenn man das Ganze der neutestamentlichen Schriften in den Blick nimmt, in das die Gleichnisse eingebettet sind. Da sie ohne den von der Auferstehung Jesu ausgehenden Impuls niemals zustande gekommen wären, sind sie, wie dies James M. Robinson von der Spruchquelle sagt, ein tragendes Element des zum Grundbuch des Christentums gewordenen »Osterwunders«.

So entschlüsselt sich das Lebenswerk Jesu nun tatsächlich als der vielfältige und vieldimensionale Versuch, die ihm zugesprochene Gottessohnschaft an die Seinen – und durch sie an die ganze Welt – weiterzugeben. Damit klärt sich dann aber auch, warum Paulus die Alternative zur allgemein herrschenden Heteronomie in der Gotteskindschaft erblickt. Sie ist, wie nun deutlich wird, der Zielbegriff der gesamten Heilsbotschaft. Auf dieses Ziel hin will sie den Menschen und seine Lebenswelt überholen und verwandeln. Als Kind Gottes bleibt der Mensch zwar die hinfällige und todverfallene Kreatur, als die er in diese kontingente und deshalb tod- und leidbehaftete Welt hineingeboren ist. Ungeachtet dessen aber ist er am Herzen dessen geborgen, den er mit der ehrfürchtigen Zärtlichkeitsanrede »Abba – Vater« anruft, also mit jenem Wort, mit welchem Jesus den Himmel gestürmt, die Fremdheit Gottes überwunden und den Zugang zum Innersten Gottes erschlossen hatte. Getragen von der Gewalt dieses Wortes ist der Glaubende in seiner Hinfälligkeit aufgefangen, in seiner Angst geborgen und in seiner Todverfallenheit zum Leben in Gott berufen.

Die Schicksalsgemeinschaft

Damit ist aber nicht nur die Frage nach der menschlichen Identität, sondern auch die nach der Identität des Christentums beantwortet, der die Gegenwartstheologie in ihrem Bestreben, ihr Verhältnis zu den beiden anderen Abrahamsreligionen, Judentum und Islam, zu egalisieren, längst nicht mit dem erforderlichen Nachdruck nachgeht. Denn der heutige Mensch hungert nach Identität. Für ihn hängt somit alles an der Frage, ob er in seiner Religion eine vollgültige Antwort darauf findet. Doch damit ist diese, also für die Mehrheit der Fragesteller die christliche, ihrerseits nach ihrer Identität befragt. Als Stiftung Jesu lebt sie zentral von dessen revolutionärer Großtat, mit der er in einer Kühnheit ohnegleichen den aus Angst und Hoffnung gewobenen Schleier vom Gottesgeheimnis entfernte, um darin das Antlitz des bedingungslos liebenden Vaters zu enthüllen. Damit setzte er dem Zeitalter der Furcht ein Ende, damit verkündete er der Menschheit den Gott, der ihrer innersten Sehnsucht entsprach; damit ging er aber paradoxerweise auch das Risiko ein, sie mit dieser alle bisherigen Gottesbilder sprengenden Botschaft zu überfordern und dadurch seinen Untergang heraufzubeschwören. Kein Wunder, dass seine eigene Stiftung, Mal um Mal, auf das von ihm überwundene Bild des ambivalenten, zwischen Furcht und Liebe schwankenden Gottes zurückfiel und, anstatt eine Ethik der Immunisierung zu entwerfen, ihr Ziel mit Hilfe von Normen, Vorschriften und der Suggestion von Ängsten anstrebte.[11]

Umso mehr sieht sich der nach Antwort auf seine Lebensfragen verlangende Mensch in eine Schicksalsgemeinschaft mit Christentum und Kirche verwiesen. Denn diese bedürfen des kreativ Glaubenden, wenn sie ihre heteronome Verfassung überschreiten und zum Vollbegriff ihrer Identität gelangen sollen. Umgekehrt aber ist gerade der heutige Mensch an das Christentum verwiesen, weil es als einzige Weltreligion um den von Jesus entdeckten, verkündeten und erlittenen Gott weiß, der in seiner rettenden Selbstmitteilung die erfüllende Antwort auf die menschliche Sinn- und Identitätsfrage ist. Wer von beiden wird in diesem Dilemma als Erster auf den Anderen zugehen?

Nach Lage der Dinge müsste es derjenige sein, der um die rettende Antwort weiß. Doch das Christentum, dem dieser kostbare Besitz anvertraut ist, stellt sich heute, nach dem Lichtblick des Konzils, neuerlich in abweisender Heteronomie dar. Wo die Menschen Antworten erhoffen, finden sie Gesetze und Direktiven; wo sie Hilfen bräuchten, stoßen sie auf Forderungen und dort, wo sie auf einen Raum des Aufatmens und der Befreiung warten, auf ein Klima der Resignation und der Angst. Deshalb muss das Gespräch mit dem heutigen Menschen mit der Einleitung einer Bewusstseinswende beginnen, die den Abbau der heteronomen Strukturen und die Freisetzung der versiegelten Hoffnungsimpulse zum Ziel hat. Denn erst dann, wenn er in Christentum und Kirche nicht mehr die abweisende Außenfront vor Augen hat,

werden sie ihm als die Botschafter der ersehnten Antwort auf seine Lebensfrage glaubhaft werden.

Der Imperativ

»Verabschiedung der Heteronomie« lautet darum der große Imperativ der
Stunde. Das klingt wie das Rettung verheißende Trompetensignal in *Beethovens* ›Fidelio‹ in den Ohren derer, die nach der politischen Wende auf eine
Lebens- und Glaubenswende hoffen und in den spektakulären Umbrüchen
die Verheißung von mehr Menschlichkeit nach dem Jahrhundert des Todes,
der Barbarei und der Unmenschlichkeit erblicken. Weniger wohlklingend
wird es freilich denjenigen erscheinen, die von der Verabschiedung der
Heteronomie eine Gefährdung der überkommenen Ordnung und der sie sta-
bilisierenden Strukturen befürchten. Denn der heteronome Mensch ist der
unterwürfige, so dass er sich nicht nur aus Zwang, sondern aus innerer Bereitschaft der Direktive der Autoritäten unterwirft, er neigt zur Außensteuerung
(*Riesman*) und ist infolgedessen der angepasste und sich ständig neu anpas-
sende Mensch, der sich bereitwillig in vorgegebene Lebensentwürfe einfügt.[12]
Als solcher entspricht er aber nicht nur dem Idealbild totalitärer Systeme,
sondern, wie man nicht ohne Bestürzung feststellen muss, auch dem Ideal
kirchlicher Pädagogik, die immer schon lieber auf Gehorsam und System-
treue als auf Kreativität, Phantasie und Initiative setzte.

Nicht weniger schwer fällt die Verabschiedung der Instanz, die geradezu
zum Inbegriff der Heteronomie geworden ist und mehr als jede andere das
Gesicht des künftigen Menschen prägen wird: der Medienszene. Denn in
Gestalt der Medien sind die totalitären Systeme, deren Macht nach dem Tode
Hitlers und Stalins endgültig gebrochen schien, wie man im Anschluss an
Postman und *Weber* sagen könnte, aus ihren Gräbern auferstanden und durch
die Hintertür in die moderne Lebenswelt eingedrungen. Sie erreichen ihr Ziel,
die Kontrolle des menschlichen Denkens, Wollens und Fühlens weit effektiver als die Diktaturen, da sie es mit persuasiven anstatt mit repressiven Mitteln
ansteuern. Und sie übertreffen ihre terroristischen Vorbilder sogar in der Zielsetzung. Während diese insbesondere die von ihnen propagandistisch geforderte »Gefolgschaft« erstrebten, geht es ihnen tatsächlich darum, die Rezi-

pienten ihren Strukturen anzuverwandeln. Ihr Ziel ist somit der mediatisierte und schließlich zu einer Metapher seiner selbst herabgewürdigte Mensch. Alles ist ihnen daher an der Aufrechterhaltung der Heteronomie gelegen. Daher ihre zutiefst verlogene Unterwerfung unter das Diktat der Einschaltquoten und unter die Gesetze des Massenkonsums. Daher ihr Abstieg in die Niederungen der Subkultur und ihr Bestreben, die ihren Angeboten angepasste Klientel mit dem Verzicht auf ihren Kulturauftrag zu »belohnen«.

Die Entzauberung

Angesichts der Tatsache, dass die Medien mehr als jede andere Technologie die künftige Weltgestalt – biblisch gesprochen: das »Antlitz der Erde« – bestimmen werden und heute schon einen kaum abzuschätzenden Einfluss auf so gut wie alle Verhältnisse ausüben, kann die geforderte Verabschiedung keinesfalls so viel wie Abschaffung oder auch nur Verzicht bedeuten. Was überwunden und ausgeräumt werden muss, ist lediglich der persuasiv getarnte Unterdrückungseffekt, der von der Medienszene zunehmend und sogar in geometrischer Progression ausgeht, sofern sie durch ihre die Realität beseitigende Eigengesetzlichkeit es dahin bringt, eine Surrogatwelt an die Stelle der bestehenden zu setzen und ihren Rezipienten Zug um Zug in eine Metapher seiner selbst zu verwandeln. Hervorgegangen aus einem Ensemble realisierter Utopien geht es ihr, so gesehen, darum, das gesamte Dasein einschließlich des rezipierenden Menschen zu verzaubern und in eine Utopie umzusetzen. Daran muss sich die intendierte Verabschiedung bemessen.

Im Sinn des Medientheologen *Vilém Flusser* muss sie von dieser Zielsetzung her in einer die Subjekt- wie die Objektseite umfassenden Entzauberung bestehen, wie sie schon *Max Weber* als Folge der vom Christentum ins Werk gesetzten Aufklärung ausgemacht und gefordert hatte.[13] Sie müsste sich ebenso auf die von den Medien kompensatorisch – genauer gesagt, in einem regelrechten »Verdrängungswettbewerb« mit der zur bestehenden »Lebenswelt« – vorgespiegelten »Gegen- und Überwelt« wie auf das tief sitzende Illusionsverlangen des Rezipienten beziehen. In diesem muss der Wille zur Wahrheit verstärkt und die Anfälligkeit für Wahnvorstellungen, illusionäre Versprechungen und Suggestionen zurückgedrängt und ein insgesamt kritisches Verhältnis zu den Medien entwickelt werden, und dies auch angesichts der Unabwendbarkeit ihres Einflusses auf die heraufkommende Weltgestalt. Der Hauptstoß der geforderten Entzauberung muss sich jedoch auf die Medien und ihr Angebot selber richten, da auf sie mehr als auf jede andere Entwicklung der Gegenwart die hellsichtige Prognose Webers zutrifft:

Die alten vielen Götter, entzaubert und daher in Gestalt unpersönlicher Mächte, entsteigen ihren Gräbern, streben nach Gewalt über unser Leben, und beginnen untereinander wieder ihren ewigen Kampf.[14]

Wenn sich der ägyptische Großkönig nach dem Bericht in Platons ›Phaidros‹ das Urteil über die Schrift vorbehielt, das ihm von deren Erfinder, dem Halbgott Theut, als Mittel zur Stärkung des Gedächtnisses angepriesen worden war, ist diese Skepsis angesichts der heutigen Medienszene noch weit mehr geboten.[15] Nicht sie selbst, wohl aber die von ihr ausgehende Verzauberung und Entfremdung gilt es zu verabschieden. Denn nur auf dieser Basis kann ein konstruktives Verhältnis zu ihr aufgenommen und am Ende wohl gar jene »symbiotische« Beziehung zu ihr eingegangen werden, auf die ihr Theoretiker Flusser die zukünftige Entwicklung letztlich hinauslaufen sieht. Denn noch immer stand die Weisheit, geheim oder offen, im Bund mit sachgerechter Skepsis, der diese vor dem Absturz in den Nihilismus, und jene, die Weisheit, vor Überschwang und Illusion bewahrte.

2. Der Verlust der Attribute

Zur Problemgeschichte

Seitdem sich die Menschheit zum Wissen um den persönlichen, von der Welt unterschiedenen Gott erhob, verbinden sich mit dem Gottesbegriff die Momente der Erhabenheit und überwältigenden Größe, die als ebenso bedrückend wie unerreichbar empfunden wurde. Dieser Gott ist ebenso fern wie nah, doch so, dass sich mit seiner Nähe das Gefühl der Unentrinnbarkeit verbindet. Hierin stimmt der radikalste Kritiker des Christentums Nietzsche mit dem Beter des 139. Psalms überein, der sich zu dem Geständnis gedrängt fühlt:

> Ringsum schließt du mich ein und legst auf mich deine Hand. Gar wunderbar ist dieses Wissen für mich, nicht zu begreifen. Wohin soll ich mich flüchten vor deinem Geist, wohin vor deinem Antlitz fliehen? Steig ich zum Himmel empor, so bist du zugegen; fahre ich zur Unterwelt hinab, so bist du da! Und leihe ich mir Flügel vom Morgenrot, um mich niederzulassen am fernsten Gestade, so ergreift mich auch dort deine Hand und hält mich deine Rechte umfangen (Ps 139,5–10).

Man hat den Eindruck, als sei das Erlebnis der übergroßen, bedrängenden Nähe von dem der Ferne Gottes durchsetzt, so dass sich der Beter davon eher bedrückt als getröstet fühlt. Dabei verwandelt sich sogar das erhebende Gefühl, von Gottes Blick erfasst und durchdrungen zu sein, im Lauf der Motivgeschichte in sein peinigendes Gegenteil. Das steigert sich bei Nietzsche zu wilder, gottfeindlicher Aggression: »Du ertrugst den nicht, der dich sah«, erklärt Zarathustra dem »hässlichsten Menschen«, in dem er den Mörder Gottes erkannte. Und der muss ihm zustimmen:

> Aber er – mußte sterben: er sah mit Augen, welche alles sehn – er sah des Menschen Tiefen und Gründe, alle seine verhehlte Schmach und Häßlichkeit ... Der Gott, der alles sah, auch den Menschen: dieser Gott mußte sterben! Der Mensch erträgt es nicht, daß solch ein Zeuge lebt.[16]

Das ist Nietzsches lautester Protest gegen den »moralischen«, den Menschen durchschauenden und beherrschenden Gott, wenn freilich auch nicht sein letztes Wort in der Gottesfrage. Und es ist, motivgeschichtlich gesehen, die geradezu verzweifelte Reaktion auf das unbewältigte Problem des fernen Gottes, das die Menschheit auf ihrem Denkweg unablässig in Atem hielt. Denn das Wissen um die Erhabenheit Gottes führte in der Folge zur Erkenntnis, dass alle von ihm gebildeten Begriffe an seiner Unausdenklichkeit scheitern, so dass, wie das Vierte Laterankonzil (1215) formulierte, keine noch so große Ähnlichkeit zwischen Schöpfer und Geschöpf konstatiert werden kann, die nicht von einer noch größeren Unähnlichkeit übergriffen würde. In diesem Sinn erklärt schon Novatian, der Begründer der »negativen Theologie«, in seiner Schrift über die Trinität:

Nennt man ihn Licht, so bezeichnet man nicht ihn, sondern ein Geschöpf; ihn selbst sagt man damit nicht aus. Nennt man ihn Kraft, so bezeichnet man wiederum nicht ihn, sondern nur seine Macht. Spricht man von seiner Majestät, so beschreibt man seine Würde, nicht sein Wesen. Wie sollte man auch über den etwas umfassend aussagen und erdenken können, der über alle Nennungen und Gedanken erhaben ist?[17]

In hymnischer Sprache wiederholt das eine Gregor von Nazianz zugeschriebene Strophe:

Jenseits von allem! Wie anders dürfte ich dich preisen? Wie soll dich mein Wort rühmen: bist du doch jedem Wort unsagbar! Wie soll dich meine Einsicht schauen: bist du doch jeder Einsicht unerreichbar! Unbenannt du allein; denn du schufst jede Benennung! Unbekannt du allein; denn du schufst jede Einsicht![18]

Der doppelte Lichtblick

Wie der enthusiastische Zug dieser Aussage erkennen lässt, verband sich mit der Vertiefung in das Geheimnis der göttlichen Ferne ein doppelter Lichtblick. Der eine besteht in der Entdeckung, dass die Ferne Gottes den Menschen zur Selbstüberschreitung hinreißt. Unüberbietbar schön verlieh dem Augustin in dem berühmten Eingangswort seiner ›Bekenntnisse‹ Ausdruck:

Du hast uns auf dich hin geschaffen, und unruhig ist unser Herz, bis es Ruhe findet in dir![19]

Ihre begrifflich schärfste Fassung aber fand die Entdeckung in dem Satz aus Pascals ›Pensées‹, dass sich der Mensch selbst unendlich überschreitet (§ 434) – ein Satz, den das berühmte Fragment 72 in die Reflexion fortführt:

> *Was ist zum Schluss der Mensch? Ein Nichts vor dem Unendlichen, ein All gegenüber dem Nichts, eine Mitte zwischen Nichts und All. Unendlich entfernt vom Begreifen der äußersten Grenzen, sind ihm Ende und Gründe der Dinge undurchdringlich verborgen, unlösbares Geheimnis; denn er ist gleicherweise unfähig, das Nichts zu fassen, aus dem er hervorging, wie das Unendliche, das ihn verschlingt.*

Hier öffnet sich das Geheimnis des Menschen, der Abgrund in seiner Wesenstiefe. Denn er ist, mit den Augen Pascals gesehen, das paradoxe Wesen, das ungeachtet seiner Kontingenz und vielfältigen Bedingtheit nur im Unbedingten Genüge findet, der also Gott braucht, um er selbst, um Mensch sein zu können. Und hier liegt auch der anthropologische Ausgangspunkt aller Mystik.

Demgegenüber besteht der zweite Lichtblick in der Entdeckung des Weges, der durch das Motiv der Erhabenheit zur Erkenntnis Gottes und zur Vergewisserung seines Daseins führt. Er ist verknüpft mit dem Namen des »Vaters der Scholastik«, *Anselms von Canterbury*, von dem noch *Heine* wusste, dass er diesen Beweis, niedergelegt in seinem ›Proslogion‹, in einer »rührenden Gebetform« entwickelt habe, so dass in ihm die Kraft des spekulativen Denkens mit der Inbrunst des Gebets verschmilzt. Für den Denker ist Gott der kognitive Grenzwert, das unüberdenklich Größte, das in dieser Größe erst dann begriffen ist, wenn es als existent gedacht wird. Für den Beter ist diese Größe aber kein Attribut, sondern Inbegriff des erlebten, in seiner Wirklichkeit erfassten und erfahrenen Gottes. Das bestätigt der Eingang des augustinischen Bekenntniswerks, noch bevor der bewegende Satz von der Herzensunruhe erklingt:

> *Groß bist du, Herr, und höchsten Lobes würdig. Groß ist deine Macht, und deine Weisheit hat keine Grenzen. Und dich will loben der Mensch, dieses Bruchstück deiner*

Schöpfung, der Mensch, der seine Sterblichkeit, das Zeugnis seiner Sünde, mit sich herumschleppt. Und doch will er dich loben ... und du treibst ihn an, seine Freude darin zu finden, dass er dich lobt; denn auf dich hin hast du uns geschaffen, und unruhig ist unser Herz, bis es Ruhe findet in dir![20]

Weil man das Gebet nur als Form, nicht als Grundzug des »ontologischen« Arguments ansah, zog sich der Streit um seine Beweiskraft durch die Jahrhunderte hindurch bis zu *Nietzsche*, der mit seiner Parole »Gott ist tot« diesen, wie er im Anschluss an *Heine* meinte, letzten Pfeiler des Gottesglaubens mit sprachlichen Mitteln zum Einsturz zu bringen suchte und damit unwillkürlich eingestand, dass ihm argumentativ nicht beizukommen ist.[21] Indessen verstärkte sich damit der Zweifel an seiner Schlüssigkeit, der die Diskussion schon zu Lebzeiten Anselms verschattete. Schlimmer noch stand es jedoch um den Gedanken der Selbstüberschreitung des Menschen, den diejenigen, die es auf seine »Veränderung« abgesehen hatten, als Einfallstor für manipulatorische Eingriffe zu nutzen suchten. Und dazu gehören nicht nur die Agenten der terroristischen Systeme, denen es wechselweise um die »Züchtung« oder die »Konstruktion« des neuen Menschen zu tun war, sondern nicht weniger auch die Funktionäre der »sanften Diktatur«, die von den elektronischen Medien ausgeübt wird und insgeheim auf die Schaffung des »konsumgerechten« Menschen hinarbeitet.

Die revolutionäre Tat

Das Problem der Ferne Gottes blieb indessen nicht den »Gottesdenkern« christlicher und nachchristlicher Provenienz überlassen; vielmehr erweist es sich als das Problem, auf das Jesus selbst mit seiner zentralen Lebensleistung einging. Eingewiesen in eine bis zum Zerreißen gespannte Situation, erkennt er nicht nur mit visionärer Hellsichtigkeit die seinem Volk drohende Gefahr und diese im Fernblick auf den grauenvollen Untergang Jerusalems; vielmehr steht ihm auch das vor Augen, was das Verderben heraufbeschwört: die Finsternis im Menschenherzen und nicht zuletzt auch das, was *Joseph Bernhart* den »göttlichen Schatten der Schöpfung« nannte.[22] Vor allem aber muss ihm deutlich geworden sein, dass gegen die Mächte des Unheils eine Gottesverehrung, die zwischen Furcht und Liebe schwankte, nicht aufkam. Wenn in letzter Stunde Abhilfe geschaffen werden sollte, dann nur durch einen wagemutigen Eingriff ins Gottesverhältnis und, radikaler noch, ins Gottesbild. Es bedurfte, anders ausgedrückt, einer revolutionären Tat, der größten, von der die Religionsgeschichte zu berichten weiß.

Dazu war Jesus wie kein anderer befugt, ja geradezu herausgefordert, insbesondere durch das Tauferlebnis, durch das er in seiner Gottessohnschaft bestätigt und zum Sohnesbewusstsein erhoben worden war. Mit seiner Antwort auf den Zuspruch der Himmelsstimme wagt er als Erster, Gott im Vollsinn dieser Anrufung »Vater« zu nennen. Mit dieser Zärtlichkeitsanrede bricht er unwiderruflich mit der Religion der Knechtschaft und Furcht, um den »Tag des Heils« und die »Zeit der Gnade« (2Kor 6,2) heraufzuführen. Doch damit verwandelt er nicht nur das ambivalente Gottesverhältnis aller Religionen in das der rettenden Eindeutigkeit; vielmehr stellt er in der Konsequenz dessen auch das Verhältnis des Menschen zum Mitmenschen und zu sich selbst auf eine neue, erneuernde Basis. Im Mitmenschen lässt er ihn, jenseits aller eingewurzelten Vorbehalte und Ängste, den Nächsten finden; und ihm selbst schenkt er die Gewissheit, das von unendlicher Güte umsorgte Kind des himmlischen Vaters zu sein. Damit schafft er die Voraussetzung für jene Neuordnung aller Verhältnisse, die er mit der Ankündigung des Gottesreiches, dem Inbegriff seiner »realisierten Sozialutopie«, in Aussicht stellt. Es ist der Inbegriff des angstfreien, auf Vertrauen und Solidarität gegründeten Zusammenlebens, den er als seine rettende Alternative dem Gespenst des drohenden Untergangs entgegensetzt.

Die große Verdüsterung

Ungenutzt gebliebene Chancen ziehen verhängnisvolle Folgen nach sich. Wie sich die Verwerfung Jesu auf den Fortgang der Geschichte Israels katastrophal auswirkte, erging es, nur weniger spektakulär und offenkundig, der Christenheit, für die die große Innovation kaum je bewusstseinsbildend wurde, und ebenso der sich aus ihr emanzipierenden Geistesgeschichte.

Der erste Einbruch verbindet sich ausgerechnet mit dem Namen *Anselms*, der es sich – wie in einem Vorgriff auf das Prinzip der Aufklärung – in der

Vorrede zu ›Cur Deus homo?‹ zum Ziel setzte, so zu argumentieren, »quasi nihil sciatur de Christo«, ein missionarisch gemeinter Vorsatz, dem aber doch das absurde Konzept zugrunde liegt, »remoto Christo« die Notwendigkeit der Menschwerdung Gottes zu beweisen. Was bei Anselm nur methodischer Kunstgriff war, wurde für die offenbarungskritische Aufklärung zum Grundsatz. Vor dem Hintergrund der spätmittelalterlichen Verzerrung Jesu zu einer richterlichen Drohgestalt – geradezu grotesk dokumentiert in der athletischen Christusfigur von Michelangelos ›Jüngstem Gericht‹ – wuchsen die Ängste und mit ihnen das Gefühl für das der Menschheit aufgebürdete Leiden, das nun keiner mehr, stellvertretend und Sinn verleihend, auf sich nahm. Begreiflich, dass sich das Leidensproblem in der Folge wie eine unübersteigliche, von den Theoretikern des Theodizeeproblems vergeblich attackierte Barriere gegen den Gottesgedanken erhob. In dem letztlich unbeantwortet gebliebenen Protest gegen das private und geschichtliche Lebensleid erkannte Albert Camus, ebenso hellsichtig wie sensibel, dann auch den wahren Grund des um sich greifenden Glaubensschwundes:

> Das Christentum hat auf diesen Protest gegen das Übel nur damit geantwortet, dass es das Gottesreich ankündigte und dann das ewige Leben, das den Glauben verlangt. Aber das Leid verbraucht die Hoffnung und den Glauben; es bleibt dann mit sich allein und findet keine Erklärung.[23]

Wie weit die Dinge auf der Höhe der Aufklärung angelangt waren, beweist Jean Pauls – als religiöse Schattenbeschwörung gemeinte – ›Rede des toten Christus vom Weltgebäude herab, dass kein Gott sei‹, von deren erster Niederschrift im Revolutionsjahr 1789 der Dichter gesteht, dass ihm der Entwurf »mit Grausen« vor der Seele vorbeigefahren und von ihm »bebend« niedergeschrieben worden sei.[24] Sie ist, wie der Titel dieser »Angstvision« bestätigt, dem »toten«, also dem aus dem Zeitbewusstsein verdrängten Christus in den Mund gelegt, der auf die Frage der Toten und der in ihren Gräbern erwachenden Kinder »Ist kein Gott? Haben wir keinen Vater?« die schreckliche Auskunft gibt:

> Ich ging durch die Welten, ich stieg in die Sonnen und flog mit den Milchstraßen durch die Wüsten des Himmels, aber es ist kein Gott. Ich stieg herab, soweit das Sein

seine Schatten wirft und schaute in den Abgrund und rief: Vater, wo bist du? Aber ich hörte nur den ewigen Sturm, den niemand regiert – Wir sind alle Waisen, ich und ihr, wir sind ohne Vater.[25]

Plädoyer für die Verstummten

Für Jean Paul gab es ein befreiendes Erwachen aus seinem Schreckenstraum, der ihn das Glück des Gottesglaubens wie neu geschenktes Leben empfinden ließ; für die Menschheit wurde er dagegen zur geschichtlichen Realität, die den Erfahrungen von Unmenschlichkeit eine neue, ungeheuerliche Dimension hinzufügte. Unter dem Überdruck dieser Geschehnisse gestaltete sich, zumindest für sensible Beobachter, die kulturelle Szene tiefgreifend um. Für *Theodor W. Adorno* war ein lyrisches Gedicht nach Auschwitz nicht mehr möglich; und trotz *Paul Celans* ›Todesfuge‹ scheint ihm die Flaute im gegenwärtigen Kunstschaffen Recht zu geben. *Max Horkheimer* sieht die Philosophie dieser Zeit vor die neuartige Aufgabe gestellt, den namenlosen Märtyrern der terroristischen Vernichtungslager gerecht zu werden und das, was sie getan und verstummend erlitten haben, in eine unüberhörbare Sprache zu übersetzen.[26]

Die theologischen Konsequenzen zog demgegenüber *Hans Jonas* in seiner Reflexion über den Gottesbegriff nach Auschwitz, die zu den großen religiösen Zeugnissen der Gegenwart zu zählen ist.[27] Das mit »Furcht und Zittern« ins Werk gesetzte »Stück unverhüllt spekulativer Theologie« will, ganz im Sinn von Horkheimers Postulat, als Antwort auf den »längst verhallten Schrei« der Hingemordeten »zu einem stummen Gott« verstanden werden, und das besagt: als Antwort, die es unternimmt, anstelle der vor der Unmenschlichkeit der Menschen und dem Schweigen Gottes Verstummten, letztlich sogar anstelle des schweigenden Gottes zu reden.[28]

Was diese Antwort zu sagen hat, ist eine Botschaft der Demontage, mit *Nietzsche* gesprochen: der »Selbstzersetzung« Gottes und damit der Entäußerung göttlicher Attribute.[29] Auf diese Entäußerung ließ sich der göttliche Seinsgrund schon im Schöpfungsakt ein; denn Gott leidet mit und an seiner Schöpfung. Indem er sie »sein lässt«, begibt er sich seiner Majestät, indem er Geschichte zulässt, seiner Geschichtsmacht, indem er die menschliche

Freiheit einräumt, eines Stücks seiner eigenen Freiheit. Den kritischen Fall dieses Prozesses aber bildet erst Auschwitz, das theologisch gesehen, den »ganzen überlieferten Gottesbegriff in Frage« stellt. Seither können göttliche Allmacht mit göttlicher Güte allein noch um den Preis gänzlicher göttlicher Unerforschlichkeit zusammengedacht werden. Wer aber – mit Jonas – am Offenbarungsglauben und damit an der Verständlichkeit Gottes festhalten will, muss »die beiden anderen Attribute aufopfern«.

> Absolute Güte, absolute Macht und Verstehbarkeit stehen in einem solchen Verhältnis, dass jede Verbindung von zweien von ihnen das dritte ausschließt.[30]

Damit greift Jonas bewusst auf die Kabbala, diese von Gershom Scholem »neu ans Licht gezogene« Unterströmung der jüdischen Glaubensgeschichte, zurück, die mit der Idee der göttlichen Einwohnung, der Schechina, eine durchaus gleichsinnige Vorstellung entwickelte. In einem visionären Traumgesicht erklärt sie dem »Seher« in Bubers Roman ›Gog und Magog‹:

> Ich bin ermattet; denn ihr habt mich gehetzt. Ich bin siech, denn ihr habt mich gepeinigt. Ich bin beschämt; denn ihr verleugnet mich ... Wenn ihr einander feind seid, hetzt ihr mich. Wenn ihr einander verleumdet, verleugnet ihr mich. Jeder von euch verbannt seinen Gefährten, und so verbannt ihr mich.[31]

Die Antwort des Kreuzes

Der Anklang an das neutestamentliche Gleichnis vom Weltgericht ist unüberhörbar. Dort hält der Richter den Verworfenen entgegen:

> Ich war hungrig, und ihr gabt mir nichts zu essen. Ich war durstig, und ihr gabt mir nichts zu trinken. Ich war fremd und obdachlos, und ihr habt mich nicht aufgenommen ... Amen, ich sage euch: was ihr einem dieser Geringsten nicht getan habt, das habt ihr auch mir nicht getan (Mt 25,42–45).

Noch tiefer greift ein Wort aus Nietzsches ›Antichrist‹, das auf eine einzigartige Einfühlung in die Passion Jesu schließen lässt:

Und er bittet, er leidet, er liebt mit denen, in denen, die ihm Böses tun.[32]

Schon ein Schritt führt von hier aus zu der Einsicht, dass die von Jonas vorgeschlagene »Dekomposition« Gottes nur als schwacher Widerschein dessen zu gelten hat, was exemplarisch und unüberbietbar am Kreuz Jesu geschehen war. Wenn man von den »versöhnlichen« Darstellungen der späteren Redaktionen auf den ältesten, den vormarkinischen Passionsbericht zurückblendet, erleidet Jesus in seiner Todesstunde einen wahren Zusammenbruch der gewohnten Gottesattribute.[33] In dieser Abgründigkeit wird der Bericht vor allem dann ersichtlich, wenn man ihn mit der zweifellos ältesten Passionsgeschichte, einer knappen Aussage des Hebräerbriefs, zusammennimmt, die das Leben Jesu in seinen Todesschrei, das gewaltigste ›De profundis‹, das je zum Himmel drang, ausmünden lässt:

> In den Tagen seines Erdenlebens brachte er unter lautem Wehgeschrei und Tränen Bitten und Flehrufe vor den, der ihn vom Tod erretten konnte; und er ist erhört und aus seiner Todesnot befreit worden (Hebr 5,7).[34]

In seiner Bitte geht es – wie bei »jedem Geschöpf in Not« – um Rettung in letzter Stunde.[35] Doch das von der göttlichen Allmacht erhoffte Wunder bleibt aus: Kein himmlischer Retter erscheint, um den Gekreuzigten seiner Not zu entreißen. Auch bewegt die göttliche Weisheit und Vorsehung keinen seiner Anhänger, eine rettende Befreiungsaktion ins Werk zu setzen. Selbst die Güte Gottes wird in keinem Zug des furchtbaren Geschehens fühlbar, noch nicht einmal in der Geste einer um Linderung der Qualen bemühten Menschenhand. So fallen aus dem Gottesbild des Sterbenden gerade die wichtigsten Attribute – Allmacht, Weisheit und Güte – heraus.

Dennoch stirbt Jesus nicht ungetröstet. Der Hebräerbrief erhebt sich sogar zu der Versicherung: »und er ist erhört und aus seiner Todesnot befreit worden«. Da das offenkundig nicht im Sinne menschlicher Heilserwartung geschah, bleibt nur die Annahme, dass das Gottesverhältnis Jesu in seinem Tod eine letzte Läuterung und Steigerung erfuhr. Im selben Maß, wie er die menschlichen Bilder von Gott hinter sich lässt, gewinnt er Gott als den antwortenden Adressaten seines Not- und Todesschreis. Aus der »Wüste der nackenden Gottheit« (le Fort)[36] erhebt sich Gott in seiner reinen Göttlichkeit, um den Schrei des Sterbenden, anstatt mit der erhofften Hilfe, mit dem Erweis seiner Wirklichkeit zu beantworten. Und das besagt: Der Tod Jesu hat, jenseits aller Erfahrung von Abbruch, Verlust und Untergang, die das Sterben auch für ihn mit sich bringt, die Qualität der befreienden Rettung und Heimholung; er geht sterbend in die Lebensfülle Gottes ein; er ist in Wahrheit erhört und befreit worden.

Deshalb ist nun umgekehrt das Kreuz Jesu die einzig zulängliche Antwort auf die vielfältige Bezweiflung Gottes, sei es angesichts des persönlichen oder des weltgeschichtlichen Leidens. In seinem Kreuz ist Heil, auch in dem Sinn, dass es Licht in das Dunkel der schwersten Menschheitsfragen wirft. Denn, so fragt Paulus im Liebeshymnus seines Römerbriefes:

Wenn Gott seinen eigenen Sohn nicht geschont, sondern ihn für uns alle hingegeben hat – wie sollte er uns nicht mit ihm alles schenken? (Röm 8,32).[37]

Die Antwort auf Jonas erinnert an das ›Hadesgespräch‹, das *Jonas* mit *Bultmann* über dessen Grab hinweg führte und das insbesondere auf dessen Bekenntnis zur Nicht-Objektivierbarkeit religiöser Phänomene abhob.[38] Schon von ihm selber gelte, dass er stets »lebte, was er dachte«, so dass im Lebensbezug seines Daseins dessen eigentlicher Sinn hervortrete. Deshalb habe er sich auch stets mit dem ganzen Gewicht seiner Existenz in den theologischen Gedanken eingebracht, gerade auch dort, wo er darauf insistiert, dass es für das Wort, das für ihn letzter Grund des Glaubens ist, »keine andere Legitimation ... und keine andere Basis gibt« als die mit ihm selbst gegebene.

Unübersehbar weist das, wenngleich in formalisierter Form, auf die sinnverwandte Stelle in *Kierkegaards* ›Einübung im Christentum‹ (1850) zurück, die die im Glauben erlangte Gleichzeitigkeit mit Christus mit dem aus dem Gesamtkontext herausfallenden Satz begründet: »Der Helfer ist die Hilfe.«[39] Doch mit diesem Satz löste sich für Kierkegaard nicht nur das Glaubensproblem; mit ihm antwortete er zugleich auch auf den Notschrei, den Lessing angesichts des »garstigen breiten Grabens« ausgestoßen hatte, über den er trotz aller Anstrengungen nicht hinwegkommen könne. Denn mit der Gleichsetzung des Helfers mit der von ihm gewährten Hilfe ist deutlich gemacht, dass der von Lessing beklagte Abgrund immer schon dadurch überbrückt ist, dass der mit seinen Gewährungen Identische, zusammen mit allen Kategorien, auch die Anschauungsformen von Raum und Zeit durchbrach, so dass der Zeitenabstand gegenstandslos wurde und volle Gleichzeitigkeit mit ihm erreicht ist.

Die Ablösung

Indessen hat es den Anschein, als sei der »garstige Graben« heute neu und radikaler als je zuvor aufgebrochen. Denn heute geht es nicht nur wie bei *Bultmann* um die Frage, wie das Schriftwort sich selbst begründen könne und auch nicht nur wie bei *Lessing* um die Misslichkeit, die Last des zeitlichen und ewigen Heils an den »Spinnenfaden« einer nur historischen Gewissheit aufhängen zu sollen, sondern um – Gott. Genauer noch um den Gott, der die Attribute seiner Allmacht, Weisheit und Güte dadurch desavouierte, dass er Israel, die Geltung dieser Attribute vorausgesetzt, die Ungeheuerlichkeit des millionenfachen Völkermordes, dazu noch in Form einer »industrialisierten« Liquidierung zumutete. Für *Jonas*, den radikalen Vertreter einer negativen Theologie, ist das religiös nur denkbar unter Verzicht auf diese vertrautesten aller Gottesattribute, und das heißt, um den Preis des traditionellen Gottesbildes.

Wenn man sich angesichts dieser radikalsten Aporie fragt, wer in ihrem Fall den Notschrei ausstieß, dann kommt nur der Eine in Betracht, dessen Todesschrei dem gewaltigsten ›De profundis‹ gleichkommt, das jemals zum Himmel stieg, und von dem angesichts seines stellvertretenden Leidens zugleich zu sagen ist, dass er zusammen mit den Stimmen aller, die jemals in ihrer Lebens- und Sterbensnot nach Gott schrien, auch die erstickten Schreie der in den Gaskammern Umgebrachten in sich aufnahm und ihnen eine zum Himmel dringende Stimme verlieh. Nach dem Zeugnis des Hebräerbriefs war das aber gerade der Gott, von dem sich der Gekreuzigte menschlich preisgegeben und verlassen sah und der doch diesem Anschein zum Trotz seinen Notschrei aufnahm und mit dem Selbsterweis seiner unergründlichen Gottheit beantwortete.

Auch wenn das von der Gegenwartstheologie kaum einmal reflektiert wurde, ging sie doch faktisch auf diese extreme Problemlage ein. Zwar vollzog sie keine Demontage des Gottesbegriffs; doch gab sie stillschweigend gerade jene Attribute auf, an denen sich das von Jonas artikulierte Ärgernis entzündete: das Attribut der Macht und der auf Sühne drängenden Gerechtigkeit. Das geschah, völlig disparat und doch wie in einer konzertierten Aktion, in *Elmar Klingers* Werk ›Armut – eine Herausforderung Gottes?‹ (1990), das seiner innersten Tendenz zufolge dem Attribut der Macht den Boden entzog, und in den wiederholten Anläufen, mit denen *Georg Baudler*, gestützt auf die durch *René Girard* ausgelöste Diskussion, auf die von Jesus vollzogene Korrektur des alttestamentlichen Opfer- und Sühneglaubens hinwies.[40]

Man kann sich des Eindrucks nicht erwehren, dass hier, im Gegenzug zu den nur zu verständlichen Rückbindungs- und Anlehnungstendenzen, wie sie sich etwa in *Erich Zengers* Umbenennung des »Alten« in das »Erste« Testament bekunden, ein Ablösungsprozess in Gang kam, durch den die eine glaubensgeschichtliche Wende spiegelnde Selbstkorrektur der Gegenwartstheologie eine geradezu dramatische Akzentuierung erfährt.[41] Stimuliert wird diese Tendenz durch die vor allem von *Elie Wiesel* propagierte Deklarierung des Völkermordes als »Holocaust«, der die Shoah in eine religiöse Sphäre hebt, gleichzeitig aber auch in eine geradezu desparate Problematik stürzt. Denn zum »Ganzopfer« gehört nicht nur der Vollstrecker, sondern auch der dieses Opfer annehmende, womöglich sogar fordernde Kultgott, der aber auf zweifache Weise »gegenstandslos« geworden ist. Einmal durch seine atheistische Negation, nicht zuletzt auch durch die vom Geschichtsgang des vorigen Jahrhunderts stimulierten Einwände gegen den Gottesglauben; sodann – und vor allem – durch die schon in der prophetischen Verkündigung einsetzende und durch Jesus vollendete Verkündigung des Gottes, der Barmherzigkeit will, aber »nicht Opfer« (Mt 9,13; vgl. auch Hos 6,6).

Es konnte nicht ausbleiben, dass die sakrale Deklarierung des Völkermordes auf die theologische Reflexion zurückschlug und zu einer weiteren Stufe in dem schon mit der Gottesverkündigung Jesu einsetzenden Ablösungsprozess vom Judentum führte. Freilich muss diese Beobachtung unverzüglich – und mit größtem Nachdruck – durch den Zusatz ergänzt werden, dass es sich zwar um eine Ablösung, keinesfalls jedoch um eine Trennung handelt und dass damit, trotz des gegenteiligen Anscheins, eine neue Freiheit der Begegnung und der Verständigung erreicht ist. Auch am »Ort« dieser Begegnung kann kein Zweifel bestehen; es ist der Kreuzestod dessen, der sterbend die vertrauten Gottesattribute verlor und im Entsetzen darüber nach seinem Gott schrie. Und es ist sein Todesschrei, der, mit *Horkheimer* gesprochen, den erstickten Opfern der Gewalt eine Stimme verlieh, die gehört wurde – gehört und erhört von dem, der darauf mit dem rettenden Selbsterweis seiner Lebensfülle antwortete.

3. Die Glaubenserweckung

Wer sich über die gegenwärtige Glaubenssituation Rechenschaft zu geben sucht, wird sich an die klugen und törichten Jungfrauen an den Portalen gotischer Dome erinnert fühlen, wobei die Letzteren dem Gleichnis zufolge in Erwartung des Bräutigams einschliefen. Das erinnert überdies an den berühmten Stich Francisco Goyas ›Der Schlaf der Vernunft‹, der den eingeschlafenen Verstand umgaukelt von dämonischen Nachtgespenstern in Szene setzt. Der Künstler, der demgegenüber den Schlaf des Glaubens dargestellt hat, ist kein geringerer als Paulus. Im 13. Kapitel des Römerbriefs nimmt er indirekt Bezug auf das Wächterlied aus dem Buch Jesaja:

> Ein Ruf ertönt aus Seir in Edom: Wächter, wie weit ist es in der Nacht? Der Wächter antwortet: Der Morgen kommt, aber es ist immer noch Nacht (Jes 21,11f.).[42]

Das Erwachen

Paulus weiß es anders:

> Bedenkt die Zeitlage! Denn die Stunde ist da, vom Schlaf aufzustehen ... Die Nacht ist vorgerückt; der Tag bricht an! (Röm 13,11f.).

Ein schlafender Glaube beschwört, wie der Fortgang der Stelle, der bekanntlich für Augustin lebensentscheidend wurde, deutlich macht, sittliche Verwilderung herauf. Paulus weiß aber auch um die Verfinsterung des Verstandes. Und er bestätigt damit, dass der Schlaf des Glaubens die religiöse Verwilderung, vor allem in Form von Aberglauben und Wahnvorstellungen, nach sich zieht.

Mittlerweile gab es aber aus diesem Schlaf ein böses Erwachen, als der Eiserne Vorhang fiel und den Blick auf eine von einem wahrhaft ozeanischen Atheismus verwüstete Landschaft freigab. Wo selbst skeptische Beobachter mit einer Rückwendung der systematisch entchristlichten neuen Bundesländer zu Religion und Kirche gerechnet hatten, bot sich das dieser Erwartung diametral entgegengesetzte Bild einer religiösen Wüste. Und dieses Bild wirkte umso bizarrer, als die Kirchenleitung gleichzeitig bemüht war, die hierarchischen Strukturen, also die Dachverstrebungen ihres Gebäudes, zu festigen, während doch gleichzeitig das Fundament wegzubrechen drohte. Durch kaum etwas wird diese Tatsache so eindringlich bestätigt wie durch die Recherche von *Klaus-Peter Jörns* zur Frage »Was Menschen heute wirklich glauben«, die die erschreckende Schwundstufe ans Licht hob, auf die der Christenglaube in Ost und West herabgesunken ist.[43] Nachdem sich bereits eine Mehrheit der Bundesbürger als areligiös bezeichnet, ist der Rubikon definitiv überschritten und die Abdrift in ein atheistisch geprägtes Jahrtausend zu befürchten, wenn nicht ein Wunder geschieht. Doch Gott wirkt seine Wunder meist durch Menschenhände. Deshalb muss eine Initiative ergriffen werden, die im Gegenzug zu dem bösen Erwachen nur in einer konsequent ins Werk gesetzten Glaubenserweckung bestehen kann.

Die Diagnose

Ihrer ganzen Natur nach kann diese Initiative nur mit dem Versuch einer Diagnose beginnen. In diesem Interesse sprach sich schon vor einiger Zeit *Johann Baptist Metz* dafür aus, dass sich in der heutigen Glaubenskrise als deren letzter Erklärungsgrund eine »Gotteskrise« verberge. In dieser Formulierung lässt die These darauf schließen, dass sich Gott, wie vielfach angenommen wird, von der Menschheitsgeschichte abgewendet habe, so dass die Weltsituation insgesamt im Zeichen seiner »Abwesenheit« stehe. Dabei handelt es sich aber offensichtlich um einen Rückgriff auf die Vorstellungswelt der »Gott-ist-tot-Theologie« und damit eher um eine verspätete *Nietzsche*-Rezeption als um eine wirkliche Erklärung des glaubensgeschichtlichen Befunds. Und dies umso weniger, als der »Gott Jesu Christi« (*Pascal*) zwar die Not der Gottverlassenheit zulässt, jedoch keinen Rückzug aus seiner Selbstvergegenwärtigung in der von ihm geschaffenen Welt kennt.[44]

In dieser Frage sahen Diagnostiker wie *Friedrich Nietzsche*, *Martin Buber* und *Reinhold Schneider* klarer. Nietzsche mit seinem Hinweis auf die Heteronomie, in der er die gegenwärtige Lebenswelt befangen sah; Buber mit seinem Drohwort von der über sie hereingebrochenen »Gottesfinsternis«, und Schneider mit dem Geständnis, das für ihn das »Antlitz des Vaters« angesichts der Schrecknisse in Natur und Geschichte »ganz unfassbar« geworden sei.[45] Doch wodurch wird der Mensch überhaupt »gottsichtig«, und wie erklärt sich die Verdunkelung des Himmels, zu dem er aufblickt?

Auf die erste Frage antwortet der unter tragischen Umständen im Ersten Weltkrieg gefallene Jesuitentheologe *Pierre Rousselot* in seinem Essay ›Les yeux de la foi‹ mit dem Hinweis auf die Sehkraft des Glaubens.[46] Er öffnet, wie der Epheserbrief versichert, die »Augen des Herzens« (1,18) für die Schau der von der Gottesoffenbarung erschlossenen vielgestaltigen Weisheit (3,10) und die durch ihn bewirkte Einwohnung Christi (3,17). Woher dann aber die gegenwärtige Eintrübung?

Nach *Buber*, dem Diagnostiker der Gottesfinsternis, ist diese nicht etwa durch eine Selbstverhüllung Gottes verursacht, wohl aber durch eine Verstörung des auf Innerweltliches abgeblendeten und dadurch für die Wahrnehmung des Himmelslichts unfähig gewordenen Blicks.[47] Für *Nietzsche* besteht die Unfähigkeit des Menschen, sich existentiell und schauend über sich selbst zu erheben, dagegen in seiner heteronomen Verfassung und seiner Anfälligkeit für Fremdbestimmungen, die er im Sinn seiner Lehre von den »drei Verwandlungen« – des Kamels in den Löwen und des Löwen in das Kind – durch den Aufstieg zur Autonomie und schließlich zur Selbstaneignung als »Weltenkind« überwinden muss. Was ihn daran hindert, ist der »Geist der Schwere«, der als der Inbegriff von »Zwang, Satzung, Not und Folge« das Leben in ein System von Normen und Direktiven zwängt und ihm so die freie Selbstaneignung verwehrt. Letztlich aber demaskiert sich dieser Widersacher als das Syndrom dessen, was Nietzsche am Christentum bekämpfte, sofern er es einem Selbstmissverständnis als Moral verfallen sah und sofern es durch seine ethische Selbstdarstellung seine wahre Mitte – und damit seine Sendung – verstellte.[48]

Treffender als mit diesem Wort vom »Geist der Schwere« kann die gegenwärtige Glaubenslähmung, wie die Krise genauer zu kennzeichnen ist, schwerlich beschrieben werden. Denn es trifft aufs Genaueste die resignative, von Lebens- und Zukunftsängsten belastete Stimmung im Raum der Kirchen, die kein Aufatmen, keine Spontaneität und keinen Aufbruchswillen, wie er gerade an der Schwelle zum neuen Jahrtausend erforderlich wäre, aufkommen lässt. Wenn Nietzsche den Geist der Schwere vor allem durch »Zwang und Satzung« gekennzeichnet sah, bezieht er ihn auf die moralische Selbstdarstellung des Christentums, auf die er seine Prognose stützte, dass dieses in Bälde genauso »an seiner Moral« zugrunde gehen werde, wie es in der Glaubensspaltung an seiner Selbstdarstellung »als Dogma« zugrunde gegangen sei. Moralische Wegweisung ist aber doch ein Dienst am Menschen! Wie kann sich damit eine Untergangsprognose verbinden?

In ihrer Fassung als Gesetz ist Moral, wie der große Diagnostiker Paulus erkannte, aber auch eine Form sublimer Repression, die im Grenzfall das Gegenteil ihres Zweckes, und das besagt, Auflehnung und Protest, heraufbeschwört (Röm 7,7ff.). Gegenüber repressiven Tendenzen ist aber der Mensch dieser Zeit nicht nur von innen her – und hier durch sein geradezu chronisches Selbstzerwürfnis –, sondern vor allem auch durch seine Geschichtserfahrung im Durchgang durch die Höllen zweier Diktaturen extrem sensibilisiert. Eine Kirche, die sich ihm, wie dies in ihrer gegenwärtigen Selbstdarstellung geschieht, in erster Linie als moralische Instanz präsentiert, tritt für ihn deshalb fast unvermeidlich in eine repressive Perspektive, vor der er unwillkürlich zurückschreckt. Und es wird wohl nur selten geschehen, dass er sich dabei von den Armen ihres Stifters aufgefangen fühlt, der zwar allen Wert auf eine verinnerlichte Sittlichkeit legte, diese aber gerade nicht durch Direktiven und Gesetze, sondern dadurch anstrebte, dass er die Menschen auf den Königsweg der Immunisierung verwies. Denn er führte die Sünder dadurch zum Guten, dass er sich ihnen selbst als das leibhaftige Prinzip Liebe einstiftete, das sie zum Bösen unfähig werden ließ. Das ist der Sinn seines Liebesgebots, in dem Paulus »alle anderen Gebote zusammengefasst« sieht, weil die Liebe, wie er dies begründet, »dem Nächsten nichts Böses« antun kann (Röm 13,8ff.).

Die Aporien

Analog zur Verschärfung der Moral zum Gesetz vollzog sich eine gleichsinnige Verschärfung des Glaubens: Er wurde, mit *Nietzsche* gesprochen, zum »Dogma«. Darauf hob *Buber* ab, als er in seiner irenischen Streitschrift ›Zwei Glaubensweisen‹ dem Christentum vorwarf, von der Höhe des prophetischen Emuna-Glaubens, also des ursprünglichen Vertrauensglaubens, auf die

Stufe eines bloßen Bekenntnis- und Satzglaubens herabgesunken zu sein. Das bezieht sich ausdrücklich auf jene Vergegenständlichung und satzhafte Umschreibung der Glaubensinhalte, die im Christentum zunehmend obligatorisch geworden sind. Die Vergegenständlichung bemächtigte sich sogar des Gottesbegriffs; doch »den Gott, den es gibt«, so der bekannte Einspruch *Dietrich Bonhoeffers*, »den gibt es nicht«.

Der Einspruch gegen den vergegenständlichten Glauben bestand aber nicht so sehr in einem Einwand als vielmehr – und für die Glaubenden weit folgenschwerer – darin, dass er sie in Aporien stürzte.[49] Die bekannteste unter ihnen verband sich mit dem Schöpfungsglauben in Gestalt des vor allem von *Leibniz* ausgearbeiteten Theodizee-Problems, da sich der Glaube an einen gütigen Schöpfer mit dem namenlosen Leid der Welt nicht vereinbaren zu lassen schien.[50] Und wie ist – so die mit dem Inkarnationsglauben aufgeworfene Aporie – eine jungfräuliche Mutterschaft denkbar? – eine Frage, an der sogar so bedeutende Theologen wie *Rahner* und *Balthasar* scheiterten. Immer dringlicher wird auch die bereits eingehend erörterte dritte Aporie empfunden, die sich aus der Frage nach der Bedeutung der Passion Jesu ergibt und sich auf die Vereinbarkeit der traditionellen Rechtfertigungs- und Satisfaktionsvorstellungen mit seiner Gottesverkündigung bezieht. Mit dem Osterglauben verbindet sich des weiteren die aporetische Frage nach dem »Verbleib« des Auferstandenen, da das Bild seiner Erhöhung zur Rechten des Vaters dem mystischen Motiv seiner Einwohnung in den Glaubenden unkoordinierbar entgegenzustehen scheint. Ähnlich aporetisch wirken schließlich die beiden Perspektiven des Endzeitglaubens, die mit den Begriffen Gericht und Vollendung bezeichnet sind. Ein Glaube, der in derartige Aporien führt, wird von den Menschen aber kaum noch als Lebenshilfe empfunden; vielmehr steht er sich mit seinen Aussagen selbst im Wege.

Der Reduktionismus

Doch zu diesen inneren Hemmnissen und Erosionsprozessen treten die schon eingangs genannten Tendenzkräfte hinzu, die nicht nur die Position des Glaubens untergraben, sondern, schlimmer noch, den durch ihn erschlossenen Himmel zum Einsturz zu bringen drohen. Denn mit dem Einzug des Christentums war über dem antiken Götter- und Ideenhimmel eine Sonne aufgegangen, die einem Raum der Freiheit entsprach, der vom religiösen Genius der Menschheit allenfalls dunkel geahnt, niemals aber wirklich entdeckt worden war. Dann aber, insbesondere durch die spätmittelalterliche Gottesverdüsterung, war diese Sonne verfinstert worden, sodass die Kräfte die Oberhand gewannen, die auf die Zurücknahme der christlichen Vergünstigungen hinwirkten. Nachdem *Lessing* die Offenbarung zu einer göttlichen Pädagogik eingeebnet und *Kant* die Religion in die Grenzen der bloßen, vornehmlich der praktischen Vernunft zurückgenommen hatte, war es nur noch eine Frage der Zeit, bis *Feuerbach* den Gottesgedanken zu einer Selbstprojektion des Menschen erklärte und *Nietzsche* die mit ihm gezogene Grenze aufsprengte, um die verfügbar gewordenen Gottesattribute in den Besitz des Menschen als dessen »schönste Apologie« zurückzuführen.

Auf politischer Ebene strebten das die beiden terroristischen Diktaturen an, die sich jeweils am Zentralmotiv Jesu, der Idee vom Gottesreich, vergriffen, um sie in eine infernalische Praxis umzusetzen. In noch engerem Anschluss an Nietzsche unternahm dies jedoch die moderne Hochtechnik, sofern sie sich auf die Realisierung uralter Utopien und Traumziele konzentrierte und dabei, wie im Sinn *Freuds* zu sagen ist, auf die Usurpation göttlicher Attribute wie der Allgegenwart in der Raumfahrt, der Allwissenheit in der Medientechnik und des Schöpfertums in der Gentechnik ausging. Wo sich zuvor der Himmel des mit Jesus entdeckten Gottes der bedingungslosen Liebe über dem Menschen gewölbt hatte, blieb ihm nun nur die von Nietzsche geforderte »Treue« zur Erde als Ort des Fortschritts mit seinen Erfolgen und Zwängen. Wo er zuvor auf die endzeitliche Erfüllung seiner Sehnsucht hoffen durfte, blieb ihm nur im Sinne des Nietzsche-Postulats »non alia, sed haec vita sempiterna« das ihm faktisch gegebene Dasein. Und wo ihm das Werdeziel der Gotteskindschaft vor Augen stand, blieb ihm nur das sich aus innerer Konsequenz zur Eindimensionalität verkürzende Leben. Doch wie ist diesem Notstand zu wehren, und welche Therapie ist auf der Basis dieser Diagnose denkbar?

Die Therapie

Um bei dem aktuellsten Symptom einzusetzen und von da zu den »älteren« überzugehen, so könnte der durch die Medienszene heraufdrohenden Gefährdung kaum etwas Wirksameres als eine dazu kontrastierende »Medientherapie« entgegengesetzt werden, die in der homöopathischen Nutzung der gemeinhin als Noxen geltenden Medien bestünde. Durch den therapeutischen Einsatz der »naturalen« Medien wie Sprache und Schrift, aber auch der artifiziellen Medien wie Bild und Musik und nicht zuletzt der audiovisuellen Medien könnte nicht nur vielen alternden Menschen zur Verzögerung der Debilität und durch den planmäßigen Gebrauch solcher Hilfen zur Milderung ihrer Einsamkeit verholfen werden; vielmehr ließen sich dadurch auch wichtige Einblicke in die anthropologischen und sozialen Rückwirkungen der Medien gewinnen und daraus Rückschlüsse auf eine konstruktive Medienkritik ziehen.[51]

Wie aber ist gegen den Hauptstoß anzugehen, den der Säkularismus dadurch gegen den Glauben führte, dass er den Gottesgedanken als unvollziehbar und die Auferstehung Jesu als undenkbar erklärte? Da wir nach *Pascal* nur durch Jesus Christus um Gott und um uns selber wissen (§ 548),[52] muss sich der Versuch einer Aufarbeitung auf die Infragestellung des Auferstehungsglaubens konzentrieren. Dazu verhilft eine Rückbesinnung auf die Notlage, der Israel nach dem Verstummen des Prophetismus verfiel und die das nun nochmals angeführte Psalmwort mit dem Ausruf beklagt:

Weisende Zeichen sehen wir nicht; prophetische Stimmen hören wir nicht; und keiner von uns weiß: wie lange noch? (Ps 74,9).

Doch der Vergleich fällt eindeutig zu unseren Gunsten aus! Wenn auch der Olymp der prophetischen Leitgestalten in Philosophie, Literatur, Kunst und Politik entvölkert ist, wurden uns doch wegweisende Zeichen erster Ordnung gegeben. Ein erstes in Gestalt des Zweiten Vatikanums, das der Kirche mit dem dialogischen Prinzip einen neuen Geist einhauchte; und ein zweites in Gestalt des freiheitlichen Aufbruchs, der mit dem Fall des Eisernen Vorhangs und dem Verfall des Sowjetblocks das Ende des Ost-West-Konflikts, die Verheißung eines Weltfriedens, den endgültigen europäischen Zusammenschluss und die deutsche Wiedervereinigung brachte, der aber, ungeachtet seiner noch unabsehbaren Tiefen- und Fernwirkung, ohne Blutvergießen zustande kam und deshalb als das Paradigma einer »sanften Revolution« in das Gedächtnis der Menschheit einging. Da sich für das Zustandekommen dieser bisher tiefsten Zäsur in der neueren Geschichte keine schlüssige Ursachenreihe angeben lässt, bleibt nur ein resignierender Kausalitätsverzicht oder die Annahme des Eingriffs einer transzendenten Geschichtsmacht in das Zeitgeschehen. Dann aber ist die Voraussetzung dafür gegeben, dass auch jener Eingriff Gottes wieder in den Bereich der Denkbarkeiten rückt, durch den er den Gekreuzigten dem Tod entriss und zu neuem Leben erweckte. Und damit ist im Sinne Pascals auch Gott selbst auf neue und zugleich alte, an die Exoduserfahrung Israels erinnernde Weise denkbar geworden.

Die Aufhebung

Wenn die durch die Aporien gebildete Barriere abgebaut werden soll, dann nur im Rückgang auf deren Verursachung durch den obligatorisch gewordenen Gegenstandsglauben. Wie die von der radikalen Aufklärung behauptete Undenkbarkeit Gottes und der Auferstehung Christi durch die großen Zeitzeichen widerlegt wurde, so beginnt die durch den vergegenständlichenden Satzglauben aufgeworfene Barriere dem inzwischen in Gang gekommenen Prozess zu weichen, der in unterschwelliger Gegenläufigkeit zu einer glaubensgeschichtlichen Wende führte und der konkret im Übergang

> vom *Gehorsams-* zum *Verstehensglauben,*
> vom *Bekenntnis-* zum *Erfahrungsglauben* und
> vom *Leistungs-* zum *Verantwortungsglauben*

besteht. Denn diese dreifache Wende lässt sich auf eine einzige zurückführen, die den Übergang

> vom *Gegenstands-* zum *Innerlichkeitsglauben*

betrifft. Im Sinn dieser Kehre kommt es darauf an, das Portal der gegenständlich-bildhaften Sicht des Glaubens zu durchschreiten und den von seiner inneren Perspektive gebildeten Innenraum zu betreten, in dem die Geheimnisse im Licht der göttlichen Liebe erstrahlen. In diesem Licht erscheint die Schöpfung als das Werk einer Liebe, die sich als das diffusivum sui ipsius in die von ihr hervorgerufenen Kreaturen verausgabt und deshalb gerade zu den ihr scheinbar Fernsten, den Leidenden und Verlorenen, herabsteigt, so dass sie in ihnen vorzugsweise angetroffen wird. Das mindert zwar nicht den Schmerz der Betroffenen; doch bricht es diesem die quälendste Spitze dadurch ab, dass sich dort, wo Sinnlosigkeit drohte, Sinn gerade im Dunkel des Leids durch dessen Versöhnung mit der Liebe Gottes einstellt.

Auf ähnliche Weise klärt sich auch das Paradox der jungfräulichen Mutterschaft, nur dass es in diesem Fall das Osterlicht ist, das die Aufhebung der Aporie bewirkt. Denn dadurch, dass der Gekreuzigte auferweckt und so dem Gesetz der universalen Todverfallenheit überhoben wurde, trat er zu seinem Gott in ein transkreatürliches Verhältnis, das nur genealogisch gedacht und mit dem Wort von seiner Gottessohnschaft angemessen gewürdigt werden konnte. Das strahlte dann aber auch auf seine Geburt zurück, die nun, antizipatorisch, im Licht seiner Präexistenz erschien und dazu führte, dass nun auch seine Mutter, analog zu seiner Auszeichnung als Gottessohn, gewürdigt werden musste. Doch dafür bot sich im antiken Sprachfeld kein Titel so sehr wie der als »Würdeprädikat« geltende der Jungfräulichkeit (K. M. Woschitz) an.[53]

Zu einer ausgesprochenen Aporie führte sodann, gemessen an der Gottesverkündigung Jesu, die Satisfaktions- und Rechtfertigungsvorstellung, weil sie sich – unvereinbar – mit dem jedem Opferdienst abholden Gott des Evangeliums stößt und weil sie überdies durch ihre Funktionalisierung des Kreuzestodes gegen die zweckenthobene Würde menschlichen Sterbens verstößt. Was sodann die aporetische Deutung des Verbleibs des Auferstandenen anlangt, so wird sie gegenstandslos, sobald man die Gleichsinnigkeit der sich scheinbar widersprechenden Auskünfte begreift. Denn der Platz, den der Auferstandene durch seine Selbstvergegenwärtigung im Herzen der Seinen einnimmt, ist kein anderer als der zur Rechten des Vaters, und das besagt, im Zentrum allen Seins. Sein »Oben« ist, mit der alten hermetischen Formel gesprochen, nirgendwo, und die Mitte, in die er eingekehrt ist, »überall«. Mit einer Stelle aus Bubers ›Erzählungen der Chassidim‹ verdeutlicht, heißt das: »Gott wohnt dort, wo man ihn einlässt«.[54] Dann aber hat umgekehrt auch der Glaubende seinen Wohnort in Gott.

Für die Aufhebung der letzten Aporie tritt schließlich kein Geringerer als Paulus ein, der auf der einen Seite von dem »Tag des Zornes« und dem »gerechten Gericht Gottes« spricht (Röm 2,5), auf der anderen Seite aber das Endgeschehen in einem gegenseitigen Unterwerfungsakt erblickt: der Unterwerfung der Mächte und Gewalten unter die Herrschaft des über alle seine Feinde, einschließlich des Todes, erhöhten Christus, dann aber auch dessen Unterwerfung unter den Gott, der ihm alles unterworfen hatte, damit Gott »alles in allem« sei (1Kor 15,28). Das eine widersprach dem anderen für Paulus umso weniger, als es sich dabei im ersten Fall um seine – hauptsächlich der antiochenischen Gemeindetheologie entnommene – missionarisch-exoterische Sicht der Endzeit handelt, im zweiten Fall dagegen um seine esoterische Auffassung, für die die angeschriebene Gemeinde von Korinth noch nicht reif war, die er ihr aber auch nicht völlig vorenthalten wollte.

Der Aufgang

Die Aufhebung der Aporien ist die Folge des Sonnenaufgangs, den die Gottesverkündigung Jesu über der religiösen Welt herbeiführte. Das Licht, das (nach Mt 4,16f.) über den »in Finsternis und Todesschatten« Lebenden aufging, hat demgemäß sein Zentrum darin, dass der aus Hoffnung und Angst gewobenen Schleier vom Gottesbild der Menschheit fiel und dort, wo sie bisher nur eine Projektion ihrer eigenen Lebens- und Geschichtserfahrung erblickt hatte, das Antlitz des bedingungslos liebenden Vaters zum Vorschein kam. Dadurch bewirkte Jesus nach der langen Zeit der Depression das große Aufatmen; dadurch schuf er inmitten der von repressiven Strukturen bestimmten Religiosität einen Raum der Freiheit, und damit eröffnete er seinem der Katastrophe entgegentreibenden Volk Israel den Weg des Friedens.

Wenn in einer Stunde des verdämmernden Glaubens seine Wiedererweckung angesagt ist, kann diese nur im Rückgriff auf die religionsgeschichtliche Großtat Jesu ins Werk gesetzt werden. Indessen stößt dieser Versuch nicht etwa, wie zu erwarten wäre, auf offene Türen, sondern auf die befremdliche Tatsache, dass sich die Christenheit bis in ihre pessimistische Einschätzung des Menschen und ihre pädagogische Praxis hinein auf das ambivalente Bild des gleicherweise zu fürchtenden wie zu liebenden Gottes festlegte und davon, wenn überhaupt, dann nur mit größter Mühe abzubringen ist.

Das aber heißt, dass das Werk der Glaubenserweckung mit einer aufrüttelnden Erinnerung an diese revolutionäre Großtat Jesu beginnen muss, mit der er der Welt wie kein anderer vor und außer ihm den Himmel nahebrachte und sich selbst die Hölle der Ablehnung, Anfeindung und des Kreuzestodes einhandelte. Um wieder mit ihr gleichzuziehen, müssten die Kirchen auf ihrem Weg in die Zukunft in selbstkritischer Rückschau Ballast abwerfen, vor allem auf dem Feld ihrer Selbstdarstellung und Pädagogik. Denn mit dem Gott, der nach dem Schlüsselwort der Bergpredigt sogar die Undankbaren und Bösen mit seiner Güte umfängt (Lk 6,35), verträgt sich keine Pädagogik der Suggestion von Sünden- und Höllenängsten; in ihm hat aber auch die Satisfaktions- und Rechtfertigungslehre keinen Boden.[55] Insofern wirkt diese Konsequenz wie ein Schock auf die seit unvordenklicher Zeit etablierte Vorstellungswelt; doch mit diesem Schock beginnt dann auch das angestrebte Erwachen.

Der Gott Jesu Christi lässt den Menschen aber nicht nur aufatmen; er zieht ihn vielmehr auch an sich, um ihn in sich aufzunehmen und ihm dadurch ganz zu sich selbst zu verhelfen. Durch seine Liebe führt er ihn in das Paradies seiner primordialen Geborgenheit, in der er die unüberbietbare Antwort auf seine Sinnfrage findet. Für den Glauben aber heißt das, dass sich damit eine neue Dimension auftut, zu der sich der Gegenstandsglaube wie die Fassade zum Innenraum verhält. Erst mit dem Eintritt in diesen Innenraum erwacht der Glaube definitiv zu sich selbst. Darauf zielt das bekannte Rahner-Wort, dass der Christ der Zukunft ein Mystiker oder überhaupt nicht mehr sein werde.

Mit dem Innenraum ist ein Grundwort der paulinischen Mystik angesprochen. Es durchzieht die Paulusbriefe wie ein Leitmotiv und lautet, ebenso prägnant wie bedeutungsvoll, »in Christus«. Mit dieser Formel beschreibt der Apostel die Sphäre, die uns so, wie dies von dem alles Begreifen übersteigenden Frieden gesagt wird (Phil 4,7), umgreift und »Herzen und Gedanken in Christus bewahrt«; eine »Sphäre«, die letzten Halt und unvergängliche Ordnung gewährt, als solche aber zugleich personal, als atmende, bewegende und inspirierende Lebenswirklichkeit gedacht werden muss.[56] Denn diese alles einbegreifende Sphäre hat eine Mitte, die überall und darum in einem jeden ist, und die Paulus mit dem zweiten Grundwort seiner Mystik, der Wendung »Christus in uns«, bezeichnet.

Der Synergismus

Es leuchtet ein, dass mit dem Eintritt in den Innenraum das Menschenleben ebenso wie das Glaubensleben auf eine neue Basis gelangt; das Glaubensleben, sofern der Geglaubte aus seiner Gegenständlichkeit hervortritt und die Sache des Glaubens an sich zieht. Glaube wird so zur Bedingung seiner Vergegenwärtigung im Raum der an ihn Glaubenden und die Liebe zur Einwilligung in die Liebe, die er zu sich selbst hegt. In der Geistesgemeinschaft mit Christus aber gewinnt der Glaube einen Antrieb, der jede andere Motivation in den Schatten stellt; denn er wird zu dem geradezu symbiotischen Mitvollzug der Selbstverständigung des Geglaubten. Deshalb weiß sich der Glaubende von nun an getragen von dem, der in ihm denkt, um durch ihn bezeugt und zur Geltung gebracht zu werden. Gleiches gilt aber auch von der Liebe. Denn in unsere Unfähigkeit, Gott auch nur ansatzweise das entgegenzubringen, was er dem Liebesgebot zufolge erwartet, fällt die tröstliche Gewissheit, dass er selbst es ist, der im Sinn des »unus Christus amans seipsum« (*Augustin*) sich in uns liebt. Im Maß dieser »Entlastung« (*Reisinger*) wächst die Motivation, die empfangene Liebe an die weiterzugeben, die in ihrer Not und Einsamkeit der liebenden Zuwendung besonders bedürfen.

Doch dieser Synergismus hat eine Mitte, in der es um die menschliche Selbstfindung in dem mystischen Innenraum geht. Wenn Identität dort gefunden wird, wo ein Mensch das Erlebnis des Gebraucht-, des Anerkannt- und Angenommenseins hat, ist dies in höchstem Maß im Raum dieser leibhaftigen Geborgenheit der Fall. Im Sinn der Wendung »Christus in uns« geschieht hier jedoch noch Größeres: ein Herzenstausch, wie ihn Paulus mit dem Schlüsselwort seiner Mystik (Gal 2,20) umschreibt. Hier wird (nach 2 Kor 4,16) der »alte Mensch« tatsächlich aufgerieben, während sich der »innere« von Tag zu Tag erneuert. In die gewohnte, auf Abgrenzung und Unterscheidung gegründete Subjektivität bricht hier das vom Impuls der Selbstübereignung und Hingabe getragene Selbstsein Jesu ein. Und aus dem Abbruch der bisherigen Existenz baut sich die neue, mystisch zugelegte auf.

Das aber heißt für den von seiner Identitätsnot umgetriebenen Menschen dieser Zeit, dass er die letztlich erfüllende Antwort auf die Frage, die er nach *Augustin* nicht so sehr stellt als vielmehr ist, allein in diesem Innenraum findet, zu dem ihm gerade die Kirche Zutritt gewährt. Auch wenn ihm diese in ähnlich abweisender Gestalt erscheint wie das ›Gesetz‹ in *Kafkas* titelgleicher Parabel, gewahrt er doch in ihrem Innern, ähnlich wie der »Mann vom Lande«, einen geheimnisvollen Glanz, der ihn, im Unterschied zu jenem, zum Eintritt bewegt. Es ist der Glanz jenes letzten An- und Aufgenommenseins, das ihm bestätigt, dass er am Ziel allen Suchens angelangt ist.

Damit zeichnet sich aber eine kaum noch für wahrscheinlich gehaltene Schicksalsgemeinschaft zwischen Mensch und Kirche ab, die dazu angetan ist, dem vielfach als unaufhaltsam angesehenen Entfremdungsprozess zwischen beiden ein Ende zu setzen und sie zum Schulterschluss zu bewegen. Wenn das geschehen soll, muss es allerdings zu einer gegenseitigen Entdeckung kommen. Dann muss der vor allen Institutionen zurückschreckende Mensch dieser Zeit nicht nur in der Kirche die Gralshüterin seiner Selbstfindung erkennen; vielmehr muss auch die Kirche einsehen, dass ihr mit Mitläufern und Nachbetern wenig, umso mehr mit Menschen geholfen ist, die aus dem Verlangen nach Überwindung ihrer Identitätsnot und aus Sehnsucht nach definitiver Geborgenheit zu ihr finden, und dies nicht zuletzt deswegen, weil sie durch ihre Suche sie, die Kirche, an ihre eigene Identitätsmitte verweisen.

Doch die Überwindung der religiösen Krise, die über das Christentum hinaus auch das nach neuer Identität strebende Judentum und auf seine Weise auch den zu terroristischer Selbstentfremdung tendierenden Islam erfasst hat, kann sicher nicht die Sache einer einzigen Religion oder Konfession, sondern nur die aller sein, die sich zum Gottesglauben bekennen und denen dieser Glaube ein Herzensanliegen ist. Damit sind in erster Linie die drei Offenbarungsreligionen angesprochen, für die sich, wie zum Beweis ihrer gegenseitigen Verwiesenheit, die Bezeichnung »Abrahamsreligionen« eingebürgert hat. Um sie zu einer Kooperation zu dem für sie lebens- und überlebenswichtigen Ziel zu gewinnen, müssen allerdings mächtige Barrieren abgebaut werden, die dem Judentum gegenüber das noch nicht einmal ansatzweise bewältigte Holocaust-Problem betreffen, dem Islam gegenüber den religiös motivierten Terrorismus, der sich sogar schon in Form einer globalen Gewaltandrohung äußerte.

Was den Islam anlangt, so fehlt ihm in seiner Entwicklungsgeschichte jene Zeitspanne, während der das Christentum die Aufklärung durchlief und damit die Zeit der Selbstkritik und der Entstehung des Toleranzgedankens, so sehr er in seinem »Mittelalter« gerade dieses Prinzip praktiziert hatte. Da aber eine Verständigung mit ihm an die Überwindung seiner fundamentalistischen Einstellung gebunden ist, bleibt nur, die dialogfähigen und dialogbereiten Vertreter seiner Glaubensform nach Kräften zu unterstützen.

Trotz der erwähnten Barriere gestaltet sich der Dialog mit dem Judentum ungleich günstiger. Um ihn zu fördern, müsste das Christentum zunächst die moralische Kopflastigkeit seiner Selbstdarstellung aufgeben und ihm, wie es ihm von seinem Ursprung her zukommt, das Erstgeburtsrecht einer moralischen Religion einräumen. Bei dieser Vorgabe könnte dann eine Verständigung auf der Basis der These zustande kommen, dass dem Judentum die Erkenntnis der personalen Einheit Gottes zu danken ist, die dann der Islam zum Begriff seiner Einzigkeit verschärfte, während der Stifter des Christentums die Eindeutigkeit Gottes entdeckte. Unter diesem Gesichtspunkt könnte Jesus in der Reihe der Propheten Israels gesehen werden, dessen Aufgabe dann allerdings darin bestand, die entscheidende Innovation des Gottesgedankens herbeizuführen. Ziel dieser Bemühungen wäre eine Konzentration der spirituellen Kräfte innerhalb der angesprochenen Religionen, weil die Überwindung der eingetretenen Krise nur der zusammengefassten Energie aller an Gott Glaubenden und unter ihnen in erster Linie den drei Offenbarungsreligionen gelingen kann.[57]

Der Weckruf

Von einer Glaubenserweckung kann aber erst dann die Rede sein, wenn auch der Weckruf zum Ertönen gebracht wurde, der die Schläfer aufrüttelt und zur Wahrnehmung ihrer Aufgabe bewegt. Doch die wurde bereits mit der Römerstelle angesprochen, in welcher Paulus den jesajanischen Wächterruf aufnimmt und mit seiner Zeitansage beantwortet. Eine geradezu beängstigende Aktualität gewinnt sein Aufruf vom Schlaf aufzustehen, im Rückbezug auf die an das Gleichnis vom ungerechten Richter (Lk 18,1–5) angeschlossene Frage Jesu:

Doch wird der Menschensohn bei seiner Wiederkunft auf Erden noch Glauben finden?
(Lk 18,8)

Denn es hat den Anschein, als müsse auf diese Frage verneinend geantwortet werden. Das aber hieße, dass sein ganzes Wirken vergeblich und seine Erwartung illusorisch gewesen wäre. Da dies aber keinesfalls angenommen werden darf, bleibt nur, dass sich alle, die sich von dieser Frage betroffen fühlen – und wer wäre es nicht? – dahin verständigen, dass sie selbst zum Weckruf werden, und dies am sinnvollsten und wirksamsten dadurch, dass sie in den Ruf des Apostels einstimmen und ihn durch ihr Zutun zu verstärken suchen. Dann wird das erstrebte Erwachen in ihnen selbst seinen Anfang nehmen.

Ein wacher Glaube aber ist fürs Erste ein sich seiner selbst und seiner Fähigkeiten bewusst gewordener Glaube. Als solcher weiß er ebenso um seine Kreativität und um die ihm (nach 1Joh 5,4) zugesicherte Überlegenheit wie um seine Verpflichtung, durch die Liebe wirksam zu werden (Gal 5,6). Doch diese Bewusstwerdung ist mehr noch als seine eigene Leistung das Werk des Geglaubten in ihm. Im Maß, wie der Glaube wächst und (nach Eph 4,13) zum Vollalter Christi heranreift, schlägt dieser in ihm die Augen auf; denn der wache Glaube ist letztlich derjenige, in dem der Geglaubte im Ganzen der Glaubensgemeinschaft zu sich selbst erwacht.

4. Die kulturstiftende Kraft des Glaubens

Nach vielen Anzeichen zu schließen, ist die gegenwärtige Kirchenkrise in erster Linie durch eine Phasenverschiebung verursacht, die sich daraus ergibt, dass die Lehraussage der Kirchenführung glaubensgeschichtlich hinter die ins mystische Zeitalter vorandrängende Glaubenserwartung des Kirchenvolks zurückfällt.[58] Inzwischen hat der dadurch entstandene Druck und Zug einen derartigen Grad erreicht, dass Risse und Sprünge nach Art jener auftreten, die der kirchliche Sprachgebrauch mit dem Begriff »Schisma« bezeichnet. Nur handelt es sich dabei um Diastasen, die – im Unterschied zu den bisherigen – quer verlaufen und als solche den Zusammenhalt des Ganzen und die Funktionalität der Lebensbezüge betreffen. Neben der Entfremdung zwischen Spitze und Basis springt in diesem Zusammenhang die wachsende Spannung zwischen Lehramt und Theologie in die Augen, der ein ähnliches Missverhältnis zwischen ihr und dem Kirchenvolk entspricht.[59] Ein nicht weniger fatales Schisma besteht aber auch zwischen Kirche und Kunst. Wenn man die religiösen Aussagen in Zeugnissen wie Reinhold Schneiders ›Winter in Wien‹, Bernd Alois Zimmermanns Liturgischer Aktion oder dem religiösen Spätwerk Max Beckmanns mit dem Grad ihrer Akzeptanz vergleicht, könnte sich diesen Künstlern geradezu das Wort aus dem johanneischen Nikodemus-Gespräch auf die Lippen drängen:

> Wir reden, wovon wir wissen, und bezeugen, was wir gesehen haben; doch ihr nehmt unser Zeugnis nicht an (Joh 3,11).

Doch ist dem Christentum überhaupt ein Kulturauftrag mit auf den Weg gegeben? Besteht seine Sendung nicht vielmehr darin, seine Botschaft im Sinne des ihr eingeschriebenen Kreuzes quer zu allen vorgegebenen Kulturgestalten zur Geltung zu bringen? Und konnten sich jene Gewaltakte, in denen es sich der von ihm selbst geschaffenen Bilderwelt in bilderstürmerischen Aktionen entledigte, nicht mit wenigstens partiellem Recht auf das alttestamentliche Bilderverbot und die – irritierende – Antlitzlosigkeit des Auferstandenen berufen?[60]

Doch die Frage muss noch wesentlicher, also beim Glauben selbst, ansetzen. Im Übergang dazu muss freilich zunächst mit einem kurzen Seitenblick die Funktion einer christlichen Kulturleistung bedacht werden. Wenn der Sinn der profanen Kulturarbeit darin besteht, dem Menschen zur fortschreitenden Einbürgerung in die ihm als abweisende Übermacht entgegentretende Natur zu verhelfen, so bestimmt sich der Sinn des christlichen Kulturschaffens nahezu umgekehrt dazu. Die vordringlichste Aufgabe besteht dann darin, den Menschen in der zunehmend seinem Lebensentwurf angestalteten Welt, in der ihm immer deutlicher das Ebenbild seiner selbst entgegentritt, nicht aufgehen zu lassen. Das wird dem christlichen Kulturakt in dem Maße gelingen, wie er Werke hervorbringt, die den Bann der Weltimmanenz brechen und die Unruhe zu Gott wach halten. Doch wie wirkt sich der Glaube darauf aus?

Glaubenstheoretische Einstimmung

Die Suche nach der kulturstiftenden Fähigkeit des Glaubens muss mit einer Strukturerhellung einsetzen. Seinem christlichen Verständnis nach ist der Glaube fürs Erste ein Initiationsgeschehen, das aus der Selbstmitteilung Gottes in seinem Offenbarungswort hervorgeht. Hier trennen sich dann allerdings die Wege der drei großen Offenbarungsreligionen, so sehr sie in der Grundüberzeugung von einer göttlichen Selbsterschließung einiggehen. Denn für den Islam erfolgt die Gottesoffenbarung im heiligen Text des Koran, für das Judentum in der Gesetzesproklamation vom Sinai und der Botschaft der Propheten, für den Christenglauben dagegen in der Menschwerdung des ewigen Wortes, also im Reden und Schweigen, Handeln und Leiden, zumal aber in der Auferstehung und damit in der Gesamterscheinung Jesu. Damit tritt der Glaube von seinem Ursprung her in eine hermeneutische Perspektive.

Er ist, konkreter gesprochen, ein Interpretationsakt höchster Ordnung, ein Gott-Verstehen, das als solches Einweihung ins Gottesgeheimnis, Überschreitung der Wissensgrenze und Kenntnis der verborgenen Gottesweisheit (1Kor 2,7) besagt. Von ihm gilt somit, und nicht erst von der jenseitigen Gottschau, das aus prophetischen Wendungen hergeleitete Pauluswort, das den Gott Liebenden das, »was kein Auge geschaut, kein Ohr vernommen und keines Menschen Herz jemals empfunden hat« (1Kor 2,9), in Aussicht stellt.

Aus der Sicht des subjektiven Rückbezugs heißt das: Wenn der Glaube als Verstehensakt zu gelten hat, ist mit ihm auch stets ein Gewinn an personaler Selbstaneignung verbunden; denn »verstehen« bedeutet von seiner sprachlichen Wurzel her »für etwas einstehen« und setzt als solches die Einnahme eines festen Standpunkts voraus. Mit diesem Kompetenzgewinn geht dann aber notwendig auch die Freisetzung kreativer Energien einher. Wer glaubt, gehört sich auch in dem Sinn wesentlicher an, dass er freier über seine Fähigkeiten und Kräfte verfügt. Ergänzt werden muss dieser Befund dann nur noch durch den Zusatzgedanken, dass der als Verstehensakt begriffene Glaube die religiöse Heteronomie in Richtung auf eine partnerschaftliche Verbundenheit überschreitet. Wer verstehend auf und in das Gottesgeheimnis eingeht, steht seinem Gott nicht mehr als zitternder Knecht, sondern als liebender Freund gegenüber. Das könnte freilich nicht behauptet werden, wenn es nicht durch ein Schlüsselwort des johanneischen Jesus »vorgesagt« worden wäre:

Nicht mehr Knechte nenne ich euch; denn der Knecht weiß nicht, was sein Herr tut. Freunde habe ich euch genannt, weil ich euch alles gesagt habe, was mir von meinem Vater mitgeteilt worden ist (Joh 15,15).

Schließlich hat der Glaube aber auch als eine »Disclosure-Erfahrung« im Sinn einer vollständigeren Seins- und Welterschließung zu gelten. Denn der Glaubende sieht (nach Eph 1,18) die Dinge mit »erleuchteten Herzensaugen«. Das war für den schon erwähnten Jesuitentheologen Pierre Rousselot Anlass, in seinem denkwürdigen Traktat von den ›Augen des Glaubens‹ zu sprechen. Wer glaubt, hat also nicht nur mehr vom Leben; ihm ist vielmehr auch der Blick für das welthaft Gegebene und Geschehene auf neue Weise geöffnet. Umfassender wurde diese gläubige Weltsicht wohl niemals ausgearbeitet als in dem als Christliche Weltanschauung konzipierten Lebenswerk Romano Guardinis, zu dem er sich durch den Ratschlag Max Schelers veranlasst sah, die großen Werke der Weltliteratur vom christlichen Standpunkt aus zu würdigen und daraus Rückschlüsse auf die eigene Position zu ziehen. Mit seinem Lebenswerk förderte Guardini, wie sich nunmehr zeigt, eine Möglichkeit des Glaubens zutage, die prinzipiell für einen jeden gilt und deshalb als Wegmarke für alle Glaubensversuche in dieser Zeit anzusehen ist. Insofern kann dieses Lebenswerk dann aber auch als grundsätzliche Bejahung der Frage nach der Kulturfähigkeit und kulturstiftenden Effizienz des Glaubens gelesen werden.

Im historischen Prozess stellte sich diese Bejahung jedoch ungleich dramatischer dar, da sie sich aus einer anfänglichen Negation herausarbeiten musste, die ihrerseits zweifach bedingt war: Einmal durch den heidnischen – nach Paulus für die Kreuzesweisheit blinden (1Kor 2,8) – Charakter der dem Urchristentum vorgegebenen Kulturszene; sodann aber auch – und wesentlicher noch – durch die Naherwartung, die mit der unmittelbar bevorstehenden Wiederkunft Christi rechnete und insofern über keinen für ein kulturelles Engagement ausreichenden Zeitraum zu verfügen schien.

Der Prozess der Primär-Inkulturation

Das kulturelle Engagement war dem Christentum somit keineswegs in die Wiege gelegt; vielmehr war es die Folge einer nur gegen beträchtliche Hemmungen durchgesetzten Umorientierung. Am Anfang stand eher ein ›Unbehagen an der Kultur‹ (Freud), das sich unmittelbar aus den weltkritischen Äußerungen der neutestamentlichen Schriften, den johanneischen ebenso wie den paulinischen, ergab. So mahnt der Erste Johannesbrief:

> Liebt die Welt nicht und was in ihr ist ... Denn alles, was in der Welt ist, ist Fleischeslust, Augenlust und Hoffart des Lebens ... doch die Welt vergeht mit ihrer Lust (1Joh 2,15ff.).

Für ein distanziertes Verhältnis zur Welt plädiert, mit derselben eschatologischen Begründung, auch Paulus, wenn er im Ersten Korintherbrief betont:

> Ich sage euch, Brüder: Die Zeit drängt! Daher soll sich der Verheiratete so verhalten, als wäre er es nicht; wer weint, als weine er nicht; wer sich freut, als freue er sich nicht; wer kauft, als besitze er nicht; wer sich die Welt zunutze macht, als nutze er sie nicht: denn die Gestalt dieser Welt vergeht (1Kor 7,29ff.).[61]

Und hatte sich nicht Jesus selbst mit allem Nachdruck auf die Seite der

Bedrückten und Bedrängten, also der im welthaften Sinn Untüchtigen und Unkundigen gestellt, wenn er in seinem Jubelruf bekannte:

> Ich preise dich, Vater, Herr des Himmels und der Erde, weil du all das den Weisen und Klugen verborgen, den Unmündigen dagegen geoffenbart hast; ja Vater, so hat es dir gefallen (Lk 10,21)?

Von da zieht sich in langer Tradition das Lob der »Unmündigen«, gipfelnd in dem von Bernhard von Clairvaux geprägten Satz »Frommer Glaube meidet die Diskussion – Fides piorum credit, non discutit« – durch die ganze Glaubensgeschichte hindurch, um in ironischer Verfremdung noch in der Unterstellung Max Webers nachzuklingen, dass sich mit dem Glauben und erst recht mit jeder »positiven« Theologie die Virtuosenleistung des sacrificium intellectus verbinde.[62] Dabei stützt sich diese Tradition auf die – freilich längst schon als nicht- und unpaulinische Interpolation erwiesene – Stelle des Zweiten Korintherbriefs, die Glaube und Unglaube in einer Weise zu Gegenwelten erklärt, dass den Gläubigen nur der Exodus aus der verlorenen Welt offensteht:

> Geht doch nicht mit den Ungläubigen zusammen unter dem gleichen Joch! Was haben denn Gerechtigkeit und Ungesetzlichkeit miteinander zu tun? Wie vertragen sich Licht und Finsternis? Was verbindet Christus mit Beliar? Was hat ein Glaubender mit einem Ungläubigen gemeinsam? (6,14ff.).

Das spitzt sich bei Tertullian, dem streitbaren Verteidiger der christlichen Sache in der Frühpatristik, zu einer grundsätzlichen Absage an die philosophische Denkwelt zu:

> Was hat Athen mit Jerusalem zu schaffen, was die Akademie mit der Kirche, was der Häretiker mit dem Christen? Unsere Lehre stammt aus den Säulenhallen Salomons, der versicherte, dass man den Herrn in der Einfalt des Herzens suchen müsse. Mögen sie nur, wenn es ihnen passt, ein stoisches oder platonisches oder auch dialektisches Christentum aufbringen! Wir aber brauchen seit Jesus Christus keine Forschung mehr, und keine Wissenschaft, seitdem das Evangelium verkündet wurde.

Wie kaum ein anderer blieb Tertullian dabei freilich »im Fallstrick« seiner eigenen Worte gefangen (Nietzsche). Denn deutlicher als mit dieser Absage hätte er seine Schulung durch die antike Rhetorik und insbesondere durch die von ihm verworfene »Dialektik« schwerlich bekunden können. Nicht umsonst baute sich schon zu seinen Lebzeiten in Alexandrien die erklärte Gegenposition zu der seinen auf. Gestützt auf einen philosophisch interpretierten Logosbegriff entwickelten hier der Laientheologe Klemens und sein genialer Nachfolger Origenes eine Theologie, die, wie das Augustin mit dem Bild der von den Juden beim Auszug aus Ägypten »entliehenen« goldenen und silbernen Gefäße verdeutlichte, bewusst die Denkformen der philosophischen Spekulation übernahm und in den Dienst der Schriftauslegung stellte. Von Akten einer formellen »Inkulturation« kann jedoch bei ihnen so wenig wie bei den Denkern der Folgezeit die Rede sein. Bei aller Bereitschaft zur intellektuellen Einwurzelung in der hellenistischen Denkwelt blieb es bei der grundsätzlichen Distanz.

Eine hinreichende Erklärung bietet dafür wohl nur die von Karl Löwith herausgearbeitete Geschichtstheorie Augustins.[63] Im Bruch mit der antiken Vorstellung von einem zyklischen Weltenlauf hatte er, so Löwith, erstmals ein konsequent lineares Geschichtsbild entworfen, wie es den biblischen Daten entsprach. Bei dem Versuch, ein Modell zur epochalen Gliederung zu finden, griff er einmal auf das Sechs-Tage-Werk des biblischen Schöpfungsberichts, dann aber auch auf das Modell des menschlichen Lebenslaufs zurück, beide Male mit negativen Folgen für die Frage nach möglichen Kulturleistungen. Denn im ersten Fall war ein geschichtlicher Fortschritt schon deshalb ausgeschlossen, weil nach der göttlichen Innovation in Gestalt der Menschwerdung Christi nichts auch nur annähernd Vergleichbares mehr geschehen konnte. So konnte sich Augustin noch nicht einmal zu einer positiven Bewertung der konstantinischen Ära verstehen. Denkbar war ein geschichtlicher Fortschritt (progressus) allenfalls im Sinn der »Pilgerschaft« (peregrinatio) des Gottesvolkes, verstanden als »fortschreitende« Annäherung an sein eschatologisches Endziel. Doch führte auch im zweiten Fall das an den menschlichen Altersstufen abgelesene Geschichtsbild zu einer pessimistischen Einschätzung der Spätzeit. Als das Greisenalter der Welt (senectus mundi) begriffen, ist die bis zum Weltende währende Epoche nach augustinischem Verständnis durch Schwäche und Verfallserscheinungen gekennzeichnet, so dass von ihr höchstens Niedergänge und Katastrophen, aber keine positiven Hervorbringungen zu erwarten sind.[64]

Der Schritt zur konstruktiven Bewertung des Verhältnisses von Christentum und Kultur war offensichtlich an zwei Voraussetzungen gebunden: einmal an die Verdrängung des Gedankens von der alternden Welt durch ein jugendliches Lebensgefühl, wie es sich dann, nach einigen Vorklängen im Mittelalter, vor allem im Bewusstsein der Renaissance und des Humanismus Bahn brach; sodann – und vor allem – an die Einsicht in die tatsächliche Wechselbeziehung von Welt- und Glaubensgeschichte. Als Protagonist dieses heilsgeschichtlichen Verständnisses der Weltgeschichte hat nach den Erkenntnissen Löwiths der kalabrische Abt *Joachim von Fiore* zu gelten. Ausgehend vom Mysterium der Trinität unterscheidet er in grandiosem Durchblick drei Weltzeitalter, die er im Sinn seiner prophetisch-mystischen Methode geistvoll charakterisiert. Danach steht das erste, das Zeitalter des Vaters, im Zeichen des Gesetzes, der Knechtschaft und der Furcht. Demgegenüber steht das zweite, das Zeitalter des Sohnes, im Zeichen der Gnade, der Pietät und des Glaubens; das in seiner – Joachims – Gegenwart anhebende Zeitalter des Geistes dagegen im Zeichen der Gnadenfülle, der Freiheit und der Liebe. Dem Zustand der Plagen, die im ersten Zeitalter herrschen, entspricht die Wissenschaft, dem Zustand der Aktion, die das Antlitz der Folgezeit bestimmt, die Weisheit und dem kontemplativen Status im dritten und krönenden Zeitalter die Fülle des Wissens. Die Epoche des Kindes – die erste – ist die des Sternenlichts, die Zeit der Jünglinge – die zweite – die der Morgenröte und die dritte, die Stunde der Greise, die der vollen Tageshelle. Die Frühzeit des Vaters bringt Nesseln, Halme und Wasser, die Hoch-Zeit des Sohnes Rosen, Ähren und Wein, und die Endzeit des Geistes Lilien, Weizen und Öl.[65]

Mit der noch offenen Frage nach dem Welt- und Heilsgeschichte verklammernden Prinzip befasst sich nach Löwith erst *Bossuet*, der dieses Prinzip im Vorsehungsgedanken gegeben sah.[66] Danach brachte es die über und in allem waltende Vorsehung Gottes dahin, dass die Weltreiche, wie dies schon *Eusebius* und *Leo der Große* für das Imperium Romanum behauptet hatten, unwissentlich der christlichen Sache dienten. Durch diesen – hochtheologischen und spirituellen – Ansatz kommt in das Wechselspiel der geschichtlichen Ereignisse letztlich doch eine innere Kontinuität, die von dem im Weltgeschehen durchgeführten Heilsplan Gottes herrührt. So gesehen liegt der seltsamen »Mischung von Zufall und Schickung eine planvolle Ordnung zugrunde, wobei das Endziel schon in den entferntesten Ursachen vorbereitet ist«, auch wenn dies in der Regel »den Agenten der Geschichte selbst unbekannt« bleibt. Indessen ist das damit im Grunde der Geschichte entdeckte Gesetz nicht, wie man annehmen könnte, der Fortschritt, sondern – das Kreuz; denn das Leben Jesu, auf das der gesamte Geschichtsgang nach Bossuet hinführte, stand nicht im Zeichen des Erfolgs, sondern der Enttäuschung und Verlassenheit:

> *Jesus Christus stirbt, ohne Dankbarkeit bei denen zu finden, die er dazu verpflichtet hatte, ohne Treue bei seinen Freunden, ohne Gerechtigkeit bei seinen Richtern. Seine Unschuld, obwohl anerkannt, rettet ihn nicht; selbst sein Vater, auf den er alle Hoffnung gesetzt hatte, entzieht ihm alle Erweise seines Schutzes. So wird der Gerechte seinen Feinden ausgeliefert, und er stirbt, verlassen von Gott und den Menschen.*[67]

Wenn der Welt damit, wie Bossuet sich ausdrückt, eine Tugend zum Vorbild gegeben wurde, die »nichts besitzt und nichts erwartet«, ist das Walten der Vorsehung eher noch dort zu ersehen, wo nichts dafür zu sprechen scheint, als in den Erweisen ihrer Macht und Weisheit. Dieser erst von der Geschichtstheologie Gertrud von le Forts eingeholte Gedanke beweist aber mehr, als eine triumphalistische Konzeption es je vermöchte, dass bei Bossuet das Modell der Kompenetration – und Kooperation – an die Stelle des augustinischen Konzepts der bloßen Koexistenz der beiden Reiche trat. Ohne dass es den »Agenten der Geschichte« zu Bewusstsein kommt, arbeiten sie der christlichen Sache in die Hand. Das heißt dann aber auch umgekehrt, dass diese weit mehr, als dem Spiel der Erscheinungen zu entnehmen ist, dem Profanbereich zugute kommt. Wenn man Bossuets Einsicht in das »Gesetz des Evangeliums«, das Kreuz, hinzunimmt, wird man sogar folgern können, dass der Einfluss gerade dort am stärksten ist, wo die christliche Sache im Aspekt der Verlorenheit erscheint. In der Gemengelage der welthaften Gegebenheiten wird sie dann von diesen geradezu überwuchert; denn die Sache Christi liegt nach dem berühmten Gebetswort John Henry Newmans wie im Todeskampf. Ist unter diesen Umständen aber die Suche nach Kulturleistungen, denen die Qualität von Glaubenszeugnissen zukommt, überhaupt noch sinnvoll?

Sie ist unter der Bedingung sinnvoll, dass man sich mit dem Fortgang des Newman-Wortes daran erinnert, dass das Erliegen der christlichen Sache die Bedingung ihres fruchtbaren Aufgangs ist. Newman spricht eben nicht nur vom »Todeskampf« der Sache Christi, sondern auch davon, dass Christus dennoch »nie mächtiger durch die Erdenzeit schritt« als gerade jetzt. Tatsächlich kann man das Schicksal der religiösen Ideen in der nach Bossuet anbrechenden Zeit der Aufklärung und Säkularisierung als eine fortwährende Leidensgeschichte mit unverhofftem Ausgang sehen; denn in der Deformation, die das christliche Ideengut in der Folge – oft bis zur Unkenntlichkeit – erleidet, gewinnt es eine Einflussbreite, die es in seinem angestammten Geltungsraum niemals erlangt hätte.[68] Im Unterschied dazu war es in den Jahrhunderten zuvor, also in der christlichen Antike, im Mittelalter und dann nochmals in dem vom Barock geprägten Versuch einer Wiederherstellung der christlichen Einheitskultur der seiner Kreativität bewusste Glaube, der das kulturelle Leben bestimmte und beflügelte. Was in diesem bis tief in die Neuzeit währenden Zeitraum entstand, ist bis auf wenige Ausnahmen wie dem ›Tristan‹-Epos ohne die inspirative Kraft des Glaubens nicht zu denken.

Anders verhält es sich freilich mit der bis in die Gegenwart heraufreichenden Folgezeit, vor allem angesichts der Tatsache, dass die christlichen Prinzipien von ihrem Gang ergriffen und mit in den Säkularisierungsprozess hineingerissen wurden. Dabei erfuhren sie eine mehr oder weniger verzerrende Umwidmung, gleichviel, ob sie ihre verbale Identität behielten oder nicht. So erlebte, um es am krassesten Beispiel zu verdeutlichen, der Schlüsselbegriff der Verkündigung Jesu, die Reich-Gottes-Idee, die selbst noch in ihrer Abwandlung zum Gedanken von einem dritten Reich der Freiheit und Gottesfreundschaft bei *Joachim von Fiore* vom Impuls des Ursprungs getragen war, in ihrer politischen Bedeutungsgeschichte eine Pervertierung, die das mit ihr angesagte Heil in das denkbar schlimmste Unheil verkehrte.[69] Kaum weniger folgenschwer gestaltete sich diese Umwidmung dann erst recht in den Fällen, in denen mit der Sache auch der Name verloren ging. Das veranschaulichte *Löwith* vor allem am Beispiel der Hoffnung, die, von ihrem endzeitlichen Erfüllungsziel abgekoppelt und auf innerweltliche Zielsetzungen zurückgenommen, nun in Gestalt der Fortschrittsidee zur Triebfeder des modernen Zivilisationsprozesses wurde, bis sie sich schließlich, zum Selbstzweck erhoben, gegen sich selber kehrte und den Charakter eines weltweit gefürchteten Verhängnisses annahm. Indessen bilden diese beiden Extreme nur die negativen Grenzmarken eines weitgespannten Bedeutungsfeldes, innerhalb dessen auch positive Entwicklungen zu verzeichnen sind. Zwar minderte sich die in den Sog des Säkularisierungsprozesses geratene Freiheit zur Liberalität und die dem gleichen Schicksal verfallene Liebe zur Toleranz; doch wurden beide in dieser Umsetzung zu Gestaltprinzipien des menschlichen Zusammenlebens, die aus dem Kontext einer demokratischen Gesellschaftsordnung nicht mehr wegzudenken sind. Hier wie dort ging mit dem unbestreitbaren Sinnverlust, bezeichnend für eine ganze Reihe von vergleichbaren Fällen, eine Universalisierung einher, die den ursprünglichen Impuls auch dort noch wirksam werden ließ, wo der Glaube auf unüberwindliche Grenzen stößt. Aufgrund dieser Vorüberlegung ist nun aber der Blick für die in der Menschheits- und Christentumsgeschichte geschaffenen Glaubenszeugnisse endgültig frei.

Wenn von »Glaube« zunächst in einem weiteren Sinn gesprochen werden darf, wird dieser Blick auch die antike Vorgeschichte des Christentums einbeziehen müssen. Denn dort bestätigt sich erst recht die Annahme, dass die künstlerischen und literarischen Kulturleistungen, angefangen von den ägyptischen Tempel- und Pyramidenbauten, der griechischen Skulptur, dem Gilgamesch-Epos und den homerischen Dichtungen bis hin zu den Werken der großen Tragiker, der religiösen Sehnsucht, wenn nicht geradezu der altorientalischen und griechischen Religiosität entstammen. Erst recht gilt das von den altchristlichen Mosaikzyklen, den mittelalterlichen Domen, dem ›Parzival‹-Epos und der ›Divina commedia‹, die, wie insbesondere auch die Gipfelwerke der Musikgeschichte, beginnend mit *Bachs* Motetten und Passionsmusiken, *Händels* ›Messias,‹ *Beethovens* ›Missa solemnis‹ und den religiösen Momenten in den Werken *Schuberts*, bis hin zu den herausragenden Tonschöpfungen dieses Jahrhunderts wie *Pfitzners* ›Palestrina‹, *Hindemiths* ›Mathis der Maler‹, *Franz Schmidts* Oratorium ›Das Buch mit den sieben Siegeln‹ und *Alban Bergs* dem Andenken eines Engels gewidmetes Violinkonzert der christlichen Glaubensvorstellung entstammen. Gleiches gilt aber auch, nur mit stärkerer Nuancierung, von Schlüsselwerken der neueren Literatur und Malerei wie von *Brochs* ›Der Tod des Vergil‹, *Faulkners* ›A Fable‹, *le Forts* ›Das

Schweißtuch der Veronika‹, *Bergengruens* ›Am Himmel wie auf Erden‹ oder *Schneiders* ›Winter in Wien‹ und ebenso von *Marcs* ›Tirol‹ (mit der nachträglich eingearbeiteten Madonnenfigur), von *Beckmanns* ›Argonauten‹-Triptychon und *Chagalls* ›Engelsturz‹.

Der intuitive Zugang

In ihrer vollen Bedeutung werden diese Werke indessen erst dann erkennbar, wenn sie nach dem von ihnen erstatteten Glaubenszeugnis befragt werden. Ein Glaubenszeugnis spezifisch künstlerischer Art kann ihnen aber nur unter der Voraussetzung entnommen werden, dass Künstler und Dichter über einen eigenen Zugang zum Welt- und Glaubensgeheimnis verfügen. Wenn die Suche danach auf festen Boden kommen soll, wird man sich an dem biblischen Modell orientieren müssen, das im Entstehungsgrund der nachgestalteten Jesus-Worte vorliegt. Wie kam es zur Gestaltung dieser Redestücke, die vor allem im Johannesevangelium und in den Sendschreiben der Apokalypse enthalten sind? Die Apokalypse antwortet darauf mit der Eingangsvision, die in die Beauftragung des Verfassers durch den in überdimensionaler Größe erscheinenden Christus ausmündet. Da eine derartige Vision im Evangelium zu einer unerträglichen Verdoppelung geführt hätte, antwortete der Verfasser der Reflexionsteile mit der Einarbeitung einer Figur, die dem Tatbestand seiner Autorisierung, aber auch dem des »impliziten Lesers« nahekommt: mit der Figur des von Jesus geliebten Jüngers, der schon bei seinem ersten Auftauchen während der Verratsszene, ebenso aber auch bei seinem Auftritt unter dem Kreuz als der in das Lebens- und Sterbensgeheimnis Jesu Eingeweihte erscheint.[70]

Dem entsprechen im Bereich der Literatur und Kunst visionäre Erlebnisse, die insbesondere den Schlüsselwerken der christlichen Literatur und Theologie zugrunde liegen. Dazu gehört schon die Damaskus-Vision des Apostels Paulus, die nach *Christian Dietzfelbinger* als der »Ursprung seiner Theologie« zu gelten hat.[71] Mitte und vermutlicher Ursprung der ›Confessiones‹ *Augustins* ist die Ostia-Vision, die dem Schöpfer des Werkes, zusammen mit dem Durchblick durch die Ordnung der Welt, zweifellos auch den Einblick in die eigene Lebensgeschichte vermittelte. *Dante* berichtet in seiner ›Vita Nuova‹

(c. 42), dass er durch ein wunderbares Gesicht befähigt worden sei, von Beatrice zu sagen, »was noch nie von einer gesagt worden ist«. Im Prolog zu seinem ›Proslogion‹ berichtet *Anselm von Canterbury* von einer nächtlichen Eingebung, der er die Idee zu seinem Gottesbeweis verdanke. Am Schluss seiner ›Docta ignorantia‹ versichert *Nikolaus von Kues*, dass er in einer ihm vom »Vater der Lichter« gewährten Schau dazu geführt worden sei, das »Unbegreifliche auf überbegriffliche Weise« auszusagen. *Martin Luther* verweist in seinen autobiographischen Äußerungen auf das »Turmerlebnis«, das ihn zu seinem reformatorischen Glaubensverständnis geführt habe. *Pascal* wurde durch das Erlebnis seiner »Feuernacht« auf den Denkweg gebracht, der ihn zur Ausarbeitung seiner umfassenden Apologie des Christentums veranlasste. *Schleiermacher* klagt Henriette Herz, dass er die ihm »im Kopfe liegenden Ideen« zur Fortführung seiner ›Reden‹ solange nicht niederschreiben könne, als ihm die dafür erforderliche »Inspiration« fehle. Für *Hamann* hat das »Londoner Erlebnis« (von 1758) annähernd dieselbe Bedeutung. Für *Kierkegaard* bildet das österliche Erweckungserlebnis (von 1848) den inspiratorischen Anstoß zur Ausarbeitung seiner ›Einübung im Christentum‹. Ebenso gehen *Solowjews* ›Zwölf Vorlesungen über das Gottmenschentum‹ (1877–1881) auf die Schau seiner »himmlischen Freundin«, der göttlichen Sophia, zurück. Dass er von seinem ›Zarathustra‹ in Form eines ausgesprochenen Inspirationserlebnisses »überfallen« worden sei, betont *Nietzsche* im Zarathustra-Kapitel seines ›Ecce homo‹.

Weit seltener sind dagegen die Entsprechungen zur johanneischen Gestalt des Vorzugsjüngers, wenngleich auch dafür einige Belege angeführt werden können. Dazu gehört schon die fiktive, von *Rulan Mervin* geschaffene Gestalt des »Gottesfreundes vom Oberland«, der Leitfigur der spätmittelalterlichen Mystik. Und dazu zählen insbesondere die Geniusgestalten der deutschen Dichtung bei *Goethe* (Mignon, Euphorion, der Knabe Lenker), *Eichendorff* (die Figur des Erwin in ›Ahnung und Gegenwart‹) und *Thomas Mann* (das Kind Echo im ›Doktor Faustus‹). Mit Vorbehalt sind in diesem Zusammenhang auch die Schlüsselfiguren in herausragenden Dichtungen und »Denkspielen« der Vergangenheit und Gegenwart zu nennen, angefangen von dem Wächter-Engel am Fuß des Läuterungsberges in der Dichtung *Dantes* über den den Eingang der Gotteswohnung bewachenden Verstandes-Geist bei *Cusanus* bis hin zu dem »hinter uns« stehenden Cherub in *Kleists* ›Marionettentheater‹ und dem Türhüter in *Kafkas* Parabel ›Vor dem Gesetz‹.[72] Schließlich sind bei *Gertrud von le Fort* die Titelfiguren zentraler Werke so angelegt, dass sie darunter gleichzeitig die zur angemessenen Rezeption verhelfende Schlüsselfunktion ausüben.[73]

Bewegende Direktiven

Sofern diese Zeugnisse als repräsentativ gelten können, liegt in den literarischen und künstlerischen Äußerungen religiöser Art tatsächlich ein Glaubenszeugnis im strengen Sinn des Wortes vor, so dass die Frage danach nicht nur legitim, sondern unter dem Gesichtspunkt der Glaubensvergewisserung geradezu unerlässlich ist. Unter diesem Gesichtspunkt antwortet die Katakombenmalerei in den Figuren des Jona, der Jünglinge im Feuerofen und des Guten Hirten auf diese Frage mit dem Hinweis auf die Zentralposition der Auferstehung, die römische und ravennatische Mosaikkunst mit eindrucksvollen Darstellungen der Lebensgemeinschaft mit dem gekreuzigten (San Clemente), dem erhöhten (Galla Placidia) und dem sakramentalen Christus (Baptisterium Neonianum), aber auch mit der Widerspiegelung heterodoxer Sehweisen (so der christologische Zyklus in Sant' Apollinare Nuovo), die ›Göttliche Komödie‹ mit einer menschlichen Sicht der jenseitigen Läuterung und (in der Schlussszene) der göttlichen Selbstoffenbarung. Demgegenüber lässt sich die Bedeutung der vom religiösen Genius in der Neuzeit hervorgebrachten Werke am besten in Form von – offenen – Rückfragen klären. Wie hätte sich vermutlich, so ist dann zu fragen, die Geschichte der christlichen Konfessionen entwickelt, wenn der von *Bach* in seiner Motette ›Jesu, meine Freude‹ vollzogene Rückgriff von der reformatorischen Rechtfertigungslehre auf den paulinischen Gedanken der Neuschöpfung rezipiert worden wäre? Wäre sodann nicht auch von dem aus mystischer Versunkenheit hervorbrechenden »Et incarnatus est« und dem machtvollen »Et homo factus est« im Credo von *Beethovens* ›Missa solemnis‹ eine vergleichbare Wirkung zu erwarten gewesen; hätte nicht die Feuerbach'sche Religionskritik entscheidend an Stoßkraft verloren, weil bei Berücksichtigung dieses Glaubenszeugnisses kein Anlass bestanden hätte, das menschliche Interesse gegen den Gottesglauben auszuspielen?

Hätten des weiteren, um damit auf das Zeugnis der christlichen Dichtung einzugehen, die von *Le Fort* und *Bergengruen* gebotenen Deutungen der Angst, ihre angemessene Würdigung vorausgesetzt, der theologischen Reflexion nicht klar machen können, dass sie, die Angst, und nicht der Unglaube als der wirkliche Gegensatz des Glaubens zu gelten hat und dass sich die Glaubensverkündigung heute in erster Linie um Angstüberwindung mühen müsste?[74] Hätte insbesondere auch eine theologische Rezeption – anstatt der tatsächlichen Anfeindung – des le Fort'schen Romanwerks ›Das Schweißtuch der Veronika‹ nicht verhindern können, dass das große – und hochaktuelle – Thema der Stellvertretung in der Einseitigkeit, wie es dann durch *Dorothee Sölle* geschah, in die theologische Diskussion eingeführt wurde?[75] Und hätte schließlich eine einfühlsame Beschäftigung mit *Schneiders* ›Winter in Wien‹ nicht die traditionelle Fundamentaltheologie von ihrer triumphalistischen Linie abbringen und zur Berücksichtigung vergeblicher und gescheiterter Glaubensversuche bewegen können, zu schweigen von dem gerade in diesem Werk wiederentdeckten Zusammenhang von Gebet und Glaube, ohne den die fundamentaltheologische und katechetische Hinführung auf die Dauer nicht auskommen wird?[76]

Im Schatten neuer Entfremdung

Der Durchgang verfiele jedoch in eine illusionäre Endperspektive, wenn er nicht abschließend auf die in der zweiten Hälfte des 19. Jahrhunderts einsetzende Entfremdung einginge, die das Verhältnis von Glaube und Kultur bis in die Gegenwart hinein belastet. Wie so oft in der Christentumsgeschichte war der Prozess theologisch verursacht: durch den Konflikt der romantischen Theologie mit der siegreich emporstrebenden Neuscholastik, der mit der Niederlage des universal denkenden *Martin Deutinger* auf der Münchner Gelehrtenversammlung (1863) zugunsten der restaurativen Denkweise entschieden wurde. Wie in einer Reprise wiederholte sich damals die schon im christlichen Altertum einsetzende Abtrennung des ästhetischen, des sozialen und des therapeutischen Bereichs im Interesse der Ausgestaltung einer strengen Systematik, zu der sich die unter den Druck der Philosophie und Wissenschaft geratenen Theologie veranlasst sah. Dabei stand Deutinger selbst für die verlorene Bildhaftigkeit, auf die er in seinen Vorlesungen ›Über das Verhältnis der Poesie zur Religion‹ (1861) wie auf ein verlorenes Paradies zurückblickte:

> Aber die Türe jenes Paradieses scheint uns leider für immer verschlossen, sobald sie einmal hinter der berechnenden Klugheit ins Schloß gefallen ist. Die Sorgen und die Klugheit bauen eine unübersteigliche Mauer um jenen Garten. Der Zweifel steht mit seinem zweischneidigen Schwerte vor dem Eingang und verwehrt uns die Rückkehr. Die Fruchtlosigkeit unserer Bemühungen macht uns ängstlich und scheu, und wir schämen uns, im Alter Kinder zu sein; schämen uns jener Begeisterung, die nicht einen augenblicklichen, praktischen klingenden Gewinn bringt. Die Jahre selbst scheinen sich gegen jene Welt der Gefühle, die uns in den träumerischen Tagen der Jugend erfreute und beglückte, verschworen zu haben.[77]

Ebenso vergeblich hatte sich zuvor schon Johann Adam Möhler für die soziale Weite und Verantwortung des Glaubens ausgesprochen, während Friedrich Pilgram – gleichfalls erfolglos – seine Heilkraft gegenüber der Zerrissenheit und »Verfinsterung der Seele« zur Geltung zu bringen suchte.[78]

Von den Folgen ist das Verhältnis von Glaube und kultureller Lebenswelt bis heute schon deshalb noch belastet, weil die Ursachen allenfalls ansatzweise überwunden sind. Von den Quellen poetischer Kreativität abgehalten, verfiel die christliche Kunst der nazarenischen Imitation ihrer großen Vergangenheit, während sie gleichzeitig die Fühlung mit dem stürmischen Fortgang der künstlerischen Entwicklung verlor. Auf die Sicherung des subjektiven Heils bedacht, verfehlte die Christenheit den Anschluss an den sozialen Aufbruch und damit an die zu weltpolitischer Bedeutung gelangende Arbeiterbewegung, die ihr wohl erst heute wieder, nach dem Zusammenbruch der marxistischen Systeme, in offener Erwartung gegenübersteht. Und schließlich ging die Sache der Heilung so sehr an die Instanz der wissenschaftlichen Medizin über, dass die Behauptung nicht zu hoch gegriffen ist, wonach die »Wunder Jesu in die Hände der Ärzte gefallen« sind, während die Theologie kaum erst erfasste, welch immense Aufgabe ihr mit der wachsenden Zahl chronisch Kranker zufällt, denen die medizinische Kunst allenfalls Linderung, nicht aber Heilung zu bringen vermag.[79]

Verheißungsvoller Ausblick

Im Hinblick darauf ist es mehr als ein bloßes Hoffnungszeichen, dass neuerdings im Feld der Theologie ein Prozess der Selbstkorrektur in Gang kam, der auf die Wiedereinholung der abgestoßenen Bereiche abzielt: des sozialen in der politischen Theologie und des therapeutischen in den erst in Ansätzen gegebenen Entwürfen, die anstelle einer bloßen Lehre vom Heil dessen wirkmächtige Vermittlung nach dem Vorbild der Praxis Jesu anstreben. Für das Verhältnis von Kirche und Kunst kommt jedoch die größte Bedeutung der ästhetischen Theologie zu, sofern sie Bild und Symbol für den theologischen Gedanken zurückzugewinnen sucht.[80]

Seine zeitgeschichtliche Bestätigung findet dieser Prozess in jenen Diagnostikern, für welche die Gegenwart im Zeichen der wiederkehrenden Prinzipien steht: im Zeichen des wiedererstehenden Mythos (*Weber*), der sich realisierenden Utopien (*Freud*) und der in Gestalt der elektronischen Medien wiederkehrenden, aber durch sie auch schon weithin überholten Schriftlichkeit (*Wimmel*). Wenn daraus überdies auf eine Wiedererweckung des Religiösen geschlossen werden darf, ist auch eine Regenerierung des gestörten Verhältnisses von Glaube, Kultur und Kunst zu erhoffen.[81]

Dafür spricht vor allem das Zentralereignis der sich vollziehenden glaubensgeschichtlichen Wende: die Neuentdeckung Jesu, die geradezu als seine spirituelle Auferstehung im Glauben – und Unglauben – der Gegenwart beschrieben werden kann. Sie hatte ein ebenso beziehungsreiches wie kurzlebiges Vorspiel in der durch die Namen *le Fort, Bergengruen, Langgässer, Bernanos* und *Claudel* gekennzeichneten Literatur, die sich bewusst auf Themen der Glaubenswelt bezog. Nur scheinbar versagte sich die vorwiegend sozial- und zeitkritische Literatur und Kunst der Folgezeit dem religiösen Interesse. Das Gegenteil bewies *Karl-Josef Kuschel*, der in wiederholten Anläufen die Bezeugung Jesu durch die von *Böll, Frisch, Kaschnitz, Sachs, Bulgakow* und *Faulkner* repräsentierte Gegenwartsliteratur aufrief.[82] Und auch diesmal folgte darauf eine Wiederbelebung des theologischen »Disputs um Jesus« (*Kern*), nachdem dieser eine Zeitlang hinter kircheninternen und lebenspraktischen Fragen zurückgetreten war.[83]

Wenn daraus auf eine Erneuerung der kulturstiftenden Energie des Glaubens geschlossen werden darf, dann nur mit dem Zusatz, dass Initiativen im

Interesse dieser Reaktivierung ergriffen werden müssen. Ein erster Schritt dazu wäre in der Form zu tun, dass die durch den Säkularisierungsprozess ans Licht gehobenen – und weithin zu Selbstverständlichkeit gewordenen – Prinzipien des gesellschaftlich-kulturellen Lebens Menschenwürde, Solidarität und Toleranz aus ihrer biblischen Herkunft begriffen und nicht zuletzt als Früchte der Lebensleistung Jesu wiederentdeckt würden. Wirksamer als durch jeden Appell würde dadurch der defätistischen Tendenz »Zurück ins Ghetto!« gewehrt und der Kulturwille der Glaubenden geweckt. Denn der Glaube wird nicht nur (nach Gal 5,6) durch die Liebe wirksam, sondern (nach 2Kor 4,13) nicht weniger auch durch das Bekenntnis. Von seinem Ursprung in der göttlichen Selbstmitteilung her verpflichtet er zum Zeugnis: des Wortes, der Tat und nicht zuletzt des künstlerischen Werks. So sehr er in eine bedrohliche Krise gerät, wenn er verstummt, wäre ein Erlahmen der künstlerischen Zeugniskraft für ihn kaum weniger verhängnisvoll. Doch das Zeugnis des Dichters und Künstlers muss im Sinne der angesprochenen Johannesstelle auch »angenommen« werden. Deshalb bedarf es einer neuen Zuwendung zum Glaubenszeugnis der Kulturgeschichte. Wenn dieses Interesse neu geweckt wird und die Theologie im Vorgriff darauf das dichterisch-künstlerische Zeugnis in den Dienst ihrer Glaubensinterpretation stellt, kommen zweifellos in noch größerem Umfang als bisher Werke zustande, die dieser erneuerten Bereitschaft entsprechen.

5. Die Frage der Esoterik

Zweifellos lebt das ständig wachsende Interesse an theologischen Innovationen von zwei Impulsen: dem therapeutischen und dem esoterischen. Und beide haben auch tatsächlich mit der aktuellen Entwicklung der Theologie zu tun. Der therapeutische, sofern die Theologie im Begriff steht, sich auf ihre primäre Aufgabe, die »gebrochenen Herzen zu heilen« (Jes 61,1) zurückzubesinnen und das Christentum im Zuge dieser Einsicht als die Religion der Angst- und Todüberwindung zu erweisen. Der esoterische, sofern sich von der pseudoreligiösen Randszene her die Frage nach einer genuin christlichen Esoterik mit wachsender Dringlichkeit stellt.

Im Zusammenhang mit dem Versuch, diese Frage einer Beantwortung näherzubringen, verdient die Gestalt der *Hildegard von Bingen* besondere Beachtung.[84] Denn die Bedeutung ihrer Visionen besteht darin, dass sie den Kosmos zum Gegenstand haben und ihn in seiner Wechselbeziehung zum Menschen ausleuchten. Damit greift die Visionärin über *Augustin* zurück, der in Abkehr vom antiken Kosmozentrismus erklärte:

> *Jetzt erforschen wir nicht mehr die Himmelskreise, auch messen wir nicht mehr die Zwischenräume der Gestirne aus, noch bestimmen wir das Gewicht der Erde: ich bin es vielmehr, der über sich nachdenkt, ich, der Menschengeist.*[85]

Damit trat der Mensch in den Mittelpunkt der Reflexion und, im weiteren Verlauf der Entwicklung, an die Stelle des Kosmos die »ganz gewiss vom Menschen gemachte« gesellschaftlich-geschichtliche Menschenwelt (*Vico*).[86] In seinem antichristlichen Affekt versuchte erst *Nietzsche* mit diesem Denken zu brechen und den Kosmos im Rückgriff auf die Antike wiederzugewinnen.[87]

Im Vergleich zu Hildegard erscheint sein Unternehmen weniger revolutionär und ihr Verfahren im Vergleich zu Nietzsche ebenso traditionell wie prospektiv. Traditionell, weil sie auf die Schau des Erlösungswerks zurückgreift, die dieses als das Werk der Wiedereinbringung (Rekapitulation) der durch die Urschuld zersprengten Weltwirklichkeit begreift; aber auch prospektiv, sofern sie auf *Teilhard de Chardin* vorausweist, der den Kosmos erneut, wenn freilich aus streng christozentrischer Sicht, wiederentdeckte.

Was Hildegard von beiden unterscheidet, ist ihre ausgesprochen esoterische Sicht. Das zeigt sich schon in den Illustrationen des ›Scivias‹-Kodex, die aus der traditionellen Ikonographie ausbrechen und die Inhalte fast durchweg in neuartigen Konfigurationen aufscheinen lassen. Das bestätigt sodann ihre von archetypischen Elementen durchsetzte Denkweise, nicht zuletzt aber auch das bei aller Bodenhaftung eigentümlich entrückte Selbstbewusstsein, das aus ihren Selbstzeugnissen spricht.[88]

Die Berechtigung

Die Frage nach Sinn und Recht der Esoterik ist, schon in Erinnerung an die frühchristliche Abgrenzung des Glaubens von den Geheimlehren der Gnosis, erst recht aber im Blick auf die ausufernde Esoterikszene der Gegenwart, eine Grund- und Lebensfrage des Christentums, die allein vor dem dafür höchsten Forum, der biblischen Botschaft, entschieden werden kann. Zum Erstaunen aller Kritiker ist das von ihr gefällte Urteil bei aller Zurückhaltung positiv, wie dies schon ein flüchtiger Blick in die Evangelien bestätigt. So nimmt Jesus, unbeschadet der – zweifellos zu verneinenden – Frage nach der Historizität der Berichte, die von seinen Gleichnisreden überforderten Jünger beiseite, um ihnen in exklusiver Darlegung den Sinn seiner Gleichnisse zu erklären, die er, wie er in befremdendem Selbstwiderspruch versichert, »den anderen« nur vorgetragen hatte, »damit sie sehen und doch nicht sehen, hören und doch nicht verstehen«. In ähnlichem Sinn erklärte der johanneische Jesus den Hörern seiner Abschiedsreden: »Noch Vieles hätte ich euch zu sagen, doch ihr könnt es jetzt noch nicht ertragen«, und er sichert ihnen den Beistand zu, der sie »in alle Wahrheit« einführen werde. Nicht umsonst spricht *Rudolf Schnackenburg* wiederholt vom esoterischen Einschlag des vierten Evangeliums.

Doch der Kronzeuge der christlichen Esoterik ist fraglos Paulus. In seiner Einführung in die Denkwelt des Apostels verweist der Oxford-Theologe *Eric P. Sanders* auf die Doppelschichtigkeit der paulinischen Theologie, die an ihrer Oberfläche mehrfach Traditionsgut, insbesondere antiochenischen Ursprungs, vermittelt, in ihrer Tiefenschicht jedoch oft davon weit unterschiedene Inhalte aus der Eigensicht des Apostels bietet.[89] In seiner Korrespondenz mit Korinth versichert dieser sogar ausdrücklich, dass er seinen Lesern am liebsten die »feste Speise« seiner Geheimlehre gereicht hätte, dass er jedoch angesichts ihrer durch ihren Parteienstreit beschränkten Fassungskraft genötigt sei, sie mit der »Milch« des Allgemeinverständlichen abzuspeisen (1Kor 2,3). Dem hatte er einen förmlichen Exkurs über sein eigentliches Anliegen vorangestellt. In betonter Absage an die gottblinde Weisheit der »Herrscher dieser Welt«, die den leibhaftigen Inbegriff der in Christus erschienenen Gottesweisheit ans Kreuz schlugen, versichert er:

Auch wir verkünden Weisheit, jedoch nicht die Weisheit dieser Welt … sondern die Gottesweisheit im Geheimnis, verstanden als das, was kein Auge geschaut, kein Ohr vernommen und keines Menschen Herz jemals empfunden hat, was aber Gott denjenigen erschloss, die ihn lieben (1Kor 2,6–9).

Demgegenüber spricht die Paulusschule von der vielfarbigen (polypoikilos) Weisheit (Eph 3,19), die das Licht der Gotteswahrheit durch das Medium der Lebensgeschichte Jesu in ein ganzes Farbenspektrum auffächert und so für die Verkündigung erschließt. So sehr damit die Grundfrage geklärt ist, stellt sich damit doch die Zusatzfrage nach dem lebensgeschichtlichen Faktum, das Paulus zu dieser esoterischen Sicht führt und zuvor noch die nach dem Verhältnis seiner Sicht zu Hildegards esoterischer Deutung des Welt- und Heilsgeschehens.

Die kosmozentrische Esoterik

Hildegard stößt mit ihrer Schau, aus der Perspektive des Apostels gesehen, in eine von ihm gelassene Lücke. Zwar kennt auch er den einen Herrn, durch den, wie seine Präexistenzaussage betont, alles geworden ist und durch den auch wir sind (1Kor 8,6); doch nimmt er den Kosmos als solchen nicht in den Blick, da für ihn »die Gestalt dieser Welt vergeht« (1Kor 7,31) und die ihrem Vollendungsziel entgegenharrende Schöpfung »seufzt und in Wehen liegt« (Röm 8,22). Demgegenüber hat für Hildegard alles Geschaffene, ungeachtet seiner Vorläufigkeit, ebenso menschliche wie religiöse Bedeutung. Dabei erschließt sich das spezifisch esoterische Moment ihrer Schau, wenn man diese in ihrer

Herkunft aus der Mikrokosmosidee begreift. Danach ist der Mensch einer unvordenklichen Auffassung zufolge, die sich noch bis Goethes ›Faust‹ und Werfels ›Stern der Ungeborenen‹ durchhielt, der individuelle Abriss des Universums und dieses die ins Kosmische geweitete Großgestalt des Menschen.[90] Deshalb erinnert sein Kopf an das Firmament, die Augen an Sonne und Mond, der Atem an die Winde, das Blut an Flüsse und Meer, der Leib an die Erde. Deshalb steht der Mensch in einer Lebensbeziehung zum Kosmos, ohne deshalb freilich, wie der astrale Fatalismus es wollte, in seinen Verhaltensweisen festgelegt zu sein; und daher kommt es im Interesse der Gesundheit, der Hildegards intensive Zuwendung gilt, darauf an, den Körper in Übereinstimmung mit den kosmischen Gesetzen zu bringen. Im Blick auf ihre Heilkunde und die ihr zugrunde liegende Denkweise betonte Ildefons Herwegen, dass »kein mittelalterlicher Mensch auch nur annähernd so tief wie sie in das geheime Weben der Natur« eingedrungen sei und ein vergleichbares »Miterleben mit allen Elementen der Schöpfung« erreicht habe.[91] Das bestätigt Hildegard, wenn sie in einer Kölner Predigt den Schöpfer sagen lässt:

> Ich schuf das Firmament in aller Fülle und Schönheit, ohne an irgendetwas zu geizen. Es besitzt Augen gleichsam zum Sehen, Ohren zum Hören, eine Nase zum Riechen, einen Mund zum Schmecken. Denn die Sonne ist gleichsam das Licht seiner Augen, der Wind das Gehör seiner Ohren, die Luft sein Geruchssinn, der Tau sein Geschmack ... Der Mond setzt die Zeit der Zeiten und zeigt sie den Menschen an. Die Sterne aber sind wie geisterfüllte Kräfte, und sie ziehen ihre Kreisbahn, so wie die menschliche Denkkraft viele Dinge umfasst.[92]

Als hätte sie bereits den Morgen aus dem Tagzeitenzyklus Philipp Otto Runges vor Augen, schreibt sie in ihrem an das Mainzer Domkapitel gerichteten Protestschreiben:

> O wahre Liebe, du ewiger Gott! Du hast für alle deine so weise geschaffenen und gearteten Geschöpfe in so kurzer Frist den Menschen gebildet, um ihn gleichsam zu einem wohlvorbereiteten Mahl zu führen. So sagt man ja auch, dass der Tag anbricht, wenn die Morgenröte der Sonne aufsteigt. Du hast dem Menschen sogleich den Odem des Lebens eingehaucht, so wie die Sonne, der Morgenröte folgend, ihre Strahlen leuchtend ausbreitet.[93]

Doch der Mensch, dieses Vorzugsgeschöpf Gottes, hängt – mit *Heinrich Schip-perges* gesprochen – »nicht nur im Weltennetz«; vielmehr hält er dieses Netz auch selbstverantwortlich in seiner Hand. Und wiederum glaubt man einen Vorklang, diesmal sogar von *Freuds* Zielfigur des »Prothesengottes« zu ver-nehmen, wenn es vom Menschen heißt:

> Er hat ihm die Rüstung der gesamten Schöpfung angezogen, damit er alle Welt im Sehen erkenne, im Hören verstehe, im Geruch unterscheide, im Geschmack verzehre und im Tasten beherrsche.[94]

Mit diesem Vorgriff auf den zugleich technisch überhöhten und versklavten Menschen beweist Hildegard überdies den Gegenwartsbezug ihrer Schau. Denn diese wirkt im Blick auf Freud wie eine Verheißung, dass auch die Extremform, auf die der Mensch im Zeitalter der modernen Hochtechnik zusteuert, religiös eingeholt und integriert werden kann. Überzeugender lässt sich die Aktualität dieser Weltsicht schwerlich beweisen.

Ihre Aktualität betrifft aber kaum weniger auch ihre neuerdings zuneh-mend beachteten – und vielfach genutzten – therapeutischen Ideen und Rat-schläge, die gleichfalls in ihrer kosmozentrischen Esoterik wurzeln. Heil brin-gend ist für sie nicht so sehr der Arzt als vielmehr die durch ihn in ihren heilenden Energien freigesetzte Natur. Wie sie den Menschen gleich allen Lebewesen hervorgebracht hat, erhält sie ihn auch durch ihre Gaben und die ihm aus ihren verborgenen Quellgründen zuströmenden Kräfte im Dasein. Ebenso sind es die von ihr bereitgestellten und vom Arzt sinnvoll angewand-ten Heilmittel, durch die sie seine gefährdete oder geschwächte Gesundheit wiederherstellt. Krankheit ist für Hildegard demgemäß Folge und Symptom der schuld- oder schicksalhaft gestörten Harmonie der Wechselbeziehung von Mensch und Kosmos. Damit weist ihre Vorstellung von Heil und Heilung zurück auf das stoische Prinzip des in Übereinstimmung mit der Natur zu bringenden Daseins. Im Weltgesetz findet ein jeder ebenso die Wegweisung zum richtigen Handeln wie die Anweisung zu einem auch in gesundheitlicher Hinsicht geglückten Leben.[95]

Gleichzeitig weist Hildegard mit diesem Konzept aber auch modellge-bend auf die gegenwärtige Glaubenssituation voraus. Denn die theologische Auslegung des Glaubens ist, ebenso wie seine lehramtliche Verkündigung, ausgesprochen kopflastig: diese durch die Überbetonung des ethischen Aspekts; jene durch die Vernachlässigung der therapeutischen Sinnbestimmung. Dem Christentum aber geht es von seinem Ursprung her mehr um die Heilung und Erhebung als um die Erziehung des Menschen. Deshalb ist es von diesem in ihm fortwirkenden Ursprung her eine genuin therapeutische und mystische Religion. Das Modell von Hildegards esoterischem Denken und therapeutischem Wirken könnte somit dazu verhelfen, das gestörte Selbstverhältnis des gegenwärtigen Christentums wieder ins Gleichgewicht zu bringen. Wenn das erreicht werden soll, stellt sich die Frage, wie sich die im Vergleich zu Hildegard ursprünglichere Esoterik des Apostels Paulus konkret gestaltete und worauf sie letztlich zurückging.

Die christozentrische Esoterik

Wenn die Esoterik Hildegards dem Einblick in das »geheime Weben der Natur« und damit in die Tiefenstrukturen des Kosmos entstammt, dann die paulinische zweifellos dem in seinem Stellenwert nicht hoch genug anzusetzenden Damaskuserlebnis des Apostels.[96] In jener visionären Begegnung mit dem Auferstandenen, so versichert er im Urzeugnis seines Galaterbriefs, habe ihm Gott in seiner Güte das Geheimnis seines Sohnes ins Herz gesprochen (Gal 1,15f.), sei ihm der Lichtglanz der Gottherrlichkeit auf dem Antlitz Christi aufgegangen (2Kor 4,6) und sei er von Christus in einer Weise ergriffen worden, dass ihm sein Leben seither in dem Wunsch bestehe, ihn seinerseits immer tiefer zu begreifen und ihn ebenso in der Macht seiner Auferstehung wie in der Leidensgemeinschaft mit ihm kennen zu lernen (Phil 3,6.12). Der esoterische Grundzug dieses Selbstzeugnisses kommt zum Vorschein, wenn man es auf den bereits angesprochenen Eingang des Ersten Johannesbriefs bezieht, in dem das hinter dem Brief stehende Kollektiv versichert, dass es den in ihm Fortlebenden auf neue Weise gehört, geschaut und betastet habe (1Joh 1,1).

Da sich das Wort schon aus zeitlichen Gründen nicht auf die Wahrnehmung des Auferstandenen, ebenso wenig aber auch auf das Realitätsmoment der Inkarnation bezieht, kann sich in ihm nur die den ganzen Brief durchstimmende Überzeugung bekunden, dass der in den Seinen fortlebende

Christus auf neue, wenngleich innerliche Weise wahrgenommen werden konnte.[97] Auf gleiche Weise spricht auch Paulus im akustischen, optischen und haptischen Sinn von seiner österlichen Heilserfahrung. Damit stößt er die Innenwelt dessen auf, was die übrigen Osterzeugen nur von außen mit dem Protokollsatz »Ich habe den Herrn gesehen« bekundeten. Das verbindet ihn mit dem johanneischen Kollektiv, dem es gleichfalls um eine esoterische Erfahrung, wenngleich nachösterlicher Art, zu tun war.

Esoterisch wirkt vor allem aber die Dimension, die er mit der Formel »in Christus« erschließt und die als die Innenseite seiner Vorstellung vom mystischen Christusleib verstanden werden kann.[98] Wer »in Christus« ist, ist für ihn »eine neue Schöpfung«; er ist »in allem reich geworden«, »gerechtfertigt« und »zum Leben gebracht«, »befreit« und »gestärkt«, »gefestigt« und »bewahrt«. Insofern umgibt ihn dieses Einbezogensein wie eine ihn gleicherweise beschirmende und umhüllende Sphäre, die ihm Geborgenheit und Frieden gewährt, nicht weniger aber auch jene Inspiration, die ihn zum Zeugnis in Wort und Tat bewegt. Da die Erfahrung des Seins »in Christus« für Paulus aber immerfort in die des »Christus in uns« umschlägt, ist das gleichbedeutend mit dem Vollzug des Lebens, das der fortlebende Christus in den Seinen in der Weise führt, dass er sie durch seinen Geist erleuchtet, durch seine Kraft bestärkt und durch seine Liebe zu liebender Betätigung ihres Glaubens drängt.

Wenn Paulus es auch vermeidet, so wie dann nach ihm die Charismatiker, im Namen des Erhöhten zu sprechen, so prägte er doch, wie *Ernst Käsemann* zeigte, »Sätze heiligen Rechtes«, während er gleichzeitig darauf bestand, dass seine Verkündigung ihrer Qualifikation zufolge »als Wort Gottes« angenommen werde (1Thess 2,13).[99] Ebensowenig zögert er, das Ansinnen seiner Kritiker, Beweise für seine Lebens- und Denkgemeinschaft mit Christus zu erbringen, an diese mit der Forderung zurückzugeben:

> *Prüft euch doch selbst, ob ihr im Glauben lebt; stellt euch auf die Probe! Oder erseht ihr an euch nicht, dass Christus in euch ist? Wenn nicht, hättet ihr die Probe nicht bestanden (2Kor 13,3ff.).*

Die Frage nach den Kriterien, an denen sie dies hätten ersehen können, stellt definitiv vor die bisher nur unausdrücklich gestellte Frage nach dem Verhältnis von Esoterik und Mystik.

Esoterik und Mystik

Ein derartiges Kennzeichen wäre es gewesen, wenn die Gemeinde einem bei ihrer Versammlung anwesenden Ungläubigen so zugeredet hätte, dass dieser, ins Herz getroffen, hätte bekennen müssen: »Wahrhaftig, Gott ist in eurer Mitte!« (1Kor 10,23ff.). Schon in diesem Fall sind die Grenzen zu esoterischen Erscheinungen parapsychologischer Art fließend. Erst recht gilt das von der Entrückung »in den dritten Himmel«, von welcher Paulus am Schluss seines Leidenskatalogs, wenngleich in auffällig distanzierter Sprache, berichtet (2Kor 12,2–6), und damit von jener Stelle, auf die sich Hildegard ausdrücklich in ihrem Antwortschreiben über die Himmelsreise des Apostels bezieht.[100] Der Vorgang steht in einer so vielfältigen Entsprechung zu analogen Erlebnisberichten, auch vor- und außerchristlicher Provenienz, dass er mehr noch der Esoterik als der Mystik zugerechnet werden muss, zumal, wie Hans Lietzmann betont, ein Hinweis auf die Damaskusvision des Apostels »auffällig« fehlt.[101] Mit dieser verbindet ihn dann allerdings das Vernehmen der »unsagbaren Worte«, das an die Offenbarung des Gottessohnes im Zentralzeugnis (Gal 1,15f.) erinnert.

Wenn man den Bericht von der Himmelsreise des Apostels mit denjenigen vergleicht, die Martin Buber in seinen ›Ekstatischen Konfessionen‹ (1921) von Hildegard, Mechthild von Magdeburg, Angela von Foligno und zumal von Alpais von Cudot wiedergibt, die wie Paulus nicht entscheiden kann, ob ihre Entrückung »im Leibe oder außer dem Leibe« erfolgte, wird man nicht bezweifeln können, dass der Hauptakzent auf der Einbeziehung in eine neue, vom Pneuma Christi durchwaltete Sphäre liegt. Wichtigstes Kriterium dessen ist aber ebenso unzweifelhaft die mystische Inversion, die Paulus sein Erkennen als Widerschein eines vorgängigen Erkanntseins, sein Sehen als Frucht eines zuvorkommenden Gesehenseins und sein Begreifen als Folge eines vorangehenden Ergriffenseins erfahren lässt. Das ist zwar unmittelbar Ausdruck der »Atemwende«, die jede spirituelle Aktivität auf eine göttliche Initiative zurückführt; doch wird an dieser Stelle zudem deutlich, dass die Grenzen zwischen christlicher Esoterik und Mystik fließend sind, weil beide in einer denkbar engen Wechselbeziehung stehen. Tangential kommen bei der Esoterik wohl auch magische und parapsychische, vor allem aber tiefenpsychologische Komponenten ins Spiel. Der Hauptunterschied gegenüber der Mystik besteht jedoch in ihrer kognitiven, auf eine tiefere und umfassendere Sicht geistes- und glaubensgeschichtlicher Zusammenhänge ausgerichteten Tendenz, während die Mystik mit ihrer zentralen Zielrichtung auf Gotteserfahrung und, mit ihrem Kernbegriff gesprochen, auf die »unio mystica« ausgeht.

Erst jetzt ist die Handhabe dafür gefunden, den Begriff der esoterischen Denk- und Lebensform genauer zu bestimmen und die Grenzen ihrer Vereinbarkeit mit christlichen Positionen genauer auszuziehen. Esoterik, so ergibt es sich aus der gewonnenen Einsicht, ist eine in betonter Abkehr von der außen- und gegenstandsorientierten Wissenschaft nach innen gerichtete Denkweise, die auf Signale aus der alles Seiende vernetzenden Sphäre achtet und in ihrer antimetaphysischen Randzone der Unterscheidung von Subjekt und Objekt die Vorstellung von einer beides amalgamierenden Feinstofflichkeit entgegensetzt. Aus asiatischen Geheimlehren wurde die Vorstellung von sensitiven Zentren (Chakras), Organen der esoterischen Hellsicht und Brennpunkten der Erfahrungsformen von Telepathie, Präkognition und Telekinese, übernommen. Da diese Phänomene der rationalen Nachprüfung entzogen sind, ist die Gefahr der Täuschung groß und deshalb Skepsis, zumindest kritische Vorsicht geboten.[102]

Unvereinbar mit den Prinzipien des christlichen Glaubens ist die in esoterischen Kreisen weitverbreitete Reinkarnationsvorstellung, der Glaube an astrale Vorherbestimmung und die gleichfalls oft zu beobachtende Tendenz, den Vatergott Jesu gegen einen archaischen Muttergottglauben auszutauschen. Denn die Lehre von iterierenden Wiedergeburten widerstreitet der Einzigartigkeit und unvertretbaren Dignität der menschlichen Person, während die Astrologie ebenso der Botschaft von der »Entmachtung der Weltelemente« widerspricht wie die Etablierung einer Muttergottheit der zentralen Lebensleistung Jesu, die in der Entdeckung des bedingungslos liebenden Vatergottes ihre diamantene Mitte hat.[103] Von hier aus könnte man dann aber auch die noch offene Frage nach dem Verhältnis von Esoterik und Mystik, und zwar im Sinn eines Wechselverhältnisses, beantworten. Demnach erscheint die Esoterik als eine über den Horizont der Rationalität hinausgehende und bisweilen in die abschüssigen Bereiche des Irrationalen ausufernde Mystik, während diese ihrerseits als eine auf den Innenraum genuin christlicher Denk- und Vollzugsformen eingegrenzte Esoterik zu bestimmen wäre. Wichtiger als die Unterscheidung der beiden Formen ist jedoch die Bestimmung des Beitrags, den sie, wenngleich mit unterschiedlicher Kompetenz, zur glaubensgeschichtlichen Entwicklung leisten.

Die spirituelle Dimension

Was es mit diesem Beitrag auf sich hat, wird deutlich, wenn man sich der Einsicht nicht verschließt, dass Paulus im Vergleich mit Hildegard die größere Gegenwartsnähe aufweist, und dies auch unter Berücksichtigung der Tatsache, dass der Kosmozentrik Hildegards angesichts der Schrumpfvorstellung von Welt, die der ökologischen Blickeingrenzung auf die vom Menschen bedrohte Erde zugrunde liegt, eine besondere Aktualität zukommt. Das aber lässt auf einen Fortschritt im Glaubensbewusstsein schließen, näherhin auf eine Verlagerung des Schwerpunkts vom Glauben an den Schöpfergott auf das von Paulus ins Zentrum gerückte Mysterium von Tod und Auferstehung Jesu. Gleichzeitig spiegelt sich in der heutigen Paulusrezeption auch ein Fortschritt im Verständnis des Apostels. Während die Mehrzahl der Interpreten in ihm noch immer den Referenten der den Osterglauben tragenden Zeugenliste (1Kor 15,3–8) erblickt, ist neuerdings eine zunehmende Beachtung seines Selbstzeugnisses zu verzeichnen.[104]

Damit drängt das ureigene Anliegen des Apostels in den Vordergrund, wie es sich in seiner Klage bekundet, dass er zu seinen Adressaten nicht wie zu Geistesmenschen, denen er »Geistgegebenes durch Geistesworte« erklären möchte, sondern nur wie zu Unmündigen reden könne (1Kor 2,13; 3,18). Das aber bezieht sich eindeutig auf jene Innensicht des Glaubens, die Paulus mit der von ihm vielfach gebrauchten Formel »in Christus« erschließt. *Adolf Deissmann*, der als der Entdecker der tatsächlichen Bedeutung dieser Formel zu gelten hat, versteht sie als Ausdruck der Einbeziehung der Glaubenden in die pneumatische Seinsform des auferstandenen und fortlebenden Christus.[105] Nur so ist es zu erklären, dass der Glaubende in Christus leben (Röm 8,2), denken (Phil 2,5) und reden (Röm 9,1), sich bereichert (1Kor 1,4f.), befestigt (2Kor 1,21) und zum Leben erweckt (1Kor 15,22) fühlen kann. Nicht umsonst erinnert die Formel an die »kollektive Bildrede« (*Borig*) des Johannesevangeliums vom Rebstock (Joh 15,1–8), die gleichfalls um das Motiv der fruchtbringenden Lebensverbindung mit dem fortlebenden Christus kreist.[106] Was sie von innen her entfaltet, beschreibt die paulinische Formel im Sinn einer umfangenden Einbeziehung. Ihr geht es um den Eintritt in die neue geistige Lebens- und Machtsphäre, in die sich der Christ aufgenommen weiß. Entscheidend ist für Paulus jedoch, dass er, wie *Alfred Wikenhauser* hervorhob, diese Heilssphäre mit der Person Jesu gleichsetzt.[107] Die Lösung der von ihm dabei empfundenen Schwierigkeit ergibt sich aus der paulinischen Vorstellung vom Fortleben Christi in Gestalt einer alle umschließenden und einbegreifenden kollektiven Größe. Das präzisiert *Eduard Schweizer*, wenn er die mit dem »in Christus« umschriebene Lebenssphäre mit dem Leben im mystischen Leib gleichsetzt.[108] Obwohl es Paulus im Kontext dieses Bildmotivs vorwiegend um das kooperative Verhältnis der Charismen zu tun ist, geht es ihm doch kaum weniger um das gegenseitige Verwiesensein und die Lebens- und Leidensgemeinschaft der in diesem »Leib« Geeinten, zumal aber um ihre Hinordnung auf das »Haupt«, von dem sie alle Eingebungen und Impulse empfangen.

Auch im ›Scivias‹-Kodex erscheint als fünfte Schau des zweiten Buches die Lichtgestalt des mystischen Leibes, die in der Folge als der lebendige Inbegriff der kirchlichen Ständeordnung gedeutet wird, die dann in der anschließenden Schau als die bräutliche Kirche unter dem Kreuz steht, um schließlich dem geopferten Gottessohn zugeführt und angetraut zu werden.[109] Glaubensgeschichtlich gesehen wirkt das wie eine bildhafte Vorwegnahme des Vorgangs, der, vor allem im Gefolge des Zweiten Vatikanums, von dem ekklesiologisch orientierten Glaubensaspekt zum christologisch zentrierten führte. Besonders gegenwartsnah berührt auch die Erwähnung der unter der Lichtgestalt heraufziehenden Finsternis, von der es heißt: »Wenn der Sohn Gottes nicht gelitten hätte, so würde diese es dem Menschen unmöglich machen, zum himmlischen Licht zu gelangen.«[110]

Konsequenzen

Wenn man versucht, aus dem Einblick in die von Paulus erschlossene und von Hildegard imaginierte Dimension Konsequenzen zu ziehen, so betrifft die erste die Überwindung der heraufdrohenden Finsternis, die ihrem Gegenwartsbezug zufolge an die Dunkelzone erinnert, die den Glauben in Gestalt des schon von *Nietzsche* beschworenen Geistes der Schwere verschattet. Denn nichts belastet den glaubensbereiten Menschen so sehr wie dieser Ungeist, der ihm einredet, dass das Gott wohlgefällig sei, was ihm schwer fällt und weh tut, und der das menschliche Gottesverhältnis insgesamt einem unwürdigen »Handelsgeist« in Gestalt des Leistungs- und Vergeltungsgedankens unterwirft. Das aber hat, mit Paulus gesprochen, seinen tiefsten Grund darin, dass sich das Christentum noch immer nicht zu jener beglückenden Einsicht erhob, zu der er mit seinem Wort von der befreienden Macht der Gotteskindschaft zu überreden suchte (Röm 8,15).[111]

Die ungleich wichtigere Konsequenz besteht jedoch darin, dass der aus dieser Dunkelzone hervorgetretene Glaube zu sich selbst kommt: zum Bewusstsein seiner Kreativität, seines Prinzips und seines Glücks. Zum Wissen um seine Kreativität; denn der »verinnerlichte« Glaube begreift sich im Unterschied zu dem bloß rezeptiven Gegenstandsglauben als Ermächtigung, der es aufgegeben ist, das spontan mitzuvollziehen und mitzugestalten, was ihm im Offenbarungswort zugesprochen wird. Sodann zum Wissen um sein Prinzip: Denn ihm wird die lebendige Interaktion deutlich, in der er mit dem letztlich Geglaubten steht; ja, er begreift sogar, dass es im Grunde dieser ist, der ihn bewegt und trägt. Und er gelangt so schließlich zum Wissen um sein Glück. Denn mit der Dunkelzone hat er auch die Meinung hinter sich gelassen, es gehe im Glauben um die Erfüllung einer Schuldigkeit und Pflicht. Statt dessen begreift er die einzigartige Vergünstigung, derer er sich erfreut und die sich vor allem darin bestätigt, dass sich der Glaubende im Blick auf das ihm im tiefsten Glaubensgrund entgegentretende Antlitz des Auferstandenen an das Ziel seiner Sinnsuche geführt sieht. So aber entspricht es nicht nur dem paulinischen Glaubensentwurf, sondern nicht weniger dem der christlichen Esoterik und Mystik, wie sie sich gerade auch in der Denk- und Bilderwelt der Hildegard von Bingen ihren zeitüberdauernden Ausdruck schuf.

6. Dein Glaube hat dich geheilt

Das Konzept

Nach einer vieldiskutierten These steht die Zukunft der Welt nicht mehr im Zeichen politischer oder ökonomischer Konflikte, sondern in dem des »Zusammenpralls der Zivilisationen« (*Huntington*). Damit ist auch schon gesagt, dass die Weltreligionen in eine bisher ungeahnte »Gemengelage« geraten werden. Wenn diese nicht zu gefährlichen Konflikten führen soll, sind Initiativen im Sinn einer gegenseitigen Verständigung unerlässlich. Diese aber hat eine möglichst exakte Standortbestimmung der um diese Verständigung Bemühten zur Voraussetzung. Nach Ansicht *Romano Guardinis* droht ein Konflikt vor allem im Verhältnis von Christentum und Buddhismus, da deren Stifter jeweils Gleichsinniges, nur mit entgegengesetzter Zielsetzung anstrebten. Beide, Jesus wie Buddha, griffen seiner Deutung zufolge in die Lebensvollzüge des Menschen ein, der eine, um ihn zum Stand der Gotteskindschaft zu erheben, der andere, um sie zum Ziel der Leidverminderung zum Erliegen zu bringen. Dadurch erweist sich der Buddhismus als Prototyp einer asketischen, auf die Dämpfung der Leidenschaften und die Auslöschung des Lebenswillens ausgehende Religion. Für die Standortbestimmung des Christentums gilt dann aber: Es ist, anders als der Buddhismus, keine asketische, sondern eine therapeutische Religion. Während sich Buddha von der Unterdrückung des menschlichen Lebens und Selbstverhältnisses die Auslöschung der Leidenschaften und damit des Herdes allen vom Menschen ausgehenden Leids verspricht, weiß sich Jesus gesandt, die »gebrochenen Herzen« zu heilen und den mit der Todeswunde geschlagenen Menschen aus seiner Verfallenheit im zweifachen Sinn des Ausdrucks zu sich selbst zu erheben.

Wie die Erörterung der Hoheitstitel Jesu zeigte, ließ sich die Theologie in der Konsequenz ihres jahrhundertelangen Entwicklungsgangs aber gerade den Titel entgehen, den der historische Jesus unzweifelhaft für sich in Anspruch nahm, als er sich den »Arzt« der heilungsbedürftigen Menschen nannte: sprechendes Symptom der Tatsache, dass die Theologie auf dem Weg zu ihrer abstrakten Gegenwartsgestalt zusammen mit der ästhetischen und sozialen Dimension auch die therapeutische abgestoßen hatte, und dies in erklärtem Gegensatz zu dem, der sich (nach Mk 2,27) insbesondere den »Sündern« verpflichtet wusste. Was aber diese anlangt, so lassen die um den – durch die nachkonziliare Neuentdeckung Jesu ins Blickfeld gerückten – »Tisch der Sünder« Versammelten erkennen, dass es sich bei ihnen gerade nicht um Versager im moralischen Sinn, sondern um gesellschaftlich Geächtete und Ausgestoßene handelte.[112] Sie zieht Jesus in seine besondere Nähe und dies mit der Folge, dass er in der Sicht der Etablierten als eine Bedrohung der eingespielten Gesellschaftsordnung erscheint: für die Gesellschaft ihrerseits Anlass, ihn aus ihrem Herrschaftsbereich auszustoßen und »außerhalb des Lagers« (Hebr 13,13) umzubringen.

Für die theologische Auslegung dieser Botschaft aber heißt es, dass die durch ihre lehrhafte Darstellung in den Hintergrund getretene therapeutische Dimension wiederentdeckt und im theologischen Selbstverständnis zur Geltung gebracht werden muss. Bei dem damit angezielten Entwurf einer therapeutischen Theologie handelt es sich aber nicht etwa um eine theologische Sonderform nach Art der Dialektischen oder Politischen Theologie, sondern darum, die Theologie auf ihre angestammte – und wahrhaft angemessene – Grundgestalt zurückzuführen und sie, ihrer elementaren Aufgabe gemäß, in den Dienst des beschädigten, an sich und seinem Dasein leidenden Menschen zu stellen.

Aber kann denn der Glaube, so ist nun grundsätzlich zu fragen, tatsächlich heilen? Nicht minder grundsätzlich klingt die wiederholt im Evangelium gegebene Antwort: »Dein Glaube hat dich gesund gemacht.« Jesus nimmt somit in diesen ältesten Wendungen die geglückte Heilung keineswegs für sich selbst in Anspruch. Vielmehr schreibt er sie dem wie eine selbständige Entität agierenden Glauben zu. Damit ist aber aufs Deutlichste unterstrichen, dass auch er als der Erwecker des Glaubens – wie dieser selbst – zu heilen vermag.[113]

Die Verzweigung

Wenn man von derart obskuren Praktiken wie dem »Gesundbeten« und der »Geistheilung« absieht, klingt das fast wie ein Märchen aus alter, längst vergangener Zeit. Was sich inzwischen ereignete, ist die Geschichte einer schon in neutestamentlicher Zeit einsetzenden Diastase, die den Verfall des priesterlichen Arztbildes nach sich zog und schließlich dazu führte, dass die Heilungskompetenz des Christentums völlig an die wissenschaftliche Medizin überging. Das spiegelte sich nicht nur im Erscheinungsbild der Theologie, sondern hatte in dieser auch eine entscheidende Ursache. Die bestand in der Entwicklung der Theologie zu ihrer wissenschaftlichen Systemgestalt. So war es ihr von innen, zumal aber von außen her auferlegt. Von innen her unterstand sie der Nötigung, den Glauben auf verstehbare Weise auszulegen, weil er von seiner – mit der Gottesoffenbarung gegebenen – Mitte her verstanden sein will. Von außen her wirkte der Zwang, sich gegenüber Einwänden und Angriffen rechtfertigen zu müssen, im gleichen Sinne auf sie ein. Als Markstein dieser Entwicklung erweist sich schon innerhalb des Evangeliums die – nach Ausweis der Kunstgeschichte von der alten Kirche besonders beachtete – Perikope von der Heilung des Gelähmten (Mk 2,1–12), die ursprünglich als eine bewegende Glaubensgeschichte erzählt wurde, in ihrer überlieferten Endgestalt jedoch argumentativ überarbeitet ist, so dass Jesus durch seine Wundertat die von der Urgemeinde praktizierte, von ihrer jüdischen Umwelt jedoch verworfene Sündenvergebung zu rechtfertigen scheint.[114]

Wurden bei der apologetischen Selbstrechtfertigung die philosophischen Kategorien nur defensiv eingesetzt, so schon bald, und das vor allem in der alexandrinischen Theologie, in konstruktivem Interesse. Im Rückblick darauf spricht *Augustin* davon, dass die Theologen in Erinnerung an die von den Juden beim Auszug aus Ägypten »entliehenen« silbernen und goldenen Gefäße die Denkformen der platonischen und aristotelischen Philosophie übernommen hätten, um mit ihrer Hilfe die Botschaft des Evangeliums in eine szientifische und damit in den wissenschaftlichen Diskurs einzubringende Form zu fassen.

Im weiteren Verlauf entzweite sich die Kooperation dann freilich zur Konfrontation, so besonders bei dem großangelegten Versuch, das in Spanien an den Islam verlorene Territorium für den Christenglauben zurückzugewinnen. Denn dabei stießen die Missionare auf einen averroistisch interpretierten Aristotelismus, dessen elaborierter Begrifflichkeit sie so lange nichts Gleichwertiges entgegenzusetzen hatten, bis ihnen *Thomas von Aquin* in seiner – auf die spanischen »Heiden« zielenden – ›Summa contra gentiles‹ die umfassende Argumentationshilfe vorlegte.[115] In dieser Konfrontation blieb die gegenseitige Angewiesenheit von Theologie und Philosophie unbestritten. Das änderte sich, als *René Descartes* das Tischtuch zwischen beiden Instanzen zerschnitt, indem er die Sache der Philosophie von den beiden Pflöcken Tradition und Autorität abkoppelte und mit dem Grundsatz »Cogito ergo sum« ausschließlich auf sich selbst stellte. Das führte bei *Kant*, durchaus konsequent, zur Anzweiflung der traditionellen Verhältnisbestimmung. Denn in seiner Schrift über den Streit der Fakultäten erhebt sich die Frage, ob die als »ancilla theologiae« geltende Philosophie tatsächlich ihrer Herrin die Schleppe nachträgt oder nicht vielmehr die Fackel voranträgt und damit die Spitzenposition übernimmt.[116]

Die Reaktion der durch die Glaubensspaltung entzweiten Theologien war ausgesprochen panisch. Während sich die protestantische in ihrer Verzweiflung in die Arme des Hegel'schen Systems warf, zog sich die katholische auf die Position einer »Philosophia perennis« neuscholastischen Zuschnitts zurück. Dabei musste diese ihren Rückzug mit dem Verlust der Gegenwartskontakte büßen, während jene zu spät entdeckte, dass sie, wie *Karl Löwith* in seiner scharfsinnigen Analyse zeigte, einem im Grunde atheistischen System aufgesessen war.[117]

Wenn man das bedenkt und mit *Horst Baier* hinzunimmt, dass inzwischen Platon und Aristoteles durch Epikur, den Protagonisten einer postmodernhedonistischen Mentalität, aus dem Feld geschlagen wurden, wird die Orientierungskrise deutlich, der die Gegenwartstheologie verfiel. Und diese belastet sie umso mehr, als ihr im Zug der Enthellenisierungsdebatte deutlich wurde, wie wenig die hellenistischen Denkformen, trotz der scheinbaren Übereinstimmung des heraklitischen mit dem johanneischen Logos, der Denkweise des Evangeliums entsprachen.[118]

Verlorene Dimensionen

Mit der Szientifizierung der Theologie ging jedoch, wie bereits vermerkt wurde, nicht nur ihre therapeutische Dimension verloren, sondern ebenso auch die ästhetische und die soziale. Was die Herkunft der ästhetischen Denkweise anlangt, so dachte Jesus vorzugsweise in Bildern. Für die Vermittlung des für seine Botschaft zentralen Reich-Gottes-Gedankens schuf er, der nicht nur als eine Gestalt der Religions- und Glaubensgeschichte, sondern ebenso auch der Geistes- und Sprachgeschichte zu gelten hat, sogar eine eigene aus Bildmotiven gefügte Zeichenwelt in Gestalt seiner Gleichnisse. Dem folgte auf weite Strecken auch der theologische Gedanke. Das platonische Modell des Aufstiegs zur Ideenschau blieb ebenso für *Gregor von Nyssa* und dessen ›Aufstieg des Moses‹ wie für *Augustin* in seiner Ostia-Vision und noch für *Bonaventuras* ›Itinerarium mentis in Deum‹ bestimmend, so sehr er diese Schrift gleichzeitig an der Kreuzesvision seines Ordensvaters Franz von Assisi orientierte. Nicht umsonst umfängt der Schöpfer in *Michelangelos* ›Erschaffung des Adam‹ mit seiner Linken eine Gruppe von puttenähnlichen Gestalten: Verkörperungen der Ideen, nach denen dieser Bildtradition zufolge die Kreaturen von Gott entworfen und verwirklicht wurden.

Dann aber, auf der Höhe des Mittelalters, setzte sich die These durch, dass mit Bildern nicht argumentiert werden könne und dass aus Bildern demgemäß auch keine Lehren abgeleitet werden können. Das besagt das Axiom: »Theologia symbolica non est argumentativa.« Damit begann ein innertheologischer Ikonoklasmus, der zur systematischen Verdrängung der Bildmotive durch Begriffe führte. Und mit den Bildern wurde die ästhetische Dimension insgesamt abgestoßen. Doch der Gewinn gestaltete sich zum Verhängnis. Denn auch für die Theologie gilt: »Begriffe ohne Anschauung sind blind.« Die Systemtheologie erblindete; sie verlor an Zeitsichtigkeit – ein Verlust, der sich angesichts der mit mächtigen Lettern an die Wand der Epoche geschriebenen Zeichen der Zeit als besonders abträglich herausstellen sollte.

Als Hindernis auf dem Weg zur wissenschaftlichen Vollgestalt wurde schließlich auch die soziale Dimension empfunden, obwohl *Johann Adam Möhler* in seinem Jugendwerk ›Die Einheit in der Kirche‹ darauf bestanden hatte, dass nicht schon der Einzelne, sondern erst die schon im Epheserbrief (4,13) beschworene Glaubensgemeinschaft der Vielen als das vollgültige Subjekt der Gotteserkenntnis gelten könne.[119] Dennoch kam es zu einer subjektivistischen Verengung des theologischen Gedankens, die schließlich dazu führte, dass die theologischen Entwürfe nicht mehr so sehr nach den jeweiligen Richtungen – dialektisch, liberal, feministisch, hermeneutisch – als vielmehr nach ihren Schöpfern – Barth, Bultmann, Rahner, Boff – bezeichnet und damit auf individuelle Denkleistungen zurückgeführt wurden.[120]

Die Selbstkorrektur

Wie die Erwähnung Möhlers zeigt, regten sich aber auch Gegenkräfte, die auf eine Revision der aufgezeigten Entwicklung hinarbeiteten. Tatsächlich kam um die Jahrhundertwende ein Prozess in Gang, der im Zug einer umfassenden Selbstkorrektur auf die Wiedereinholung der abgestoßenen Dimensionen hinarbeitet, und der nun in rückläufiger Abfolge skizziert sei. Dass dabei mit der Rückgewinnung des Sozialbereichs der Anfang gemacht werden muss, ergibt sich nicht zuletzt auch daraus, dass ihr im Feld der wissenschaftlichen Medizin eine analoge Entwicklung entspricht. Während der Hauptstrang der Gegenwartstheologie noch immer von Entwürfen bestimmt ist, die ihr Gepräge dem unverwechselbaren Gesicht ihres Schöpfers verdanken und in dieser Herkunft aus einer individuellen Denkweise ihr »Gütesiegel« haben, setzte sich *Hans Schaefer* im Feld der wissenschaftlichen Medizin mit seinem Konzept einer Sozialmedizin für die Einbeziehung der Sozialfaktoren in den medizinischen Forschungs- und Aktionshorizont ein. Im Feld der Theologie war es die von *Jürgen Moltmann* und *Johann Baptist Metz* entwickelte Politische Theologie, die vor allem in ihrer Fortbildung zur lateinamerikanischen Befreiungstheologie auf die Einbeziehung der Gemeinschaft in den Begriff des Glaubenssubjekts ausging und dadurch auf die längst überfällig gewordene »Entprivatisierung« des theologischen Denkens hinarbeitete.[121]

Was die Wiedereinholung der ästhetischen Dimension betrifft, so ist zunächst auch hier ein retardierendes Moment zu verzeichnen, sofern *Odo Marquard* der These von der Wiedergeburt der Bilder mit der Gegenthese von der Anästhetisierung der heutigen Lebenswelt widersprach.[122] Umso mehr ist im Hinblick darauf an den von einer anhaltenden Lebenstragik überschatteten *Martin Deutinger* zu erinnern, der als Erster gegenüber einer zunehmend »abstrakt« gewordenen Theologie (*Müller-Schwefe*) auf den Wert der künstlerischen Glaubenszeugnisse abhob.[123] In seine Spur trat *Hans Urs von Balthasar* mit seiner unter dem Titel ›Herrlichkeit‹ erschienenen mehrbändigen theologischen Ästhetik, wenngleich im Unterschied zu Deutingers umfassenderem Ansatz mit einer auf die Literatur eingeengten Perspektive.[124] Inzwischen sprechen deutliche Anzeichen dafür, dass der Eigenwert des künstlerischen Glaubenszeugnisses, der der alten Kirche noch klar vor Augen gestanden haben muss, wiederentdeckt und mit der Erkenntnis begründet wird, dass der große Künstler über einen eigenen intuitiv-invasiven Zugriff auf das religiöse Mysterium verfügt, so dass seinem Werk ein eigener, von Theologie und Verkündigung zu berücksichtigender Aussagewert zukommt. Nachdrücklicher als mit dieser Einsicht könnte die These der Anästhetisierung schwerlich falsifiziert werden.

Demgegenüber muss die Funktion der auf die Wiedergewinnung der Heilkraft ausgerichteten therapeutischen Theologie zunächst negativ bestimmt werden. Keinesfalls kann es ihr darum zu tun sein, der wissenschaftlichen Medizin das an sie abgetretene Territorium streitig zu machen und sich auf die Seite der Gesundbeter und Geistheiler zu schlagen. Das bringt der zwischen Bedauern, Bewunderung und Ironie oszillierende Satz zum Ausdruck:

Die Wunder Jesu sind in die Hände der Ärzte gefallen.

Bewunderndes Bedauern und bedauernde Bewunderung mischen sich in diesem Satz, weil der Theologie mit der großen Diastase etwas verlorenging, was zu den Prärogativen der Lebensleistung Jesu zählte. Dass im Blick auf derartig spektakuläre Leistungen wie der Transplantationstechnik von »Wundern« gesprochen werden kann, hängt nicht zuletzt mit der von Sigmund Freud in seinem Essay ›Das Unbehagen in der Kultur‹ entwickelten These zusammen, dass sich die moderne Hochtechnik von der Seite des um Daseinserleichterung bemühten Menschen auf die des träumenden geschlagen und sich auf die Realisierung dessen konzentriert habe, wovon die Menschheit seit Jahrtausenden träumte: von der Bändigung des »himmlischen Feuers«, der Sternenreise und der Schaffung des künstlichen Menschen; denn in all diesen Fällen wurden Utopien realisiert, ähnlich der in den Wundern Jesu vorweggenommenen Utopie des Gottesreiches.[125]

Demgegenüber bezieht sich der ironische Unterton des Satzes auf die für beide Teile fatalen Rückwirkungen der Diastase, die, physiologisch ausgedrückt, zu einer jeweiligen »Verkrampfung« führten: im Fall der Theologie zu einer sich aus dem nachwirkenden Aristotelismus erklärenden vergegenständlichenden Denkweise, die die Mysterien zu satzhaft umschriebenen Objekten des Glaubens gerinnen ließ. Aber auch der Medizin, die auf durchaus vergleichbare Weise den Patienten zum »Fall« denaturieren musste, um ihre diagnostischen und therapeutischen Instrumentarien erfolgreich auf ihn ansetzen zu können. So aber geriet der untersuchende und behandelnde Mediziner in die Position des »verwundeten Arztes«, der sich nach Paracelsus den Patienten »einbilden« und so in eine Leidensgemeinschaft mit ihm treten muss, um ihn heilen zu können. In der Kontroverse mit den Synagogenbesuchern von Nazaret macht sich Jesus diese Position mit dem Selbsteinwand »Arzt, heile dich selbst!« (Lk 4,23) in aller Form zu eigen.

Wer dieser Verwundung auf den Grund geht, sieht den Arzt in einer komplizenhaften Konfrontation mit dem Tod, der ihm, wie in dem Grimm'schen Märchen ›Gevatter Tod‹, durchaus Erfolge einräumt, die ihn in einem Rückzugsgefecht mit dem Arzt erscheinen lassen, der sich dafür aber zu gegebener Zeit auch zu rächen weiß. Eben dies ist die exakte Beschreibung der gegenwärtigen Kampflage. Zwar gelang es der wissenschaftlichen Medizin nicht nur, die statistische Sterbemarke bis ins achte Lebensjahrzehnt hinauszuschieben, sondern, erstaunlicher noch, fast alle akuten Krankheiten, darunter so verheerende wie Aussatz, Cholera und Tuberkulose, weitgehend zum Stillstand zu bringen. Indessen kam der aus der Lebenswelt verdrängte Tod durch die Hintertür wieder in diese hinein. Und dies zunächst in Form einer Krankheit, für die es nicht einmal einen Namen gab, so dass sie bis zur Stunde mit dem Kunstwort Aids angesprochen werden muss. Ungleich gravierender schlägt jedoch die Tatsache zu Buche, dass im selben Maß, wie die akuten Krankheiten beseitigt wurden, die Zahl der chronisch Kranken, denen mit den Mitteln der Wissenschaft nicht zu helfen ist, in beängstigendem Umfang wuchs. Doch die chronisch Kranken sind nach Einschätzung der gegenwärtigen Leistungs-, Konsum- und Genussgesellschaft die lebendig Toten, da sie weder als Leistungsträger noch als Konsumenten in Betracht kommen und zudem durch ihr Leiden genussunfähig geworden sind. Tote sind sie, schlimmer noch, auch infolge ihrer Selbsteinschätzung. Denn ihnen fehlt mit der gesellschaftlichen Beanspruchung der elementare Anstoß zur Sinnfindung: das Gefühl, gebraucht zu werden, und damit die Basis für ihr Selbst- und Selbstwertbewusstsein. Sich selbst in der wachsenden Einsamkeit ihrer Krankheit überlassen zu sein, vernichtet den Rest ihres Selbstwertgefühls, so dass sie sich als überflüssig, wenn nicht gar als Belastung für andere vorkommen, als Menschen also, die besser gar nicht mehr da wären.

Die Theorie

Hier setzt die positive Bestimmung dessen ein, was eine therapeutische Theologie vermag: Sinn in der Wüste der vermeintlichen Sinnlosigkeit zu vermitteln. Auch für die Verdeutlichung dieser Aufgabe bietet sich – wie das *Michelangelo*-Fresko für die Verdeutlichung der schöpferischen Gottesideen – ein Kunstwerk an: das Kreuzigungsbild des ›Isenheimer Altars‹. Denn aus der auf den Gekreuzigten hinweisenden Geste des im blutroten Gewand seines Märtyrertums erscheinenden Täufers spricht eine Botschaft, die kaum sinnfälliger gemacht werden könnte und in ihrer einfachsten Fassung lautet: Leiden hat Sinn. Wenn der Sinnverlust, wie der Blick auf die Not des chronisch Kranken zeigte, letztlich von der Todesdrohung ausgeht, ist damit das Verhältnis des Christentums und seiner theologischen Interpretation zum Tod erfragt. Darauf lautet die Antwort: Das Christentum ist die einzige Religion, die es in seiner Auferstehungsbotschaft mit dem Tod aufgenommen hat. Dann aber liegt es nahe, dass sich das Prinzip dieser Todüberwindung dort zeigen muss, wo die Sinnhaftigkeit des Leidens dem Fingerzeig des Isenheimer Altars zufolge aufscheint: am Kreuz. Wie die Todesdrohung in die Wüste der Sinnlosigkeit vorstößt, so leuchtet in dem im höchsten Sinn des Wortes angenommenen Kreuzestod Jesu der Inbegriff der Sinnfülle auf: die todüberwindende göttliche Liebe. Doch darüber liegt eine zweifache Hülle. Eine erste in Gestalt der bis in die neutestamentlichen Schriften, jedoch nicht bis in die einschlägigen Äußerungen Jesu zurückzuverfolgende Ansicht, dass er als Sühnopfer für die Sündenschuld der Welt sterben musste. Denn die scheinbar alle Fragen ausräumende Plausibilität dieser Satisfaktionsthese ist, wie bereits hervorgehoben wurde, durch die Tatsache verschattet, dass sie eine Gottesvorstellung voraussetzt, die durch Jesus eindeutig überwunden worden war. In seiner zentralen Lebensleistung, die ihn als den größten Revolutionär der Religionsgeschichte, wenngleich im Sinn der sanftesten aller Revolutionen ausweist, hatte er den Schatten des Zornes und der Strafgerechtigkeit ersatzlos aus dem Gottesbild der religiösen Traditionen mit Einschluss der seines eigenen Volkes getilgt und darin statt dessen das Antlitz des bedingungslos liebenden Vaters zum Vorschein gebracht. Und nicht nur dies! Durch die Opfer- und Sühnelehre wurde der Tod Jesu überdies funktionalisiert und einem seiner zweckenthobenen Würde widerstreitenden Zweck unterworfen.[126]

Wenn aber diese Hülle vom Kreuze Jesu weggenommen wird, leuchtet in ihm spontan das auf, worin der Sinn seines in lückenloser Treue an Gott, seine Sendung und an die Menschen hingegebenen Lebens bestanden hat: Liebe. Deshalb ging, metaphorisch gesprochen, in der Nacht von Golgota eine unsichtbare Sonne auf: die Sonne der von Jesus gelebten und auf seinen Gott zurückweisenden Liebe. Wie auf die Frage der Identität des Menschen antwortet diese auf die nach dem Sinn seines Leidens, auch auf den – und insbesondere den – des einsam und verlassen Leidenden.

Die zweite Hülle liegt auf den Augen derer, die diese aufleuchtende Antwort wahrnehmen sollten: auf den Augen der geängstigten Menschen. Denn die Angst ist der vorweggenommene, der täglich vorgefühlte Tod und darum wie dieser selbst, die Finsternis, die keinen Sinn erscheinen und erkennen lässt.[127] Da sie aber, wie *Karl Jaspers* schon vor Jahrzehnten sagte, zum Schicksal gerade des heutigen Menschen geworden ist, dessen Weg eine »so noch nie gewesene Lebensangst« verdunkelt, muss nach einer Instanz der Angstüberwindung Ausschau gehalten werden.[128] Auch dafür bietet sich im weiten Feld der Therapien keine so unmittelbar an wie das Christentum, das sich im selben Sinn, wie es den Kampf mit dem Tod aufnimmt, als die große Religion der Angstüberwindung erweist. Auch das klingt angesichts der seit Jahrhunderten eingeübten Praxis aller christlichen Konfessionen, die ungeachtet aller Differenzen darin übereinkommen, dass der unbotmäßige Mensch mit der Peitsche der Sünden- und Höllenangst zur Akzeptanz ihres Heilsangebots getrieben werden müsse, wie ein Märchen. Zu den geheimen Hoffnungszeichen der Gegenwart gehört aber fraglos die Tatsache, dass dieser Mechanismus – wie die Hinrichtungsmaschine in *Kafkas* Parabel ›In der Strafkolonie‹ – in sich zusammenbricht, so dass mit der Suggestion von Ängsten nicht länger religiöse Pädagogik getrieben werden kann. Unaufhaltsam, so scheint es, setzt sich die mit der Lebensleistung Jesu gegebene Mitte des Christentums gegen alle Verstörungen durch, auch gegen die das Himmelslicht abblendende Wirkung der Angst.

Wenn nun aber beide Hüllen entfernt werden, kann sich im Kreuz nur das zeigen, wofür Jesus mit dem Einsatz seiner ganzen Geistes- und Herzenskraft gelebt hatte: bedingungslose Liebe. Dann ereignete sich in der Nacht von Golgota tatsächlich der Sonnenaufgang der alles durchglühenden göttlichen Liebe. Sie sagt den Einsamen, dass sie aufgenommen und beheimatet, den Verzweifelnden, dass sie anerkannt und verstanden, den Suchenden, dass sie angekommen, den Geängstigten, dass sie geborgen sind. Weil sich aber Sinn dort einstellt, wo ein Mensch anerkannt und angenommen wird, heißt das gerade auch für die chronisch Kranken, dass sie nicht vergeblich leiden, weil Leiden Sinn hat. Denn Gott wird, wie der unter dem Namen *Dionysius Areopagita* verborgene große Denker der alten Christenheit sagt, mehr noch durch Leiden als durch Forschen erkannt: non discens, sed patiens divina.[129]

Die Praxis

Wenn man die Widerstände bedenkt, auf die Jesus bei der Verkündigung seiner Liebesbotschaft stieß, die ihm (nach Joh 6,66) nicht nur den Massenabfall, sondern letztlich sogar den Tod eintrug, wird die Frage nach der konkreten Vermittlung unabweislich. Sie wird sich, wie andere Aufgaben dieser Größenordnung, nur auf kooperativem Weg, also in einer Aktionsgemeinschaft von therapeutischer Theologie und medizinischer »Salutogenese« (Bock) bewerkstelligen lassen. Dabei wird sich die Theologie – in Erinnerung an die Bitte des um das Leben seines Untergebenen besorgten Hauptmanns »Sprich nur ein Wort, dann wird mein Diener gesund« (Mt 8,8) – in erster Linie auf die Wirkmacht des Wortes und der von der heutigen Linguistik weithin übergangenen Sprachqualitäten besinnen müssen. Denn durch die Engführung einer auf Optimierung des Informationstransfers konzentrierten Sprachanalyse, die auch durch die Einbeziehung der performativen Sprachleistungen (Austin) nicht zum Vollbegriff ihres Gegenstands gelangte, geriet die Tatsache aus dem Blick, dass Worte verletzen und kränken, nicht weniger aber auch aufrichten und trösten können. Darauf müsste sich eine angewandte »Theotherapie« konzentrieren.[130]

Im Einzelnen ginge es dabei um die Nutzung des »überführenden« (elenchischen) Redens, das den Patienten zum Bewusstsein seiner inneren Sperren und Blockaden zu bringen sucht; um die des teilnehmenden (partizipierenden) Redens, das den Bann seiner Einsamkeit zu brechen sucht, um die des bestätigenden (aufrichtenden) Redens, das sein angegriffenes Selbstwertgefühl zu festigen sucht, und zumal um die des tröstenden Zuspruchs, der freilich nur auf der Basis echter Einfühlung und Teilnahme wirksam wird.[131]

Dabei bedarf es vielfach medizinischer Unterstützung, weil sich gerade chronisch Kranke oft in einem solchen Stimmungstief befinden, dass ihnen mit »gutem Zureden« allein nicht zu helfen ist. Indessen verfügt die wissenschaftliche Medizin über eine Vielzahl von medikamentösen, bewegungstherapeutischen, psychologischen, psychotherapeutischen und gruppendynamischen Mitteln, die erfolgreich zu dem Ziel eingesetzt werden können, die depressive Barriere zu durchbrechen. Da das Wort als naturales Medium zu gelten hat, ist überdies der Einsatz anderer Medien wie Bild und Ton – und hier besonders der schon im Fall von Davids Harfenspiel (1Sam 16,23) zu therapeutischen Zwecken verwendeten Musik – in Betracht zu ziehen.[132] Über den Heilungserfolg entscheidet aber letztlich die Frage, ob es auf dem Weg dieser Mittel gelingt, im Kranken den Glauben an seine Genesung zu wecken. Denn es sind nicht so sehr die eingesetzten Mittel als vielmehr die durch den Glauben freigesetzten Energien, die Linderung oder gar Heilung bewirken. Die entscheidende Hilfestellung aber besteht darin, dass dem Kranken zur Annahme seines Schicksals und damit seiner selbst verholfen wird. Deshalb lässt sich das Programm der therapeutischen Theologie in den Satz zusammenfassen:

Leiden hat Sinn!

7. Ein Zeichen der Verständigung

Am Ende des ersten Buchs seiner kulturkritischen Schrift ›Morgenröte‹ (1881) sieht sich *Nietzsche* »am Sterbebette des Christentums« stehen; und in der Klarsicht dieser Situation glaubt er zu verstehen, wie der Gottesglaube entstanden war, so dass er nicht mehr widerlegt zu werden braucht. In Anspielung auf das Traumgesicht Konstantins, dem das siegreiche Kreuzeszeichen mit der Umschrift »In hoc signo vinces« gezeigt worden war, folgert er im Schlussaphorismus daraus:

> Es gibt jetzt vielleicht zehn bis zwanzig Millionen Menschen unter den verschiedenen Völkern Europas, welche nicht mehr »an Gott glauben« – ist es zu viel gefordert, dass sie einander ein Zeichen geben? Sobald sie sich derartig erkennen, werden sie sich zu erkennen geben – und sie werden sofort eine Macht in Europa sein und, glücklicherweise, eine Macht zwischen den Völkern! Zwischen den Ständen! Zwischen Arm und Reich! Zwischen Befehlenden und Unterworfenen.[133]

Der Aufruf Nietzsches erinnert zunächst noch nicht so sehr an ein Zeichen, das gegeben werden sollte, als vielmehr an das Zeichen der Zeit, das den Völkern Europas gegeben wurde und das in Gestalt der befreienden Wende von 1989 mit übergroßen Lettern an die Wand dieses Zeitalters geschrieben ist.[134] Es ist, wie alle Zeitzeichen, mehrdeutig. Seinem positiven Sinn zufolge besagt es so viel wie das Ende der geteilten Welt, Freiheit für die bisher Unterdrückten und damit für alle, Aufhebung des Gegensatzes von Ost und West mit seinen zerstörerischen Folgen und, christlich gesehen, das Paradigma eines göttlichen Geschichtshandelns und die Kategorie einer neuen Denkbarkeit von Auferstehung.

Die zentrale Herausforderung

In seiner negativen Bedeutung gibt es den Blick auf den ozeanischen Atheismus frei, den der Einsturz des Eisernen Vorhangs sichtbar machte. Denn es handelt sich, anders als vor einem Jahrhundert, nicht um zehn bis zwanzig, sondern um weit über zweihundert Millionen Menschen, die nicht mehr an Gott glauben oder sich, wie im Rückblick auf die alten Bundesländer eher zu sagen ist, von Religion, Christentum und Kirche losgesagt haben. Gleichzeitig zeigt sich aber auch, dass dieser neue Atheismus ein vom bisherigen deutlich verschiedenes Erscheinungsbild aufweist. In der für die Mobilisierung der religiösen Energiereserven besonders wichtigen Ost-Perspektive gesehen, ergibt sich etwa folgender Eindruck: Es ist nicht mehr der klassische und als solcher argumentierende Atheismus, wie er aus dem durch die Aufklärung in Gang gesetzten Ablösungsprozess mit seinen Abgrenzungsstrategien hervorgegangen war und wie er sich, höchst aufschlussreich, mit John Leslie Mackies nachgelassenem Werk ›Das Wunder des Theismus‹ (1981) verabschiedet und aus dem Disput der Gegenwart zurückgezogen hatte; es ist auch nicht der Atheismus der postmodernen »Beliebigkeit«, die mit dem Denken im Horizont des »Umgreifenden« (Karl Jaspers) und aus der Position des mit sich selbst identischen Subjekts gebrochen hatte, und es ist erst recht nicht der vom Zweiten Vatikanum gesichtete »bekümmerte« Atheismus, der sich an den Fehlleistungen der Religionsgemeinschaften entzündet hatte, sondern der aus der systematischen Austreibung des Christentums hervorgegangene, der sein Profil im Zug einer jahrzehntelangen Glaubensunterdrückung gewonnen hatte.[135]

Darin besteht die noch kaum wahrgenommene zentrale Herausforderung des Glaubens in dieser Zeit; denn der Glaube gehört, ebenso wie Freiheit, Hoffnung und Friede, zu jenen höchsten Gütern der Menschheit, die so lange nicht vollständig zum Tragen kommen, als sie großen Teilen der Menschheit entzogen und vorenthalten sind. Es ist somit nicht erst ein missionarisches Interesse, sondern das der geistigen Hygiene, dass das Werk der großen Wende, die die Freiheit und Hoffnung für alle und eine weltweite Friedensverheißung brachte, zu Ende geführt und dass dem Gottesglauben dort wieder zur Geltung verholfen wird, wo er jahrzehntelang unterdrückt worden war.

Für die mit dem Begriff »Neuevangelisierung« bezeichnete Missionsstrategie ergibt sich daraus die kritische Konsequenz, dass der Glaube nicht in der traditionellen lehrhaft-doktrinalen Fassung vermittelt werden kann, weil er den Opfern der atheistischen Propaganda in eben dieser Form als Inbegriff einer menschenverachtenden Ideologie dargestellt wurde. Eine derartige Präsentation würde nur die inzwischen halbvergessenen Einwände aufs Neue aufleben und neue Widerstände aufkommen lassen. Insofern spricht gerade auch diese Rücksicht, zusammen mit anderen sich aus der Mitte des Glaubens ergebenden Gründen, für eine wirkliche Neuinterpretation, die das »alte Wahre« (*Pieper*) in einer der heutigen Zeitsituation und Conditio humana angemessenen Form und Sprache auszusagen sucht.

Aus der riesenhaften Dimension der Aufgabe ergibt sich eine grundlegende Konsequenz: Sie kann unmöglich von einer einzigen Konfession oder Religion bewältigt werden, weil es dazu der zusammengefassten Energien aller, die noch »an Gott glauben«, bedarf. Und das besagt, mit Nietzsche gesprochen, dass sie sich über alle Gräben hinweg ein Zeichen der Verständigung geben müssen, um sich ihrer Kompetenz und Macht bewusst zu werden.

Konsens und Differenzen

Im weiten Feld der Weltreligionen kommen dafür in erster Linie die drei Offenbarungs- oder Abrahamsreligionen Judentum, Christentum und Islam in Betracht, die vor der Besinnung auf ihre jeweilige Stärke einen Fundamentalkonsens in der von ihnen ganz unterschiedlich beantworteten Frage nach dem Wesen von Offenbarung erzielen müssten. Denn für den Islam hat die Gottesoffenbarung die Gestalt eines heiligen Textes, des Koran, für das Judentum die Gestalt des an die Offenbarungsträger ergangenen »Wortes«, für das Christentum dagegen die des menschgewordenen Gottesoffenbarers. Auch in der Frage nach dem Zweck der Offenbarung gehen die genannten Religionen auseinander. Für die Abrahamsreligionen Judentum und Islam geht es dabei primär um die sittliche Unterweisung ihrer Gläubigen, die sich mit Hilfe der Offenbarung an der Heiligkeit Gottes orientieren sollen. Zwar hat auch das Christentum eine Moral; doch geht seine Botschaft darin nicht auf. In ihrem Zentrum steht vielmehr das Gottesreich, die Freiheit des Menschen und seine Erhebung zur Gotteskindschaft. Deshalb löst sich auch der in der Aufklärung ausgetragene Konflikt zwischen Vernunft und Offenbarung durch die Erkenntnis, dass diese dem Menschen nicht etwa, wie *Lessing* meinte, das auf erleichternde Weise gibt, was er auch durch eigene Denkanstrengung gewinnen könnte, sondern dass sie auf die Frage antwortet, um deren Klärung sich

Philosophie und Wissenschaft vergeblich bemühen, auf die Frage nach dem Sinn des Menschseins.[136]

Der erstrebte Fundamentalkonsens könnte dann in der allen gemeinsamen Annahme bestehen, dass Gott sein ewiges Schweigen brechen und aus dem Dunkel seiner Verborgenheit hervortreten musste, wenn dem Menschen das mitgeteilt werden sollte, was er für seine Sinnfindung und sittliche Lebensgestaltung benötigt, weil er es darin lediglich zu Entwürfen, nicht aber zu vollgültigen Lösungen brachte. Ungeachtet dieser Übereinkunft bleiben jedoch tiefgreifende Differenzen, die jeweils zentrale Positionen des Christentums betreffen. Was die Differenz zum Judentum anlangt, so ist für dieses, wie schon *Justin der Märtyrer* in seinem ›Dialog mit dem Juden Tryphon‹ sagt, unbegreiflich, dass die Christen ihre Hoffnung »auf einen gekreuzigten Menschen« setzen (c. 10,2). Deshalb ist ihm auch die Gleichsetzung des aller »Ehre und Herrlichkeit« beraubten und mit »dem schlimmsten Fluch« (Dtn 22,23) belasteten Jesus mit dem zu ewiger Herrschaft bestimmten Menschensohn aus der danielischen Vision unannehmbar (c. 32,1). Doch darin brachte die vor allem von *Hans Jonas* vorangetriebene theologische Reflexion über den Gottesbegriff nach Auschwitz einen einschneidenden Wandel, der zu einer wechselseitigen Selbstwahrnehmung führen könnte: des Judentums mit seiner Leidensgeschichte im Kreuz Jesu und des christlichen Glaubens an den Gekreuzigten im Spiegel der jüdischen Leidensgeschichte.[137]

Was die Differenz zum Islam anlangt, so ist für diesen, wie es die fünfte Sure (5,73) zum Ausdruck bringt, die Vorstellung von der Gottessohnschaft Jesu und des sich darauf aufbauenden Dogmas von der Trinität »ein Gräuel«. Zu einer Annäherung könnte hierin, so *Hans Küng*, die erstmals von *Adolf von Harnack* gewonnene und von *Adolf Schlatter* (1926) bestätigte Erkenntnis führen, dass der Islam als »eine Umbildung der von dem gnostischen Judenchristentum selbst schon umgebildeten jüdischen Religion auf dem Boden des Arabertums durch einen großen Propheten« zu gelten habe.[138] Insofern lebt das von der Kirche verworfene Judenchristentum, wie es sich etwa in Form der Ebioniten darstellte, konserviert im Islam mit einigen seiner Impulse bis heute fort.[139]

Da der Islam den Prototyp einer primären Schriftreligion darstellt, könnte die Annäherung auch medientheoretisch unterbaut werden. Wie der sterbende Buddha seine Jünger mit den Worten tröstet, dass alles an der Lehre, nichts aber an ihrem Entdecker gelegen sei, so enthält für den Islam der Koran die »ureigenen« Worte Allahs, während Mohammed nur aus unverdienter Gnade eingegeben wurde, dass »Gott ein Einziger« ist (Sure 41,5), er dagegen ein »bloßer Mensch und ein Gesandter« (Sure 17,93). Alles Gewicht liegt somit auf der Botschaft, die im Grunde ihre eigene Vermittlung ist: The message is the medium. Für das Christentum gilt dagegen, wie McLuhan formulierte: »The medium is the message.«[140]

Auf einer höheren Reflexionsstufe müsste sich hier eine Verständigung anbahnen; denn der Botschafter, der in der Antike bisweilen für die Überbringung schlechter Nachrichten sogar sterben musste, ist, wie dieser Extremfall lehrt, an der von ihm übermittelten Botschaft offenbar nicht so unbeteiligt, wie Buddha und Mohammed wahrhaben wollten. Umgekehrt geht er aber auch nicht so vollständig in ihr auf, wie dies die christliche Gleichsetzung annimmt. Für die Dokumentation der Jesusbotschaft in Gestalt der neutestamentlichen Schriften besagt das, dass ihnen jene Eigendignität zukommt, die ihnen von der kirchlichen Doktrin mit der Qualifikation als inspirierte Schriften zuerkannt wird, für den Koran, dass sehr wohl nach seinen menschlichen Entstehungsbedingungen zurückgefragt werden kann und dass der hagiographische Fundamentalismus im Ursprung keine Rechtfertigung findet. Doch worin besteht die spezifische Energie der beiden konkurrierenden Abrahamsreligionen, und wie könnte diese für die Auseinandersetzung mit dem Atheismus fruchtbar gemacht werden?

Der spezifische Beitrag

Um beim Islam einzusetzen, so entstammt diese Energie offensichtlich der beispiellosen Realisierung dessen, was »religio« nach allgemeinem, wenn auch nicht einzig möglichem Verständnis besagt: Rückbindung des in seine Geschöpflichkeit entlassenen Menschen an die Wirklichkeit seines Schöpfers und Herrn. Denn diese Rückbindung festigt sich in dem Maß, wie Gott – fast nach Art des anselmischen Beweises – in strenger Absolutheit, Identität und Eindeutigkeit gedacht wird. Gerade darin aber hat Mohammed nach islamischer Auffassung das Werk Jesu fort- und zu Ende geführt. Während Jesus das zwiespältige Gottesbild der jüdischen Tradition überwand und zur ret-

tenden Eindeutigkeit klärte, dafür aber die mit seiner Gottessohnschaft gegebene trinitarische »Vielfalt« verursachte, beseitigte Mohammed auch noch
diesen vermeintlichen Pluralismus durch sein Bekenntnis zu dem absolut
einen, unwandelbaren und mit sich ewig identischen Gott. Das aber verlieh
der Bindung an ihn eine von keiner anderen Religion, auch nicht der christlichen, erreichte Intensität und Festigkeit. Denn alles, was von diesem Gott
gewusst werden kann, und alles, was in seinem Namen getan werden soll,
steht im Koran, der die Gedanken und Willensdekrete Allahs enthält und als
solcher keine Interpretation und Rückfragen zulässt. So bewirkt er, technisch
formuliert, dass das Verhältnis des Menschen zu Gott »kurzgeschlossen« wird
und dadurch seine einzigartige Intensität erreicht. Sie gilt es zu aktivieren,
wenn die Macht des »doktrinären« Atheismus gebrochen werden soll.

Was aber wird das Judentum zur Erreichung dieses Zieles beisteuern? Lange bevor diese Frage gestellt wurde, hat sie Martin Buber bereits mit seiner These von der Überlegenheit des jüdischen Emuna-Glaubens gegenüber der
christlichen, auf Sätze abgestellten Glaubensform beantwortet.[141] Denn der
auch von Jesus geteilte Vertrauensglaube, der sich in der Gotteswirklichkeit
verankere, sei, verglichen mit dem satzhaft umschriebenen Fürwahrhalten
von Glaubensinhalten, die ursprünglichere und als solche vor allem von den
Propheten Israels gelebte und gelehrte Glaubensweise. Verglichen mit dem
Beitrag des Islam ist das aber im Grunde doch nur die Erinnerung an dessen
jüdischen Ursprung. Doch worin besteht der spezifisch jüdische Beitrag zur
Überwindung des auch im anselmischen Gottesbeweis angesprochenen
»Toren«, der (nach Ps 15,2) in seinem Herzen sagt: »Es gibt keinen Gott«?

Indiz für die Beantwortung dieser Frage sind die Zeichen der Zeit, die, wie
bemerkt, übergroß an die Wand dieses Zeitalters geschrieben sind, insbesondere in Gestalt der ebenso einschneidenden wie sanften Wende von
1989. Denn die Propheten Israels bestehen darauf, dass Gott nicht nur durch
Worte, sondern ebenso auch durch geschichtliche Ereignisse »spricht« und
seinen Willen kundtut. In der blutigen Unterwerfung des Nordreichs durch die
Assyrer und in der Eroberung Jerusalems und der Deportation seiner Ober-
schicht durch den Babylonierkönig Nebukadnezzar griff Jahwe strafend in die
Geschichte seines bundesbrüchig gewordenen Volkes ein, so wie er es in alter
Vorzeit aus dem Sklavenhaus Ägyptens befreit, zu seiner religiösen Identi-
tät geführt und in der harten Schule der vierzigjährigen Wüstenwanderung

zu seinem Bundesvolk herangebildet hatte, wie es vor allem der Prophet Ezechiel in ebenso drastischer wie faszinierender Metaphorik beschreibt.

Daran gemessen erfüllt die freiheitliche Wende, die Unzähligen die Entlassung aus despotischer Willkür und Bevormundung brachte und der Welt das Ende des alle politischen, wirtschaftlichen und kulturellen Beziehungen verstörenden Ost-West-Konflikts und dies ohne herausragenden Führer, ohne Strategie und zumal ohne Blutvergießen, auf geradezu paradigmatische Weise den Fall eines geschichtlichen Ereignisses, das entweder als unerklärlich hingenommen oder als Folge eines göttlichen Eingriffs verstanden werden muss.[142]

Indessen gibt es auf die Frage nach dem spezifischen Beitrag des Judentums noch eine weitere Antwort, die auf den vom Islam zu erwartenden Beitrag zurücklenkt. Anknüpfend an Gedanken, die *Helmut Merklein* zum Problem der Einzigkeit Gottes vortrug, geht sie davon aus, dass der Zentralbegriff der Botschaft Jesu, das kommende und in ihm selbst bereits anbrechende Gottesreich, in einer semantischen Korrelation zur Einzigkeit Gottes steht, sofern er die Überlegenheit des Bundesgottes Israels über die Heidenvölker und die Entmachtung ihrer Götter zum Ausdruck bringt.[143] Dem entspricht in der Gebetswelt Jesu die Bitte um die Heiligung des göttlichen Namens. Gott heiligt ihn, indem er mit den zum Polytheismus Abgefallenen ins Gericht geht und sich ein heiliges Volk schafft, das ihm als dem Einzigen huldigt. Damit widerlegt Jesus den Vorwurf, eine Pluralität in das monotheistische Gottesbild eingetragen zu haben, überzeugender, als Argumente es jemals vermöchten. Leistete er aber auch einen speziellen Beitrag zur Verdeutlichung der Einzigkeit Gottes?

Die zentrale Lebensleistung

Die Frage verweist auf die zentrale Lebensleistung Jesu, der schon deswegen dieser Stellenwert zukommt, weil sie die Identität des Christentums begründet. Sie grenzt das Christentum vom Judentum ab, ohne seine Rückbindung an dieses zu verletzen, sofern sie nicht so sehr die Einzigkeit als vielmehr die Eindeutigkeit Gottes betrifft. Ungeachtet seiner Einzigkeit ist der Gott Israels – wie der des außerchristlichen Monotheismus insgesamt – doch dadurch semantisch gespalten, dass er gleichzeitig liebender Bundesgott und unnachsichtiger Richter ist. Kaum irgendwo kommt das schärfer zum Ausdruck als am Schluss von Martin Bubers ›Reden über das Judentum‹, wo von der Anrufung des »wieder und noch Verborgenen« die Rede ist und alles schließlich in den Satz ausmündet:

> In solchem Stande harren wir seiner Stimme, komme sie aus dem Sturm oder aus der Stille, die darauf folgt. Mag seine künftige Erscheinung keiner früheren gleichen, wir werden unsern grausamen und gütigen Herrn wiedererkennen.[144]

Im Vergleich damit gewinnt die Lebensleistung Jesu ihr volles Profil. Denn er erkannte nicht nur die politische Brisanz dieses Gottesbilds, das zwar zur Barmherzigkeit bewog, aber auch die religiös kaschierte Gewalttat zu rechtfertigen schien; es entsprach auch in keiner Weise seiner eigenen Gotteserfahrung, die in der Unverbrüchlichkeit seines Sohnesbewusstseins gipfelte. Daher griff er, ebenso aus politischer Sorge wie aus innerem Drang, in die Glaubensvorstellung seines Volkes und, vermittelt durch dieses, der Menschheit ein, indem er den Schatten des Angst- und Schreckenerregenden aus ihrem Gottesbild tilgte und statt dessen das Antlitz des bedingungslos liebenden Vaters zum Vorschein brachte. Davor konnte nichts bestehen, was irgendwie mit religiös motivierter Gewalt und Unduldsamkeit zu tun hatte. So führte Jesus auf denkbar sanfte Weise die größte Revolution der Religionsgeschichte herbei: eine Korrektur im Dienst der Eindeutigkeit Gottes. Damit tritt Jesus in eine Affinität zur ältesten wie zur jüngsten Abrahamsreligion, die beide die Stärke ihres Zugriffs auf die Gläubigen demselben Motiv verdanken. Denn beide Male ist diese die Folge der Intensität, die das Gottesverhältnis immer dann gewinnt, wenn Gott in strenger Einheit, anselmisch formuliert, als das unüberdenklich Eine gedacht wird, weil sich dann die Beziehung zu ihm umkehrt und sich der Begriff von ihm in ein Ergriffensein durch ihn wandelt.

Ergreifendes Ergriffensein

Unter den drei aufgezeigten Möglichkeiten ist die mittlere zweifellos die aktuellste. Für die Anhänger eines Glaubens, der mit einem göttlichen Eingreifen in die Menschheitsgeschichte rechnet, besagt sie, dass sie mit der Rückendeckung einer aktuellen Heilserfahrung in die Auseinandersetzung mit dem Atheismus eintreten können. Und die Empirie kommt aber gerade auch im Feld der Religion einer ungleich höheren Evidenz gleich, als sie jemals von Beweisen oder Konklusionen ausgehen könnte.

Dem kann das Christentum zunächst nur auf selbstkritisch-dankbare Weise zustimmen. Selbstkritisch, weil es längst nicht über jenen intensiven Zugriff auf die Frömmigkeit und Lebensgestaltung seiner Anhänger verfügt, wie dies auf den Islam zutrifft, und weil es im Unterschied zum Judentum verlernt hat, auf die von Gottes Geschichtsmacht geschriebenen Zeichen der Zeit zu achten. Indessen würde sich auch sein Verhältnis zu den Gläubigen intensivieren, wenn es sich im Blick auf die Gotteslehre Mohammeds dazu bereit fände, die revolutionäre Großtat Jesu neu zu würdigen, durch die er das zwiespältige Gottesbild seiner Zeit in die angstüberwindende Eindeutigkeit führte. Vom Judentum aber müsste es lernen, im Sinn des Mahnwortes Jesu (Mt 16,3) bewusster und sorgfältiger als bisher auf die Zeichen der Zeit zu achten und sie nach ihrer religiösen Relevanz zu befragen.

Was aber seinen eigenen Beitrag anlangt, so ergibt er sich aus dem religiösen Zentralereignis der Gegenwart, der glaubensgeschichtlichen Wende und zumal deren Achsendrehung, die das Verhältnis Jesu zu dem Glauben an ihn und seine Botschaft betrifft. Stand der Christenglaube bisher so sehr im Zeichen der Rezeptivität, dass er geradezu als gehorsame Unterwerfung beschrieben werden konnte, so wächst heute die Einsicht, dass er dialogisch, und das besagt, als ein Synergismus von Glaubendem und Geglaubtem begriffen und in seiner Kreativität entdeckt werden muss. Denn inzwischen mehren sich die Anzeichen dafür, dass sich der Geglaubte effektiv und fühlbar in den Glaubensvollzug einmischt. Zweifellos verdankt das Christentum seine doktrinale Gestalt dem Umstand, dass im Gefolge der Auferstehung des Gekreuzigten der Botschafter zur Botschaft, der Glaubenserwecker zum Glaubensobjekt und der Lehrer zum Inbegriff der Lehre wurde. Heute aber setzt, wie schon in allen früheren Wendezeiten, eine Gegenbewegung zu dieser Entwicklung ein. Der Geglaubte tritt aus dem Schrein der Vergegenständlichungen hervor; der »Herr« steigt vom Podest seines Herrentums herab; und der zur Lehre Verfestigte beginnt auf neue spirituell-therapeutische Weise zu lehren.

Im Maß, wie dieses Geschehen das Glaubensbewusstsein bestimmt, lichtet sich der Schatten auf, den der Atheismus über die heutige Lebenswelt wirft. Denn der Konflikt mit ihm ist dann bereits dadurch für den Glauben entschieden, dass der Geglaubte selbst auf den Plan tritt, um einem jeden, der dafür Ohren hat, wie einst dem verzweifelten Vater zuzurufen: »Keine Angst, glaube nur!« (Lk 8,50). Aber werden es die seit unvordenklichen Zeiten zerstrittenen Abrahamsreligionen – und sie sind aufgrund der kulturellen Situation in erster Linie herausgefordert – über sich bringen, ihre Konflikte beizulegen, um ihre Kräfte zur Überwindung des gemeinsamen Gegners zu bündeln? So sehr das Zweite nach aller Erfahrung noch auf sich warten lassen dürfte, ist das Erste angesichts der übermächtigen Herausforderung zu erhoffen. Angesagt ist somit eine konsequente Anstrengung der drei Religionen, ihre Konflikte aufzuarbeiten und in Toleranz aufeinander zuzugehen.

Das scheint freilich dem angesteuerten Ziel am wenigsten zu entsprechen. Denn Toleranz steht im Anschein der Nachgiebigkeit, nicht der Kraft. Wer Toleranz übt, macht nach allgemeiner Einschätzung Zugeständnisse hinsichtlich seiner Prinzipientreue. Um des »lieben Friedens« willen hält er mit seiner Überzeugung zurück und lässt es zumindest an Standfestigkeit fehlen, sofern er nicht sogar seinen Wahrheitsanspruch, zumindest taktisch, aufgibt oder doch zurücknimmt.

Doch dabei handelt es sich eindeutig um ein zwar weit verbreitetes, aber defizientes Verständnis von Toleranz. In Wahrheit ist Toleranz ein Kraftakt, der in der Fähigkeit besteht, die Andersheit des anderen auf sich zu nehmen, ohne sich ihr inkonsequent anzupassen oder tragisch daran zu zerbrechen. Toleranz ist der in der mythologischen Figur des Atlas und der christologischen Gestalt des mit der Sündenlast der ganzen Welt beladenen Gotteslammes vorgebildete Königsweg, wie die Konflikte einer weithin widersprüchlichen und von Gegensätzen beherrschten Welt in friedvollem Zu- und Miteinander ausgestanden werden können. Als Kraftakt aber führt die Toleranz nicht von der mit der atheistischen Herausforderung gestellten Aufgabe weg, sondern mitten in ihr Lösungszentrum hinein.

Anhang

ANMERKUNGEN
TEXTQUELLEN
REGISTER

Anmerkungen

Überblick

[1] K. Prümm, Christentum als Neuheitserlebnis. Durchblick durch die christlich-antike Begegnung, Freiburg 1939.

[2] Dazu meine Schrift ›Menschsein in utopisch-anachronistischer Zeit‹, München 1986.

Erstes Kapitel

[1] F. Nietzsche, Also sprach Zarathustra IV: Außer Dienst.

[2] K. Löwith, Weltgeschichte und Heilsgeschehen. Die theologischen Voraussetzungen der Geschichtsphilosophie, Stuttgart 1953; dazu meine Untersuchung ›Glaubensprognose. Orientierung in postsäkularistischer Zeit‹, Graz 1991, S. 51–57.

[3] K.-P Jörns, Die neuen Gesichter Gottes. Was die Menschen heute wirklich glauben, München 1997.

[4] J. Ratzinger, Das Salz der Erde. Christentum und katholische Kirche an der Jahrtausendwende, München 1996, S. 301.

[5] Diese gelegentlich vorgebrachte Erklärung ist ebenso unhaltbar wie die ebenso absurde Unterstellung, dass das Wissen um den Disput mit diesem Versucher auf eine Mitteilung Jesu zurückgehe.

[6] Näheres dazu im Schlussabschnitt des vierten Kapitels.

[7] E. Schweizer, Jesus, das Gleichnis Gottes. Was wissen wir wirklich vom Leben Jesu? Göttingen 1966.

[8] F. Nietzsche, Also sprach Zarathustra II: Von großen Ereignissen.

[9] Dazu das Kapitel »Die moralische Sicht« meiner Abhandlung ›Einweisung ins Christentum‹, Düsseldorf 1997, S. 111–134.

[10] G. Vattimo, Glauben – Philosophieren (Originaltitel: Credere di credere), Stuttgart 1997, S. 30ff.

[11] Mit großer Eindringlichkeit verwies darauf Oskar Pfister in seinem Alterswerk: Das Christentum und die Angst. Mit einem Vorwort von Thomas Bonhoeffer, Frankfurt und Berlin 1985; dazu auch meine Schrift ›Überwindung der Lebensangst. Wege zu einem befreienden Gottesbild‹, München 1996.

[12] G. Söhngen, Die Einheit der Theologie, München 1952, S. 324–341.

[13] Näheres dazu in meiner Untersuchung ›Die glaubensgeschichtliche Wende. Eine theologische Positionsbestimmung‹, Graz 1986, S. 171–208.

[14] N. Postman, Wir amüsieren uns zu Tode. Urteilsbildung im Zeitalter der Unterhaltungsindustrie, Frankfurt 1989, S. 7f.

[15] Th. Mann, Die Entstehung des Doktor Faustus. Roman eines Romans, Amsterdam 1949, S. 141.

[16] H. Waldenfels, Begegnung der Religionen, Bonn 1990, S. 147–155; ders., Das Christentum im Streit der Religionen um die Wahrheit, in: W. Kern, H. J. Pottmeier, M. Seckler, Handbuch der Fundamentaltheologie II, Tübingen und Basel 2000, S. 199–219.

[17] R. Bultmann, Das Urchristentum im Rahmen der antiken Religionen, Zürich 1949, S. 163ff.

[18] W. Böhme und J. Sudbrack (Hrsg.), Der Christ von morgen – ein Mystiker? Grundformen mystischer Existenz, Würzburg und Stuttgart 1989, S. 100–105.

[19] H. Waldenfels, Begegnung der Religionen, Bonn 1990, S. 147.155; dazu auch K. J. Kuschel, Streit um Abraham. Was Juden, Christen und Muslime trennt – und was sie eint, München 1994.

[20] S. Freud, Das Unbehagen in der Kultur, in: Kulturtheoretische Schriften, Frankfurt 1994, S. 57; dazu meine Schrift ›Menschsein in utopisch-anachronistischer Zeit‹, München 1986.

21 K. Prümm, Christentum als Neuheitserlebnis. Durchblick durch die christlich-antike Begegnung, Freiburg 1939.

22 Nach J. A. Fischer (Hrsg.), Die Apostolischen Väter, München 1956, S. 158f.

23 E. Hoffmann, Platon, Zürich 1950,
S. 65–87.

24 A. Vögtle, Der Judasbrief – der Zweite
Petrusbrief, Solothurn und Düsseldorf 1994,
S. 163–171.

25 C. F. von Weizsäcker, Atomenergie und
Atomzeitalter, Frankfurt 1957, S. 59; E. Wasmuth, Der unbekannte Pascal, Regensburg
1962, S. 242f.

26 F. Nietzsche, Nachgelassene Fragmente
vom Herbst 1885, in: Sämtliche Werke, Kritische Studienausgabe XI, München 1980,
S. 639.

27 E. Seiterich, Wege der Glaubensbegründung nach der sogenannten Immanenzapologetik, Freiburg 1938, S. 45–57.

28 A. Vögtle, Der verkündigende und verkün-
digte Jesus »Christus«, in: J. Sauer (Hrsg.),
Wer ist Jesus Christus? Freiburg 1977,
S. 27–91.

29 L. Wittgenstein, Philosophische Untersuchungen, § 119.

30 Angespielt ist damit auf die durch Gerd
Lüdemann entfesselte Diskussion: Die Auferstehung Jesu. Historie, Erfahrung, Theologie, Göttingen 1994; U. Wilckens, Hoffnung
gegen den Tod. Die Wirklichkeit der Auferstehung Jesu, Neuhausen 1996.

31 G. L. Müller, Katholische Dogmatik für
Studium und Praxis der Theologie, Freiburg
1996, S. 560f.

32 Näheres dazu in dem Abschnitt ›Die
Glaubenserweckung‹ im fünften Kapitel.

33 J. Heise, Bleiben. Menein in den Johanneischen Schriften, Tübingen 1967.

34 Näheres dazu in meinem Essay ›Der
inwendige Lehrer. Der Weg zu Selbstfindung und Heilung‹, München 1994.

35 A. Wikenhauser, Die Christusmystik des
Apostels Paulus, Freiburg 1956, S. 44.

36 M. Buber wirft in ›Zwei Glaubensweisen‹
(Zürich 1950) Paulus vor, dass er zwar oft
von der Liebe Gottes zum Menschen rede,
der Liebe des Menschen zu Gott aber nur
selten gedenke, und dass man an den wenigen Stellen, an denen davon die Rede sei,
den Eindruck gewinne, dass dann in der
Sicht des Apostels Gott der eigentlich
Liebende sei. Mit diesem kritischen Einwand trifft Buber jedoch den mystischen
Kern dessen, was von der Liebe des Menschen zu Gott – nicht nur nach paulini-
schem Verständnis – gilt.

37 A. Deissmann, Paulus. Eine kultur- und
religionsgeschichtliche Skizze, Tübingen
1925, S. 125–143.

38 E. Schweizer, Jesus Christus im vielfältigen
Zeugnis des Neuen Testaments, München
und Hamburg 1968, S. 114.

39 A. Schweitzer, Die Mystik des Apostels
Paulus, Tübingen 1930; A. Wikenhauser, Die
Christusmystik des Apostels Paulus, Freiburg 1956; G. Bornkamm, Paulus, Stuttgart
1977, S. 44f.; E. Lohse, Paulus. Eine Biographie, München 1996, S. 211; danach war, wie
der Autor dezidiert feststellt, Paulus »kein
Mystiker«; dazu meine Besprechung ›Ein
biographisches Flachrelief‹, in: Theologische Revue 95 (1999) 462–466.

40 Ch. Dietzfelbinger, Die Berufung des Paulus als Ursprung seiner Theologie, Neukirchen-Vluyn 1989, S. 51–64; E. Biser, Paulus.
Zeuge, Mystiker, Vordenker, München 1992,
S. 179–199.

41 Dazu das Kapitel über den Gott Jesu
Christi in meiner Schrift ›Überwindung der
Lebensangst. Wege zu einem befreienden
Gottesbild‹, München 1996, S. 63–80.

42 G. Baudler, Töten oder Lieben. Gewalt
und Gewaltlosigkeit in Religion und Christentum, München 1994, S. 243–294;
R. Guardini, Gläubiges Dasein – Die Annahme seiner selbst, Mainz und Paderborn
1993, S. 7–31.

Zweites Kapitel

[1] J. A. Möhler, Die Einheit in der Kirche oder das Prinzip des Katholizismus, Tübingen 1843. Wörtlich versichert Möhler: »Ohne Schrift wäre uns die eigentümliche Form der Reden Jesu vorenthalten; und ich meine, leben möchte ich nicht mehr, wenn ich ihn nicht mehr reden hörte« (S. 55).

[2] G. Krüger, Die Herkunft des philosophischen Selbstbewusstseins, in: Freiheit und Weltverwaltung, Freiburg und München 1958, S. 11–69; L. Kolakowski, Zweifel an der Methode, Stuttgart 1977.

[3] G. Steiner, Sprache und Schweigen (Originaltitel: Language and Silence), Frankfurt 1973, S. 23. Von einem unsichtbaren Bildersturm war schon in meiner Schrift ›Glaubensvollzug‹ (Einsiedeln 1967, S. 14ff.) die Rede.

[4] O. Marquard, Aesthetica und Anaesthetica. Philosophische Überlegungen, Paderborn 1989, S. 82–121.

[5] Wörtlich betont Troeltsch, »dass wir nun einmal nicht mehr ohne und gegen diese Methode denken können, gleichviel, ob dies als ein Glück zu empfinden sei oder nicht«: Über historische und dogmatische Methode in der Theologie, in: Gesammelte Schriften II, Aalen 1962, S. 729–753.

[6] R. Bultmann, Neues Testament und Mythologie, in: Kerygma und Mythos I, Tübingen 1948, S. 17.

[7] H. Zimmermann, Neutestamentliche Methodenlehre. Darstellung der historisch-kritischen Methode, Stuttgart 1982; J. C. den Heyer, Der Mann von Nazaret. Bilanz der Jesusforschung (Originaltitel: Opnieuw. Wie is Jezus?), Düsseldorf 1998; R. Albertz, Religionsgeschichte Israels in alttestamentlicher Zeit, Göttingen 1992.

[8] H. Braun, Jesus von Nazareth, Stuttgart 1956, S. 18.

[9] G. W. F. Hegel, Grundlinien der Philosophie des Rechts (Ausgabe Hoffmeister), Hamburg 1955, S. 17; F. Rosenzweig, Das Büchlein vom gesunden und kranken Menschenverstand (Ausgabe Glatzer), Düsseldorf 1964, S. 9–23; dazu die Ausführungen meiner Schrift ›Theologie als Therapie. Zur Wiedergewinnung einer verlorenen Dimension‹, Heidelberg 1985, S. 41–47.

[10] S. Kierkegaard, Einübung im Christentum (Ausgabe Hirsch und Gerdes), Gütersloh 1980; H. Gerdes, Sören Kierkegaards ›Einübung im Christentum‹. Einführung und Erläuterung, Darmstadt 1982.

[11] W. Weitling, Das Evangelium des armen Sünders (Ausgabe Schäfer), Reinbek 1971, S. 9.

[12] M. Machovec, Jesus für Atheisten, Stuttgart 1972, S. 93.

[13] S. Kierkegaard, Einübung im Christentum (Ausgabe Hirsch und Gerdes), Gütersloh 1980, S. 19.

[14] Dazu mein Beitrag ›Hermeneutische Integration. Zur Frage der Herkunft von Rudolf Bultmanns existentialer Interpretation‹, in: Glaubensimpulse. Beiträge zur Glaubenstheorie und Religionsphilosophie, Würzburg 1988, S. 350–369.

[15] Dazu die Ausführungen meiner ›Einweisung ins Christentum‹, Düsseldorf 1997, S. 54; 208; 257f.

[16] J. M. Robinson, Der wahre Jesus? Der historische Jesus im Spruchevangelium Q, in: Zeitschrift für Neues Testament 1 (1998) 17–26.

[17] F. Hahn; Methodologische Überlegungen zur Rückfrage nach Jesus, in: K. Kertelge (Hrsg.), Rückfrage nach Jesus, Freiburg 1974, S. 67–70 (mit Hinweisen auf weitere Äußerungen des Verfassers zu diesem Vorschlag).

[18] F. Hahn, Der Tod Jesu nach dem Zeugnis des Neuen Testaments, in: An-Denken (Festschrift für Eugen Biser), Graz 1989, S. 253–268; dazu auch der Abschnitt: ›Bindet ihn los!‹ im vierten Kapitel dieses Buches.

[19] J. Jeremias, Die Gleichnisse Jesu, Göttingen 1962, S. 75f.

[20] H. Verweyen, Gottes letztes Wort. Grundriß der Fundamentaltheologie, Düsseldorf 1991, S. 391–416.

[21] R. Schnackenburg, Der Brief an die Epheser, Zürich und Neukirchen-Vluyn 1982, S. 122–127.

[22] Von dieser Selbstverständigung vermitteln die aus der Identifikation ihres Verfassers mit dem Erhöhten hervorgegangenen Abschiedsreden des Johannesevangeliums einen geradezu paradigmatischen Begriff. Von dem einleitenden Zuspruch:»Euer Herz ängstige sich nicht« (Joh 14,1) und dem folgenden Präsentationswort an, in dem sich Jesus Weg, Wahrheit und Leben nennt (14,6), läßt der Autor den Erhöhten durch sich zu Wort kommen, doch so, dass er zugleich auf Fragen seines Umfeldes eingeht: auf die Frage nach dem rechten Weg (14,6), der Gottesschau (14,8f.), dem eingeschränkten Zeugenkreis (14,22ff.), dem Beistand (14,26) und dem Frieden (14,27). Ihren Höhepunkt erreicht diese Selbstverständigung schließlich im Wort vom Rebstock und den Zweigen (15,1–5), das nicht mehr aus der Verbundenheit des Sprechers mit dem Offenbarer, sondern aus der Verbundenheit mit den Seinen gesprochen ist, die als die Gemeinschaft der mit ihm Geeinten in dieser Szene erstmals eine Stimme gewinnt. Näheres dazu in meinem Jesusbuch ›Das Antlitz. Eine Christologie von innen‹, Düsseldorf 1999, S. 29–32.

[23] F. Nietzsche: Nachgelassene Fragmente von 1882, in: Sämtliche Werke. Kritische Studienausgabe X, München 1980, S. 89.

[24] K. Berger, Im Anfang war Johannes. Datierung und Theologie des vierten Evangeliums, Stuttgart 1997, S. 128–136. Die aus zeitgeschichtlichen, literarkritischen und theologischen Gründen nicht zu haltende Frühdatierungsthese Bergers geht auf eine Verwechslung von innerer und äußerer Chronologie zurück. Zwar beansprucht das Johannesevangelium, die »erste« und grundlegende Evangelienschrift zu sein, dies jedoch nur im Sinn eines ideellen Vorrangs. Denn nach Diktion, Stil und Komposition steht es auf der höchsten Reflexionsstufe, die sich als solche nicht zuletzt durch die als »impliziter Leser« zu entschlüsselnde Gestalt des Lieblingsjüngers ausweist; dazu mein Beitrag: ›Was ist mit diesem? Eine theologische Improvisation über das Thema des von Jesus geliebten Jüngers‹, in: C. Breytenbach und H. Paulsen (Hrsg.), Anfänge der Christologie (Festschrift für F. Hahn), Göttingen 1991, S. 323–336.

[25] Dazu nochmals der in Anm. 18 angeführte Beitrag F. Hahns: Der Tod Jesu nach dem Zeugnis des Neuen Testaments; ferner mein Beitrag ›Das Spiegelkabinett. Wohin führt die Rechtfertigungsdebatte?‹, in: Stimmen der Zeit 216 (1998) 375–385.

[26] R. Guardini, der sich intensiv mit dem Tod des Sokrates befasst hatte, stellte sich dieser Frage in seinem Buch: Der Herr. Über Person und Leben Jesu Christi, Mainz 1997, S. 432ff.

[27] H. de Lubac, Der geistige Sinn der Schrift, Einsiedeln 1952.

[28] H. Merklein, Jesus, Künder des Reiches Gottes, in: Studien zu Jesus und Paulus, Tübingen 1987, S. 153.

[29] R. K. Merton, Auf den Schultern von Riesen. Ein Leitfaden durch das Labyrinth der Gelehrsamkeit, Frankfurt 1980; H.-G. Gadamer, Wahrheit und Methode. Grundzüge einer philosophischen Hermeneutik, Tübingen 1972, S. 180ff.

[30] Im Gegenzug zur traditionellen Auffassung von der Irrtumslosigkeit der Schrift müsste der von James M. Robinson auf die Spruchquelle bezogene Gedanke zur Geltung gebracht werden, dass das Neue Testament schon vor jeder Aussage in seiner Existenz als das große Osterwunder zu gelten habe, und dass in diesem Sinn Jesus in sein

eigenes Wort auferstanden ist: Der wahre Jesus? Der historische Jesus im Spruchevangelium Q, in: Zeitschrift für Neues Testament 1 (1998) 17–26.

31 Bezeichnend für den Argumentationsnotstand, in den der vehemente Bestreiter des Unterschieds, *Klaus Berger*, gerät, ist die Tatsache, dass er hinter dem Bestreben, echte und unechte Jesusworte zu scheiden, ein pseudoreligiöses Sicherheitsbedürfnis vermutet, das nach dem Verfall der kirchlichen Autorität auf die Scheinautorität eines philologischen Konstrukts in Gestalt der vermeintlich originären Jesusworte zurückgreift (Im Anfang war Johannes. Datierung und Theologie des vierten Evangeliums, Stuttgart 1997, S. 47f.); doch damit wird die Ebene sachlicher Erörterung verlassen.

32 L. *Schenke*, Die Urgemeinde. Geschichte und theologische Entwicklung, Stuttgart 1990, S. 217ff.; 225ff.

33 O. *Cullmann*, Der johanneische Kreis. Zum Ursprung des Johannesevangeliums, Tübingen 1975, S. 18f.

34 K. *Berger*, Im Anfang war Johannes. Datierung und Theologie des vierten Evangeliums, Stuttgart 1997, S. 53; ferner meine ›Einweisung ins Christentum‹, Düsseldorf 1997, S. 262–272.

35 E. *Käsemann*, Sätze heiligen Rechtes im Neuen Testament, in: Exegetische Versuche und Besinnungen, Göttingen 1986, S. 96–109; L. *Schenke*, Die Urgemeinde. Geschichte und theologische Entwicklung, Stuttgart 1990, S. 217ff.

36 E. P. *Sanders*, Paulus. Eine Einführung, Stuttgart 1991, S. 98ff.

37 F. *Mussner*, Der Galaterbrief, Freiburg 1981, S. 206f.

38 *Tertullian*, De Baptismo, c. 12; S. *Döpp* und W. *Geerlings*, Lexikon der antiken christlichen Literatur, Freiburg 1998, S. 583.

39 M. *Heidegger*: Die Frage nach der Technik, in: Die Künste im technischen Zeitalter, Darmstadt 1956, S. 72.

40 S. *Kierkegaard*, Einübung im Christentum (Ausgabe *Hirsch* und *Gerdes*), Gütersloh 1980, S. 11; dazu meine Studie ›Der inwendige Lehrer. Der Weg zur Selbstfindung und Heilung‹, München 1994, S. 158–166.

41 Die Spur des Zeitgeistes zeigt sich in Fausts Übersetzungsschritten darin, dass er den Fortgang von Sinn (Idealismus) und Kraft (Materialismus) zu Tat (Revolution) vollzieht. Mit einer schöpferischen Tat hatte allerdings auch die alttestamentliche Vorlage des Satzes begonnen; dazu mein Beitrag ›Der visionäre Durchblick‹, in: K. *Hurtz* (Hrsg.), »Faust« in der Seele. Zeitgenossen meditieren Goethe, Regensburg 1995, S. 15–24.

42 M. *McLuhan*, Die magischen Kanäle – Understanding Media, Frankfurt und Hamburg 1970, S. 17; dazu meine Schrift ›Gott verstehen. Erwägungen zum Verhältnis Mensch und Offenbarung‹, München und Freiburg 1971, S. 131ff., sowie ›Zur Situation des Menschen im Medienzeitalter‹, München 1988.

43 Nach L. *Schenke*; Die Urgemeinde, Geschichte und theologische Entwicklung, Stuttgart 1990, S. 148–156.

44 Ph. *Vielhauer*, Geschichte der urchristlichen Literatur. Einleitung in das Neue Testament, die Apokryphen und die Apostolischen Väter, Berlin 1975, S. 342.

45 Dabei ist dieser Zeuge weder mit dem Verfasser des Evangeliums noch mit dem für die Wahrheit seines Berichtes einstehenden Bürgen (ekeinos) identisch, mit dem, wie *Bultmann* richtig sah, nur der in den Seinen Fortlebende (Joh 19,26f) und in seinem Geist Fortwirkende (Joh 19,34) gemeint sein kann. Zu der zwischen *Bultmann* und *Blumenberg* umstrittenen Stelle mein Jesusbuch ›Das Antlitz‹, Düsseldorf 1999, S. 26f.

46 J. M. *Robinson*, Der wahre Jesus? Der historische Jesus im Spruchevangelium Q, in: Zeitschrift für Neues Testament 1 (1998) 17–26.

47 J. *Habermas*, Erkenntnis und Interesse, in: Technik und Wissenschaft als »Ideologie«, Frankfurt 1969, S. 146–168. Auf die gegensinnigen Erzählweisen der Evangelien verweist der Eingangsabschnitt des zweiten Kapitels im hier vorliegenden Buch.

48 *Ph. Vielhauer*, Geschichte der urchristlichen Literatur. Einleitung in das Neue Testament, die Apokryphen und die Apostolischen Väter, Berlin 1975, S. 340.

49 *K. Rahner*, Theos im Neuen Testament, in: Schriften I, S. 91–167; dazu mein Beitrag ›Die Suspendierung der Gottesfrage. Erwägungen zu einer innovatorischen These Karl Rahners‹, in: *E. Klinger* und *K. Wittstadt* (Hrsg.), Glaube im Prozess. Christsein nach dem II. Vatikanum, Freiburg 1989, S. 432–455.

50 Bekanntlich stützt sich darauf der Haupteinwand, der schon von dem antiken Rhetor *Kelsos* vorgebracht wurde.

51 *H. de Lubac*, Der geistige Sinn der Schrift, Einsiedeln 1952.

52 Bekanntlich versuchte *Kierkegaard* nach dem von ihm vollzogenen Bruch mit *Regine Olsen*, diese sich durch die zur Schau getragene Attitüde eines Lebemannes zu entfremden; *W. Lowrie*, Das Leben Kierkegaards, Düsseldorf-Köln 1955, S. 121–127.

53 *M. Buber*, Zwiesprache, in: Werke I: Schriften zur Philosophie, München und Heidelberg 1962, S. 178.

54 *M. Buber*, Zwei Glaubensweisen, Zürich 1950, S. 21.

55 So der Titel seines Essays über die »Beziehung zwischen Religion und Philosophie«, Zürich 1953.

56 Näheres dazu in meinem Jesusbuch ›Das Antlitz. Eine Christologie von innen‹, Düsseldorf 1999, S. 245ff.

57 *S. Kierkegaard*, Einübung im Christentum III, Kap. 6; dazu mein Jesusbuch ›Das Antlitz. Eine Christologie von innen‹, Düsseldorf 1999, S. 73f.

58 *A. Vögtle*, Der verkündigende und verkündigte Jesus »Christus«, in: *J. Sauer* (Hrsg.), Wer ist Jesus Christus? Freiburg 1977, S. 27; 91.

59 Wie Jesus in der ostkirchlichen Darstellung der Anastasis die Abgeschiedenen mit starker Hand der Todesgewalt entreißt, fasst er (Lk 7,14) die Hand des toten Mädchens an, um es mit dem Befehlswort »steh auf« ins Leben zurückzurufen. Wenn die Lazarusperikope (Joh 11,1-44) als zeichenhafte Vorwegnahme von Jesu eigener Auferweckung durch die (nach Joh 5,28) »in die Gräber« dringende Stimme des Gottessohnes zu verstehen ist, kann die Frage offen bleiben, ob der Szene die Heilung einer im gesellschaftlichen Sinne »toten« Aussätzigen oder das – vermutlich auf eine ägyptische Legende zurückgehende – Gleichnis vom Reichen und dem armen Lazarus (Lk 16,19–31) zugrunde liegt; *R. Schnackenburg*, Das Johannesevangelium III, Freiburg ⁶1992, S. 428–431.

60 *O. Cullmann*, Der johanneische Kreis. Zum Ursprung des Johannesevangeliums, Tübingen 1973.

61 *R. Bultmann*, Das Evangelium des Johannes, Göttingen 1950, S. 526, 200 f.

62 *H. Blumenberg*, Matthäuspassion, Frankfurt 1988, S. 234; dazu meine Besprechung ›Theologische Trauerarbeit. Zu Hans Blumenbergs Matthäuspasssion‹, in: Theologische Revue 85 (1989) 441–425.

63 *J. A. Fischer* (Hrsg.), Die Apostolischen Väter, München 1956, S. 200f.

64 Dazu meine Studie ›Der inwendige Lehrer. Der Weg zur Selbstfindung und Heilung‹, München 1994, S. 17–26.

65 *Kierkegaard*, Einübung im Christentum I: Anrufung.

66 Dazu das freilich aus satisfaktionstheoretischer Perspektive verfasste Werk von *R. Schwager*, Der wunderbare Tausch. Zur Geschichte und Deutung der Erlösungslehre, München 1986.

67 J. M. Robinson, Der wahre Jesus? Der historische Jesus im Spruchevangelium Q, in: Zeitschrift für Neues Testament 1 (1998) 17–26.

68 E. Münzebrock, Die Beschauung ist Sache des Herzens. Stufen der Annäherung an Gott bei Teresa von Avila, in: W. Böhme und J. Sudbrack (Hrsg), Der Christ von morgen – ein Mystiker? Grundformen mystischer Existenz, Würzburg und Stuttgart 1989, S. 82ff.

69 H. Rahner, Die Gottesgeburt. Die Lehre der Kirchenväter von der Geburt Christi im Herzen der Gläubigen, in: Zeitschrift für katholische Theologie 59 (1935) 333–418 (376).

70 Wie Anm. 64.

71 M. Buber, Zwei Glaubensweisen, Zürich 1950, S. 28ff; ferner mein Jesusbuch ›Das Antlitz. Eine Christologie von innen‹, Düsseldorf 1999, S. 111; 147f.

72 W. Schmithals, Theologiegeschichte des Urchristentums. Eine problemgeschichtliche Darstellung, Stuttgart 1994, S. 237.
L. Schenke, Die Urgemeinde. Geschichtliche und theologische Entwicklung, Stuttgart 1990, S. 281f.

73 Auf die Differenz zwischen der exoterischen Lehre des Apostels und seiner esoterisch-mystischen Denkwelt verweist E. P. Sanders in seiner Schrift ›Paulus. Eine Einführung‹, Stuttgart 1995, S. 98–101.

74 Dazu mein Jesusbuch ›Das Antlitz. Eine Christologie von innen‹, Düsseldorf 1999, S. 77ff.

75 Symeon der Neue Theologe, Licht vom Licht: 27. Hymne, Hellerau 1930, S. 124; dazu mein Jesusbuch ›Der Freund. Annäherungen an Jesus‹, München 1989, S. 85ff.

Drittes Kapitel

1 W. Heisenberg, Das Naturbild der heutigen Physik, in: Die Künste im technischen Zeitalter, Darmstadt 1956, S. 31–47; R. Guardini, Die Situation des Menschen, in: Gläubiges Dasein – Die Annahme seiner selbst, Mainz und Paderborn 1993, S. 13–30.

2 N. Postman, Wir amüsieren uns zu Tode. Urteilsbildung im Zeitalter der Unterhaltungsindustrie, Frankfurt 1989, S. 7f.; S. Freud, Das Unbehagen in der Kultur, in: Kulturtheoretische Schriften, Frankfurt 1974, S. 220ff.

3 Augustinus, Confessiones IV, c. 4.

4 M. Buber, Zur Geschichte des dialogischen Prinzips, in: Werke 1, München und Heidelberg 1962, S. 296; E. Biser, Buber für Christen. Eine Herausforderung, Freiburg 1988, S. 61–66; E. Cassirer, Individuum und Kosmos in der Philosophie der Renaissance, Darmstadt 1963, S. 90.

5 S. Kierkegaard, Die Wiederholung (Ausgabe Richter), Reinbek 1961, S. 62.

6 D. Riesman, Die einsame Masse (Originaltitel: The Lonely Crowd), Hamburg 1958, S. 137–153.

7 Nikolaus Cusanus, De visione Dei, c. 7,25.

8 F. Rosenzweig, Der Stern der Erlösung (1921), Frankfurt 1990, S. 3. Mit dem Bildwort vom Tod, der zur Sünde »anstachelt« (1Kor 15,55), formuliert Paulus die exakte Gegenthese zu der vom Tod als »der Sünde Sold« (Röm 6,23), die bisher so gut wie unbeachtet blieb.

9 J. Fest, Der zerstörte Traum. Vom Ende des utopischen Zeitalters, Berlin 1991.

10 Ortega y Gasset, Vom Menschen als utopischem Wesen (Originaltitel: Ideas y creencias), Stuttgart 1951.

11 M. Blondel, Die Aktion (1893). Versuch einer Kritik des Lebens und einer Wissenschaft der Praktik (Originaltitel: L'Action), Freiburg 1965, S. 381; E. Seiterich, Wege der Glaubensbegründung nach der sogenann-

ten Immanenzapologetik, Freiburg 1983,
S. 53.
[12] M. Scheler, Zur Rehabilitierung der
Tugend (1914), Zürich 1950.
[13] R. Guardini, Die Annahme seiner selbst,
Würzburg 1960.
[14] Gregor von Nyssa, De beatitudinibus, ora-
tio 7.1; dazu meine Schrift ›Der Sinn des
Friedens. Ein theologischer Entwurf‹, München 1960, S. 227–231.
[15] Zu Folgendem meine Schrift ›Paulus.
Zeuge, Mystiker, Vordenker‹, München
1992, S. 145–178.
[16] Sch. Ben-Chorin, Paulus. Der Völkerapostel
in jüdischer Sicht, München 1980, S. 22f.;
an dieser Stelle muss in erster Linie die
Untersuchung von Ch. Dietzfelbinger, Die
Berufung des Paulus als Ursprung seiner
Theologie (Neukirchen-Vluyn 1989) genannt
werden.
[17] G. Lohfink, Paulus vor Damaskus, Stuttgart 1966, S. 23; 85–89; ferner Ch. Burckard,
Der dreizehnte Zeuge. Traditions- und kom-
positionsgeschichtliche Untersuchungen zu
Lukas' Darstellung der Frühzeit des Paulus,
Göttingen 1970, S. 51–136; B. Heininger, Paulus als Visionär. Eine religionsgeschichtliche Studie, Freiburg 1995, S. 211–234.
[18] K. Holl, Der Kirchenbegriff des Paulus in
seinem Verhältnis zu der Urgemeinde, in:
K. H. Rengstorf (Hrsg.), Das Paulusbild in der
neueren deutschen Forschung, Darmstadt
1964, S. 176ff.
[19] A. von Harnack, Marcion. Das Evangelium
vom fremden Gott, Leipzig 1924; E. Dass-
mann, Der Stachel im Fleisch. Paulus in der
frühchristlichen Literatur bis Irenäus, Münster 1975, S. 236ff.; 241ff.
[20] A. Schweitzer, Die Mystik des Apostels
Paulus, Tübingen 1930, S. 220; dazu kritisch
E. Lohse, Paulus. Eine Biographie, München
1996, S. 209ff.
[21] H. Detering, Der gefälschte Paulus. Das
Urchristentum im Zwielicht, Düsseldorf
1995.

[22] Die kritische Forschung hebt demgegenüber darauf ab, dass Paulus eine vorgegebene Glaubensformel (Seeberg) aufnimmt und
im Sinn seiner Verkündigung fortentwickelt:
L. Schenke, Die Urgemeinde. Geschichte und
theologische Entwicklung, Stuttgart 1990,
S. 334–339.
[23] Es ist nicht zu übersehen, dass sich diese
Selbstverkleinerung wie eine Spiegelung des
Bildes ausnimmt, das der Apostel zu Eingang seines Schreibens von der Gemeinde
entwirft (1Kor 1,26–29).
[24] Erst in den epigonalen Pastoralbriefen
bezeichnet sich der Apostel als Lästerer,
Frevler und als den ersten der Sünder (1Tim
1,13ff.).
[25] W. Schmithals, Die theologische Anthropologie des Paulus. Auslegung von Röm
7,17–8,39, Stuttgart 1980, S. 125–137.
[26] Näheres dazu in meiner Studie ›Die glaubensgeschichtliche Wende. Eine theologische Positionsbestimmung‹, Graz 1986,
S. 171–208.
[27] Ch. Dietzfelbinger, Die Berufung des Paulus als Ursprung seiner Theologie, Neukirchen-Vluyn 1989, S. 44–64.
[28] Näheres dazu in meiner Schrift ›Menschsein und Sprache‹, Salzburg 1984, S. 20–27.
[29] J. W. von Goethe, Tasso, 5. Aufzug, 5. Auftritt; ähnlich heißt es in der Trilogie der Leidenschaften, an Werther: »Verstrickt in solche Qualen, halb verschuldet, gab ihm ein
Gott zu sagen, was er duldet.«
[30] Augustinus, Confessiones X, c. 16,25;
J. Assmann (Hrsg.), Die Erfindung des inneren Menschen. Studien zur religiösen
Anthropologie, Gütersloh 1993;
Th. K. Heckel, Der innere Mensch. Die Paulinische Verarbeitung eines platonischen
Motivs, Tübingen 1993.
[31] Dazu meine Schrift ›Überwindung der
Lebensangst. Wege zu einem befreienden
Gottesbild‹, München 1996, S. 25–33.
[32] H. von Hentig, Das allmähliche Verschwinden der Wirklichkeit, München 1984.

33 N. *Postman*, Wir amüsieren uns zu Tode. Urteilsbildung im Zeitalter der Unterhaltungsindustrie, Frankfurt 1989, S. 7f.

34 Dazu meine Schrift ›Überwindung der Lebensangst. Wege zu einem befreienden Gottesbild‹, München 1996, S. 94–105.

35 A. *Schweitzer*, Die Mystik des Apostels Paulus, Tübingen 1930, S. 122–30; A. *Wikenhauser*, Die Christusmystik des Apostels Paulus, Freiburg 1956, S. 26–48.

36 M. *Heidegger*, Sein und Zeit, Halle 1935, S. 180–230.

37 A. *Schweitzer*, Die Mystik des Apostels Paulus, Tübingen 1930, S. 376.

38 G. *von Rad*, Theologie des Alten Testaments I, München 1957, S. 415–439.

39 H. *Leisegang*, Die Gnosis, Stuttgart 1941, S. 290ff.

40 L. *Schenke*, Die Urgemeinde. Geschichte und theologische Entwicklung, Stuttgart 1990, S. 61ff.

41 Ebd., S. 309.

42 M., *Horkheimer*, Zur Kritik der instrumentellen Vernunft, Frankfurt 1974, S. 152.

43 L. *Schenke*, Die Urgemeinde. Geschichte und theologische Entwicklung, Stuttgart 1990, S. 308f., der allerdings der Matthäusfassung den Vorzug gibt.

44 A. *Schmidt*, Das Buch der Weisheit, Würzburg 1986; ferner H. *Hübner* (Hrsg.), Die Weisheit Salomons im Horizont biblischer Theologie, Neukirchen-Vluyn 1993, S. 67ff.

45 G. *von Rad*, Weisheit in Israel, Neukirchen-Vluyn 1970, S. 322f.

46 Ebd., S. 330f.

47 A. *Vögtle*, Die Dynamik des Anfangs. Leben und Fragen der jungen Kirche, Freiburg 1988, S. 27; 51.

48 G. *von Rad*, Weisheit in Israel, Neukirchen-Vluyn 1970, S. 205–216.

49 Ebd., S. 212f.; L. *Schenke*, Die Urgemeinde. Geschichte und theologische Entwicklung, Stuttgart 1990, S. 61–65; 148–156.

50 L. *Schenke*, Die Urgemeinde, S. 149.

51 Ebd., S. 330f.

52 Nach L. *Schenke*, Die Urgemeinde, S. 148, bezeichnete schon Hans *Windisch* die Sophia und den Menschensohn als Doppelgänger.

53 L. *Schenke*, Die Urgemeinde, S. 180–185; G. *Lüdemann*, Die Auferstehung Jesu. Historie – Erfahrung – Theologie, Göttingen 1994, S. 110ff. Wenn C. G. *Jungs* Archetypenlehre theologisch zu Buche schlägt, dann zweifellos in diesem Zusammenhang. Die endzeitlichen Verführer, die (nach Mk 13,6) mit usurpierten Jesusworten für sich einzunehmen suchen, greifen dabei ebenso, nicht anders als ihre modernen Nachfolger vom Zuschnitt Hitlers, auf einen christologischen Archetyp zurück. Was die Identifizierung Jesu als »Menschensohn« betrifft, so könnte sie konkret durch die Erinnerung des Visionärs an den (nach Dan 7,14) vor den Thron des »Hochbetagten« gebrachten Menschensohn ausgelöst worden sein, zumal die Rekapitulation der Geschichte Israels in seiner Verteidigungsrede (Apg 7,1–53) an die Bilderfolge erinnert, wie sie Sterbenden nachgesagt wird; dazu mein Jesusbuch ›Das Antlitz. Eine Christologie von innen‹, Düsseldorf 1999, S. 306ff.

54 R. *Pesch*, Die Vision des Stephanus. Apg 7,55–56 im Rahmen der Apostelgeschichte, Stuttgart 1966.

55 Nach A. E. *McGrath*, Der Weg der christlichen Theologie. Eine Einführung, München 1997, S. 13.

56 C. G. *Jung*, Bewußtes und Unbewußtes. Beiträge zur Psychologie, Frankfurt 1987, 11–53, für *Goethe* war auch Schiller eine »echte Christus-Tendenz eingeboren«, aufgrund derer er nichts Gemeines berühren konnte, »ohne es zu veredeln«: An *Zelter*, vom 9.11.1930.

57 R. *Guardini*, Das Ende der Neuzeit – Die Macht, Mainz – Paderborn 1986, S. 89.

58 K.-P. *Jörns*, Die neuen Gesichter Gottes. Was die Menschen heute wirklich glauben, München 1997.

59 Näheres dazu im fünften Kapitel: ›Ein Zeichen der Verständigung‹.

60 Dazu meine Schrift ›Weltfrömmigkeit. Zum Verhältnis von Geist und Glaube‹, Tübingen 1993, S. 94f.; ferner R. *Heinzmann*, Thomas von Aquin. Eine Einführung in sein Denken, Stuttgart 1994, S. 24.

61 M. *Eliade*, Geschichte der religiösen Ideen I: Von der Steinzeit bis zu den Mysterien von Eleusis, Freiburg 1994, S. 259ff.; R. *von Ranke-Graves*, Griechische Mythologie. Quellen und Deutungen I, Reinbek 1955, S. 36–39.

62 W. F. *Otto*, Die Götter Griechenlands, Frankfurt 1961, S. 51–61; außerdem E. *Peterich*, Die Theologie der Hellenen, Leipzig 1935, S. 302–305.

63 G. *Grass*, Kopfgeburten oder Die Deutschen sterben aus, Darmstadt und Neuwied 1980, S. 9.

64 W. F. *Otto*, Die Götter Griechenlands, Frankfurt 1961; H. U. *von Balthasar*, Herrlichkeit. Eine theologische Ästhetik III/1: Im Raum der Metaphysik, Einsiedeln 1965, S. 54–59.

65 H. U. *von Balthasar*, Herrlichkeit, S. 54.

66 E. *Peterich*, Die Theologie der Hellenen, Leipzig 1935, S. 304.

67 W. F. *Otto*, Theophania, Frankfurt/M. 1975, S. 106f.

68 *Justin*, Apologia, c. 64.

69 *Origenes*, Adversus Celsum VIII, c. 66f.

70 *Hippolyt*, Widerlegung aller Häresien VI, c. 19f., in: BKV, Bd. 40, 1922, S. 155ff.

71 Nach R. *Seeberg*, Lehrbuch der Dogmengeschichte II, Darmstadt (³1923) 1953, S. 95f.

72 Der Gedanke kehrt auch in den naturphilosophischen Äußerungen des Dichters wieder, so etwa im Entwurf seiner Farbenlehre (1. Abt.); doch bezieht er sich hier primär auf Goethes innere Geistesoperationen, insbesondere aber auf das Gestaltungsgesetz seines literarischen Schaffens (Tag- und Jahreshefte 1820).

73 *Augustinus*, Confessiones XI, c. 9; dazu auch die Ausführungen meiner Schrift ›Der schwere Weg der Gottesfrage‹, Düsseldorf 1982, S. 37f.

74 F. W. J. *Schelling*, Das Wesen der menschlichen Freiheit, Düsseldorf 1950 (Ausgabe *Fuhrmans*); den zitierten Gedanken entnimmt der Herausgeber Schellings Schrift über: Die Weltalter (1814).

75 Ebd., S. 62.

76 *Theophil*, An Autolykos II, c. 10; 22.

77 S. *Kierkegaard*, Einübung im Christentum (Ausgabe *Hirsch* und *Gerdes*), Gütersloh 1980, S. 79–86.

78 *Hilarius*, De trinitate IX, c. 14.

79 Ebd., XI, c. 48f.

80 *Gregor von Nyssa*, Große Katechese, c. 32,2; BKV, Bd. 56, 1927, S. 64.

81 A. *Kasper*, Der Schussenrieder Bibliothekssaal und seine Schätze, Erolzheim/Württemberg 1954, S. 28–38; ferner meine Akademieabhandlung ›Die Bibel als Medium. Zur medienkritischen Schlüsselposition der Theologie‹, Heidelberg 1990.

82 H. U. *von Balthasar*, Das Ganze im Fragment, Einsiedeln 1963, S. 270f.

83 Näheres dazu in meiner Schrift ›Jesus für Christen‹, Freiburg 1984, S. 63ff.; 71ff.

84 *Hilarius*, De trinitate III, c. 17.

85 U. *Wilckens*, Der Brief an die Römer II, Zürich 1993, S. 228f; ferner der Beitrag von F. *Hahn*, Zum Verständnis von Römer 11,26a: ... und so wird ganz Israel gerettet werden: Paul and Paulinism. Essays in honour of C. K. Barrett. Ed. M. D. Hooker/S. G. Wilson. London 1982, S. 221–236.

86 Dazu die abschließenden Ausführungen meines Beitrags ›Glaube und Mythos‹ in: Philosophisches Jahrbuch 91 (1984) 62–81.

87 Näheres dazu in meiner Schrift ›Der schwere Weg der Gottesfrage‹, Düsseldorf 1982.

88 »Vielleicht hat da ein Denkender wirklich de profundis gesprochen?« fragt M. *Heidegger* im Blick auf *Nietzsches* tollen Men-

schen, in: Holzwege, Frankfurt/M. 1950,
S. 246.

[89] *Johannes von Damaskus*, Darlegung des
orthodoxen Glaubens III, c. 24, BKV, Bd. 44,
1923, S. 180.

[90] *G. W. F. Hegel*, Vorlesungen über die
Beweise vom Dasein Gottes, Hamburg 1966,
S. 13.

[91] *H. Heine*, Zur Geschichte der Religion
und Philosophie in Deutschland (Ausgabe
Ferner), Stuttgart 1997, S. 103ff.; dazu meine
Schrift ›Gottsucher oder Antichrist? Nietz-
sches provokative Kritik des Christentums‹,
Salzburg 1982, S. 63–71.

[92] Zur vollen Verdeutlichung dessen müsste
nur noch gezeigt werden, dass jedem Gebet,
gleichviel wie es jeweils veranlasst ist, die
zweitletzte Vaterunserbitte zugrunde liegt,
und dass mit dieser die Urversuchung des
Menschen zu Angst und Verzweiflung
gemeint ist. Denn davor kann nur derjenige
bewahren, der die absolute Alternative zur
Kontingenz des Menschen ist, und auch er
nur dadurch, dass er sich als die lebendige
Antwort auf den Notschrei des nach ihm
rufenden Beters erweist; dazu meine Schrift
›Glaubensbekenntnis und Vaterunser. Eine
Neuauslegung‹, Düsseldorf 1996,
S. 180–184.

[93] Näheres dazu in meiner Studie ›Menschsein und Sprache‹, Salzburg 1984.

[94] *P. Wust*, Ungewißheit und Wagnis, München 1950, S. 172.

[95] *G. Bornkamm*, Jesus von Nazareth, Stuttgart 1956, S. 114–118; 124f.

[96] *H.-G. Gadamer*, Wahrheit und Methode.
Grundzüge einer philosophischen Hermeneutik, Tübingen 1972; *P. Knauer*,
Der Glaube kommt vom Hören. Eine öku-
menische Fundamentaltheologie, Graz
1978; *ders.*, Glaubensbegründung heute,
in: Stimmen der Zeit 202 (1984) 200–208;
ferner meine Schriften ›Glaubensverständnis. Grundriß einer hermeneutischen
Fundamentaltheologie‹, Freiburg 1950,

und ›Glaube nur! Gott verstehen lernen‹,
Freiburg 1980.

[97] Nach *G. von Rad*, Die Botschaft der Pro-
pheten, München und Hamburg 1967,
S. 45f.; *ders.*, Weisheit in Israel, Neukirchen-
Vluyn 1970, S. 79f.

[98] *G. von Rad*, Weisheit in Israel, S. 208.

[99] *K. Baltzer*, Die Biographie der Propheten,
Neukirchen-Vluyn 1975, S. 113–128; ferner
G. v. Rad, Die Botschaft der Propheten,
S. 157–184.

[100] Dazu die Ausführungen meiner Schrift
›Älteste Heilsgeschichten. Wege zum
Ursprung des Glaubens‹, Würzburg 1984,
S. 96–104.

[101] *S. Kierkegaard*, Philosophische Brocken,
Reinbek 1964, S. 16ff.; 52–65.

[102] Näheres dazu in meiner Studie ›Paulus.
Zeuge, Mystiker, Vordenker‹, München
1992, S. 109–117.

[103] Ebd., S. 42–48.

[104] *Ignatius*, Magnesierbrief, c. 2. Damit
schließt sich, patristisch gesehen, der Ring
zur Geburt der Weisheit aus dem Schweigen.

[105] Erinnert sei damit an *I. F. Görres* und ihre
Schrift: Von der Last Gottes. Ein Gespräch
über den Christen, Frankfurt [11]1950.

[106] Dazu die gleichnamige Guardini-
Schrift, Würzburg 1960; ferner die Ausfüh-
rungen meiner Studie ›Interpretation und
Veränderung. Werk und Wirkung Romano
Guardinis‹, Paderborn 1979, S. 81–87.

[107] *A. Wikenhauser*, Die Kirche als der mystische Leib Christi nach dem Apostel Paulus,
Münster 1937, S. 187–191.

[108] *J. A. Möhler*, Einheit in der Kirche,
Tübingen 1843, S. 100.

[109] *H. Rahner*, Die Gottesgeburt. Die Lehre
der Kirchenväter von der Geburt Christi im
Herzen des Gläubigen, in: Zeitschrift für
katholische Theologie 59 (1935) 333–418;
A. Stolz, Theologie der Mystik, Regensburg
1936, S. 184f.

[110] *Gregor von Nyssa*, Hoheliedkommentar 4
(PG 44, 828 D) nach *H. Rahner*, Die Gottes-

geburt. Die Lehre der Kirchenväter von der Geburt Christi im Herzen des Gläubigen, in: Zeitschrift für katholische Theologie 59 (1935) 333–418 (376); dort auch die Hinweise auf die Herkunft und den Fortgang dieser Tradition.

¹¹¹ N. *Brox*, Offenbarung, Gnosis und gnostischer Mythos bei Irenäus von Lyon, Salzburg und München 1966, S. 183ff.

¹¹² Zum Folgenden nochmals die Ausführungen von H. U. *von Balthasar*, Das Ganze im Fragment, Einsiedeln 1963, S. 268ff.

¹¹³ Dass sich das Wort Gottes schweigend zum Kreuz führen ließ, sagt *Cyprian* in seiner Schrift: Vom Segen der Geduld (c. 7), ein Gedanke, der von den heutigen Versuchen einer Rekonstruktion der ältesten Passionsgeschichte eindrucksvoll bestätigt wird; dazu H. *Fischer*, Gespaltener christlicher Glaube, Hamburg 1974, S. 34f.; ferner die Ausführungen meiner Schrift ›Älteste Heilsgeschichten. Wege zum Ursprung des Glaubens‹, Würzburg 1984, S. 45–77.

¹¹⁴ Dazu der Hinweis meiner Schrift ›Glaubensverständnis. Grundriß einer hermeneutischen Fundamentaltheologie‹, Freiburg 1975, S. 36f.

¹¹⁵ Nach G. *Baudler*, Im Worte sehen. Das Sprachdenken Johann Georg Hamanns, Bonn 1970, S. 53ff.; dazu auch die Ausführungen meiner Schrift ›Der schwere Weg der Gottesfrage‹, Düsseldorf 1982, S. 117f.

Viertes Kapitel

¹ J. *Kügler*, Der Jünger, den Jesus liebte. Literarische, theologische und historische Untersuchungen zu einer Schlüsselgestalt johanneischer Theologie und Geschichte, Stuttgart 1988; ferner mein Beitrag ›Was ist mit diesem? Eine theologische Improvisation über das Thema des von Jesus geliebten Jüngers‹, in: C. *Breytenbach* und H. *Paulsen* (Hrsg.), Anfänge der Christologie (FS für F. *Hahn*), Göttingen 1991, S. 323–336.

² W. *Emrich*, Symbolinterpretation und Mythenforschung, in: Protest und Verheißung. Studien zur klassischen und modernen Dichtung, Frankfurt und Bonn 1963, S. 67–94; H. *Wentzel*, Die Christus-Johannes-Gruppen des XIV. Jahrhunderts, Stuttgart 1960; C.-O. *Nordström*, Ravennastudien. Ideengeschichtliche und ikonographische Studien über die Mosaiken von Ravenna, Stockholm 1953, S. 55–97.

³ J. M. *Robinson*, Der wahre Jesus? Der historische Jesus im Spruchevangelium Q, in: Zeitschrift für Neues Testament 1 (1998) 17–26.

⁴ R. *Bultmann*, Das Evangelium des Johannes, Göttingen 1950, S. 370.

⁵ W. *Emrich*, Symbolinterpretation und Mythenforschung, in: Protest und Verheißung, Frankfurt 1960, S. 67–81; dazu auch R. *Rolland*, Goethe und Beethoven (mit einem Hinweis auf Bettina Brentano), Frankfurt und Leipzig 1999, S. 14.

⁶ H. *Schürmann*, Das Lukasevangelium I, Freiburg 1969, S. 132–140.

⁷ M. *Buber*, Zwei Glaubensweisen, Zürich 1950, S. 109ff.

⁸ E. *Biser*, Das Antlitz. Eine Christologie von innen, Düsseldorf 1999, S. 232–247.

⁹ A. *Wikenhauser*, Die Christusmystik des Apostels Paulus, Freiburg 1956, S. 32–37.

¹⁰ K. *Lorenz*, Die Rückseite des Spiegels. Versuch einer Naturgeschichte menschlichen Erkennens, München 1977, S. 47–55.

11 J. G. *Hamann*, Magus des Nordens,
Hauptschriften, Leipzig o. J., S. 382.

12 H. *Frick*, Vergleichende Religionswissen-
schaft, Berlin und Leipzig 1928, S. 68.

13 W. *Jens*, Die Evangelisten als Schriftsteller, in: H. J. *Schultz* (Hrsg.), »Sie werden
lachen – die Bibel«. Erfahrungen mit dem
Buch der Bücher, München 1985, S. 124.

14 Ebd., S. 123.

15 M. *Buber*, Zwei Glaubensweisen, Zürich
1950, S. 110f; 217.

16 J. M. *Robinson*, Kerygma und historischer
Jesus, Zürich und Stuttgart 1960, S. 10; 20.

17 L. *Schenke*, Die Urgemeinde. Geschichtliche und theologische Entwicklung, Stuttgart 1990, S. 148; B. *Lang*, Frau Weisheit.
Deutung einer biblischen Gestalt, Düsseldorf 1975, S. 120ff.

18 M. *Machovec*, Jesus für Atheisten, Stuttgart 1972, S. 93.

19 F. *Nietzsche*, Die fröhliche Wissenschaft:
Scherz, List und Rache § 62.

20 H. *Merklein*, Studien zu Jesus und Paulus,
Tübingen 1987, S. 153.

21 Dazu meine Schrift ›Die Gleichnisse
Jesu. Versuch einer Deutung‹, München
1965, S. 75–122.

22 A. *Vögtle*, Die Dynamik des Anfangs.
Leben und Fragen der jungen Kirche, Freiburg 1988, S. 27; S. 51.

23 Dazu mein Beitrag ›Die Kirchenkrise als
Sprachkrise‹, in: Stimmen der Zeit 212
(1994) 393–401.

24 J. *Jeremias*, Die Gleichnisse Jesu, Göttingen 1962, S. 64–88; G. *Eichholz*, Gleichnisse
der Evangelien. Form, Überlieferung, Auslegung, Neukirchen-Vluyn 1984, S. 175ff.;
W. *Harnisch*, Die Gleichniserzählungen Jesu,
Göttingen 1985.

25 R. *Schnackenburg*, Das Johannesevangelium II, Freiburg 1975, S. 59–70; E. *Schweizer*,
Ego eimi. Die religionsgeschichtliche Herkunft und theologische Bedeutung der
johanneischen Bildreden, Göttingen 1965,
S. 5–45; 124;136; 151–157; B. *Hinrichs*, »Ich

bin es«. Die Konsistenz des Johannes-Evan-
geliums in der Konzentration auf das Wort
Jesu, Stuttgart 1988, S. 50–56.

26 L. *Schenke*, Die Urgemeinde. Geschichte
und theologische Entwicklung, Stuttgart
1990, S. 54f; 248ff.

27 Dazu meine ›Einweisung ins Christentum‹, Düsseldorf 1997, S. 233f.

28 O. *Loretz*, Des Gottes Einzigkeit. Ein alt-
orientalisches Argumentationsmodell zum
»Schma Jisrael«, Darmstadt 1997, S. 102ff;
153–159.

29 M. *Buber*, Reden über das Judentum, in:
Der Jude und sein Judentum, Köln 1963,
S. 182f.

30 G. *Keil*, Das Johannes-Evangelium. Ein
philosophischer und theologischer Kom-
mentar, Göttingen 1997, S. 203; L. *Schenke*,
Die Urgemeinde. Geschichte und theologische Entwicklung, Stuttgart 1990, S. 246f.

31 R. *Schnackenburg*, Das Johannesevangelium II, Freiburg 1975, S. 102–110.

32 Nach H. U. *von Balthasar* (Hrsg.), Augustinus. Das Antlitz der Kirche,
Einsiedeln/Köln 1942, S. 42; 130.

33 W. *Beierwaltes*, Denken des Einen. Studien
zur neuplatonischen Philosophie und ihrer
Wirkungsgeschichte, Frankfurt 1985,
S. 123–154.

34 H. U. *von Balthasar* (Hrsg.), Augustinus.
Das Antlitz der Kirche, Einsiedeln/Köln
1942, S. 127.

35 A. *Vögtle*, Grundfragen der Diskussion
um das heilsmittlerische Todesverständnis
Jesu, in: Offenbarungsgeschehen und Wirkungsgeschichte, Freiburg 1985, S. 141–167;
H. *Verweyen*, Gottes letztes Wort. Grundriß
der Fundamentaltheologie, Düsseldorf 1991,
S. 408f.

36 K. *Berger*, Darf man an Wunder glauben?,
Stuttgart 1996.

37 J. *Imbach*, Wunder. Eine existentielle Auslegung, Würzburg 1996.

38 J. *Gnilka*, Jesus von Nazaret, Botschaft
und Geschichte, Freiburg 1990, S. 128–141.

39 F. Hahn, Christologische Hoheitstitel. Ihre Geschichte im frühen Christentum, Göttingen 1966; dazu auch der Abschnitt ›Die Rangfolge der Titel‹ in diesem Band.

40 J. Gnilka, Jesus von Nazaret, Botschaft und Geschichte, Freiburg 1990, S. 110f.

41 G. E. Lessing, Eine Duplik II, Werke in drei Bänden (Ausgabe Göpfert) III, München 1982, S. 372.

42 S. Kierkegaard, Philosophische Brocken (Ausgabe Richter), Reinbek 1964, S. 58.

43 S. Kierkegaard, Einübung im Christentum II: Einhalt (Ausgabe Hirsch und Gerdes), Gütersloh 1980, S. 102.

44 Ebd., S. 13.

45 G. E. Lessing, Über den Beweis des Geistes und der Kraft (1777).

46 Nach K. Flasch, Augustin. Einführung in sein Denken, Stuttgart 1980, S. 84f.; 103; 310; 418; ferner A. Augustinus, Die Retractationen in zwei Büchern (I, 13), Paderborn 1976, S. 69.

47 K. Berger, Darf man an Wunder glauben? Stuttgart 1996, S. 146.

48 Ebd., S. 147f.

49 Ebd., S. 164f.

50 Typisch ist dafür die Antwort des mittelalterlichen Apologeten Wilhelm de la Mare auf die Frage, warum er an die göttliche Sendung Jesu glaube: wegen der vielen Wunder, die er gewirkt hat; nach A. Lang, Die Entfaltung des apologetischen Problems in der Scholastik des Mittelalters, Freiburg 1962, S. 81.

51 Nach R. H. Fuller, Die Wunder Jesu in Exegese und Verkündigung, Düsseldorf 1968, S. 57ff.

52 L. Schenke, Die Urgemeinde. Geschichtliche und theologische Entwicklung, Stuttgart 1990, S. 304f.

53 H. Merklein, Jesus, Künder des Reiches Gottes, in: Studien zu Jesus und Paulus, Tübingen 1987, S. 153ff.

54 R. H. Fuller, Die Wunder Jesu in Exegese und Verkündigung, Düsseldorf 1968, S. 42.

55 Ebd., S. 69f.

56 K. Berger, Darf man an Wunder glauben?, Stuttgart 1996, S. 46ff.

57 L. Schenke, Die Urgemeinde. Geschichte und theologische Entwicklung, Stuttgart 1990, S. 220ff.

58 Dazu das grundlegende Werk von F. Hahn, Christologische Hoheitstitel. Ihre Geschichte im frühen Christentum, Göttingen 1969.

59 K. Berger, Darf man an Wunder glauben?, Stuttgart 1996, S. 164f.

60 L. Schenke, Die Urgemeinde. Geschichte und theologische Entwicklung, Stuttgart 1990, S. 20ff.

61 S. Kierkegaard, Einübung im Christentum (Ausgabe Hirsch und Gerdes), Gütersloh 1980, S. 274f.

62 Ebd., S. 233.

63 Ebd., S. 236.

64 Ebd., S. 237.

65 Ebd., S. 238.

66 Ebd., S. 240.

67 Ebd., S. 262.

68 Dem scheinen freilich die von K. Berger angesprochenen Strafwunder Jesu und darunter in erster Linie die Verfluchung des Feigenbaums (Mk 11,12ff.) entgegenzustehen. Doch abgesehen davon, dass Jesus im Kontext der Evangelien diese Zeichenhandlung nicht auf die ihm von der heutigen Interpretation unterstellte Gerichtsdrohung an Israel, sondern auf die Berge versetzende Kraft des Glaubens bezieht (Mk 11,20–23), widerspricht die Szene so eklatant dem als Selbstanzeige Jesu zu verstehenden Gleichnis vom Fürbittenden Weingärtner, der sich mit geradezu verzweifelter Fürsorge für den offensichtlich unfruchtbaren Feigenbaum einsetzt (Lk 13,6–9), dass alles für die sekundäre, vermutlich der Denkwelt von Qumran entstammende Herkunft der Verfluchungsszene spricht.

69 M. Buber, Zwei Glaubensweisen, Zürich 1950, S. 26–41.

70 Dazu meine Abhandlungen ›Die glaubensgeschichtliche Wende‹, Graz 1986; ›Glaubensprognose‹, Graz 1991, und ›Einweisung ins Christentum‹, Düsseldorf 1997.

71 R. Guardini, Christliches Bewußtsein. Versuche über Pascal, Leipzig 1935, S. 187–197.

72 J. M. Robinson, Der wahre Jesus? Der historische Jesus im Spruchevangelium Q, in: Zeitschrift für Neues Testament 1 (1998) 17–26.

73 So A. Wikenhauser, Die Christusmystik des Apostels Paulus, Freiburg 1956, S. 44.

74 E. Käsemann, Der gottesdienstliche Schrei nach der Freiheit, in: Paulinische Perspektiven, Tübingen 1972, S. 211–236; ferner L. Schenke, Die Urgemeinde. Geschichte und theologische Entwicklung, Stuttgart 1990, S. 98f.; 342.

75 Nach W. Grundmann, Das Evangelium nach Matthäus, Berlin 1971, S. 260.

76 A. Vögtle, Der Judasbrief – Der 2. Petrusbrief, Solothurn und Düsseldorf 1994, S. 163–171.

77 R. Schnackenburg, Das Johannesevangelium III, Freiburg ⁶1992, S. 419–433.

78 A. Schweitzer, Die Geschichte der Leben-Jesu-Forschung II, München und Hamburg 1966, S. 620.

79 D. Sternberger, Heinrich Heine und die Abschaffung der Sünde. Mit einem Nachtrag von 1975, Frankfurt 1976, S. 284–319.

80 R. Schwager, Der wunderbare Tausch. Zur Geschichte und Deutung der Erlösungslehre, München 1986, S. 7–31; 179ff.

81 Die Streichung der zunächst eingefügten und dann (1855) widerrufenen »Moral« dürfte auf die Einsicht des Verfassers zurückzuführen sein, das der Einschub dem Gesamtcharakter des Werkes widersprach; H. Gerdes, Sören Kierkegaards ›Einübung im Christentum‹. Einführung und Erläuterung, Darmstadt 1982.

82 B. Nagel, Franz Kafka. Aspekte zur Interpretation und Wertung, Berlin 1974, S. 238–274.

83 Es ist die Liebe, deren Einforderung den – nach J. Ratzinger liebesunfähigen – Menschen völlig überfordert hätte, wenn sich nicht der Fordernde selbst in ihm lieben würde; dazu mein Jesusbuch ›Das Antlitz. Eine Christologie von innen‹, Düsseldorf 1999, S. 256–259.

84 F. Nietzsche, Der Antichrist. Fluch auf das Christentum, § 40f.

85 L. Schenke, Die Urgemeinde. Geschichte und theologische Entwicklung, Stuttgart 1990, S. 178; 224.

86 H. Frankemölle, Jesus als deuterojesaianischer Freudenbote? und U. Busse, Nachfolge auf dem Weg Jesu, in: H. Frankemölle und K. Kertelge (Hrsg.), Vom Urchristentum zu Jesus, Freiburg 1988, S. 53ff.; 75ff.

87 H. Schürmann, Jesu ureigener Tod. Exegetische Besinnung und Ausblick, Freiburg 1975, S. 33–63.

88 Ebd., S. 83f.

89 Die gängige Verengung der Lebensleistung Jesu auf Satisfaktion und Rechtfertigung geht weithin darauf zurück, dass die »Teleologie« seines Todes, also dessen Hinordnung auf die Auferstehung und deren integrative Bedeutung, als »Erfüllung« seines Sterbens nicht hinreichend gewürdigt wurde.

90 H. Frankemölle und K. Kertelge (Hrsg.), Vom Urchristentum zu Jesus, Freiburg 1989, S. 448f.

91 J. Gnilka, Johannesevangelium, Würzburg 1989, S. 90–94.

92 A. Schweitzer, Geschichte der Leben-Jesu-Forschung, München und Hamburg 1966, S. 620.

93 R. Schnackenburg, Heil und Erlösung in biblischer Sicht, in: H. J. Pottmeyer (Hrsg.), Fragen an Eugen Drewermann, Düsseldorf 1992, S. 51–70; U. Luck, Was wiegt leichter? Zu Mk 2,9, in: H. Frankemölle und K. Kertelge (Hrsg.), Vom Urchristentum zu Jesus, Frei-

burg 1989, S. 103–108; ferner meine zusammen mit E. *Drewermann* verfasste Schrift ›Welches Credo?‹, Freiburg 1993.

94 A. *Vögtle*, Grundfragen der Diskussion um das heilsmittlerische Todesverständnis Jesu, in: Offenbarungsgeschehen und Wirkungsgeschichte, Freiburg 1985, S. 141–167; R. *Schwager*, Brauchen wir einen Sündenbock? Gewalt und Erlösung in den biblischen Schriften, München 1987; *ders.*, Der wunderbare Tausch. Zur Geschichte und Deutung der Erlösungslehre, München 1986.

95 H. *Jonas*, Der Gottesbegriff nach Auschwitz. Eine jüdische Stimme, Frankfurt 1987; dazu der Beitrag »Der Verlust der Attribute« im Schlusskapitel.

96 Dazu der Abschnitt »Der unsichtbare Sonnenaufgang« in meiner Schrift ›Überwindung der Lebensangst‹, München 1987, S. 91–93.

97 L. *Schenke*, Die Urgemeinde. Geschichtliche und theologische Entwicklung, Stuttgart 1990, S. 111f.

98 Dazu die Ausführungen meines Jesusbuchs ›Der Freund. Annäherung an Jesus‹, München 1989, S. 122–150; ferner der wichtige Hinweis von F. *Porsch* in seiner Schrift ›Viele Stimmen – ein Glaube. Anfänge, Entfaltung und Grundzüge neutestamentlicher Theologie‹, Kevelaer und Stuttgart 1982, S. 78f.

99 Dazu die Ausführungen meiner Schrift ›Paulus. Zeuge, Mystiker, Vordenker‹, München 1992, S. 217–221.

100 Ebd., S. 219ff.

101 L. *Schenke*, Die Urgemeinde. Geschichte und theologische Entwicklung, Stuttgart 1990, S. 295ff.

102 Ebd., S. 96ff.; ferner die Ausführungen meiner Schrift ›Glaubensbekenntnis und Vaterunser. Eine Neuauslegung‹, Düsseldorf 1994, S. 138–144.

103 M. *Buber*, Zwei Glaubensweisen, Zürich 1950, S. 110.

104 A. *Arbeiter*, Einführung in »Das Buch mit sieben Siegeln. Oratorium von Franz Schmidt«, Judenburg 1958, S. 11.

105 G. *Söhngen*, Christi Gegenwart in uns durch den Glauben, in: Die Einheit der Theologie, München 1952, S. 324–341; D. *Mahnke*, Unendliche Sphäre und Allmittelpunkt. Beiträge zur mathematischen Mystik, Halle 1937, S. 144–215.

106 U. *Wilckens*, Der Brief an die Römer II, Zürich 1993, S. 136–145.

107 A. *Deissmann*, Paulus. Eine kultur- und religionsgeschichtliche Skizze. Tübingen 1925; A. *Schweitzer*, Die Mystik des Apostels Paulus, Tübingen 1930; A. *Wikenhauser*, Die Christusmystik des Apostels Paulus, Freiburg 1956.

108 A. *Strobel*; Der erste Brief an die Korinther, Zürich 1989, S. 85f.

109 G. *Theissen*, Psychologische Aspekte paulinischer Theologie, Göttingen 1983, S. 153f.

110 E. *Lohmeyer*, Die Briefe an die Kolosser und an Philemon, Göttingen 1954, S. 56; 61.

111 K. *Löwith*, Weltgeschichte und Heilsgeschehen. Die theologischen Voraussetzungen der Geschichtsphilosophie, Stuttgart 1953, S. 113.

112 U. *Wilckens*, Der Brief an die Römer II, Zürich 1993, S. 146–157.

113 H. *Rahner*, Die Gottesgeburt. Die Lehre der Kirchenväter von der Geburt Christi im Herzen der Gläubigen, in: Zeitschrift für katholische Theologie 59 (1935) 333–418 (376).

114 R. *Guardini*, Der Herr. Über Leben und Person Jesu Christi, Freiburg 1980, S. 542.

115 Dazu meine Studie ›Überredung zur Liebe. Die dichterische Daseinsdeutung Gertrud von le Forts‹, Regensburg 1980, S. 147–159.

116 E. *Lohmeyer*, Die Briefe an die Kolosser und an Philemon, Göttingen 1954, S. 93f.

117 Ebd., S. 94.

118 E. *Lohmeyer*, Urchristliche Mystik, Darmstadt 1958, S. 13f.

[119] G. W. F. Hegel, Die Vernunft in der Geschichte (Ausgabe Hoffmeister), Hamburg 1955, S. 63; 154; H. Freyer, Theorie des objektiven Geistes. Eine Einleitung in die Kulturtheorie, Leipzig und Berlin 1934.

[120] F. Mussner, Der Galaterbrief, Freiburg 1981, S. 342ff.

[121] A. Strobel, Der erste Brief an die Korinther, Zürich 1989, S. 56. Keinesfalls darf »Weisheit« nach der von der Rechtfertigungsideologie eingegebenen Ansicht von W. Schmithals als »störende« Übergangsformel beiseite geschoben werden, da auf ihr eindeutig der Hauptakzent der Aussage liegt: Theologiegeschichte des Urchristentums, Stuttgart 1994, S. 131.

[122] Dazu das im Abschnitt »Die Geburt der Weisheit aus dem Schweigen« Gesagte.

[123] L. Schenke, Die Urgemeinde. Geschichtliche und theologische Entwicklung, Stuttgart 1990, S. 147; 156.

[124] A. Vögtle, Das Buch mit den sieben Siegeln. Die Offenbarung des Johannes, Freiburg 1981, S. 44f.

[125] R. Schnackenburg, Das Johannesevangelium II, Freiburg 1975, S. 88ff.

[126] R. Bultmann, Der Lebensbegriff des Neuen Testaments, in: Theologisches Wörterbuch zum Neuen Testament II, Stuttgart 1935, S. 862–874.

[127] Darin unterscheidet sich diese von dem Ergriffensein, mit dem Paulus (Phil 3,12) sein Damaskuserlebnis verdeutlicht, so sehr sie im Ergebnis damit übereinkommt.

[128] Dazu der Schluss meines Jesusbuchs ›Das Antlitz. Eine Christologie von innen‹, Düsseldorf 1999, S. 316ff.

[129] Ebd., S. 29–35; ferner J. Heise, Bleiben. Menein in den Johanneischen Schriften, Tübingen 1967, S. 80–92; R. Bultmann, Theologie des Neuen Testaments, Tübingen 1984, S. 438f.

[130] Dazu mein Jesusbuch ›Das Antlitz. Eine Christologie von innen‹, Düsseldorf 1999, S. 29–35.

[131] Dazu die Ausführungen meiner Untersuchung ›Der Mensch – das uneingelöste Versprechen‹, Düsseldorf 1995, S. 114–122.

[132] A. Strobel, Der erste Brief an die Korinther, Zürich 1989, S. 260ff., wo jedoch der Gedanke des Apostels, dass der Tod zur Sünde anstachelt, im Sinn des Römerworts vom Tod als der Sünde Sold (Röm 6,23) in sein Gegenteil umgebogen wird.

[133] A. Dempf, Geistesgeschichte der altchristlichen Kultur, Stuttgart 1964, S. 177f; W. Schmithals, Die Gnosis in Korinth. Eine Untersuchung zu den Korintherbriefen, Göttingen 1956, S. 70–74.

[134] U. Wilckens, Der Brief an die Römer II, Zürich 1993, S. 170–174. Zweifellos würde der Gedanke des Apostels gestört, wenn sich die Hingabe des Sohnes, wie der Wortlaut nahelegt, auf den Sühnetod und nicht auf seine – als Schenkung verstandene – Sendung bezöge.

[135] Ebd., S. 175ff.; ferner meine Studie ›Paulus. Zeuge, Mystiker, Vordenker‹, München 1992, S. 169–173.

[136] R. Schnackenburg, Das Johannesevangelium I, Freiburg 1967, S. 318ff.

[137] Für diese sprach sich vor allem A. Vögtle aus, zuletzt in seiner Studie ›Die »Gretchenfrage« des Menschensohnproblems. Bilanz und Perspektive‹, Freiburg 1994.

[138] Nach A. Vögtle, Herkunft und ursprünglicher Sinn der Taufperikope Mk 1,9–11, in: Offenbarungsgeschehen und Wirkungsgeschichte, Freiburg 1985, S. 86.

[139] L. Schenke, Die Urgemeinde. Geschichte und theologische Entwicklung, Stuttgart 1990, S. 82; 182.

[140] R. H. Fuller, Die Wunder Jesu in Exegese und Verkündigung, Düsseldorf 1968, S. 57ff.; dazu meine Abhandlung ›Theologie als Therapie. Zur Wiedergewinnung eines verlorenen Dimension‹, Heidelberg 1985, S. 109ff.

[141] F. Nietzsche, Der Antichrist, § 40.

142 H. *Schürmann*, Jesu ureigener Tod, Freiburg 1975, S. 56–63; A. *Vögtle*, Grundfragen der Diskussion um das heilsmittlerische Todesverständnis Jesu, in: Offenbarungsgeschehen und Wirkungsgeschichte, Freiburg 1985, S. 141–147.

143 Gegen W. *Schmithals*, der unter Ausklammerung von »Weisheit« aus den Folgebegriffen eine vorpaulinische Traditionsformel zu rekonstruieren sucht: Theologiegeschichte des Urchristentums, Stuttgart 1994, S. 131f.

144 M. *Horkheimer*, Zur Kritik der instrumentellen Vernunft, Frankfurt 1974, S. 153; dazu auch die Ausführungen meiner ›Einweisung ins Christentum‹, Düsseldorf 1997, S. 302.

145 G. *Theissen*, Psychologische Aspekte paulinischer Theologie, Göttingen 1983, S. 362f; 374–389.

146 G. *Eichholz*, Die Theologie des Paulus im Umriß, Neukirchen-Vluyn 1991, S. 123–131; L. *Schenke*, Die Urgemeinde. Geschichte und theologische Entwicklung, Stuttgart 1990, S. 131ff; W. *Schmithals*, Theologiegeschichte des Urchristentums, Stuttgart 1994, S. 72–78.

147 M. *Buber*, Zwei Glaubensweisen, Zürich 1950, S. 129ff.

Fünftes Kapitel

1 N. *Wiener*, Mensch und Menschmaschine (Originaltitel: The Human Use of Human Beings), Frankfurt und Berlin 1958, S. 83–91.

2 G. *Krüger*, Die Herkunft der philosophischen Selbstbewusstseins, in: Freiheit und Weltverwaltung, Freiburg und München 1958, S. 11–69.

3 W. *Dantine*, Jesus von Nazareth in der gegenwärtigen Diskussion, Gütersloh 1974; W. *Kern*, Disput um Jesus und um Kirche, Innsbruck 1980.

4 Dazu meine Jesusbücher ›Der Freund. Annäherungen an Jesus‹, München 1989, S. 22–47, und ›Das Antlitz. Eine Christologie von innen‹, Düsseldorf 1999.

5 W. *Schmithals*, Die theologische Anthropologie des Paulus. Auslegung von Röm 7,17–8,39, Stuttgart 1980, S. 125–137.

6 E. *Lohmeyer*, Die Briefe an die Kolosser und an Philemon, Göttingen 1954, S. 56–59.

7 W. *Trillhaas*, Religionsphilosophie, Berlin 1972, S. 176–184.

8 H. *Merklein*, Jesus, Künder des Reiches Gottes, in: Studien zu Jesus und Paulus, Tübingen 1987, S. 153.

9 *Novalis*, Heinrich von Ofterdingen I: Die Erwartung, 8. Kapitel, in: E. *Wasmuth* (Hrsg.), Dichtungen, Heidelberg 1953, S. 137.

10 J. M. *Robinson*, Der wahre Jesus? Der historische Jesus im Spruchevangelium Q, in: Zeitsch. f. Neues Testament 1 (1998) 17–26; A. *Merz*, Jesus als Wundertäter, in: Zeitsch.f.Neues Testament 1 (1998) 40–47.

11 Eindrucksvoll belegt das *Oskar Pfister* in seinem bereits erwähnten Alterswerk: Das Christentum und die Angst. Mit einem Vorwort von *Thomas Bonhoeffer*, Frankfurt und Berlin 1985.

12 D. *Riesman*, Die einsame Masse (Originaltitel: The Lonely Crowd), Hamburg 1958, S. 137–153.

¹³ V. Flusser, Krise der Linearität, Bern 1992, S. 172; nach E. Neswald, Medien Theologie. Das Werk Vilém Flussers, Köln 1998, S. 153f; K. Löwith, Max Weber und Karl Marx, in: Gesammelte Abhandlungen zur Kritik der geschichtlichen Existenz, Stuttgart 1960, S. 1–67.

¹⁴ M. Weber, Wissenschaft als Beruf (1919), in: Gesammelte Schriften zur Wissenschaftslehre, Tübingen 1973, S. 605.

¹⁵ H.-G. Gadamer, Unterwegs zur Schrift? in: A. und J. Assmann und Chr. Hardmeier (Hrsg.), Schrift und Gedächtnis. Archäologie der literarischen Kommunikation, München 1983, S. 10–19.

¹⁶ F. Nietzsche, Zarathustra IV: Der häßlichste Mensch.

¹⁷ Novatian, De Trinitate II, c. 14.

¹⁸ Gregor von Nazianz, Carmen 29; zitiert nach J. Hochstaffl, Negative Theologie. Ein Versuch zur Vermittlung des patristischen Begriffs, München 1976, S. 108.

¹⁹ Augustinus, Confessiones. Lib. I, cap. I,1.

²⁰ Ebd.

²¹ Näheres dazu in meiner Schrift ›Gottsucher oder Antichrist? Nietzsches provokative Kritik des Christentums‹, Salzburg 1982, S. 52-71. Dort auch der gegen einige Heine-Ausgaben gerichtete Nachweis, dass Heine im Blick auf den anselmischen Gottesbeweis tatsächlich von einer »rührenden Gebetform« spricht: dazu ebd., S. 64, 70f. und 130.

²² So der Untertitel seines Werkes ›Chaos und Dämonie‹, München 1950.

²³ A. Camus, Der Mensch in der Revolte (Originaltitel: L'homme révolté), Hamburg 1953, S. 308.

²⁴ W. Rehm, Jean Paul – Dostojewskij. Zur dichterischen Gestaltung des Unglaubens, Göttingen 1962, S. 16ff.

²⁵ J. Paul, Siebenkäs II, Erstes Blumenstück.

²⁶ M. Horkheimer, Zur Kritik der instrumentellen Vernunft, Frankfurt 1974, S. 152.

²⁷ H. Jonas, Der Gottesbegriff nach Auschwitz. Eine jüdische Stimme, Frankfurt 1987.

²⁸ Wie eine Einübung dazu erscheint die hintergründige Beziehung von Jonas zu Bultmann, die an die Beantwortung von Lessings Notschrei in seiner Flugschrift ›Über den Beweis des Geistes und der Kraft‹ (1777) durch Kierkegaard erinnert. Näheres dazu in meinem Sammelband ›Glaubensimpulse. Beiträge zur Glaubenstheorie und Religionsphilosophie‹, Würzburg 1988, S. 350-369: ›Hermeneutische Integration. Zur Frage der Herkunft von Rudolf Bultmanns existentialer Interpretation‹.

²⁹ F. Nietzsche, Nachgelassene Fragmente Sommer – Herbst 1882, Nr. 432, in: Sämtliche Werke. Kritische Studienausgabe, Bd. 10, München 1980, S. 105.

³⁰ H. Jonas, Der Gottesbegriff nach Auschwitz. Eine jüdische Stimme, Frankfurt 1987.

³¹ M. Buber, Gog und Magog. Eine Chronik, Heidelberg 1949, S. 94f. Der Hinweis auf die Schechina könnte auch zur Überwindung der spekulativen Aporien verhelfen, in sich der von Jonas entwickelte Gedankengang verstrickt. Denn die Schechina ist, ähnlich wie die Figur des göttlichen Engels und der Weisheit, eine jener Vermittlungsformen, durch das das religiöse Ingenium Israels das Schöpfungs- und Geschichtswalten des transzendenten Gottes zu erklären suchte. Vorausgesetzt ist dabei freilich, dass sich der Gedanke auf diese Zwischenformen und nicht, wie der Wortlaut vermuten läßt, auf das Gottesgeheimnis selbst bezieht.

³² F. Nietzsche, Der Antichrist, § 35.

³³ L. Schenke, Der gekreuzigte Christus. Versuch einer literarkritischen und traditionsgeschichtlichen Bestimmung der vormarkinischen Passionsgeschichte, Stuttgart 1974, S. 105-110, hier: S. 143ff.

³⁴ Näheres dazu in meinem Jesusbuch ›Der Freund‹, München 1989, S. 201-204.

35 J. *Bernhart*, De profundis. Neuauflage mit einem Vorwort von E. Biser, Weißenhorn 1985, S. 190ff.

36 So G. *von le Fort*, Die Abberufung der Jungfrau von Barby, in: Gertrud von le Fort erzählt. Mit einem Nachwort von E. *Biser*, Frankfurt und Leipzig 1993, S. 57.

37 Näheres dazu in dem Abschnitt über den Liebeshymnus meiner Schrift ›Paulus. Zeuge, Mystiker, Vordenker‹, München 1992, S.169ff.

38 R. *Bultmann*, Zum Problem der Entmythologisierung, in: Glauben und Verstehen IV, Tübingen 1965, S. 128f.

39 Dazu der Abschnitt ›Der Helfer und die Hilfe. Plädoyer für eine Christologie von innen‹, in: Glaubensimpulse. Beiträge zur Glaubenstheorie und Religionsphilosophie, Würzburg 1988, S. 217–237.

40 E. *Klinger*, Armut – eine Herausforderung Gottes. Der Glaube des Konzils und die Befreiung des Menschen, Zürich 1990; G. *Baudler*, Erlösung vom Stiergott. Christliche Gotteserfahrung im Dialog mit Mythen und Religionen, München 1989; dazu meine Besprechung unter dem Titel ›Der Protagonist der Angstüberwindung‹, in: Stimmen der Zeit 208 (1990) 427ff.; ferner R. *Schwager*, Der wunderbare Tausch. Zur Geschichte und Deutung der Erlösungslehre, München 1986.

41 Dazu meine ›Glaubensprognose. Orientierung in postsäkularistischer Zeit‹, Graz 1991, S. 231-252: ›Die Selbstkorrektur‹.

42 Dazu die Erinnerung K. *Löwiths* an M. Webers Vortrag: Wissenschaft als Beruf (1919), der mit dem Jesaja-Zitat ausklang: Mein Leben in Deutschland vor und nach 1933, Stuttgart 1986, S. 17f.; 149f.

43 K.-P. *Jörns*, Die neuen Gesichter Gottes. Was Menschen heute wirklich glauben, München 1997.

44 H. *Döring*, Abwesenheit Gottes. Fragen und Antworten heutiger Theologie, Paderborn 1975; J. *Bishop*, Die Gott-ist-tot-Theologie, Düsseldorf 1968.

45 R. *Schneider*, Winter in Wien. Aus meinen Notizbüchern 1957/58, Freiburg 1958, S. 131.

46 P. *Rousselot*, Die Augen des Glaubens (Ausgabe Trütsch), Einsiedeln 1965; E. *Kunz*, Glaube – Gnade – Geschichte. Die Glaubenstheologie des Pierre Rousselot, Frankfurt 1969; ferner meine Abhandlung ›Glaubensverständnis. Grundriß einer hermeneutischen Fundamentaltheologie‹, Freiburg 1975, S. 38ff.

47 M. *Buber*, Gottesfinsternis. Betrachtungen zur Beziehung zwischen Religion und Philosophie, Zürich 1953, S. 31; dazu meine Schrift ›Buber für Christen. Eine Herausforderung‹, Freiburg 1988, S. 105ff.

48 F. *Nietzsche*, Also sprach Zarathustra I: Von den drei Verwandlungen; III: Vom Geist der Schwere; dazu meine Schrift ›Gottsucher oder Antichrist? Nietzsches provokative Kritik des Christentums‹, Salzburg 1982, S. 37–42.

49 Dazu meine ›Einweisung ins Christentum‹, Düsseldorf 1997, S. 421.

50 W. *Kern*, Theodizee: Kosmodizee durch Christus, in: Geist und Glaube. Fundamentaltheologische Vermittlungen zwischen Mensch und Offenbarung, Innsbruck 1992, S. 109–145.

51 Dazu meine Projektskizze ›Medien-Therapie‹, in: Politische Studien 42 (1991) 61–73.

52 *Pensées*, § 548.

53 K. M. *Woschitz*, M. *Hutter* und K. *Prenner*, Das mandäische Urdrama des Lichts, Wien 1989, S. 142f.

54 Dazu meine Schrift ›Buber für Christen. Eine Herausforderung‹, Freiburg 1988, S. 50.

55 F. *Hahn*, Der Tod Jesu nach dem Zeugnis des Neuen Testaments, in: An-Denken, Graz 1998, S. 253–268; ferner mein Beitrag ›Das Spiegelkabinett. Wohin führt die Rechtfertigungsdebatte?‹, in: Stimmen der Zeit 216 (1998) 375–385.

56 A. Wikenhauser, Die Christusmystik des Apostels Paulus, Freiburg 1956, S. 32; 36; 48ff.

57 Näheres dazu im Schlussabschnitt dieses Buches (›Ein Zeichen der Verständigung‹).

58 Näheres dazu in meiner Untersuchung ›Glaubensprognose. Orientierung in postsäkularistischer Zeit‹, Graz 1991, S. 168–177.

59 Ebd., S. 177–189.

60 G. von Rad, Theologie des Alten Testaments II, München 1957, S. 211–218; ferner mein Jesusbuch ›Das Antlitz. Eine Christologie von innen‹, Düsseldorf 1999, S. 284ff.

61 Verstärkend tritt bei Paulus ein kirchensoziologischer Grund hinzu, auf den er schon zu Beginn des Briefs mit dem Hinweis auf die Minderzahl von Gebildeten und Einflussreichen in der Gemeinde (1Kor 1,26ff.) zu sprechen kommt, und der sich im unmittelbaren Anschluss daran glaubenstheoretisch, in seiner Absage an die Weltweisheit zugunsten der Kreuzestorheit (1Kor 2,6–16) spiegelt. Dazu G. Theissen, Psychologische Aspekte paulinischer Theologie, Göttingen 1983, S. 342f; 366.

62 M. Weber, Gesammelte Aufsätze zur Wissenschaftslehre (Ausgabe Winckelmann), Tübingen 1968, S. 611.

63 K. Löwith, Weltgeschichte und Heilsgeschehen. Die theologischen Voraussetzungen der Geschichtsphilosophie, Stuttgart 1953, S. 148–159.

64 Noch in der dichterischen Geschichtsschau Hölderlins ist ein Nachklang dieser pessimistischen Einschätzung zu vernehmen, besonders in seinen späten Christushymnen (›Patmos‹, ›Der Einzige‹), wobei als kritische Vermittlung vor allem Schillers Gedicht ›Die Götter Griechenlands‹ in Betracht zu ziehen ist.

65 K. Löwith, Weltgeschichte und Heilsgeschehen. Die theologischen Voraussetzungen der Geschichtsphilosophie, Stuttgart 1953, S. 136–147.

66 Ebd., S. 129–135.

67 Ebd., S. 134.

68 Zum Folgenden mein Beitrag ›Das Schicksal der religiösen Ideen im Säkularisierungsprozeß‹, in: Stimmen der Zeit 207 (1989) 697–709.

69 Als Markstein dieser Sinnverkehrung hat der Satz aus Kants Schrift ›Zum ewigen Frieden‹ (1795) zu gelten, der die Mahnung der Bergpredigt: »Sucht zuerst das Reich Gottes und seine Gerechtigkeit« (Mt 6,33) in das Postulat abwandelt: »Trachtet allererst nach dem Reiche der reinen praktischen Vernunft und nach seiner Gerechtigkeit, so wird euch euer Zweck (die Wohltat des ewigen Friedens) von selbst zufallen«. Dazu A. Habichler, Reich Gottes als Thema des Denkens bei Kant. Entwicklungsgeschichtliche und systematische Studie zur kantischen Reich-Gottes-Idee, Mainz 1991.

70 Wie Viertes Kapitel, Anm. 1.

71 Ch. Dietzfelbinger, Die Berufung des Paulus als Ursprung seiner Theologie, Neukirchen-Vluyn 1989, S. 90–137.

72 W. Emrich, Protest und Verheißung. Zur klassischen und modernen Dichtung, Bonn 1963, S. 15; 68–75; ferner M. Buber, Zwei Glaubensweisen, Zürich 1950, S. 169f.

73 Dazu die abschließenden Ausführungen meiner Studie ›Überredung zur Liebe. Die dichterische Daseinsdeutung Gertrud von le Forts‹, Regensburg 1980, S. 232ff.

74 Dazu meine Schrift ›Überwindung der Lebensangst. Wege zu einem befreienden Gottesbild‹, München 1996.

75 D. Sölle, Stellvertretung. Ein Kapitel Theologie nach dem »Tode Gottes«, Stuttgart 1965.

76 Dazu meine Schrift ›Glaubenswende. Eine Hoffnungsperspektive‹, Freiburg 1987, S. 31–50.

77 M. Deutinger, Über das Verhältnis der Poesie zur Religion (Ausgabe Muth), Kempten und München 1915, S. 32.

78 F. Pilgram, Physiologie der Kirche. Forschungen über die geistigen Gesetze, in

406 ANMERKUNGEN

denen die Kirche nach ihrer natürlichen Seite besteht, Mainz 1860.

79 Näheres dazu in meiner Studie ›Theologie als Therapie‹, Heidelberg 1985, und im folgenden Abschnitt.

80 Dazu meine Untersuchung ›Die glaubensgeschichtliche Wende. Eine theologische Positionsbestimmung‹, Graz 1986, S. 209–266.

81 Dazu außer den wiederholten Hinweisen auf Weber und Freud die Studie von H. Wimmel, Die Kultur holt uns ein. Die Bedeutung der Textualität für das geschichtliche Werden, Würzburg 1981.

82 K. J. Kuschel, Jesus im Spiegel der Weltliteratur. Eine Jahrhundertbilanz in Texten und Einführungen, Düsseldorf 1999.

83 W. Kern, Disput um Jesus und um Kirche, Innsbruck 1980.

84 Auf das therapeutische Moment im Werk Hildegards konzentrierte sich vor allem H. Schipperges; dazu die Literaturangaben in seiner Schrift: Hildegard von Bingen, München 1995, S. 118ff.; ferner meine Studie ›Theologie als Therapie‹, Heidelberg 1985.

85 Augustinus, Confessiones X, c. 16,25.

86 Auf diesen Umbruch im Weltbegriff hob vor allem Karl Löwith ab; dazu seine Abhandlung: Weltgeschichte und Heilsgeschehen. Die theologischen Voraussetzungen der Geschichtsphilosophie, Stuttgart 1953, S. 109–128.

87 Auf das zumindest partielle Scheitern seines Versuchs verwies K. Löwith in seinem Werk ›Nietzsches Philosophie der ewigen Wiederkehr des Gleichen‹, Stuttgart 1956; dazu mein Beitrag ›Karl Löwith: Kritiker – Deuter – Lehrer‹, Heidelberg 1997.

88 Dazu der von Adelgundis Führkötter hrsg. ›Briefwechsel‹, Salzburg 1965.

89 E. P. Sanders, Paulus – Eine Einführung, Stuttgart 1995, S. 98.

90 Näheres dazu in meiner Abhandlung ›Der Mensch – das uneingelöste Versprechen‹, Düsseldorf 1985, S. 14–20.

91 Nach H. Schipperges, Hildegard von Bingen, München 1995, S. 64.

92 Epistola 15 R; nach M. Schmidt, Zur Bedeutung der geistlichen Sinne bei Hildegard von Bingen, in dem von ihr hrsg. Sammelband ›Tiefe des Gotteswissens – Schönheit der Sprachgestalt bei Hildegard von Bingen‹, Stuttgart-Bad Cannstatt 1995, S. 133f.

93 PI 222 B; nach H. Schipperges, Hildegard von Bingen, München 1995, S. 78.

94 Ebd., S. 40; ferner S. Freud, Das Unbehagen in der Kultur, in: Kulturtheoretische Schriften, Frankfurt 1994, S. 57.

95 H. Schipperges, Hildegard von Bingen, München 1995, S. 64–90.

96 Eine Ausnahme macht darin der jüdische Interpret des Apostels Sch. Ben-Chorin, für den das Geschehen um Jesus Episode geblieben wäre, wenn nicht die Erscheinung des Auferstandenen dem Paulus vor Damaskus zuteil geworden wäre: Paulus. Der Völkerapostel in jüdischer Sicht, München 1980, S. 22; ferner Ch. Dietzfelbinger, Die Berufung des Paulus als Ursprung seiner Theologie, Neukirchen-Vluyn 1989, S. 64–76; 116–137.

97 Vgl. in diesem Zusammenhang meine Schrift ›Überwindung der Lebensangst. Wege zu einem befreienden Gottesbild‹, München 1996, S. 20f.

98 A. Stolz, Theologie der Mystik, Regensburg 1936, S. 47–63; A. Schweitzer, Die Mystik des Apostels Paulus, Tübingen 1930, S. 122–127; 262–270.

99 E. Käsemann, Sätze des heiligen Rechtes im Neuen Testament, in: Exegetische Versuche und Besinnungen, Göttingen 1986, S. 6–106.

100 M. Schmidt, Zur Bedeutung der geistlichen Sinne bei Hildegard von Bingen, in dem von ihr hrsg. Sammelband ›Tiefe des Gotteswissens – Schönheit der Sprachgestalt bei Hildegard von Bingen‹, Stuttgart-Bad Cannstatt 1995, S. 123.

101 H. Lietzmann, An die Korinther I/II, Tübingen 1949, S. 155.

102 B. Haneke und K. Huttner, Spirituelle Aufbrüche, New Age und Neue Religiosität als Herausforderung an Kirche und Gesellschaft, Regensburg 1991, ferner M. Widl, Christentum und Esoterik. Darstellung, Auseinandersetzung, Abgrenzung, Graz 1995.

103 Denn dieser Vater ist, wie nicht nachdrücklich genug betont werden kann, väterlicher als jeder irdische Vater und mütterlicher als jede menschliche Mutter.

104 J. Kremer, Das älteste Zeugnis von der Auferstehung Christi. Eine bibeltheologische Studie zur Aussage und Bedeutung von 1Kor 15,1–11, Stuttgart 1970; J. Gnilka, Paulus von Tarsus. Apostel und Zeuge, Freiburg 1995; E. Biser, Paulus. Zeuge, Mystiker, Vordenker, München 1992.

105 A. Deissmann, Paulus. Eine kultur- und religionsgeschichtliche Skizze, Tübingen 1925, S. 111–115.

106 R. Borig, Der wahre Weinstock, Untersuchungen zu Joh 15,1–10, München 1967, S. 46ff.

107 So seine ›Christusmystik des Apostel Paulus‹, Freiburg 1956, S. 25–37.

108 E. Schweizer, Jesus Christus im vielfältigen Zeugnis des Neuen Testaments, München und Hamburg 1968, S. 114.

109 Hildegard von Bingen, Wisse die Wege – Scivias, Salzburg 1934, S. 43f.; 175–187.

110 Ebd., S. 175.

111 W. Schmithals, Die theologische Anthropologie des Paulus, Stuttgart 1980, S. 125–132.

112 Dazu meine Studie ›Theologie als Therapie. Zur Wiedergewinnung einer verlorenen Dimension‹, Heidelberg 1985, S. 9–17, sowie meine Schrift ›Theologie in Stadium ihrer Selbstkorrektur‹, Salzburg 1981; ferner J. Gnilka, Jesus von Nazaret. Botschaft und Geschichte, Freiburg 1990, S. 181f.; 270f; H. Weder, Wunder Jesu und Wundergeschichten, in: Einblicke ins Evangelium. Exegetische Beiträge zur neutestamentlichen Hermeneutik, Göttingen 1992, S. 61–93.

113 J. Gnilka, Jesus von Nazaret. Botschaft und Geschichte, Freiburg 1990, S. 118–139.

114 I. Maisch, Die Heilung des Gelähmten. Eine exegetisch-traditionsgeschichtliche Untersuchung zu Mk 2,1–12, Stuttgart 1971.

115 R. Heinzmann, Thomas von Aquin, Heidelberg/Graz 1960, S. 325–335.

116 I. Kant, Der Streit der Fakultäten (Ausgabe Reich), Hamburg 1959, S. 21.

117 K. Löwith, Vorträge und Aufsätze: Zur Kritik der christlichen Überlieferung, Stuttgart 1966, S. 54–96.

118 Cl. Tresmontant, Biblisches Denken und hellenische Überlieferung, Düsseldorf 1956, S. 76f.

119 J. A. Möhler, Die Einheit in der Kirche, Tübingen 1843, S. 100.

120 J. B. Bauer (Hrsg.), Entwürfe der Theologie, Graz 1985.

121 Cl. Bussmann, Befreiung durch Jesus? Die Christologie der lateinamerikanischen Befreiungstheologie, München 1980, S. 27.

122 O. Marquard, Aesthetica und Anaesthetica. Philosophische Überlegungen, Paderborn 1989, S. 11–20.

123 F. Wiedmann, Martin Deutinger (1815–1864), in: Katholische Theologen Deutschlands im 19. Jahrhundert II, München 1975, S. 265–292.

124 V. Spangenberg, Herrlichkeit des Neuen Bundes. Zur Bestimmung des biblischen Begriffs der Herrlichkeit bei Hans Urs von Balthasar, Tübingen 1993, S. 4–23.

125 S. Freud, Das Unbehagen in der Kultur, in: Kulturtheoretische Schriften, Frankfurt 1994, S. 57; H. Weder, Die Arbeit der Utopie, in: Einblicke ins Evangelium. Exegetische Beiträge zur neutestamentlichen Hermeneutik, Göttingen 1992, S. 239–246.

126 Dazu nochmals der Abschnitt ›Bindet ihn los!‹ im vierten Kapitel dieses Buches.

[127] Dazu der Abschnitt ›Der tägliche Tod: Die Angst‹ meiner Untersuchung ›Der Mensch – das uneingelöste Versprechen. Entwurf einer Modalanthropologie‹, Düsseldorf 1995, S. 122–136.

[128] K. Jaspers, Die geistige Situation der Zeit (1931), Berlin 1971, S. 55.

[129] Pseudo-Dionysius Aeropagita, Von den göttlichen Namen, c. 2.

[130] J. L. Austin, Zur Theorie der Sprechakte (How to Do Things with Words), Stuttgart 1972; L. Bejerholm und G. Hornig, Wort und Handlung, Untersuchungen zur analytischen Religionsphilosophie, Gütersloh 1966; ferner meine Schrift ›Menschsein und Sprache‹, Salzburg 1989, S. 67–83.

[131] Dazu meine Schrift ›Theologie als Therapie. Zur Wiedergewinnung einer verlorenen Dimension‹, Heidelberg 1985, S. 158–163.

[132] Näheres dazu in meinem Entwurf einer ›Medien-Therapie‹, in: Politische Studien 42 (1991) 61–73.

[133] F. Nietzsche, Morgenröte. Gedanken über die moralischen Vorurteile I, § 96.

[134] Dazu der Abschnitt ›Fehlten Tote?‹ meiner Schrift ›Hat der Glaube eine Zukunft?‹, Düsseldorf 1997, S. 85–96.

[135] J. L. Mackie, Das Wunder des Theismus. Argumente für und gegen Gott (Originaltitel: The Miracle of Theism. Arguments for and against the Existence of God), Stuttgart 1985; dazu meine Schrift ›Glaubenskonflikte. Strukturanalyse der Kirchenkrise‹, Freiburg 1989, S. 21–28.

[136] G. E. Lessing, Die Erziehung des Menschengeschlechts, § 4; H. Thielicke, Offenbarung, Vernunft und Existenz. Studien zur Religionsphilosophie Lessings, Gütersloh 1957, S. 57–76.

[137] H. Merklein, Studien zu Jesus und Paulus, Tübingen 1987, S. 7; H. Jonas, Der Gottesbegriff nach Auschwitz. Eine jüdische Stimme, Frankfurt 1987; ferner die Ausführungen im zweiten Abschnitt dieses Kapitels

(›Verlust der Attribute und der Antwort Jesu auf die Gottesfrage der Gegenwart‹), in: Glauben, Wissen, Handeln. Beiträge aus Theologie, Philosophie und Naturwissenschaft. Zu Grundfragen christlicher Existenz, hrsg. von A. Franz, Würzburg 1994, S. 3–16.

[138] A. von Harnack, Dogmengeschichte, Leipzig 1939, S. 537.

[139] H. J. Schoeps, Theologie und Geschichte des Judenchristentums, Tübingen 1949, S. 342.

[140] M. McLuhan, Die magischen Kanäle. Understanding Media, Frankfurt 1979, S. 17–32. Auf die Gleichsinnigkeit dieser Formel mit dem Eingangswort des Johannesprologs verwies der Abschnitt über die ›Christus-Hermeneutik‹ (zweites Kapitel).

[141] Dazu seine Streitschrift ›Zwei Glaubensweisen‹, Zürich 1950, S. 15ff; 22ff; dazu meine Schrift ›Buber für Christen. Eine Herausforderung‹, Freiburg 1988, S. 105–116.

[142] Dazu nochmals der Abschnitt: ›Fehlten Tote?‹ in meiner Schrift ›Hat der Glaube eine Zukunft?‹, Düsseldorf 1997, S. 85–96.

[143] H. Merklein, Die Einzigkeit Gottes als die sachliche Grundlage der Botschaft Jesu, in: Jahrbuch für Biblische Theologie 2, Neukirchen-Vluyn 1987, S. 13; 32.

[144] Martin Buber, Der Jude und sein Judentum. Gesammelte Aufsätze und Vorträge, Köln 1963, S. 182f.

Textquellennachweis

Die Texte dieses Buches sind überwiegend zu diesem Zweck neu verfasst worden. Sofern Textbestandteile früher schon andernorts veröffentlicht waren, wurden sie vom Autor einer intensiven Bearbeitung unterzogen, um sie stimmig in die Gliederung des vorliegenden Werkes einfügen zu können. Der Klarheit und Vollständigkeit halber seien die Orte etwaiger Erstveröffentlichungen von Grundfassungen hier genannt:

◆ Die andere Lesart (Seiten 52–75) unter dem Titel »Die neue Lesart. Anleitung zu einer transkritischen Bibellektüre« in: Stimmen der Zeit 215 (1997) 803–813.

◆ Habt ihr das alles verstanden? (Seiten 76–91) mit dem Untertitel »Umriß einer rezeptionsgeschichtlichen Methode« in: Stimmen der Zeit 217 (1999) 15–28.

◆ Die Entdeckung der christlichen Subjektivität (Seiten 138–150) unter dem Titel »Paulus – der Entdecker der christlichen Subjektivität«, in: Geschichte und Vorgeschichte der modernen Subjektivität, hg. von R. L. Fetz, R. Hagenbüchle und E. Schulz, Verlag de Gruyter, Berlin – New York 1998, S. 285–297.

◆ Die Geburt der Weisheit aus dem Schweigen (Seiten 151–169) in: Stationen des Lebens. Festschrift für P. Gottfried Keindl O.T., hg. von A. Hilger und D. v. Reitzenstein, Weyarn 1998, S. 16–29.

◆ Die Geburt des Glaubens aus dem Wort (Seiten 170–192) in: Fernöstliche Weisheit und christlicher Glaube. Festgabe für Heinrich Dumoulin SJ zur Vollendung des 80. Geburtstages, hg. von H. Waldenfels und Th. Immoos,

Matthias Grünewald-Verlag, Mainz 1985, S. 125–146.

◆ Jesus – das Wunder Gottes (Seiten 234–251) in einer kürzeren Fassung in: Geist und Leben 72 (1999) 422–435.

◆ Bindet ihn los! (Seiten 252–266) mit dem Untertitel »Zur Frage nach dem Sinn des Todes Jesu« in: Lebendiges Zeugnis 51 (1996) 54–66.

◆ Der Verlust der Attribute (Seiten 306–318) mit dem Untertitel »Die Antwort Jesu auf die Gottesfrage der Gegenwart« in: Glauben, Wissen, Handeln. Beiträge aus Theologie, Philosophie und Naturwissenschaft zu Grundfragen christlicher Existenz, hg. von A. Franz, Verlag Echter, Würzburg 1994, S. 3–16.

◆ Die kulturstiftende Kraft des Glaubens (Seiten 334–350) in: Theologisch-Praktische Quartalschrift (Linz) 140 (1992) 255–266.

◆ Die Frage der Esoterik (Seiten 351–362) unter dem Titel »Gibt es eine christliche Esoterik? Eröffnung einer aktuellen Perspektive im Blick auf Paulus und Hildegard von Bingen« in: Hildegard von Bingen – Prophetin durch die Zeiten. Zum 900. Geburtstag, hg. von E. Forster, Verlag Herder, Freiburg 1997, S. 45–56.

◆ Dein Glaube hat dich geheilt (Seiten 363–374) unter dem Titel »Aufriß einer therapeutischen Theologie« in: Geist und Leben 70 (1997) 199–209.

◆ Ein Zeichen der Verständigung (Seiten 375–384) mit dem Untertitel »Zum Problem des europäischen Atheismus« in: Litterae. Zeitschrift der Europäischen Akademie der Wissenschaften und Künste 5 (1995) 21–35.

Register

Personen

Kursiv gesetzte Namen und Zahlen (ab Seite 386) verweisen auf Qellenangaben im Anmerkungsapparat. Wo jedoch dort eine Diskussion fortgeführt wird, erscheinen sie – nicht kursiv – wie die Angaben zum Haupttext.

Theodor v. Mopsuestia 173
Theophilus v. Antiochien 175, 395
Thomas v. Aquin 168, 180, 365f.
Tresmontant, Cl. 408
Trillhaas, W. 299, 403
Troeltsch, E. 53, 62f., 388

Vattimo, G. 386
Verweyen, H. 389
Vico, G. 271, 351
Vielhauer, Ph. 390, 391
Vögtle, A. 14, 42, 157, 207, 218, 254, 280f.,
    387, 391, 394, 398, 400, 401, 402

Waldenfels, H. 386
Wasmuth, E. 387
Weber, M. 181, 303ff., 338, 349, 404, 406, 407
Weder, H. 408
Weidenfeld, G. 146
Weippert, M. 228
Weitling, W. 56, 388
Weizsäcker, C. F. v. 387
Wentzel, H. 397
Werfel, F. 31, 130, 202, 354
Wernle 205
Westermann, C. 227
Widl, M. 408
Wiedmann, F. 408
Wiener, N. 296, 403
Wiesel, E. 317
Wikenhauser, A. 47, 48, 249, 269, 361, 387,
    394, 396, 397, 400, 401, 406
Wilamowitz-Moellendorf, U. v. 170
Wilckens, U. 387, 395, 401, 402
Wilhelm de la Mare 399
Wimmel, H. 349, 407
Windisch, H. 394
Wittgenstein, L. 43f., 90, 161, 169, 387
Wittstadt, K. 391
Woschitz, K. M. 14, 113, 327, 405
Wust, P. 181f., 396

Zenger, E. 317
Zeus 188, 170ff.
Zimmermann, H. 388

Systematischer Index

Jaroslav Pelikan

MARIA

2000 Jahre in Religion, Kultur und Geschichte

256 Seiten, gebunden
ISBN 3-451-26605-9

Sie ist die Frau der Paradoxe: Jungfrau und Mutter; Magd und Herr-
scherin; Bürgin für die Göttlichkeit Jesu und Garantin seines Menschseins;
entrückteHimmelskönigin und allernächste Helferin; historische Person und
Erbin uralter Mythologien; Gegenstand theologischer Spekulationen und
Adressatin ungezählter Herzensgebete. Die inspirierende Kraft, die Maria
mehr als jede andere Frau der Geschichte ausübt, ist kaum zu überschätzen.

Jaroslav Pelikan geht den Spuren Marias und der vielfältigen (Frauen-)
Bilder nach, die sich die Menschen von ihr im Lauf von 20 Jahrhunderten
gemacht haben. Er führt auf eine spannende und erstaunliche Entdeckungs-
reise – in der Tat über Gott und die Welt – durch die Theologie-, Kunst- und
Kulturgeschichte von den Anfängen des Christentums bis in die Gegenwart.

HERDER

Medard Kehl

UND WAS KOMMT NACH DEM ENDE?

Von Weltuntergang und Vollendung,
Wiedergeburt und Auferstehung

173 Seiten, broschiert
ISBN 3-451-27015-3

Ist mit dem Tod alles aus oder gibt es ein Weiterleben? Gibt es »Himmel«, »Hölle«, »Fegefeuer«? Was kann man sich unter dem »Jüngsten Tag« vorstellen? Gibt es eine Auferstehung? Oder einen Kreislauf immer neuer Reinkarnationen?

Auf solche uralten Menschheitsfragen gibt es naturgemäß keine überprüfbaren Antworten. Aber im Glauben lassen sich aus der Botschaft Jesu behutsam verantwortbare Schlüsse ziehen. Medard Kehl nimmt die Leserinnen und Leser mit auf eine höchst spannende Reise durch ein Herzstück der Theologie: Es geht um den Heilswillen Gottes und die Freiheit des Menschen, um Gerechtigkeit für Opfer und Täter, um die Frage nach end-gültiger Identität und nach dem bleibenden Sinn des Lebens.

Der Autor befragt die Bibel, die Tradition und den Volksglauben. Seinen Befund setzt er den Anfragen der Vernunft und dem Lebensgefühl vieler kritischer Zeitgenossen aus. Daraus entwickelt er in anregender und überzeugender Weise neue Zugänge zu den alten Begriffen und erschließt sie für ein heute plausibles Verständnis.

HERDER